北京市社会科学基金项目成果

汉语中介语语料库建设标准研究

张宝林 等 ◎著

北京语言大学出版社
BEIJING LANGUAGE AND CULTURE
UNIVERSITY PRESS

©2023 北京语言大学出版社，社图号 23215

图书在版编目（CIP）数据

汉语中介语语料库建设标准研究 / 张宝林等著. --
北京：北京语言大学出版社，2023.11
ISBN 978-7-5619-6434-7

Ⅰ.①汉… Ⅱ.①张…②… Ⅲ.①汉语—中介语—语料库
—建设—标准—研究 Ⅳ.①H1

中国国家版本馆CIP数据核字（2023）第204058号

汉语中介语语料库建设标准研究
HANYU ZHONGJIEYU YULIAOKU JIANSHE BIAOZHUN YANJIU

排版制作：	华伦图文制作中心
责任印制：	周 燚

出版发行：	北京语言大学出版社
社　　址：	北京市海淀区学院路 15 号，100083
网　　址：	www.blcup.com
电子信箱：	service@blcup.com
电　　话：	编辑部　　8610-82303647/3592/3395
	国内发行　8610-82303650/3591/3648
	海外发行　8610-82303365/3080/3668
	北语书店　8610-82303653
	网购咨询　8610-82303908
印　　刷：	北京鑫丰华彩印有限公司

版　次：	2023 年 11 月第 1 版	印　次：	2023 年 11 月第 1 次印刷
开　本：	720 毫米 ×1020 毫米　1/16	印　张：	24.75
字　数：	410 千字		
定　价：	89.00 元		

PRINTED IN CHINA
凡有印装质量问题，本社负责调换。售后 QQ 号 1367565611，电话 010-82303590

前　言

本书是北京市社会科学基金重点项目"汉语中介语语料库建设标准研究"（项目编号：15WYA017）的研究成果之一。

一、关于课题目标与书稿来源

1995年第一个汉语中介语语料库"汉语中介语语料库系统"建成以来，基于语料库的偏误分析、习得研究、中介语研究逐渐成为汉语国际教育研究中的重要内容。21世纪初以来，汉语中介语语料库在汉语国际教育与研究中的作用日益凸显，其建设渐入高潮，"成为语料库研究中的热点"（谭晓平，2014），这也推动了国内少数民族学生学习国家通用语言文字的中介语语料库建设、汉族学生学习少数民族语言的中介语语料库建设、聋生学习汉语书面语的中介语语料库建设，以及国外的汉语中介语语料库建设。同时，语料库建设中还有许多问题，例如设计水平不高、规模不大、标注不全、功能不强、建成后不开放，以及存在低水平重复等。而问题的症结在于语料库建设随意，缺乏统一标准。

针对语料库建设中存在的上述问题，我们提出了本项目，在北京市社会科学基金项目立项支持下，研制了《汉语中介语语料库建设标准（草案）》（以下简称《建设标准》）。目的是克服语料库建设中的随意性，推动语料库建设的规范化、标准化与科学化，提高语料库建设水平，促进语料库建设健康发展，使语料库更好地为汉语国际教育与研究服务，并为其他类型语料库的建设提供参考与借鉴。

本项目在对国内外多种类型的语料库进行深入调查研究的基础上，对汉语中介语料库（以下简称"语料库"）的建设标准进行了较为全面、细致、深入的研究，在成功研制《建设标准》的同时，完成相关调查报告和研究论文百余篇，部分成果在国内外多种学术刊物与论文集中发表，并在国内外很多学术会议、学术讲座上做了交流、报告和研讨。我们认为这些报告与论文是我们在研制《建设标准》过程中，针对遇到的各种问题进行思考与探讨的结果，体现了我们对相关问题的认识、观点与主张，对认识语料库建设标准问题具有启发和参考作用，因此将其择要整理成书，以就教于专家学者和广大读者。

二、关于调查研究的成果与意义

对语料库建设与使用情况进行全面、具体、深入的调查研究是掌握语料库相关情况的基本环节，更是制定建设标准的重要前提。因此，本项目先后组织十余名成员，主要通过文献研究、语料库实地考察（上网查询浏览）、用户反馈、座谈、访谈、学术会议等方式进行调研，比较全面地掌握了国内外多种类型的语料库的相关情况，为《建设标准》的研制奠定了坚实基础。

调研范围包括国内外的汉语中介语语料库、国内外的英语学习者语料库、国内汉语母语语料库、国外母语语料库（含美国英语语料库、英国英语语料库、俄罗斯俄语语料库以及其他国家的一些语料库[①]）、国内少数民族母语语料库、国内外口语语料库、多模态语料库等多种类型的语料库。

调研从10个方面展开：（1）语料库一般情况，包括名称、建设单位、网址、开放与否及程度；（2）建库目的与实现方法；（3）语料的内容、分类与规模；（4）语料采集方法；（5）语料标注的内容与方法；（6）语料元信息（背景信息）；（7）语料统计信息；（8）语料的检索与下载；（9）语料库的更新与维护；（10）认识与启示。考察较为全面、细致、系统、深入，了解了相关情况，总结了建设成果，指出了存在的问题，具有一定的认识价值。

调研取得了如下重要成果：

---

① 包括日本、韩国、泰国、印度尼西亚、赞比亚、尼日利亚等国的语料库。

1. 了解了语料库的基本组成部分、语料库建设的主要环节和完整过程。这对语料库建设的总体设计和流程标准的研制具有重要的参考价值。

2. 理清了国内外语料库建设中的主要问题以及学界的讨论与不同观点，例如语料的平衡性，语料标注的全面性，汉语中介语语料库建设缺乏自己的分词、词性标注规范与专用词表，语料库检索功能的现状与不足，语料呈现、下载与保存的便捷性，口语语料的转写困境，口语语料库建设的滞后性，语料库的开放与资源共享，等等。学界对上述一些问题的理解、认识与观点并不一致，有的甚至相反。这些情况引起我们对相关问题的重视，并使得我们在制定标准的过程中抱着谨慎的态度进行全面、细致、深入的思考与研究，尽最大努力使标准的制定做到科学、严谨、合理、可行。

3. 一些语料库的建设理念与认识主张非常有借鉴价值。例如，俄语国家语料库在语料标注问题上所主张的"不替用户做判断"的理念为我们在建库实践中已经逐渐形成的"浅层标注"的认识与主张提供了旁证。

4. 指出了国内汉语中介语语料库语料呈现方式存在的问题。例如：（1）检索界面虽能满足用户的基本需求，但或是检索结果不能批量下载与保存，或是用户对标注内容的显示与否和显示数量没有自主选择权，抑或是界面设计得不便于用户阅读；（2）原始语料不便于查看，甚至不能查看；（3）语料相关信息中只有学生的国籍信息，没有母语信息；等等。这些发现及在此基础上提出的改进建议对语料呈现标准的确定具有重要的启发意义。

5. 用户在使用语料库基础上提出的反馈意见与要求更是给了我们直接的启示，在建库实践中必须予以满足，在语料库建设标准中也必须加以体现。例如：（1）语料的背景信息应能检索并与语料一起呈现，且能和语料一起下载；（2）HSK动态作文语料库无语体、辞格等层面的标注，不能查询语体、辞格的使用情况；（3）检索功能薄弱，不能按词性查询，不能查特定句式与重叠结构，不能做对比检索；等等。用户的这些意见与要求不仅推动了语料库建设的进步，也丰富了建设标准的研究内容。

三、关于《建设标准》的内容与特点

（一）《建设标准》的内容

课题组通过调查研究、问题研讨、理论研究、实践检验、论文撰写等多方面的研究工作，最终成功研制了《建设标准》，包括语料库建设流程标准、语料采集标准、语料背景信息采集标准、笔语语料录入标准、口语和视频语料转写标准、语料标注标准、语料呈现标准、语料库软件系统研发标准、语料库建设质量标准、语料库使用标准。其中吸取了语料库建设实践中的诸多成功经验，也包括一些新的研究成果。

（二）《建设标准》体现了语料库建设的先进理念

1. 服务理念，即《建设标准》的研究要为汉语中介语语料库建设服务，为汉语国际教育与研究服务。例如："语料库建设流程标准"规定了语料库建设的必有环节与先后顺序，建库者可以按部就班地进行语料库建设，而无须从头摸索，甚至重复前人已经走过的弯路，从而克服建库中的随意性与低水平重复，推动、促进语料库建设的科学化与规范化；为了使广大用户能够方便快捷地检索到教学与研究所需要的语料，"语料库软件系统研发标准"提供了9种检索方式，便于用户从多种角度进行语料查询。

2. 前瞻性，即《建设标准》对建库实践具有引领作用。《建设标准》的研制既要总结并汲取以往语料库建设的成功经验与失败教训，更要发现规律，预测发展趋势，从而发挥引领作用，对建库工作给予切实有效的指导。例如标注内容，从为教学与研究服务的理念出发，教学与研究需要什么，就应该标什么，否则就无法为教学与研究服务。而有的学者根据国外的学术观点认为偏误标注所依赖的某些分析理论并不成熟，而没有较为成熟的理论支持，就很难制定出针对某些现象的完善的标注规范，进而提出：对于刚起步不久的汉语中介语语料库来说，可以先做好汉字、词汇和语法的基本的正确和偏误信息的标注，待相关的理论和实践研究比较成熟之后，再进行其他层面的标注。我们认为这种消极等待、无所作为的观点完全不顾汉语国际教育与研究的实际需求，颠倒了理论与实践的相互关系，放弃了我国学者应负的责任，违背了实践、创新的科学精神，这样是不可能带来我国语料库建设理论与实践的进步的。因此，我们在语料库建设实践取得成功经验的基础上，在《建设标准》中加入了全面标注的原则。我们还引入了"语料库建设2.0"的理念，认为语料库建设已进入2.0时代，语料库应具备"精细而丰富"的特征。"精细"是指语料库整体设计周密，软件系统制作精良，用户使用方便；"丰富"则指语料库的功能多样，能够满足教学与相关研究的多方面需求。这些都体现了《建设标准》的前瞻性与先进性。

3. 广泛性，即《建设标准》涉及面广、适应性强。《建设标准》不仅适用于笔语语料库，也适用于口语语料库、多模态语料库，说明汉语中介语语料库建设不仅重视书面形式的语言运用，也非常重视口语形式的语言表达和口语表达中的体态语。

4. 实事求是的平衡性。语料的平衡性是语料库建设中一个非常重要的问题，也是一个尚未彻底解决的问题。由于语料的真实性要求和必备的背景信息的要求，获取符合条件的语料本身就颇具难度。以学习者的国籍分布而言，想要达到绝对的、理想化的平衡既不现实，也不符合汉语国际教育的实际情况。因此，应采取实事求是的态度，根据不同国家和地区的学习者的实际分布情况，运用分层抽样的方法解决平衡性问题。

5. 标注模式。如果说语料采集是建库的基础或前提，标注就是决定语料库功能和使用价值的关键。为了能对学习者的语言表现进行全面、准确的了解和把握，《建设标准》采纳了"偏误标注 + 基础标注"的模式，既标注学习者的偏误，又标注其正确的语言表现，以在满足偏误分析需要的基础上，进一步满足表现分析（或称语言运用分析）的需要，进而提高汉语习得研究和中介语分析的水平。

6. 众包维护。用户在使用语料库时，如果发现录入、转写、标注等方面的错误，不仅可以通过反馈留言的方式告知管理人员，还可以点击有错误的地方，在弹出的对话框中直接进行修改并提交，经管理员确认通过后即可替代原来的语料与标注。这样，用户不仅是语料库的使用者，也是其检验者和维护者。语料库的检查、修改、维护从少数建库人员和管理人员有限的定期检查变成了众多用户参与的长期过程，这种靠众人之力、集众人之智的维护方式非常有利于语料库质量的不断提升。

7. 实践检验，即准备作为建设标准的认识与做法要经过建库实践的检验，证明其有效并可行之后，才纳入《建设标准》。在《建设标准》的研制过程中，我们利用建设全球汉语中介语语料库和开发HSK动态作文语料库（2.0版）的机会，把通过研究得出的一些认识与做法在建库实践中进行了检验，可行的予以保留，有问题的加以改进，不可行的则坚决舍弃。经过从认识到实践，再从实践到认识的反复探索，我们的认识与研究结论具有了较高的科学性与可行性。例如：我们在实践中验证了全面标注的主张；舍弃了同版标注，采用了分版标注的做法；证明了对部分标注内容进行自动标注的可行性。

8. 资源共享的途径。目前，除少数几个汉语中介语语料库外，大部分中介语语料库都不对外开放[①]。这既造成了人力、物力、财力的浪费，也是语料库建设存在低水平重复问题的重要原因之一。语料库是工具，使用的人越多，其价值越高；基于某语料库产出的研究成果越多，则该语料库发挥的作用越大。语料库是天下学术公器，本来就应该开放给天下人使用，为汉语国际教育与研究服务。因此《建设标准》明确提出：凡使用政府各级各类科研经费建设的语料库如不存在涉密问题，建成上线后，必须向学界、社会乃至所有用户免费开放，供各界用户使用，同时也应保护好建库者的知识产权与语料作者的个人信息。HSK动态作文语料库和全球汉语中介语语料库建成后，我们立即向国内外学界和全社会免费开放，已落实我们所倡导的为汉语国际教育与研究服务的宗旨。我们也曾多次呼吁

---

① 2021年4月中旬我们发现，原本就为数不多的对外开放的中介语语料库中，一个因为技术陈旧无法继续对外开放，另一个改变了使用策略，收回了使用权限，不再对外开放。目前只有北京语言大学的HSK动态作文语料库及北京语言大学联合学界共建的全球汉语中介语语料库依然坚持免费对外开放。

语料库建设者们开放语料库，但响应者寥寥。我们强烈建议各级科研管理部门把语料库免费开放作为项目中检和结项的必备条件。相较于学者们的宣传呼吁，这样一条管理措施具有很大的权威性，将会彻底改变语料库不开放的现状，真正实现语料资源的充分共享。

（三）《建设标准》吸取了语料库建设中的新鲜经验，提出了一些新的观点和做法

1. 提出了汉语中介语语料库建设标准的基本框架，即与语料库建设密切相关的10个方面的规范：语料库建设流程标准、语料采集标准、语料背景信息采集标准、笔语语料录入标准、口语和视频语料转写标准、语料标注标准、语料呈现标准、语料库软件系统研发标准、语料库建设质量标准、语料库使用标准。

2. 制定了汉语中介语语料库建设的标准流程：（1）提出建库任务，进行总体设计；（2）组建研究与开发团队；（3）语料采集与整理；（4）语料相关背景信息采集与整理；（5）语料录入、转写与校对；（6）制定标注规范与实施语料标注；（7）开发人工辅助标注工具；（8）数据统计与表格编制；（9）开发语料库管理系统与检索系统；（10）语料库集成、上网与调试；（11）语料库发布与开放；（12）语料库运行与维护。

3. 选择、规定了适宜的口语语料转写方式，解决了口语语料的转写难题。口语语料库建设很少，严重滞后于笔语语料库建设，制约着汉语口语中介语的研究和不同语体汉语中介语的对比研究，而重要原因之一就是口语语料转写困难。我们在标准研究和建库实践中发现，在线转写平台"讯飞听见"提供了转写质量好且经济实惠、完全具备实用价值的转写服务，可以大大减轻人工转写的繁难程度。虽然机器的语音识别结果会有一些问题，需要一定程度的人工审核与修改，但仍足以打破口语语料库建设的瓶颈。

4. 提出了汉语中介语语料标注的总原则——科学性，其含义是：（1）问题导向，需求驱动；（2）实事求是，严守规范；（3）积极探索，勇于实践。具体原则包括：（1）全面性；（2）准确性；（3）系统性；（4）规范性；（5）有限

性；（6）简洁性；（7）开放性；（8）通用性；（9）自动化；（10）渐进性。

5. 规定了"偏误标注＋基础标注"的标注模式，阐释并验证了全面标注、分版标注、自动标注的必要性与可行性。

6. 实时统计。以往语料库建设中采用的统计方法都是语料标注完成后进行静态统计，这对百万字级的较小的语料库来说并无不妥。但对需要边建设、边开放的大型语料库来说，静态统计是无法随时更新数据的。而实时的动态统计意味着随着语料规模的不断增长与各项标注内容标注量的不断增加，总字数与总词数、已标注字数与词数、未标注字数与词数、语料的题目数、语料总篇数、不同国家学习者的语料篇数等统计数据都会发生变化，用户可以随时掌握这些数据，作为教学与研究的参考。实时统计代表了2.0时代语料库在数据统计方面的发展方向，因而《建设标准》收入了这一方法。

7. 研发了9种检索方式。目前绝大多数语料库以字符串一般检索和分类标注检索为基本检索方式，前者可以按照具体的字、词、短语、句子进行检索，后者可以查询标注过的内容。其局限性在于检索功能薄弱，语料库中某些中介语现象实际存在却无法检索。为此，我们在建库实践中研发了特定条件检索、词语搭配检索、按词性检索、词语对比检索、离合词检索、重叠结构检索、按句末标点检索等7种新的检索方式，并将其加入《建设标准》，为用户提供了多种角度的检索方式，可以检索出更多的中介语现象，从而增强了语料库的功能与使用价值，可以更好地发挥语料的作用。

8. 自动化，指部分内容标注和建设流程的自动化。《建设标准》吸收了已达到实用水平的自动分词和词性标注，也收入了准确无误的繁体字、异体字的自动标注，以及具有一定使用价值的词语层面和某些语体色彩分明的句式层面的语体自动标注。"汉语中介语语料库建设与应用综合平台"集语料的上传与审核、录入转写与审核、标注与审核、统计、入库等环节于一体，不但在一定程度上实现了语料库建设的自动化，而且在很大程度上实现了语料库建设的标准化，提升了语料库建设的效率与水平。因此，《建设标准》也吸纳了这些做法。

上述研究成果均在本书中进行了阐释与论证，体现了《建设标准》的研制过程。

四、关于本书的内容安排与作者

本书由总论、调研报告、标准研究三部分组成，共计24章。总论2章，集中讨论语料库建设的各方面问题，从整体上阐释对建设标准的认识和观点。调研报告8章，从地域与国家（国内外，美、英、俄等国家）和语料库类型与语种（中介语语料库、母语语料库，汉语语料库、英语语料库、俄语语料库等）两个维度调查、分析现有各类语料库的建设与使用情况，为标准研究奠定基础。标准研究14章，从语料库建设流程、语料采集、语料录写、语料标注、语料检索、语料库软件研发、语料库应用等方面探讨建设标准问题，提出了语料库建设各个方面的标准。本书附录系《建设标准》草案稿，供专家学者和广大读者参考、批评、指正。

本书作者为北京语言大学语言科学院、汉语国际教育研究院的部分教师、硕士研究生和博士研究生，以及部分外校教师。分工如下：

张宝林，第一章（合著）、第二章、第十一章（合著）、第十三章、第二十一章、第二十二章、第二十四章及前言、附录、后记；

崔希亮，第一章（合著）；

李红梅，第三章、第二十章；

邢晓青，第四章；

靳继君，第五章；

张敏，第六章；

许家金，第七章；

陈丽华，第八章（合著）、第九章（合著）；

王美云，第八章（合著）、第九章（合著）；

高璇，第八章（合著）、第九章（合著）；

温晓洁，第八章（合著）；

段海于，第八章（合著）、第十四章；

文雁，第十章、第十一章（合著）；

段清钒，第十一章（合著）、第十二章（合著）、第十五章（合著）；

杨星星，第十二章（合著）；

齐菲，第十五章（合著）；

张馨丹，第十五章（合著）；

刘运同，第十六章；

张蕾，第十七章（合著）；

杨帆，第十七章（合著）；

梁丁一，第十八章；

闫慧慧，第十九章；

闫培，第二十三章。

五、我们的期待

为汉语中介语语料库建设研制标准尚属首次，我们有幸提出并承担这项十分重要的任务，并最终完成了任务。同时，我们深知：这项任务是十分艰难的，标准的研究并非一蹴而就，更非一劳永逸，我们研制的《建设标准》必定还有很多缺点和不足。我们会继续关注国内外语料库语言学的发展，关注学界在建库实践中取得的新成果，并在今后的建库实践与应用研究中不断发现新问题，克服新困难，积累新经验，进行深入研究，在新的认识的基础上，修订与改进该标准，使其不断完善，更好地为语料库建设提供指导与帮助，促进语料库的建设与应用研究。

我们衷心期待各位专家学者、广大用户与读者不吝赐教！

张宝林

2022年6月21日

目 录

总 论

第一章 谈汉语中介语语料库的建设标准 / 3
第二章 关于汉语中介语语料库建设的若干重要问题 / 17

调研报告

第三章 汉语中介语语料库建设考察 / 29
第四章 国外二语学习者语料库建设研究 / 43
第五章 国内汉语母语语料库考察 / 58
第六章 国外语料库建设考察 / 71
第七章 美国语料库语言学百年 / 87
第八章 美国语料库建设情况考察 / 99
第九章 英国语料库建设情况考察 / 121
第十章 俄罗斯语料库建设及使用情况考察 / 144

标准研究

第十一章　汉语中介语语料库建设流程标准研究 / 169

第十二章　语料采集标准研究 / 181

第十三章　扩大汉语中介语语料库语料来源的途径 / 190

第十四章　语料背景信息采集标准研究 / 200

第十五章　汉语中介语笔语语料录入标准研究 / 213

第十六章　汉语口语中介语语料转写若干问题探讨 / 221

第十七章　汉语中介语口语语料转写标准研究 / 230

第十八章　汉语中介语语料库口语及视频语料转写研究 / 244

第十九章　汉语中介语语料库标注标准研究 / 255

第二十章　汉语中介语语料库呈现标准研究 / 267

第二十一章　关于汉语中介语语料库软件系统的研发标准 / 280

第二十二章　"语料库建设与应用综合平台"的设计 / 291

第二十三章　语料库建设质量标准研究 / 303

第二十四章　关于汉语中介语语料库的资源共享问题 / 318

参考文献 / 326

附录：《汉语中介语语料库建设标准（草案）》/ 347

后记 / 379

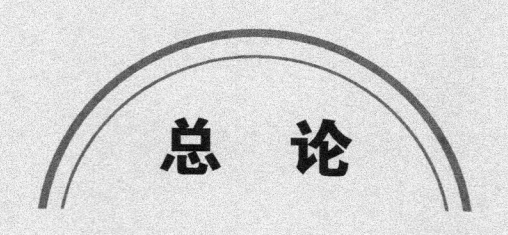

总 论

第一章 谈汉语中介语语料库的建设标准*

一、引言

一方面，21世纪初以来，汉语中介语语料库在汉语国际教学与研究中的作用日益凸显，引起了学界的广泛关注，汉语中介语语料库建设渐入高潮，"成为语料库研究中的热点"（谭晓平，2014），正在跨入一个繁荣发展的重要时期。

另一方面，直至今天，汉语中介语语料库建设并无统一标准，不论哪一种语料库，不论是建成的还是在建的，都是根据建设者的主观认识和研究经验进行建设，建库实践中存在很大的随意性。这种随意性表现在许多方面，例如在语料收集方面：有的语料库只收作文，有的兼收造句；有的只收作文考试答卷，有的兼收平时的写作练习；有的只有录入版语料，有的还附带原始语料。在语料和语料作者的背景信息方面：有的语料库收集得较多，有十几项；有的很少，只有几项。在语料规模方面：有的语料库有几十万字，有的则达几百万字，而百万字左右者居多。在语料标注方面：有的进行标注，有的未做标注；有的只经过断句、分词和词性标注等加工处理（陈小荷，1996a），有的只标出错别字或部分偏误句，有的则从字、词、句、篇、标点符号等角度对全部语料中存在的偏误现象进行穷尽性标注（张宝林，2006、2008）；对语料中正确的语言表现，除个别语料库外，一般皆未进行标注（张宝林，2008；崔希亮、张宝林，2011），标注的方

---

* 本章作者张宝林、崔希亮，原载《语言文字应用》2015年第2期。收入本书时有改动。

法与代码也不尽相同；分词和词性标注使用的是为汉语母语研究或中文信息处理服务的、为母语语料库建设设计的分词规范与词表，并不完全适用于汉语中介语的研究。语料及相关背景信息的查询与呈现方式各异，有的很便捷，有的则不甚方便。已建成的语料库除极少数向学界开放之外，大多没能实现资源共享。这些问题表明语料库在规模、功能、质量、使用等方面还存在诸多局限，不能完全满足用户的需求（张宝林，2010a；崔希亮、张宝林，2011；张宝林、崔希亮，2013）。

我们认为，建设标准是对汉语中介语语料库建设经验的总结，凝聚着学界对语料库建设的理论思考，标志着语料库的建设水平，对语料库建设具有重要指导意义。它是汉语中介语语料库建设中的全局性问题，不仅关系到语料库建设本身，还对基于语料库的汉语教学与相关研究具有重大影响。当前，建设标准已成为汉语中介语语料库建设水平提升及语料库建设向前发展的瓶颈，20余年的建库实践为我们提供了进行建设标准研究的坚实基础，因此，进行汉语中介语语料库建设标准研究的时机已经成熟。

基于上述认识，本章专门探讨通用型汉语中介语语料库建设标准问题，希望能引起学界的关注与讨论，逐渐形成共识，以促进语料库建设的发展和建设水平的提高，为汉语教学与研究提供更好的资源。

二、研究建设标准的目的与原则

（一）目的

研究语料库建设标准的目的有两个：直接目的和最终目的。前者是为语料库建设服务，后者是为汉语教学与研究服务。

为语料库建设服务，就要总结以往建库实践中的经验教训。总结经验可以认识语料库的建设规律，加快建设速度，提高建设水平；总结教训可以使开展新的建库工作时不必从头摸索，少走弯路，减少语料库建设中的低水平重复。

为汉语教学与研究服务，就要了解广大教师和研究人员的实际需求，并根据这些需求确定语料标注内容。例如，学界的研究兴趣可能分布在汉字、词汇、语法、语篇、语体、语义、语用、辞格、交际文化等各个方面，那么，作为通用型语料库，就应为满足各种研究目的而做语言文字乃至交际文化等各个方面的标注：有做偏误分析的需求，就要做偏误标注；有做表现分析的需求，就要采用"偏误标注＋基础标注"的模式进行标注（张宝林，2008、2013）。总之，应尽可能满足教学与研究的多种需求，理论上是满足所有需求。

（二）原则

1. 全面性。研究语料库建设标准的目的决定了本项研究必须贯彻全面性原则。从其直接目的看，语料库建设从设计到施工，从语料收集到语料标注，从研制管理系统、查询系统到上网运行与维护，是一项非常复杂的系统性工程，涉及很多方面的工作内容和细节，哪个环节处理不好都会影响语料库的建设。因此，语料库建设标准的研究要全面。

从为教学与研究服务的角度看，不同研究者的关注点与研究兴趣往往存在一定差异，研究的对象与内容各不相同，使用电脑的方式也可能多种多样。那么，在语料库建设过程中，就要在语料类型、语料标注、语料检索与呈现方式等方面进行妥善的设计与安排，确保语料库功能的全面，以满足不同研究者的需求，这同样需要贯彻全面性原则。

2. 可行性。建设标准的制定要有充分的现实基础，有些虽然需要但暂时做不到的事情不能作为标准。例如使用计算机进行自动标注，不但效率高，而且一致性好，但中文信息处理中，除自动分词和词性标注达到实用水平外，其他语言层面的自动标注尚未实现，因此，目前不能把自动标注作为建设标准。

3. 区别性。汉语中介语语料库包括口语语料库和笔语语料库，通用型汉语中介语语料库的建设标准理应包括口语语料库和笔语语料库的建设标准。由于两种语料库的语料在承载媒介上有根本区别，建设标准必须对不同类型的语料库做出不同的规定。例如，口语语料库必须包括声音语料，这是笔语语料库所没有的；

为了满足对中介汉字的研究需求，笔语语料库必须进行汉字标注，而口语语料库的文本系母语者转写，因而无须进行汉字标注。

三、建设标准的研究内容

（一）语料库建设流程

1. 研究建设流程的重要性

研究这一问题的目标是设计一套汉语中介语语料库建设的标准流程，使任何从事这一工作的人都可以沿着正确的途径，按部就班地建设语料库，而无须每建设一个语料库都从零开始，一步步地探索，甚至重复前人走过的弯路，因而能在一定程度上避免低水平重复，提高建设速度，及时地为汉语教学与研究服务。

2. 标准流程

（1）提出建库任务，进行总体设计

提出建库任务：明确建库的具体目标，说明要建设一个什么样的语料库，建设这样一个语料库的原因、目的和意义。这一步是解决语料库建设的必要性问题。

进行总体设计：研究怎样建设语料库，怎样实现建库的目的和意义，明确语料库的特点，确定语料库的规模、选材、结构、标注内容与方式、建设原则、使用方法等。这一步是解决语料库建设的可行性问题。

（2）语料采集与整理

语料是建库的基本前提，建设一个语料库首先要解决语料来源问题。

（3）语料相关背景信息采集与整理

语料背景信息包括两种：语料作者的背景信息，也就是学习者信息；语料自身的背景信息。

作者背景信息包括其自然情况、学习情况、考试成绩等。例如：性别、国别、母语或第一语言，以及是否为华裔，学习汉语的目的、时间与地点，各学期的期中考试成绩、期末考试成绩、平时成绩，等等。据悉，在全世界近3000万汉语学习者中，华裔学习者约占70%（贾益民，2007；赵金铭，2013），而华裔和其他二语学习者的学习情况有很大差异。因此，在上述背景信息中，是否为华裔具有重要意义。母语或第一语言对分析某些二语习得情况出现的深层原因具有重要价值，应予以特别关注。

语料自身的背景信息指语料产出时的相关要求。例如：语料的语体和文体、笔语语料的标题和口语语料的话题、笔语语料的字数要求和口语语料的时长要求、完成语料的时间要求、语料产出的地点（指课上、课下、考场）等。

（4）语料录入、转写与校对

语料录入与转写中难免有错误和疏漏，而底层不一致性在上层应用中会被放大几倍到几十倍[①]，因此必须对录入与转写的语料进行严格的校对。这是确保语料真实可用的重要环节。

（5）制定标注规范与实施语料标注

语料标注规范主要解决标注内容与方式的问题。标注内容是标什么的问题，例如：只标注偏误，还是也标注正确的语言表现？对语料的标注是深加工，还是浅加工？深加工的话，"深"到何种程度？标注方式是怎么标的问题，例如：先标什么，后标什么？人工标注，还是机器自动标注？使用什么样的标注代码？这些内容也可以概括为"标注模式"问题（张宝林，2013）。把这些问题解决了，制定出科学、完备、明确、易行的标注规范，才能实施标注。这也是保证标注质量的一个非常重要的方面。

（6）开发人工辅助标注工具

语料标注是一项非常烦琐、细致的工作，标注的内容越丰富，标注的层次越深，标注员需要记忆的规范条款就越多，标注过程中也越容易出现错误，包括代码使用不一致的问题。计算机技术人员可以研发一些供标注使用的工具软件，把标注项目与代码一一对应起来，从而大大减轻标注员的记忆负担，使他们可以把

---

① 参考宋柔2010年"文本语料库建设同语言教学和语言研究"讲座课件。

主要精力集中在对语料的考察、对各种语言现象的分析和对各种偏误性质的判别上。还可以用"一键OK"的方式取代标注员添加标注代码的多道复杂程序，确保代码完整。"基于web的语料协同标注平台"可以实现"人机互助""人人互助"，从而大大提高标注的科学性与效率。（张宝林、崔希亮，2013）

（7）数据统计与表格编制

语料标注完毕后，可经统计得到多种相关数据，例如总字次，总词次，不同字的数量，不同词的数量，各种短语、句类、句型、句式的总数量，偏误语言现象数量，与偏误项目相对应的正确语言表现的数量，等等。这些数据对了解学习者的汉语使用情况具有十分重要的意义，将数据制成表格则可以方便用户使用。

（8）开发语料库管理系统与检索系统

在语言研究人员进行语料的采集与标注时，计算机设计与编程人员应进行管理系统与检索系统的开发研制工作。

（9）语料库集成、上网与调试

在语料标注和语料库管理系统与检索系统的研发工作结束后，由计算机技术人员把语料及各种统计数据入库，整合语料库系统并上网试运行。在此过程中，语言研究人员要与之密切配合，根据语言研究的相关需求，完善语料库的各种功能，并对语料库进行多方面测试，发现问题，及时研究并予以修正。最终使语料库顺利运行，具备完善的使用功能。

（10）语料库发布与开放

在经过测试、语料库具备预定的各项使用功能之后，应通过多种途径，如互联网、专业刊物等，向学界发布消息，并向学界乃至社会各界开放。如果没有特别原因，应向全世界免费开放。

（二）语料的采集与录入标准

1. 语料采集标准

（1）真实性与代表性

语料的真实性指语料必须是由学习汉语的外国人自主产出的成段表达语料。

第一章　谈汉语中介语语料库的建设标准

自主产出是指不论是写出来的文字还是说出来的口语，都必须是学习者主观思考的产物，而不是抄写的或记录的别人的话；成段表达是指不论长短，都必须是有语境的一段话，而不是造句。

需要特别指出的是，必须将这些原始语料放入语料库，以供用户使用与查找、核对。因为语料的行款格式、中介汉字与标点符号的原始面貌等第一手信息只有在原始语料中才能得到最真实的体现，语料录入的质量也只有对照原始语料才能做出准确的评价。

语料的代表性指所选语料要能真实反映学习者整体或大多数学习者的汉语面貌与水平，而不仅仅是反映个别或一小部分学习者的汉语学习情况。因为"我们需要分析由许多说话者收集的大量语言，以保证我们的结论不是基于少数说话者的个性语言而做出的"，"语料库的代表性反过来决定研究问题的种类和研究结果的普遍性"（道格拉斯·比伯、苏珊·康拉德、兰迪·瑞潘，2012：152）。为了确保语料具有代表性，语料应达到较大规模，应来自较多样本、较大范围。例如全球汉语中介语语料库，其语料来自全球的汉语教学单位，共计数万个样本，规模达5000万字，具有非常充分的代表性。

真实性是建设汉语中介语语料库的基本前提，没有这个前提，语料库就不能反映汉语学习者真实的语言面貌，基于语料库的研究及得出的结论也必然是毫无意义的。而代表性与真实性密切相关，在某种程度上可以说是一种更大范围和更高层次上的真实性。

（2）平衡性与系统性

语料的平衡性指不同类型的语料在分布上应尽可能均匀，例如不同国籍、不同母语、不同学习时间、不同专业背景、不同专业方向、不同水平的汉语学习者所产出的语料数量应该完全相同。

然而这样理解平衡性并不恰当，因为现实情况导致语料分布根本无法达到这样"理想化的绝对平衡"。以国籍而言，学习汉语的外国人以韩国及东南亚国家的居多，而欧洲国家的较少，非洲国家的、南美洲国家的更少。现实情况如此，我们不可能从学习者国籍的角度保证语料绝对的平衡性。另一方面，"理想化的

"绝对平衡"也不应该是我们追求的目标,因为那并不符合外国人学习汉语的实际情况。

因此,我们必须实事求是地对不同类型的语料在选择上有所区别。例如从汉语水平角度看,初级、中级、高级三个水平等级的学习者的语料数量应完全相同。从国别角度看,应采取分层抽样的方法:学习者多的国家的语料多取,学习者少的国家的语料少取,只有个别或很少学习者的国家的语料则暂时不取。因为语料太少将无法保证研究结论的客观性、普遍性与稳定性,结论是没有意义的。

成系统的语料能够反映学习者的整个学习过程和完整的语言面貌,便于从各个角度对学习者的学习情况进行观察分析,对基于语料库的相关研究具有重要意义。

语料的系统性体现在三个方面:首先,语料和学习者的背景信息齐全,并能够一一对应;其次,同一名学习者或同一个学习者群体在不同学习阶段或不同年级的语料齐全;第三,在各类考试中,通过考试和未通过考试的考生的语料齐全,通过考试的考生中,得到不同档次分数的考生的语料齐全。

(3)有声性与有图像性

这条原则针对口语语料库和多模态语料库的建设而言。与笔语语料相比,口语语料的价值在于:除了可以考察学习者口语中词汇、语法、语义、语用等方面的实际表现之外,还可以了解学习者实际的汉语语音面貌,对其进行声、韵、调等方面的考察与分析。多模态语料库中还有视频材料,可以用于研究言语交际中的体态语。这些分别是口语语料库和多模态语料库的最大特点。因此,口语语料库必须具备"有声性"特点,多模态语料库还须具备"有图像性"特点,配备与文本文件相对应的声音文件和视频文件,以满足语音、口语教学与习得方面的研究需要(张宝林,2012a、2014)。

2. 语料录入标准

为了保证语料的真实性,在语料录入阶段应采取"实录"原则,对于语料中字、词、短语、句、篇、标点符号等方面的偏误及书写格式,均须原样录入,不能做任何更改,以最大限度地保持语料原貌。对于笔语语料库来说,错字是录入的难点，因为电脑字库中没有这些字，无法直接录入。录入时可先以代码标示，后期加工时则应体现其原貌。对于口语语料库来说，在把口语形式的语料转写为书面形式的语料时，还应如实反映口语表达中的停顿、重复、语音偏误等。对于多模态语料库来说，还应描绘伴随口语交际的表情与肢体动作。

（三）语料标注

1. 全面性与相对性

作为通用型汉语中介语料库，语料标注的内容越丰富、越全面，就越能满足各种基于语料库的研究的需求。为此，应在汉字、词、短语、句类、句型、句式、语篇、语体、语义、语用、修辞，乃至交际文化等各个方面、各种层面上对相关的语言文字现象进行标注，以保证语料库功能的全面，从而更好地为汉语教学与研究服务。（张宝林，2013）

然而，由于汉语本体研究与习得研究的局限，所谓通用型语料库的建设也必然受到某些限制，难以做到百分之百的"通用"，因而语料标注又有相对性。例如语义，从某些实例来看，是应该，也是可以标注的。以"时常在家里弄得乱七八糟"为例，"家里"并非动作的处所，而是动作的受事，因而是典型的语义问题，可以根据语义角色关系进行标注。但是由于语义和语用方面的本体研究尚不够充分，有些现象难以区分，不易甚至无法标注。例如"老师，你媳妇漂亮吗？"究竟是学生不了解该词含有的不严肃、不庄重之意而造成的语义偏误，还是其使用场合不对而导致的语用偏误？应该说都有可能，操作上应该如何标注，似难把握。另外，这些方面的大多数问题都可转化为词汇、语法问题，例如前一例可定性为"把"字句的回避偏误，后一例可定性为词汇误用。在这种情况下，为了避免增加标注员的工作量和工作难度及语料标注的错误率，影响语料库的信度和形象[①]，语义标注就应暂缓，待语义、语用方面的相关研究取得进一步的成果后，再考虑其标注问题。交际文化因素的标注与此类似。

---

① 参考侯敏 2013 年未发表的《对汉语中介语料库标注规范研究的一些意见》。

2. 科学性与通用性

科学性指语料标注要准确，符合汉语字、词的相关规范，符合一般的语法规则，对同类语言现象的判断与标注要具有一致性。

语料标注的科学性首先体现为标注规范的科学性。标注规范在繁简字、异体字、新旧字形、数字用法、标点符号用法、异形词的判定方面均应以国家相应的语言文字规范为标准。在研制出汉语中介语语料库专用分词规范与词表之前，分词及词性标注应以国家标准《信息处理用现代汉语分词规范》（GB/T 13715—1992）、《信息处理用现代汉语词类标记规范》（GB/T 20532—2006）为标准。语法系统的选择应以学术影响大、采用范围广、具有行业标准意义的语法著作和语法大纲为主要依据，例如《汉语水平等级标准与语法等级大纲》（1996）、《高等学校外国留学生汉语言专业教学大纲》（2002）、《国际汉语教学通用课程大纲》（2008）、《国际中文教育中文水平等级标准》（2021）等。

科学性还体现为语料标注的一致性。对同一种语言现象所做的标注应该是一致的，不能前后不一、自相矛盾。标注代码的前后完整、形式统一，也属于一致性的范畴。

语料标注的一致性问题意义重大。要解决这一问题，目前可以采取的办法，一是通过制定严密的标注规范、严格规范标注流程、对标注员进行严格有效的培训等方法，尽最大可能将语料标注的错误率降到最低；二是通过检测，计算出标注的错误率，并在语料库的说明中明确告知用户，使用户了解依据该语料库进行的相关研究的结论有多大的置信区间，即可以在多大程度上相信这个结论。而最终的解决方案则是通过技术手段，实现人和计算机的优势互补，进而实现计算机自动标注。

我们认为，计算并说明标注错误率对语料库的使用者及其研究结论来说极为重要，"语料库的标注者应该提供相关的标注质量信息"（郑家恒、张虎、谭红叶等，2010：6）。但从现实情况看，迄今为止，尚无一个汉语中介语语料库做过这样的说明。这充分表明问题的重要性和紧迫性。建设标准不仅要关注此问题，将其列为条款，而且应予以强调。

通用性指语料标注代码应符合标准化与通用化要求。采用通用代码既便于用户使用语料库，也有利于语料库的资源共享。因此，学界应积极开展协作研究，尽快研制出学界普遍接受并乐于使用的语料标注规范与代码，从而实现语料标注的标准化与通用化。

国内外母语语料库建设大多采用可扩展标记语言（XML）制定标注标签，对语料的文本信息进行标注。在汉语中介语语料库的建设中，也已有人开始研究利用XML制定标注标签，对语料进行标注，例如李斌（2007）、林君峰（2014）。从理论上说，XML具有最广泛的通用性，最适合通用代码的开发，应对其进行深入研究并尽快将其应用于汉语中介语语料库的语料标注。

3. 只标不改

作为中介语语料库，保持中介语的"原汁原味"是建库过程中必须遵守的一条基本原则。在语料标注阶段也不例外，标注要忠实于原作，对各种偏误现象"只标不改"，即只是指出语料中的偏误现象与偏误类型并进行分类标注，而不做任何修正。这样处理的原因，一是同一个错误可能存在多种不同的改法，在语料库中很难将所有改法一一列出；二是修正会导致语料"失真"，影响研究结果的客观性；三是对于广大用户来说，语料库的最大价值是提供汉语中介语的语言事实，帮助他们从中发现各种偏误现象并统计数量和比例等相关数据，进而通过研究得出结论以指导教学，要达到这样的目标，标出偏误即可，而无须修改。

（四）资源共享

1. 资源共享的现状

有研究指出，"近十年来……虽然语料库数量众多，类型丰富，但可公开使用的语料库并不多"，"我们认为如何最大范围地实现语料库的资源共享模式，让语料库研究成果的受益群体最大化仍然是一个值得研究的课题"（谭晓平，2014）。

近二十年前，我们在设计HSK动态作文语料库时，就提出了语料库建设的开放性原则（张宝林、崔希亮、任杰，2004）。语料库建成后，我们立即兑现承诺，向海内外各界人士免费开放。后来应用户要求，取消了普通用户与高级用户的区分，提供了语料下载功能，全面开放了语料库。2006年建成以来，该语料库为数以万计的海内外用户提供了语料支持，发挥了其应有的作用。

近年来，要求语料库开放的呼声越发强烈。这种呼声有其充分的合理性，因为语料库本来就"应该是一个可以被人类和科学研究者重用的、共享的资源"（郑家恒、张虎、谭红叶等，2010：6）。

2. 资源共享的理据

（1）梁任公有言："夫学术者，天下之公器也。"此言之重要前提是，学术研究之材料亦当为天下之公器，否则，无学术矣。语料库之语料即"学术研究之材料"，实乃公器，本来就应该为天下人所用。

（2）国家资助语料库建设的目的是促进学术发展，推动国家教育事业与科学技术的进步，而实现最充分的资源共享是达到此目的的前提。

（3）公民作为纳税人，完全有资格与权利使用国家科研经费资助的科研成果，当然，涉密的成果除外。

（4）近年来，随着我国经济的持续发展和国际地位的不断提高，全球范围内希望了解中国、愿意学习汉语的人越来越多，汉语国际教育形势迅猛发展。在这种情况下，我们更应关注、了解各类学习者的汉语学习状况，探索与总结面向各类汉语学习者的教学规律，千方百计提高教学效率。在这方面，汉语中介语语料库有着不可替代的作用，应该积极主动地、全心全意地为汉语教学与研究服务，尽快开放。

（5）互联网、云计算、大数据是当前信息时代的显著特征，其核心观念是开放。目前国外一些国会图书馆和大学图书馆的数字化成果都是全数上网、完全公开、免费下载，这已成为一些国家进行公助数字化项目的前提。人文计算（Humanities Computing或Computing in the Humanities）是一个新兴的将现代信息技术深入应用于传统人文研究的跨学科领域。数据是人文计算的基础，从目前整个学科的发展来看，数据开放、资源共享已经成为这一学科的趋势（李启虎，

2017）。据我们了解，中国国家图书馆的数字文献只要是不涉及版权问题的，也都能网上阅览、下载，而且是免费的。

我们认为，汉语中介语语料库及基于语料库的相关研究是信息技术的成果、网络时代的产物，属于人文计算的范畴，同样应该贯彻数据开放、资源共享的时代精神。

3. 资源共享的途径

如前所述，数据开放、资源共享已经成为一些国家进行公助数字化项目的前提。我国也有研究指出，要顺应人文计算学科数据开放和资源共享的发展趋势，将数据共享作为项目的考核指标（李启虎，2017）。我们认为这是实现资源共享的有效途径。

我们主张，凡是由各级政府科研管理部门批准立项和资助的语料库建设项目，包括汉语母语语料库和汉语中介语语料库，乃至其他各种语料库，建成后必须向全社会开放，免费供高等院校和科研院所的研究者及公民个人浏览使用，并将此作为项目中检与结项的重要指标之一。

这应该成为汉语中介语语料库在建设方面的标准，并应该成为国家科研管理部门的明文规定。

4. 知识产权与隐私保护

（1）语料库上网开放，欢迎任何人登录浏览与研究使用，唯一的条件是限于非商业目的。

（2）使用语料库进行教学与学术研究，是语料库价值的体现，唯一的要求是在研究成果中注明语料来源。

（3）汉语中介语语料库中的语料来自教学单位，有些单位的作文题目和综合课考试题目在更换新的教材之前可能还会使用。为了保证正常的教学秩序，这些题目不能公开，根据这些题目写的作文也不能全文公开，而仅以句子形式呈现。这会在一定程度上限制语料库的功能，但也只能如此。

（4）尊重并保护语料产出者的个人隐私，其姓名信息不能公开；视频语料中的人物图像等如未得到当事人同意，也不能公开。

四、结语

（一）目前，汉语中介语语料库建设中存在的随意性问题已经成为制约语料库建设发展的关键。这个问题不解决，语料库的建设水平就无法提高，汉语教学与研究对语料库的迫切需求就无法得到全面满足，而破解之道就是制定语料库建设标准。

（二）建设标准是汉语中介语语料库建设领域的一个冷僻话题，迄今为止，尚未见有专文对此进行探讨。本章提出的见解与主张不一定全面、恰当，但作为引玉之砖，希望引起学界的重视与讨论，促进语料库建设的规范化，推动其进一步发展，以期更好地服务于汉语国际教育事业。

第二章　关于汉语中介语语料库建设的若干重要问题*

一、引言

汉语中介语语料库的建设与应用引起了学界愈来愈多的关注，学界对HSK动态作文语料库的语料选取、加工标注、界面设计等问题进行了探讨（任海波，2010）。作为该语料库的建设者，我们非常乐于倾听学界同人的意见，也愿意提出我们的一些思考，就教于大家，以期深化对汉语中介语语料库建设中一些关键性问题的认识，促进汉语中介语语料库的建设与发展，使其更好地为汉语教学与研究服务。

二、选取语料的基本原则

（一）语料的真实性

语料的真实性是建设汉语中介语语料库最基本的前提。因为只有真实的语料才能反映汉语学习者真实的语言面貌，在此基础上所做的研究及得出的结论才是有意义的。

---

* 本章作者张宝林，原载《数字化汉语教学：2012》，北京：清华大学出版社，2012。收入本书时有改动。

语料的真实性体现在三个方面：

1. 在语料收集阶段必须保证语料的真实性。应收集汉语学习者在自然状态下用汉语所做的语言表述，从源头上保证语料的真实性。例如即时的自由谈话、私人书信、不借助任何参考文献和工具书的考试作文、课上限时作文、写作练习或作文的初稿等。

2. 在语料录入阶段应采取"实录"原则，以最大限度地保持语料原貌。录入时对语料中字、词、短语、句、篇、标点符号等方面的偏误及书写格式均须忠实于原作，原样录入，不能做任何更改，以全面反映学习者的实际语言表现。

语料录入时比较难处理的是错字，因为"错字"是汉字中不存在的"字"，无法直接录入。与造字、制图相比，附加原稿图片，即把考生的作文原稿扫描成图片，放在语料库中，并在录入版语料和原稿图片之间建立链接，是相对较好的处理方法。这种方法的优点是能够保证用户可以看到考生所写的汉字的真实面貌，而且相对简单，便于实现；其问题是图片会占用较大的存储空间，另外，录入版语料和原始图片中的错字不能直接对应、定位，使用上不甚方便。HSK动态作文语料库采取了这种处理方法。

3. 在语料标注阶段也要忠实于原作，尽可能保持语料原貌。从保证语料真实性的角度看，语料标注时应采取的做法是对各种偏误现象"只标不改"，即只是指出语料中的偏误现象与偏误类型，而不做任何修正。然而，要贯彻"只标不改"的做法是有困难的，详见下文。

（二）语料的平衡性

语料的平衡性指不同类型的语料在分布上应尽可能均匀，例如不同国籍、不同母语、不同学习时间、不同专业背景、不同专业方向、不同水平的汉语学习者所产出的语料数量应该完全相同。然而，外国汉语学习者的情况差异很大。以HSK高等作文考试的成绩分布为例，未获证考生最多，获得9级证书的较多，获得10级证书的次之，获得11级证书的考生人数极少（田清源，2011：99）。现实如此，成绩不同的考生的语料自然难以平衡。由此看来，完全、彻底的平衡可能只是理论上的一种追求，在实践中是无法做到的。因此，我们必须采取务实的态度，对不同类型的语料在选择上有所区别。例如从国别角度看，应采取分层抽样的方法：汉语学习者多的国家的语料适当多取，汉语学习者少的国家的语料适当少取，只有个别汉语学习者的国家的语料则暂时不取。因为研究所依据的语料太少将无法保证研究结论的客观性、普遍性与稳定性，结论是没有意义的。

（三）语料的随机性

语料的随机性指语料不是主观随意选取的，而是按照随机取样的方法选取的，这种取样方法能够保证"取样总体中的所有个体的被选概率是独立且均等的"，所选样本"对于取样总体具有更高的代表性"（李文玲、张厚粲、舒华，2008：35）。具体做法可以是每隔若干篇抽取一篇，也可以是通过计算机程序进行随机取样。在以往的汉语中介语语料库建设中，人们对取样的随机性重视不够，这在一定程度上影响了语料库的建设水平，进而影响到研究结论的可靠性与科学性。随机性是选取语料时极为重要的原则，必须坚决贯彻。

（四）语料的系统性

成系统的语料能够反映学习者的整个学习过程和完整的语言面貌，便于从各种角度对学习者的学习情况进行观察分析，在研究上具有重要意义。

语料的系统性体现在三个方面：一是语料和学习者的背景信息齐全，并能够一一对应；二是通过考试和未通过考试的考生的语料齐全，通过考试的考生中，得到各级证书的考生的语料齐全；三是同一名学习者或同一个学习者群体在不同学习阶段或不同年级的语料齐全——这部分语料非常重要，它可以使我们看到学生习得语言的各个阶段的具体情况并了解整个过程。

（五）语料的动态性

语料的动态性指语料库中的语料可以按一定周期（例如学期或学年）进行充实与更新，其效益显著：一是可以使语料规模不断扩大，从而使基于语料库的研究及其结论更具普遍性与稳定性；二是可以保证语料的新颖性，使语料库与时俱进而不显陈旧。

三、语料标注的内容与方法

（一）语料标注的内容

汉语中介语语料库一般都对语料中的偏误现象做了不同程度的标注，满足了偏误分析的需要，对汉语中介语的偏误分析起到了很大的推动与促进作用。但做偏误分析的研究者只关注语言学习者错误的语言表现，而忽略了学习者正确的语言表现，因而其认识是不全面的，其所做出的判断是不准确的。例如学界普遍认同"把"字句难、学生回避"把"字句之类的说法，但基于语料库的研究表明，对参加高等汉语水平考试的考生来说，"把"字句并不像人们认为的那么难（张宝林，2010b）。

要对学习者的汉语习得情况形成准确而全面的认识，就要既看其语言偏误，也看其正确的语言表现，这就要把偏误分析提升为表现分析。而进行表现分析的前提，就是在语料库的建设中，除对语料进行偏误标注外，还进行基础标注，即对语料中正确的语言现象进行标注，进而形成一种"偏误标注＋基础标注"的加工处理模式。（张宝林，2008、2010c）

（二）语料标注的方法

1. "只标不改"与"既标且改"

对汉语中介语语料中存在的偏误现象，一般来说不外两种处理办法：一是"只标不改"，即指出偏误现象并标明其性质与类型，而不做任何修正，其优点是能够保持语料原貌；二是"既标且改"，即除了指出偏误及其性质、类型外，还进行相应的修正，好处是用户不但可以了解语料中的偏误，而且能知道正确的表达方式。

上述两种处理方法各有所长，应根据使用者的实际需要选取恰当的方法。对于广大汉语教师和汉语教学与习得的研究者来说，标明偏误现象及其性质、类型以便于检索即可，无须对偏误现象进行修正。从这个意义上说，"只标不改"是比较恰当的方法。

"只标不改"可以满足偏误分析的需要，如做表现分析，则还需进行基础标注。基础标注的第一项内容就是由机器自动进行分词和词性标注，"只标不改"在这里遇到了困难：字、词层面的偏误如果不进行修正的话，机器就无法自动进行分词和词性标注，或者会做出完全错误的分词与词性标注。像"题高、导至、考虎、身休"这几个包含别字的词和"先首、决解、持支、众所知周"这几个错序词语，如不进行修正，机器就不可能做出正确的分词与词性标注。因此，在进行字、词层面的标注时，对偏误需要"既标且改"。

2. "从大到小，一错一标"与"不分大小，一错多标"

有些偏误现象从不同的角度看，可以视为不同性质与类型的偏误。例如"我对这个问题以下几个观点"，句中缺少一个动词述语"有"。而这个"有"可以视为一个汉字、一个词或一个句子成分，整个句子则可以视为"有"字句、动词谓语句或主谓句的偏误句。

对这类现象可以有两种处理方法：

（1）"从大到小，一错一标"，即对于字、词、句、篇几个层面，按照"从大到小"的顺序处理：首先看是否可以归为语篇的偏误，可以的话则直接定性；不可以的话再看是否可以归为句子的偏误，以此类推。这样处理是基于下面两点认识：一、大小单位之间可以由大至小正向涵盖，而不能反向涵盖。例如上句视为"有"字句的偏误可以涵盖缺述语、缺词的偏误。二、语料标注宜简忌繁。把从多种角度判定偏误归结到一种角度，可以简化标注。例如上句直接标为"有"字句的偏误即可。

（2）"不分大小，一错多标"，即对同一个偏误现象，不考虑大小顺序，而是把所有可能的偏误性质与类型标出。这样处理偏误是出于求全的心理，追求的是不遗漏任何一种潜在的偏误类型。采取这样的处理方法，上面的句子标注之后将会是这样：

（1）我对这个问题有[L]{CQ有}{CJ-sy有}以下几个观点{CJy}{CJdw}。

这样标注比较复杂，而且缺乏必要性。例如已经标明为"有"字句的偏误句,再标为动词谓语句的偏误句就没有多大意义。

当然,在涉及对句子偏误的不同理解时,"一错多标"还是有意义的。例如:

(2)对于非洲来说{CC来看},这是还不够{CJxw}。

(3)从{CC对}现在的情况来说,让大家去吃"绿色食品"是太早了{CC的}。

例(2)除了可以视为形容词谓语句的偏误句,还可以看成缺少助词"的"的偏误句,并进而看成"是……的"句的偏误句。例(3)除了可以看作缺少助词"的"的偏误句,还可以视为"是……的"句的偏误句。按"一错多标"处理可以发现更多的问题,是非常有意义的。例如把例(3)视为"是……的"句的偏误句,即可以发现"是……的"句的泛化问题。在这种情况下,是应该采取"一错多标"的做法的。

3. "人标机助"与"机标人助"

语料标注是一项十分繁重的工作,迄今为止,标注方法仍然是以人工标注为主。为了减轻人的记忆负担,提高标注效率,也为了保证标注代码形式上的一致性,软件编写人员开发了一些标注工具,在一定程度上减轻了标注者的工作强度。这就是所谓的"人标机助"。

"机标人助"则是由计算机根据预先制定并植入其中的标注规范自动进行标注,然后人工进行检查校对和补充修改。目前机器自动标注只在分词和词性标注这一层面上进入了实用阶段,部分标注方法的正确率已经达到了98%(王建新,2005:84),甚至99%左右(黄昌宁、李涓子,2002:145),这听起来很让人振奋,然而对于以百万、千万字计的语料来说,1%~2%的错误率依然是比较高的。在实践中,人力充足、财力雄厚的项目会在自动分词和词性标注之后辅以"人助",人员不整、囊中羞涩的项目则只能听其自然,容忍那1%~2%的错误率了[①]。

[①] 参考张普"基于动态流通语料库的现代汉语词语研究"讲座。

第二章　关于汉语中介语语料库建设的若干重要问题

在目前的现实情况下，应在总体上采用"人标机助"的标注方式，同时，在分词和词性标注层面使用"机标人助"的方法，并在"人助"环节进行严格的审查与修正。

随着科学技术的发展，新的技术手段为语料标注提供了更多的方法。例如可以采用数字墨水技术进行标注，以提高语料加工处理的效率与质量；还可以把数百万字的已标注语料作为训练语料，尝试训练计算机自动标注模型（张宝林，2010a）；基于编辑距离算法，通过原句和修正句的自动比对实现偏误自动标注的设想也是方法之一（王洁、宋柔，2008）。

（三）语料标注的全面性与科学性

作为旨在满足多种研究需求的通用型汉语中介语语料库，语料标注的内容必须全面，应在字、词、短语、句、篇、语体、语义、语用、标点符号等各种层面上对相关的语言现象进行标注，这样才能保证语料库功能的全面，从而更好地为汉语教学与研究服务。

语料标注的科学性首先体现为标注规范的科学性。标注规范在繁简字、异体字、数字用法、标点符号用法、异形词的判定方面均应以国家相应的语言文字规范为标准；分词及词性标注应以语言文字信息处理国家标准《信息处理用现代汉语分词规范》（GB/T 13715—1992）、《信息处理用现代汉语词类标记规范》（GB/T 20532—2006）为标准；语法系统的选择应以学术影响大、采用范围广、具有行业标准意义的语法著作和语法大纲为主要依据。

科学性还体现为语料标注的一致性。对同一种语言现象所做的标注应该是一致的，而不能此处为此，彼处为彼，前后不一，自相矛盾。标注代码的前后完整、形式统一，也属于一致性的范畴。

语料标注中存在错误是难免的，语料规模越大，参与标注的人越多，就越是如此。从这个意义上说，没有标注错误的语料库是不存在的。关键在于，必须通过制定标注规范、规范标注流程、对标注员进行严格有效的培训等方法，尽最大可能将错误率降到最低。同时，应通过检测计算出标注的错误率，并在语料库的说明中明确告知用户，使用户了解依据该语料库进行的相关研究的结论有多大的置信区间，即可以在多大程度上相信这个结论。

四、语料检索及其呈现方式

（一）语料检索及其呈现方式的实质

语料库的建设非常艰苦，每个环节都要耗费建设者无尽的心力。但建库过程和广大用户并没有直接的关系，用户关心的是语料库能给他们的教学与研究提供哪些帮助，他们直接接触到的只是语料库的检索界面，和他们的研究工作直接相关的是检索结果的呈现方式。从这个意义上说，检索界面和检索结果的呈现方式是语料库为用户提供服务的具体方式。检索系统应有人性化设计，简洁易懂，使用方便，迅捷高效。供检索的内容应分类清楚，可以随用户的意愿分别或同时查询并随之呈现。总之，应尽可能满足用户需求。

（二）可以检索与呈现的内容

语料库可供检索的内容包括生语料、熟语料、偏误标注语料、基础标注语料、统计信息和背景信息。检索结果可以以句子形式呈现，也可以以语篇形式呈现。

偏误标注语料包括字、词、短语、句、篇、语体、语义、语用、标点符号等方面的偏误信息。

基础标注语料包括分词序列，词类序列，句子成分序列，句类、句型、句式信息，语体信息，语义信息，语用信息，等等。

检索的关键词在检索到的语料中以红色文字呈现，以求清楚醒目。

背景信息包括语料作者的背景信息和语料本身的背景信息。具体显示哪些信息可由用户决定，根据用户的设置呈现，并可以附在语料之后，随语料一起输出。

（三）检索方式

检索界面列出的检索方式有单一检索与组合检索两种：单一检索只能根据语料的某一个属性进行检索，呈现的也只是带有某一个属性的语料；组合检索则可以设定多个属性条件进行检索，呈现的是带有多个属性的语料。需要注意的是，检索条件越少，其命中率越高，能够呈现的语料越多；检索条件越多，其命中率越低，能够呈现的语料越少。用户应根据自己的研究需要决定检索的方式。

用户还可以自主设置显示的内容的多少，例如全部显示、部分显示。部分显示可以显示前边的部分，也可以显示后边的部分，还可以设定为随机显示。

五、余论

近三十年来，汉语中介语语料库的建设蓬勃发展，在汉语教学与研究中发挥了十分积极的作用。然而不可否认的是，汉语中介语语料库的建设还存在种种问题，还不能完全满足汉语教学与研究的需要。因此，汉语中介语语料库的建设还需要更加深入的研究与进一步的完善。这不是哪个个人或哪个学校能够彻底完成的任务，而是需要整个学界的合作与努力。

崔希亮教授在首届汉语中介语语料库建设与应用国际学术讨论会上倡议：举学界之力，共同建设一个最大最好的汉语中介语语料库——"全球汉语学习者语料库"（崔希亮、张宝林，2011）。我们设想这将是一个语料样本最多、语料规模最大、背景信息最完备、标注内容最全面、标注质量最优异、检索查询最便捷、能够满足汉语教学与研究任何需要的语料库。我们愿与学界同人共同努力，争取早日建成这个语料库，并实现最充分的资源共享，为汉语国际教学与研究服务，促进汉语教学事业的发展。[①]

---

① 该语料库现已建成。

调研报告

第三章 汉语中介语语料库建设考察*

一、引言

"学习者语料库是语料库语言学与第二语言习得研究相结合的必然发展。它提供的客观、真实和海量数据能使我们对中介语进行多维度、多层面的研究，在一定程度上拓展和丰富第二语言习得研究的内容，并对外语教学理论和实践提供颇具价值的反馈与指导。"（卫乃兴、李文中、濮建忠，2007）正是由于中介语语料库[①]的这种作用，其建设已经引起越来越多语言教师和研究人员的重视。随着汉语作为第二语言教学从"对外汉语教学"到"汉语国际教育"，再到"国际中文教育"的不断发展，加强汉语中介语语料库的建设研究成为近年来国内语言学界的一大趋势。

21世纪初以来，汉语中介语语料库[②]建设得到了长足发展，为汉语国际教学与研究提供了有力支持，"现在，它已成为汉语教师和汉语教学工作者开展教学、科研的基本方法和手段"（郑艳群，2013），极大地推动了汉语习得研究与中介语研究的发展，"把过去那种小规模、经验型、思辨性研究提升到了一个新的水平，即基于大规模真实语料的、定性分析与定量分析相结合的实证性研究，

---

* 本章作者李红梅，系北京语言大学2015级语言学及应用语言学专业硕士研究生，现为浙江大学汉语教师。

① 学习者语料库和中介语语料库在理解上虽有侧重点的不同，但性质相同。本章对这两个概念不做详细区分。

② 以下简称"语料库"。如无特别说明，本章所谓"语料库"皆指"汉语中介语语料库"。

极大地提高了研究结论的客观性、稳定性和普遍性"（张宝林，2019a）。第一至七届汉语中介语语料库建设与应用国际学术研讨会的召开进一步推动了语料库建设研究的发展。

另一方面，语料库的建设研究中也还存在一些不足和问题。例如语料库诞生近三十年来，其建设研究的总体趋势是什么？有哪些成功经验？出现过哪些问题？解决了哪些问题？还存在哪些不足与缺陷？针对这些问题与不足，进行了哪些理论研究和实践探索？取得了哪些进展？还有哪些问题悬而未决？等等。本章将就国内近三十年来针对语料库的建设研究进行梳理、总结，以期揭示语料库建设规律，为今后的语料库建设提供参考和借鉴。

二、通用型语料库的建设研究

学界对通用型语料库所做研究有共时探讨，例如储诚志、陈小荷（1993）和崔希亮、张宝林（2011）的总体设计研究，张宝林（2013）和张宝林、崔希亮（2018）的标注规范研究，郑艳群（2013）对多类型和多层次的汉语教学语料库建设与设计、针对汉语教学的语料加工技术的研究，等等。标注规范日益系统，标注内容日益多样、深入，标注技术不断发展，标注效率和准确率也显著提高（谭晓平，2014）。口语语料库的建设渐成热点；多模态语料库的建设提上日程；在多国别、多母语背景汉语学习者的语料库之外，出现了单国别、单母语背景学习者的语料库；在国际中文教育领域的语料库建设的影响与推动下，国内少数民族的语料库建设也已经开始；对语料标注模式的研究逐渐深入；语料库建设呈现出语料规模越来越大、标注范围越来越广、标注内容越来越丰富全面的特点（张宝林、崔希亮，2013、2022）。

通用型语料库研究也有历时总结，如蒋琴琴（2019）从语料库的文本类型角度将我国的语料库建设分为四个阶段：纯文本的中介语书面语语料库阶段、基于语音的中介语口语语料库阶段、多模态中介语语料库阶段和多维度立体化中介语语料库阶段。并得出以下结论：语料库的设计理念更先进、数据来源更多样、标注模式更规范；文本型语料库发展日趋成熟，并在不断更新中。尤易、曹贤文（2022）运用CiteSpace分析了从CSSCI和SSCI数据库中检索到的2001—2020年这二十年间国内外学习者语料库建设研究，通过对比国内外研究成果提出："要进一步推动汉语中介语语料库建设研究，可以吸收借鉴国内外相关研究新成就"，比如转换研究重点视角、加强合作以形成规模化的核心作者群、丰富研究主题等。

不论是共时探讨还是历时总结，目前的研究都呈现了语料库建设的基本情况。本章将从笔语语料库、口语语料库和多模态语料库入手，考察通用型语料库的建设研究情况。

（一）笔语语料库的建设研究

1. 建设研究现状

通用型语料库建设可大致分为两个阶段：草创时期，或称语料库建设的1.0时代；精细化建设时期，或称2.0时代（张宝林，2019a）。前一时期建设目的是为汉语作为第二语言的教学和相关研究服务，在建库方式方面，因为缺乏经验，只能是"摸着石头过河"，遇到问题只能从实用角度出发寻求解决具体问题的具体方法，对语料库建设本身并未从理论上进行深入、系统的研究。但正是这些"实用性"研究一步步推动着语料库建设向前发展，并逐渐形成了语料库建设的本体研究，促进了语料库建设理论的形成与发展，进而提升了语料库建设水平。语料库建设水平及建设研究水平的高低决定了基于语料库的应用研究水平的高低，决定着研究结论是否客观、可信。而基于语料库的应用研究的水平也能反映出所依据的语料库的优点、不足与缺陷，及其建设水平的高低。张宝林（2019b）认为，近年来基于HSK动态作文语料库的偏误分析都脱不开"四大偏误""五大致误原因"分析的桎梏，究其原因，既与目前二语习得研究理论进入瓶颈期有关，也与汉语中介语语料库建设水平有关。郑通涛、曾小燕（2016）从更宏观的层面上指出："汉语国际教育迅速发展，与之相应的研究却跟不上快速发展的步伐，其最主要的问题在于缺乏科学且可靠的汉语中介语语料库支持。"

2. 建设研究中的问题

在语料库建设的1.0时代，整体设计水平不高，主要表现为：语料库规模不大，标注仅限于偏误标注；语料库建设的本体研究缺乏，例如对软件系统几乎没有研究（张宝林，2019a）；缺乏语言学本体研究的有力支持；大多数语料库建成后并不对外开放；标注内容不全面、检索方式太简单、功能设计不友好，致使不能满足汉语教学与相关研究的多方面要求（张宝林，2010a；张宝林、崔希亮，2013）；语料库建设意义与建构规范的理论探索不足；对语料库语言学研究范式的区分较为模糊；语料库的参照点比较单一，导致后期研究的数据无力；目前大多语料库都是单一库体，没有形成面向不同研究的多参照的语料库库群，也欠缺相关库群建构的研究（胡晓清，2016）。

由上述众多学者的论述可见，前一时期语料库建设研究的主要问题集中在语料库的总体建设原则和理念及语料收集和标注方面。因此下文将梳理学界在这两个方面的一些理论探讨和实践探究。

3. 总体建设原则和理念

一般来说，提出的建库任务能表明要建设什么样的语料库，总体设计能表明如何建设语料库（张宝林、崔希亮，2022）。而一套规范、科学的建库原则和理念则属于总体设计中的关键部分，因而学界对此进行了一系列探讨和尝试。

周文华（2015）提出，语料库建设的多样性和层次性的有机结合可以实现从一维到多维，再到立体的建设需求，并能为中介语对比分析提供丰富的角度和数据。多样性主要体现在文本产出者属性、文本属性、文本类型以及文本的时间跨度上；层次性既指形式的层次性，如文本所反映的学习者中介语水平的层次性及文本处理的层次性，也指功能的层次性，如语料库的专用性和通用性。

郑通涛、曾小燕（2016）认为大数据时代的语料库建设"具有复杂动态和非线性涌现的特征"，因此提出，"新一代汉语中介语语料库"设计原则上，应增设词网技术、学习者特征、社会语言学特征这三项；建设原则上，应遵循真实性、广泛性、历史性、跨学科、课内外、全媒体、无障碍共享等七项原则；实施方法上，应配置新一代互联网信息的管理系统和抽取系统、网络智能挖掘技术及网络代理。

胡晓清(2016)倡导:"为推进汉语二语习得研究纵深化,需要以场的视角,引进库群的概念,建设一个具有多个参照系的汉语中介语料库库群。"曹贤文(2020)探讨了二语习得研究"需求侧"视角下的汉语学习者语料库建设,并对适应二语习得研究新需求的汉语学习者语料库的建设提出了一系列展望,尤其是要加强汉语中介语多维语料库建设,建设好全球汉语中介语语料库、汉语中介语动态发展语料库、中介语及其影响变量联动数据库、汉语学习者多模态语料库、学习者多语发展语料库和汉语学习者网络交际语料库。

张宝林(2019a、2021a)认为,跟1.0时代"简单粗放"的语料库建设相比,2.0时代的语料库建设走的是一条"精细化"发展之路,即"整体设计周密,系统制作精良,功能丰富多样,用户使用方便",如基于web的语料协同标注、"搭积木式"的动态建设策略、语料库软件系统的研发等。

4. 语料的收集、加工与标注

(1)语料收集

针对语料收集,通过总结分析,我们发现学界普遍重视一些共同原则,如真实性、连续性、平衡性、随机性、系统性、全面性、代表性和动态性等(任海波,2010;方芳,2012;张宝林,2012b;张瑞朋,2012;施春宏、张瑞朋,2013)。对上述大部分原则,学界已有基本一致的认识,其可行性也较高。但对平衡性的概念及如何在实践中实现平衡性,学界的认识并不一致,在建库过程中一直未得到很好的解决。

有学者认为:"所谓平衡,不是指各种类型的语料在语料库中占有相同的比例,而是指语料库中各种类型语料的比例恰当,能代表它们对现实语言生活的影响。理想的情况是,这种比例能和每种类型的语言对实际语言生活的影响因子一致。"(何婷婷,2003)也有学者认为要达到一种绝对数量上的平衡,如"不同国别和不同汉语等级水平在语料数量上的平衡"(任海波,2010),"不同类型的语料在分布上尽可能均匀,例如不同国籍、不同母语、不同学习时间、不同专业背景、不同专业方向、不同汉语水平的汉语学习者所产出的语料数量应该完全相同"（张宝林，2012b）。但任、张二位学者也指出，"在中介语语料库的实际建设中，很难也不需要做到国别语料的面面俱到"，"完全、彻底的平衡可能只是理论上的一种追求，在实践上是无法做到的"，故张宝林（2012b）和张宝林、崔希亮（2013）建议"采取务实的态度，对不同类型的语料在选择上有所区别"，比如从国别角度看，应"以各种国籍背景的汉语学习者的实际人数作为分层的依据，确定各国汉语中介语语料的抽样比例"。任海波（2010）认为要建成一个能够体现各等级汉语水平学习者的汉语习得实际情况的语料库，首先要拓宽语料收录的途径、改善语料收集的方法。张宝林（2022b）专题探讨扩大语料来源的途径，如和国内众高校中的汉语教学单位以签订子课题协议的方式合作收集语料，通过外派汉语教师、孔子学院、孔子课堂收集非目的语环境中的学习者语料，等等。全球汉语中介语语料库在语料收集中就使用了上述方法，经实践检验，可以说很好地解决了因语料收集渠道窄而导致的语料失衡问题。

此外，施春宏、张瑞朋（2013）则认为"平衡是过程，而不是结果"，语料库的平衡"不只是求得语料数据客观上的'物理'平衡，更主要的是力求实现研究者主观上的'心理'平衡"，"既不是简单的文本特征的差异，也不是简单的比例相当，而是两者结合起来所达到的某种动态均衡"。二位学者从语料库的质量参数、程度参数和数量参数[①]的内在关联出发，提出了一些解决平衡性的策略，如"在参数选择合理、充分的前提下，语料规模做到可能大量和相对足量相结合，在语料库结构安排上适用于不同的研究理念和方法"，"需要遵循目标驱动、质稳量足的基本原则，采用急用先建、循序渐进的基本策略"。李桂梅

---

① 根据施、张二位学者之见，质量参数指整体的各部分或对应的各方面都要具备，语料的国别、语别属于质量参数；程度参数指体现出某些质量参数的水平差异或过程变化情况，语料的初、中、高等及HSK等级属于程度参数；数量参数指由前两个参数规定的各个要素在数量上相等或相抵，语料库中的总体语料数量属于数量参数。

（2017）则提出，既然语料比例的安排是影响语料平衡性的关键因素[①]之一，那么"语料库中各类型的语料在数量和比例上怎样安排算是'比例适当'"，要从"绝对取向"和"现实取向"两个角度来考虑，"绝对取向是希望每个分类角度上划分出来的语料类别在数量和比例上相当，现实取向是不同类别的语料数量和比例照应现实的情况……从建库的实际和语料库的应用来看，现实的取向更可取，也更可行"。

上述几位学者针对"平衡性"内涵及可行性方案的探讨都很有理论意义和现实价值，大大推动了语料库平衡性问题的研究，有助于问题的解决。我们认为可以博采各家之长，采取绝对数量和相对比例相结合的方法解决平衡性问题。比如对于语料产出者的国别、性别和语别等，因为这些因素数量有限且固定，所以完全有可能做到"穷尽式"的绝对数量的平衡；至于每个国别、语别或水平下有多少语料产出者，则无法精确计量，所以在语料收集时注重相对比例上的平衡是现实的，也是合理的，更是可行的。

（2）语料标注

语料标注是"一种给口语和（或）书面语语料库增添解释的（interpretative）和语言的（linguistic）信息的实践，也可以指这个过程的最终产品：即附加或分散在语料库中的语言标记"（黄昌宁、李涓子，2002：139～140）。语料标注在语料库的建设与应用中具有重要意义，它是"实现原始语料机读化的关键环节"（崔刚、盛永梅，2000），是"语料深加工的重要环节，也是一个语种语料库建设水平的重要标志"（刘连元，1996）。而语料标注更深刻的意义在于，语料标注的内容与质量决定了一个语料库的功能与使用价值。

因此，为了完善标注内容，提升标注质量，学界围绕语料标注进行了多维度探讨。如有学者考察发现标注方面存在标注内容差异大、标注层面不全（张宝林，2013），标注方法缺乏系统性及标注系统不完善（肖奚强、周文华，

[①] 根据李文，影响语料库平衡性的关键因素有三个：（1）语料采集，比如语料的真实性和语料贡献者的背景信息；（2）语料类型的确定，确定依据主要是学习者自身特征和语料文本特征；（3）语料比例的安排。

2014），等等问题。也有学者探讨了各种标注方法（王洁、宋柔，2008；张宝林，2010c、2012b），以及标注流程（张宝林，2013）。亦有学者探讨了现存标注代码存在的问题（张宝林，2013；赵焕改、林君峰，2019）。还有学者研究了如何利用可扩展标记语言（XML）设计标注代码及其优缺点和可行性（李斌，2007；张宝林，2013；郑美平，2015）。更有学者在系统考察目前具有代表性的四个语料库[①]的标注代码之后，得出"全球库代码可以作为汉语中介语语料库偏误标注代码设计的蓝本，但尚有提升的空间"（赵焕改、林君峰，2019）的结论。可见，学界对于语料标注的考察角度趋向多维化，同时对标注本身及标注中出现的问题的认识也更加深入了。

① 标注模式

语料标注模式指在语料库建设中对语料进行标注的标准样式，包括标注过程中的所有环节：标注原则、标注内容、标注方式、标注代码与标注流程等。标注原则是制订标注规范的前提，与标注目的密切相关，对标注的内容与方法有重要制约作用（张宝林，2013）。针对标注原则，诸学者（张宝林，2013；曹贤文，2013；肖奚强、周文华，2014）各抒己见。其中张宝林（2010a、2010c）提出并阐述了"偏误标注＋基础标注"的理论依据和操作方法。迄今，这一模式经过首都外国留学生汉语文本语料库和全球汉语中介语语料库的建库实践检验，已得到了学界的认可，而且为其他语料库的建设提供了借鉴和参考（胡晓清，2018）。

② 标注原则

随着语料库建设研究的深入和标注模式的基本统一，学界对语料标注的一些基本原则已取得共识，如有限的"一错多标"与"从大/从小"、既标且改和只标不改、分版标注、标准化与通用化、忠实于原作、科学性等。但对有些原则还有不同的看法，比如全面性。

张宝林（2013）提出语料标注要贯彻"全面性"的原则，目的是保证语料库功能的全面，避免某些语言现象因未做标注而无法查询的情况。全面性通过"偏

---

① 中山大学汉字偏误连续性中介语语料库、北京语言大学 HSK 动态作文语料库、台湾师范大学 TOCFL 学习者语料库、北京语言大学全球汉语中介语语料库。

误标注+基础标注"的标注模式和标注内容体现出来，比如就笔语语料库而言，全面标注指对字、词、短语、句、篇、语体、语义、语用、修辞、标点符号等10个层面进行标注；口语语料库和多模态语料库需要增加语音标注，多模态语料库还需要增加体态语标注。然而肖奚强、周文华（2014）认为"仅从覆盖面广这个维度来探讨语料标注的全面性是远远不够的"，而且缺乏成熟的语用、语义等偏误理论支撑，也不能像汉语母语者语料库那样进行计算机自动标注，因此建议，"对于刚起步不久的汉语中介语语料库来说，可以先做好汉字、词汇和语法的基本的正确和偏误信息的标注，待相关的理论和实践研究比较成熟之后，再进行其他层面的标注。贪大求全并不可取，也不现实……不考虑理论与实践能否支持的蜻蜓点水式的'全方位'标注往往只能提供有限的信息检索，其利用价值并不高"。针对以上观点，张宝林、崔希亮（2018）又从理论上做了进一步的探索与回应。之后"全球库的成功建设则从实践上证明了该原则的可行性"（张宝林、崔亮希，2022）。

  我们认为，虽然肖、周二位学者的顾虑有其道理，但语料库建设是一种既需要现有理论指导，更需要在实践中寻找规律，发展、补充，乃至拓展理论的实践活动。虽然目前某些标注内容缺乏成熟理论的支撑，但应鼓励建库者在借鉴已有经验的前提下，多实践、多尝试，不断前进。值得欣慰的是，目前已有了一些"敢于第一个吃螃蟹"的典范，如桑伯伦（2013）提出语料库中的标注拓展，并尝试从语体标注的归类、语体词库的建设、语体标注的标记和语体标注的检索四个层面进行汉语中介语语体的标注研究。甚至还有学者开辟了新的研究领域，如陈海峰（2017）发现"偏误标注虽然对汉语中介语显性言语偏离形式的研究起到了很大的推动与促进作用，却忽视了对潜性言语偏离形式的探讨"，因此提出了"零位标注"的概念，标注内容涵盖话题、词类、关联词、句型和句式等。可见，在语料库的建设中，有成熟理论的指导固然重要；倘若没有，或许也会使探究创新之路少些束缚，多些"奇思妙想"。毕竟路不是等出来的，而是走出来的。

（二）口语语料库的建设研究

1. 建设现状及成因

同属通用型语料库的笔语语料库和口语语料库在建设现状、建设原则和语料收集与标注等方面存在不少共性，如均需要注意语料收集的平衡性和标注的全面性等，甚至标注模式和代码在某些层面也是相通的。不过有学者注意到，相较笔语语料库而言，口语语料库整体规模要小得多，对外开放的数量也要少得多。如刘运同（2013）指出汉语中介语语料库建设中"比较突出的问题是书面语语料库与口语语料库的发展不平衡，口语语料库建设严重滞后"；张宝林（2017）也认为各类语料库发展不平衡，笔语语料库蓬勃发展，口语语料库（含多模态语料库）则滞后，存在"倒挂"问题。经考察，现有的口语语料库主要有北京语言大学汉语学习者口语语料库（杨翼、李绍林、郭颖雯等，2006）、香港中文大学语言习得汉语口语语料库（LAC/SC）（吴伟平，2010）、南京大学外国留学生汉语口语纵向语料库（曹贤文，2013）、暨南大学华文学院留学生口语语料库[①]、台湾师范大学华语中介语口语语料库（方淑华、王琼淑、陈怡然，2013）、鲁东大学韩国学习者汉语中介语口语语料库（简称KHSKKC[②]）（胡晓清、许小星，2020）。

针对口语语料库建设的滞后现状，有学者分析是因为中介语口语语料采集、转写和标注的难度较大，而且口语语料难以保存和分析（杨翼、李绍林、郭颖雯等，2006）；或是因为缺乏高质量且真实的口语语料资源、语料数据来源存在局限性、缺少学习者的历时语料库、语料库数据尚不能充分共享（郑通涛、曾小燕，2016）；或是因为建设成本和语言研究中存在的口语偏见，即人们对口语的

---

① 根据介绍，此库主要采集学习华语的华裔留学生的日常对话、课堂口语和录音室录音，约50万字。华裔学生以暨南大学华文学院的学生为主，兼及其他高校的华裔学生，以及海外华文学习者（http://www.languagetech.cn/corpus/huayu/spoken.aspx）。转引自刘运同（2020）。

② 根据胡文，此语料库语料来源于韩国汉语水平口语考试的现场录音。该语料库首次使用了新HSK口语语料。在对语料进行转写后，从语音和句法两个维度对语料进行了较为细致和全面的标注。

重要性的认识仍旧不足，如按照书面语标准（如流利性）来进行口语研究（刘运同，2020）。上述分析兼顾宏观和微观两方面，对口语语料库建设滞后的原因和背景做了比较直观、清晰的概括。这些研究成果使以后的建库者在口语语料库的建库实践中更有可能"对症下药"，对相关问题提出更适切有效的解决办法。

2. 语料收集、转写与标注

针对口语语料收集，刘运同（2013、2020）介绍了当前口语语料库语料的四种类型[①]及其特点，并基于此提出了一些收集原则，如"下大力气收集学习者自然环境中使用汉语的各种语料""对不同类型的学习者在不同阶段产生的中介语都应该按照一定的比例收录在语料库中"。其指出："真实的口头交流语料应该包括三个小类：（1）与日常生活相关的口语交流；（2）与学习有关的口语交流；（3）与工作场合相关的口语交流。"这些建议可以有效提升语料的真实性、自然性和连续性。

就口语语料的转写来说，学界主要讨论了转写原则（刘运同，2020；胡晓清、许小星，2020）、转写系统（刘运同，2016）或转写软件[②]（胡晓清、许小星，2020），以及转写方法（梁丁一，2021）。具体来说，针对转写原则，刘运同（2020）认为在对中介语口语语料进行转写时，要首先确认一个包含两方面内容[③]的最低转写分类清单。对于转写系统，刘运同（2016、2020）指出，由于口语语料转写费时费力，在具体操作时可以借鉴一些语料库转写系统的层级性设计，对语料进行不同精细度的转写；在设计系统时要考虑通用性、兼容性和易学

---

① 四类语料分别是：标准化考试语料、口语评测语料、课堂录音录像和学习者的语言使用语料。详见刘运同（2013）。
② 据介绍，此款软件允许标注员一边收听音频，一边在辅标软件的文本编辑界面上进行转写，如需进行赋码，点击右键，在下拉菜单中选择标记代码，代码便自动添加到文本之中。标注完成后，文本自动保存在指定目录下。此外，对文本的校对也可在该辅标软件中完成。
③ 根据刘文（2020），这两方面的内容，第一类包括普通口语本身的特征，此类特征可以借鉴现有的口语转写系统，例如会话分析（CA）所采用的转写系统。第二类是学习者的中介语特征，如影响发话人语言表达的语音特征、不同于母语者的停顿、语码转换等。而对此类内容的选择和确定必须建立在中介语学习理论和相应的研究基础上，这样才能捕捉到学习者中介语的一些特殊表现。

易用性，让普通的研究者也可以参与进来；充分利用计算机在口语转写、存储和加工等方面的优势，采用人机结合的方式来提高语料的转写速度和精确度。胡晓清、许小星（2020）结合建库实践介绍了语料转写的一些难点及解决对策，尤其是对"听不清"和"生造词"的解决对策，很有参考价值。

至于该如何确定口语语料库的标注内容，张宝林等（2019）指出说话时伴随的一些语音现象，例如笑声、咳嗽声之类，以及拖长的声音，不一定是偏误。非偏误语音现象对不同维度的口语研究深具意义，因此将标注内容分为两大类：语音现象和语音偏误[①]。鲁东大学在建设韩国学习者汉语中介语口语语料库时，就按照这两类对语音语料进行了标注，并对转写为文本的语料进行了句法层面的基础标注和偏误标注（胡晓清、许小星，2020）。

从上述研究可以看出，目前对口语语料的转写原则、方法和系统，在理论方面的探究比较全面，也比较深入。在建库实践中应着重研究与解决下列问题：口语语料标注大部分还是采用"人标机助"，应在技术支持方面做更多努力，以提升标注速度和质量。刘运同（2020）提出了非常值得思考的问题：口语中介语的特点是什么？对于汉语口语中介语语料库而言，什么语料最能体现学习者的语言能力？如何把口语的一些鲜明特征用书面形式在计算机上标示出来？研究者需要花大力气对这些关键问题进行研究，才能为口语中介语语料库建设提供坚实可靠的理论支撑。

（三）多模态语料库的建设研究

多模态语料库的建设始于20世纪末，但相较于国外，国内多模态语料库的建设起步晚、发展慢，总体上还处于理论探究阶段，在建库操作和应用实践方面还留有大片的空白。至于由高校等科研机构支持的、成规模的多模态语料库则更少，目前所知的大多是针对英语教学的"小型个体户"，尚无针对汉语教学的多

[①] 语音现象及其标记符号有伴随语音现象 [具体现象]、语音拖长 [——] 等；语音偏误及其标记符号包括非正常停顿 [Yt]、重音偏误 [Yz]、声调偏误 [Yd]、声母偏误 [Ys]、韵母偏误 [Yy]、轻声偏误 [Yq]、儿化偏误 [Ye] 和语音存疑 [y?] 等。

模态语料库。周宝芯（2011）曾介绍南京师范大学正在建设的多模态语料库，它以课堂教学的录音录像为主要语料，真实地还原中介语产生的场景。之后，黄伟（2015）比较系统、详细地讨论了多模态语料库建设方面的基本问题，提出在收集语料时应注意多样性与丰富性，语料转写与标注方面应有别于文本语料库，要通过专用工具实现多层级标注信息与音视频语料的同步集成。全球汉语中介语料库除笔语语料外，还包括口语语料和视频语料，这是第一个公开视频语料的汉语中介语语料库。标注内容除语音和体态语之外，还包括词、短语、句、语篇、语体、辞格等层面，贯彻了标注的全面性原则。应该说，学界对于多模态语料库的研究，不论是在理论探究还是在建设实践方面，都是最少的，还有很大的发展空间。

三、专用型语料库的建设研究

（一）汉字专用型语料库的建设研究

跟通用型语料库相对的是专用型语料库。就建库规模和进展而言，目前专用型语料库主要包括汉字库、语音语调库和针对某类专业（如中医）的教学专用库这三大类。而对这几类语料库的建设研究又主要集中于汉字库，这一现实情况与一些成型且具一定规模的汉字语料库，如台湾师范大学汉语学习者汉字偏误数据资料库和中山大学汉字偏误标注的汉语连续性中介语语料库（以下简称"中大汉字库"）的建成开放不无关联。比如张瑞朋（2012）以中大汉字库为依托，探讨了汉字偏误标注问题、检索工具的简易使用问题和附属系统问题。其提出对汉字库建设中的错别字标注而言，实现对错字的分析、统计和使用是个难点，也是目前语料库建设中的趋势。之后张瑞朋（2016）指出语料库中的语境和语料属性对错别字的研究也有重要意义，并在界定了偏误汉字和汉字偏误[①]两个概念的基础

[①] 根据张瑞朋（2016），偏误汉字着眼于有偏误情况的汉字，从形式上看主要有两种：不成形的汉字和成形但不正确的汉字，即汉语本体研究中所说的错字和别字。汉字偏误着眼于汉字的偏误形式，包括写错、写别、漏写以及多字和拼音字等。

上，探讨了语料库中汉字偏误的处理问题，认为这个重要环节主要包括汉字的判断辨认、呈现、标注和检索几个关键步骤。

（二）其他专用型语料库的建设研究

相比于已"初具端倪"的汉字库，其他几类专用型语料库的建设还处于理论构想或个体自建的初步尝试阶段，如汉语学习者声调语料库（黄菁菁，2015）、汉语中介语语音语料库（王韫佳、李吉梅，2001）、汉语中介语动态追踪有声数据库（袁丹、吴勇毅，2015）、中医汉语的中介语语料库（邰东梅、郭力铭、孙迪，2015）。虽然以上提及的语料库只是初步设想或尝试，但丰富了语料库建设研究的内涵，其建设过程和成果也会进一步加深学界对语料库建设的认识。

四、结语

语料库建设从"1.0时代"的草创摸索到"2.0时代"的精细化发展，是其理论探讨和建库实践互相交织、促进的动态发展过程，其一直在螺旋式发展。从建库的宗旨与原则，到语料的收集、录写与标注，以及软件系统的研发，学界诸多研究者一直紧跟时代前沿，从理论和实践两方面进行了较为全面而深入的探索与思考，始终践行"全心全意为汉语教学与研究服务"的理念，为汉语二语教学及其相关研究提供了优质资源，同时促进了语料库语言学的发展。

同时，语料库建设还存在一些问题，例如语料收集因受制于各种主、客观因素而尚不全面；语义、语用标注因理论、技术局限而尚未落实；软件系统研发、数据统计等方面还存在某些不足甚至缺陷；等等。如此种种，无不迫切需要学界从现实问题出发，以满足需求为宗旨，解放思想、尝试创新，推动语料库建设研究向前发展。

第四章　国外二语学习者语料库建设研究*

一、引言

二语学习者语料库又称中介语语料库[①]，是采集第二语言学习者产出的目的语语料建成的语料库，是进行第二语言教学、习得研究、中介语研究的宝贵资源。语料库可以为第二语言习得研究提供大规模的真实语料，通过定量与定性分析，能够极大地提高研究结论的客观性、稳定性和普遍性（张宝林，2019a）。本章考察了世界范围内在建或已经建成的199个语料库[②]，在语料库建设的特性、语料库的类型、语料库建设的方式、语料库的使用等方面做了较为全面的考察，并进行统计分析，呈现语料库建设的各方面情况。在此基础上，总结前人建设语料库的成功经验，指出目前语料库建设在语料来源、语料内容、语料共享等方面存在的问题，提出解决问题的思路，为语料库建设，特别是汉语语料库建设提供参考与借鉴。

---

*　本章作者邢晓青，系北京语言大学2015级语言学及应用语言学专业硕士研究生，现为北京第二实验小学通州分校语文教师。本章考察对象中虽有个别国内学者建设的语料库，但总体而言，是对国外学习者语料库的考察。
① 　以下简称"语料库"。
② 　该数据来自比利时新鲁汶大学网站，查询时间为2022年10月15日。网址: https://uclouvain.be/en/research-institutes/ilc/cecl/learner-corpora-around-the-world.html。

二、学习者语料库概观

目前，语料库的建设呈现出百花齐放的局面。仅从比利时新鲁汶大学网站截至2022年10月的统计数据看，世界范围内的语料库便达199个，其繁荣程度由此可见一斑。为了了解语料库建设的具体情况，本章从不同的维度对新鲁汶大学网站所列语料库进行分类。其中有些语料库仍在建设中，信息不够全面。大多数语料库介绍较为全面，根据可获得的信息进行统计，得出如下结果。

1. 按学习者目的语进行分类，结果见表4–1。

表4–1 按目的语划分的语料库类型

目的语	语料库数量（个）	目的语	语料库数量（个）
英语	101	挪威语	1
西班牙语	15	瑞典语	1
德语	13	韩语	1
法语	10	荷兰语	1
意大利语	10	爱沙尼亚语	1
芬兰语	3	俄语	1
汉语	3	冰岛语	1
阿拉伯语	2	拉脱维亚语	1
波斯语	2	克罗地亚语	1
葡萄牙语	2	匈牙利语	1
斯洛文尼亚语	1	波兰语	1
捷克语	1	多语种	24
爱尔兰语	1		

语料库超过半数是英语语料库，西班牙语、德语、法语、意大利语的次之，其他语种的都很少。另外，有24个语料库包含不同目的语学习者的语料。

按语料库中学习者的母语进行统计，199个语料库中，107个只包含某一种母语背景的学习者的语料，有92个包含多种母语背景的学习者的语料。其中包括母语背景种类比较多的有以下语料库：阿拉伯语学习者语料库（The Arabic Learner Corpus，ALC），内含66种母语背景学习者的语料；暨南大学汉语学习者语料库（The Jinan Chinese Learner Corpus，JCLC），内含50种母语背景学习者的语料；克罗地亚语学习者文本语料库（Croatian Learner Text Corpus，CroLTeC），内含36种母语背景学习者的语料；拉脱维亚语学习者语料库（Learner Corpus of Latvian，LaVA），内含35种母语背景学习者的语料；匹兹堡大学英语语言学院语料库（The University of Pittsburgh English Language Institute Corpus，PELIC），内含30种母语背景学习者的语料；欧洲本土、非本土和翻译文本语料库（The Europarl Corpus of Native Non-Native and Translated Texts，ENNTT），内含来自欧洲的24种母语背景学习者的语料；葡萄牙语学习者语料库（Learner Corpus of Portuguese L2，COPLE2），内含15种母语背景学习者的语料。

2. 按语料库的文本形式进行分类，结果见表4-2。

表4-2 按语料库的文本形式划分的语料库类型

笔语（个）	口语（个）	口语和笔语（个）	多模态（个）	未标明（个）
125	45	24	2	3

笔语语料库占大多数，口语语料库约占五分之一。有24个语料库同时有笔语和口语语料，多模态语料库非常少。

从语料库语料文体类别看，笔语语料库中，议论文、记叙文、书信、故事比较多；口语语料库中，采访、报告、演讲、对话、读文章的形式比较多。

3. 按学习者水平进行分类，结果见表4-3。

表4-3 按学习者水平划分的语料库类型

初级(beginner)（个）	中级(intermediate)（个）	高级(advanced)（个）	各个水平(various)（个）	未标明（个）
18	33	49	45	54

除去未标注学习者水平的语料库，在199个语料库中，有45个语料库说明其包含各个水平的学习者的语料。高级水平语料库49个，中级水平语料库33个，初级水平语料库18个。由此数据看，研究者倾向于建设中高级水平学习者的语料库，例如亚琛学术写作语料库（The Aachen Corpus of Academic Writing，ACAW）、高级学习者英语语料库（The Advanced Learner English Corpus，ALEC）、BATMAT语料库（The BATMAT Corpus）和白俄罗斯英语学习者语料库（Belarusian Learner Corpus of English，BELLCE）只包含高级学习者语料。

规模较大的语料库多包含不同水平学习者的语料。从规模比较大的几个语料库中学习者的水平看，阿拉伯语学习者语料库包含从中级到高级的语料，暨南大学汉语学习者语料库、克罗地亚语学习者文本语料库、捷克语学习者语料库（Acquisition Corpora of Czech as a Second Language，AKCES）、巴塞罗那英语语料库（The Barcelona English Language Corpus，BELC）、巴西英语学习者口语语料库（The Brazilian Spoken Corpus of English Learners，BraSCEL）、英国学术英语书面语料库（The British Academic Written English Corpus，BAWE）、BUiD阿拉伯学习者语料库（The BUiD Arab Learner Corpus，BALC）、剑桥学习者语料库（The Cambridge Learner Corpus，CLC）等包含从初级到高级的语料。

4. 按语料库开放情况进行分类，结果见表4-4。

表4-4 按语料库开放情况划分的语料库类型

免费对外开放（个）	内部使用（个）	收费开放（包括CD形式出售）（个）	建设中（个）	注明联系建设者可获得（个）	未注明（个）
94	10	8	10	13	64

以上是语料库建设的整体情况。从中可以看到，语料库的建设涉及的语种较多，包括不同水平学习者产出的语料；语料库类型从笔语语料库到口语语料库，再到多模态语料库逐渐趋于全面；文体类型也非常丰富，有记叙文、议论文、说明文、书信、邮件传真、采访、演讲、对话交谈等。全球化背景下，国与国之间日益密切的经济文化交流与人际交往促使越来越多的人学习第二语言，第二语言

习得的研究也因此越来越受到关注。相应地，越来越多二语学习者语料库逐步建设起来，成为语料库建设中的一种重要趋势。例如在我国的语料库建设中，汉语中介语语料库建设已"成为语料库研究中的热点"（谭晓平，2014）。

上面是对语料库建设情况的总体概括，下面进行具体考察。

三、学习者语料库建设具体考察

（一）语料和语料标注

1. 元数据标注的全面性

元数据指的是语料产出者和语料本身的基本信息。元数据标注的内容全面，便于语料库的使用者从不同维度对语料进行分析。元数据的标注越全面，语料对于研究者来说，可研究和对比的维度就越丰富，语料库的使用价值就越大。

例如阿拉伯语学习者语料库[①]，这是一个包含阿拉伯语学习者的书面和口头材料的语料库，包括282,732个单词、1585篇文本（书面和口头），语料由来自67个国家、有66种不同母语背景的942名学习者提供，一篇文章的平均长度是178个单词。

阿拉伯语学习者语料库的元数据标注非常全面，包括年龄、性别、国籍、母语背景、掌握的语言数目、学习时长、受教育水平、所学课程种类、年级与学期、学习机构、文本体裁、写作地点（课上或课下）、写作时间、写作时所在国、写作时所在城市、文本形式（口语或书面语）、文本媒介（纸质、电子或录音采访）、文本长度，以及是否为当地人、是否为限时任务、是否查阅参考书、是否使用语法书、是否使用单语字典、是否使用双语字典、是否使用其他参考书。如此丰富的元数据可以使搜索限定条件丰富多样。

阿拉伯语学习者语料库的文件命名也体现了元数据的丰富性，语料库中所有文件都以一种表示文本及其作者基本特征的方法命名。例如S038_T2_M_Pre_

[①] 网址：https://www.arabiclearnercorpus.com。

NNAS_W_C，以"_"分开的内容依次表示学号、文本号、作者性别、学习水平、民族、文本模式、文本产出地。

克罗地亚语学习者文本语料库[①]由转录的学生写作手稿组成，这些手稿保留了学习者自己所做的更正（词语的删除、插入和词序的变化）。通过详细的社会语言元数据（性别、年龄、国籍、母语、双语和多语能力以及父母的语言能力）系统地描述文本的外部信息。

此外，克罗地亚语学习者文本语料库的语料提供者即语言教师被要求提交一份关于每周作文主题的报告（目的是用作作文元标记），报告中包含以下数据：所需的语言能力水平、标题、每周数量、体裁、范围、产出条件（时间限制、长短限制等）和产出情况（家庭作业、考试、现场调查等）。

克罗地亚语学习者文本语料库目前包含6213份XML格式的匿名抄本和1217篇以数字化方式生成并转换为XML的文章，它包含1,054,287个单词，语料来自36种不同母语背景的755名学习者。

2. 语料的自然性

考试语料相对易于采集，所以大型的语料库多收入考试语料，但考试语料的自然性受到质疑。研究学习者语言使用的学者Granger（2009）认为内省与诱导数据存在局限性，诱导数据的信度令人质疑，人为的实验环境下诱导出来的数据与学习者使用的语言有很大差异。现在，有些语料库开始拓宽语料来源，增加语料种类，采集自然产出的语料，比如法国英语学习者语料库（The ANGLISH Corpus）[②]的口语语料既包括阅读的给定的文本和句子，也包括学习者自发的口头语言。

比如巴塞罗那英语语料库[③]，通过四种类型的任务采集语料。

（1）书面作文。涉及一个熟悉的主题："我的过去、现在和未来。"学习

[①] 网址：http://nlp.ffzg.hr/resources/corpora/croltec/。

[②] 网址：https://uclouvain.be/en/research-institutes/ilc/cecl/learner-corpora-around-the-world.html。

[③] 网址：https://slabank.talkbank.org/access/English/BELC.html。

者有一个固定的时间（15分钟）。由于语言水平的限制，年龄较小和不太熟练的学习者没有用完所有的时间。

（2）口头叙述。叙述是基于一系列照片（六张）的，学习者在准备时和讲述故事时可以自由观看这一系列照片。故事中有两个主角——一个男孩和一个女孩，他们正在准备野餐；次要角色——他们的母亲；还有一个先消失然后又出现的角色——一只进入食物篮并吃孩子们的三明治的狗。

（3）口头采访。这是一个半引导式采访，首先是一系列关于学习者的家庭、日常生活和爱好的问题。这是热身阶段，目的是使学习者放松、自然。一般来说，面试官试图从学习者那里获得尽可能多的回应，并接受学习者发起的主题，以创造尽可能自然以及包括互动的环境。

（4）角色扮演。角色扮演任务在随机选择的对象之间进行。在角色扮演中，一名学习者被赋予母亲/父亲的角色，另一名学习者被赋予儿子/女儿的角色。后者必须征得前者允许才能在家举行聚会，并要求两名学习者协商环境、时间、活动（音乐、饮食）等。研究人员给出了最初的指示，并在需要时通过提醒学习者讨论的主题来引发谈话，或者通过询问谈判的结果来引导学习者完成任务。

语料库的设计者在每一种任务类型的设置上都尽可能地保证学习者产出语料的自然性，这不仅体现在各个任务的话题选择中，还体现在语料产生过程中自然氛围的创建。

3.语料类型的丰富性

克罗地亚语学习者文本语料库的语料包括考试作文、议论性和文学性作文、书信、日记、图片描述、书评、短对话等。阿拉伯英语学习者语料库（The Arab Learner English Corpus，ALEC）[1]中说明了各种类型的语料的词数：分析类共184,749个词，叙述类共67,527个词，综合类共66,015个词，论证类共192,298个词。

波兰英语学习者语料库（The PELCRA Learner English Corpus，PLEC）中包

---

[1] 网址：https://dspace.auk.edu.kw/handle/11675/1757。

含议论性、描述性、叙述性、半学术性作文和正式信函等。

4. 语料库文本类型的多模态化

根据对新鲁汶大学网站语料库类型的统计，目前世界范围内的语料库多是笔语语料库和口语语料库，后者大约占四分之一，多模态语料库占1%左右。而笔语语料库很大程度上是去语境化的，没有教师或同伴的反馈，没有声音图像等非书面文本模态，即其中的语料为非多模态语料。多模态语料库是对会话的全方位再现，对意义的构建起着重要作用，可以用来研究教师和学生的反馈与互动。

黄伟（2015）认为汉语中介语多模态语料库研究与建设工作不仅是对汉语语料库建设的有益补充，更能够在汉语作为第二语言的教学与习得研究领域发挥作用。

（二）语料库建设的高效化

1. 语料库建设的自动化

语料库的建设耗时费力，语料库建设的自动化能有效地提高建设效率。对语料的分词、标注、预处理、转写以及相关工作的管理分配等，能用计算机做的即借助计算机完成，可以大大提高建库效率。

波兰英语学习者语料库[①]的建设在一定程度上平衡了耗时的工作量与标注的准确度。该语料库包含了波兰英语学习者用英语撰写的论文、书信和许多其他类型的写作样本（共280万词）。它还包括一个20万词的波兰英语学习者产出的时间对齐英语口语语料子库（对同一语音内容在不同的维度上进行标注），该子库使对波兰英语学习者的语音、词汇、语法和短语能力进行分析成为可能。在语料库的建设过程中，将文本数字化、获取学习者数据的过程相当复杂。首先，语言数据必须数字化，这一环节会用到扫描、光学字符识别等技术手段，也有可能人工转录，并要规范不同类型的书面语言。将文本转换为数据库格式，其中每个单词都要标注语法信息，这是一个耗时的过程。这些工作中只有一部分是可以自动完成的，并可能以牺牲精度为代价。例如，波兰英语学习者语料库中每个单词的

---

① 网址：http://pelcra.pl/plec/。

词性标记并不总是正确的，但词性标注使得语料库的用户可以对学习者数据进行更一般化的查询。

中国大学学习者英语口语语料库（College Learners' Spoken English Corpus, COLSEC）在赋码工具的选择、赋码格式的选择和赋码结果的校对中都借助了机器，提高了赋码效率。赋码工具选择的是TOSCA/LOB，因为它基于概率，准确率高，且可以自动界定句子（卫乃兴、李文中、濮建忠，2007）。

另外，有学者出于提高语料库建设效率和语料库建设管理水平的考虑，提出建设语料库建设平台，借用网上系统平台来加速语料库建设工作。毛文伟（2009）以中国日语学习者语料库（CJLC）的构建为例，提出构建整合型学习者语料库建设应用平台能够极大地提高建设的效率，改善建设的效果。在这个整合型的语料库建设应用平台上，系统管理员根据实际需要为用户灵活分配权限，通过网络完成输入、标注、校对、检索和管理等各项工作。由于数据库存在于服务器端，可以实现数据的多用户共享。如此，数据的输入和标注等不同阶段的工作可以同步进行，互不干扰，从而大大提高了语料库建设的效率，同时也加强了语料库的统一性。另外，近年来，也有学者在语料库的建设中搭建了语料库建设与应用综合平台，提高了语料库的建设效率和管理水平（张宝林，2021d；张宝林、崔希亮，2022）。

2. 语料收集的学习者自主化

语料收集的学习者自主化旨在通过一些与学习者互利的方式，鼓励学习者主动提供语料，激发学习者的自主性来提高语料采集的效率和广泛度。这将有助于语料库建设者更高效地完成语料采集工作，并可以采集到学习者主动提供的更广泛场景下的语料。

阿拉伯英语学习者语料库[①]是用以阿拉伯语为母语的英国大学一年级学生撰写的不同类型的英语学术论文建成的语料库。参加一年级写作课程的学生通过一个名为Moodle的学习管理系统提交他们的论文，这些论文根据其类型分为四个部分：叙述、分析、综合、论证。学生通过学习管理系统提交论文，语料的采集

---

① 网址：https://dspace.auk.edu.kw/handle/11675/1757。

工作也同步完成了。

英语批改网[①]的运作方式可资借鉴。学习者可以利用批改网很方便地更正自己语言使用中的错误，语料采集者则可以较为广泛地采集到学习者语料。语料标注者进行偏误标注后还可以反馈给学习者，在此过程中，语料采集者可以变身为学习者语言的免费批改者，并把针对语料的诊断评估报告直接反馈给学习者，帮助学习者了解、提高自己的语言表达能力与水平。可以想见，这也将是吸引更多学习者积极自愿地提供各种形式的语料的有效方法。这样采集到的语料将能够更加全面、真实地反映学习者的二语水平。

还可以利用学习者使用的社交平台和语言软件采集学习者的语料，比如鼓励学习者提交微信、抖音等个人社交媒体平台上发布的一些内容作为语料。

3. 语料库工具的开发

（1）语料标注工具的利用

波兰英语学习者语料库在进行学习者口语数据的采集和数字化时，相关工作人员必须与作为语料采集对象的志愿者进行对话。标注工具将由此产生的高质量录音进行转录，对同一条语音，从不同的维度进行特定类型的发音错误和其他口语话语方面的标注。图4–1展示了语料库口语部分的注释层。注释器将话语的边界映射到音轨上，因此每段话语都可以追溯到相应的说话者。

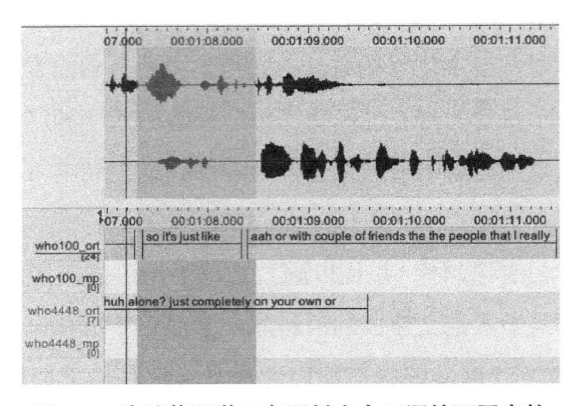

图4–1　波兰英语学习者语料库中口语的不同音轨

---

① 网址：https://www.pigai.org/。

这样的标注工具可以对不同角色的录音内容进行分层标注，在层里再进一步分层，从不同角度对一个角色的语音进行标注。不仅便于标注，还可以分层储存，便于检索。

（2）语料库检索工具的开发

语料库检索工具能让语料库的价值得到更大限度的发挥。比如波兰英语学习者语料库的主页面有五种不同的语料库检索方式可供使用，包括语料库搜索引擎、语法搜索、偏误分析搜索、语料库文本搜索、公式表达式搜索。

荷兰奈梅亭大学TOSCA语料库语言学研究小组开发了TOSCA-ICLE赋码软件，并以之对国际英语学习者语料库（International Corpus of Learner English，ICLE）的语料进行赋码和句法切分。赋码系统包括17种主要的词类，共有220个不同的编码符代表其中的子类及语义、句法和词形信息。这个语料库的错误赋码通过一个错误赋码系统完成，该系由Louvain-la-Neuve大学开发，名为错误编辑器（error editor），能对每个错误进行赋码。错误编辑器的赋码系统为阶梯式，由一套主码和一套辅码组成，其中主码分为7类，即形式、语法、词汇语法、词汇、语域、词语冗长/词语丢失、词序和文体。一旦错误赋码完成，就可以根据错误码检索文本，进行相关分析与研究。（王立非、孙晓坤，2005）

（三）语料库应用的广泛化

1. 语料库用途的多样性与综合性

语料库用途的多样性指在不同的层面，最大限度地发挥语料库的作用。对偏误研究者、语言教学者、教材或字典编写者、二语学习者、语料库建设者，语料库都可以发挥它的效能与作用。从学习者偏误研究者的角度看，语料库展现了学习者的语言面貌；从教材或字典编写者的角度看，语料库为他们的内容选择提供了参考；在语料库自动标注工具的开发方面，语料库自身也有着重要意义；对于二语教学者，语料库可以是课堂例句的来源。

语料库用途多样性的前提是语料库对研究者和学习者的高度开放，张宝林、崔希亮、任杰（2004）设计HSK动态作文语料库时，就提出了语料库建设的开放性原则。现在，越来越多的学者赞成语料库建成后对公众开放，一些语料库在语料库网站首页附上了借助该语料库已完成的研究。

语料库除了可以用来分析学习者的二语习得与使用情况，还可以有多种用途。可以把人工标注和计算机标注进行对比分析，以提高计算机辅助偏误分析的准确性。比如克罗地亚语学习者文本语料库包含以克罗地亚语作为第二语言的学习者（从A1水平初学者到C1水平及以上的高级学习者）产出的文本。克罗地亚语学习者文本语料库的目的是深入描述、分析学习者的语言，并允许提取重要的语言模式，以及对比中介语分析和计算机辅助的偏误分析，在对比的过程中逐步提高计算机辅助偏误分析的准确度。

Granath（2009：49）认为将语料库直接应用于课堂可以使学习者接触到真实的语言运用而不是编造的例句。教师则可以通过多种途径使用语料库，如设计练习、演示语法的差异、区分近义词、分析搭配、针对学习者问题给出可靠答复等。

本·奈特（2020）在介绍剑桥大学语料库时指出，剑桥参照语料库对词典的发展是必不可少的，它为词义的界定和使用提供了依据。在教材的开发过程中，可以通过使用语料库来保证剑桥课程对学生的英语教学是最有用和最真实的。英语批改网的重要用途之一是学习者可以用它很方便地更正自己语言使用中的错误。

语料库对于不同领域的研究人员和学习者都有其不可替代的作用，教师可借助语料库发现最真实、最具普遍意义的学习者语言表达规律；对于语料库建设者，已标注的语料对语料库的进一步开发具有重要的参考意义；对于字典、词典、教材编写人员，语料库也具有很大的参考借鉴价值；对于学习者，语料库可以发挥发现和更正错误表达的功能。

语料库建设者如能集合多方力量共同参与语料库建设，建库工作将更加高效，语料库将能更好地反映学习者的学习规律，更好地满足使用者的需求，更大限度地发挥其价值。毫无疑问，倘能如此，必将使更多的人关注和使用语料库，进一步促进语料库的建设。

2. 多维度的对比语料库建设

对比是研究的基本方法之一，建设多维度的对比语料库因而显得尤为重要。这种对比可以是不同学习者年龄的对比，比如巴塞罗那英语语料库起源于巴塞罗那年龄因素（BAF）项目，这是一个研究年龄对英语作为外语习得的影响的项目。该项目开始时，带来外语教学时间变化的西班牙"新教育法"正在西班牙各地的中小学逐步实施，该教育法要求更早地在小学教育中引入外语。在此期间，可以找到在以前的课程中11岁开始学习英语的学生与在新课程中8岁开始学习英语的学生。除此之外，研究设计中还包括另外两个年龄组，一个是最初学习英语的年龄为14岁的青少年，另一个是在18岁或以上开始学习英语的成年人。基于这些年龄组，对西班牙加泰罗尼亚公立学校的学生进行了关于年龄对英语作为外语习得的影响的研究。

对比也可以在同一学习者不同学习阶段的表现这一维度进行。巴塞罗那英语语料库的语料收集分四次，分别是在200小时、416小时、726小时和826小时的指导后。这种纵向的历时语料有助于研究同一学习者在不同学习阶段的语言学习表现。这种研究更多地关注发展中的语言习得能力，因而需要持续追踪学习者的语言学习情况，建设历时语料库即可为跟踪和对比研究提供有效资源与保障。

中国英语学生口笔语语料库（SWECCL）为了方便进行历时研究，专门建设了一个小语料库用于研究书面语的历时发展。这个小语料库按不同学习者水平划分，共有489篇1~4年级英语学习者的作文语料。其中，议论文278篇，记叙文121篇，说明文90篇，全部语料都进行了文本头标记，并用CLAWS自动赋码器对全部语料进行了词性标注，经检查，赋码正确率为95.5%。（王立非、孙晓坤，2005）

3. 目标需求导向的语料库建设

随着语料库的广泛建设，围绕语料库展开的研究的范围越来越广。基于语料库的研究内容的变化对语料库的建设起到了非常重要的作用。施春宏、张瑞朋（2013）指出，"基于不同的研究观念和方法，自然会建立不同特征的语料库"。因此，语料库建设应关注二语习得研究的理论、方法和使用需求，从而提高语料库的使用价值。尤易、曹贤文（2022）通过用CiteSpace提取突发词的方法，研究了基于语料库的研究所关注的具体课题的变化。比如2016—2020年的突发词为"学术汉语"。随着高级汉语学习者和来华攻读学位的留学生人数的大幅增加，学术汉语教学和研究日益受到关注，"学术汉语"作为近年来核心期刊文献中的突发词，表明该研究课题极有可能是未来研究的热点，值得持续关注。二位学者通过对国外语料库的考察，发现写作评估、自动评分、中介语对比分析等课题作为国际语料库研究的前沿，值得重点关注。这些新涌现的研究方向也值得语料库建设者加以关注，有一些语料库建设者也已建设这样的专用型语料库。

例如Corpus of Academic Learner English（CALE）[①]是一个学习者的学术英语语料库，其建设目标非常明确。因为研究者发现高级阶段的学习者和本族语者产出的语篇在某些词、短语和句法结构的使用频率上存在差异，这表明学习者在很大程度上没有意识到语域差异。有证据表明，不同语言背景的学习者在接近母语水平的过程中面临着相似的问题和类似的挑战。例如高级阶段的学习者仍然在努力掌握某些语言现象，这些现象是可选的或高于学习者现有水平的，通常位于语言的某些层面（例如语法—语义、句法—语用）。此外，在撰写学术论文时，所观察到的许多困难似乎是由于对学术写作规则缺乏了解，或由于缺乏实践，而不是由于第一语言学术惯例的干扰。由于这些相似之处，该项目将这些学习者的中介语称为高级学习者变体（ALVs）。该项目的目标是创建一个电子语料库，即CALE，用于详细、经验性、定量和定性地描述变体（ALVs）；进行详细的个案研究，研究词汇—语法变异的个体（或相互作用）决定因素，例如重量/复杂性、信息状态、有生性、体裁、写作能力；形成一种基于语言标准的语料库驱动的、以文本为中心的方法，用于评估学术写作能力；将研究结果应用于高级水平的学术英语写作教学。

---

① 网址：https://blogs.uni-bremen.de/cale/。

四、结语

　　语料库的建设是第二语言教学研究的基础工作。在大数据时代，语料库在第二语言习得研究中将被更广泛地应用，而语料库建设者之间的沟通还比较有限。通过对世界范围内语料库建设情况的考察，可以看到各个语料库在语料库的元数据采集、语料标注、建设和广泛运用上都有值得借鉴之处。在语料库的建设中，学界只有互相学习、借鉴，才能走得更快更远。

第五章　国内汉语母语语料库考察*

一、引言

国内汉语母语语料库（以下简称"汉语语料库"）的建设始于20世纪70年代末80年代初。随着现代科技的迅猛发展，特别是计算机运算速度的提高、硬盘存储容量的增加、互联网的发展和光学字符识别（OCR）技术的出现与应用，语料库的建设获得了前所未有的发展。目前我国的语料库类型丰富，既有通用型语料库，也有专用型语料库；既有书面语语料库，也有口语语料库和多模态语料库；既有共时语料库，也有历时语料库。语料规模不断扩大，从百万字级到千万字级，再到亿字级乃至百亿字级。本章从语料库的类型与特点、语料的收集与标注等角度对国内汉语语料库的建设情况进行梳理与概括，考察其发展动态，探索其特点与规律，提出存在的问题与解决方案，以期为汉语语料库的建设提供一些参考，推动其更好地发展，并为汉语中介语语料库建设提供启示、参考与借鉴。

二、语料库的类型与特点

按照语料的载体形式，语料库可以分为书面语语料库、口语语料库和多模态语料库，不同载体形式的语料可以满足不同的研究需求。本章按此分类对国内的

---

* 本章作者靳继君，系北京语言大学2015级语言学及应用语言学专业硕士研究生，现为广东省东莞市清澜山学校教师。

汉语语料库建设情况进行考察。

（一）书面语语料库

目前，语言学领域应用较多、影响较大的汉语书面语语料库有北京大学CCL语料库（简称CCL语料库）[①]、国家语委现代汉语平衡语料库（简称国家语委语料库）[②]、北京语言大学BCC语料库（简称BCC语料库）[③]，以及台湾"中研院"平衡语料库（简称台湾"中研院"语料库）[④]，这些语料库目前都免费对外开放。

CCL语料库包括现代汉语语料、古代汉语语料和实现了句对齐的汉英双语语料。该语料库的界面十分简洁，无须注册即可使用。在查询结果显示网页上，用户可以根据需要指定下载结果的条数（下载条数无限制，若没有指定数量，默认条数为500条）。

国家语委语料库同样可以检索现代汉语和古代汉语语料。该语料库网站包括内容、工具与资源三部分：语料库检索（包括现代汉语语料库、古代汉语语料库和语料库字词索引）、可在线使用的语料分析处理工具（包括分词和词性标注工具、汉语拼音标注工具和字词频率统计工具），以及一些研究资源（包括可下载的语料库文档资料、语料库字词频表、现代汉语字表和相关网站，例如：中国语言文字网、中华语文知识库、国家语委科研网和汉语教学助手网）。该语料库支持下载全部的检索结果，但须注册后方可使用此功能。

BCC语料库于2014年9月建成上线，有以下亮点：

1. 搜索示例直接在界面上显示，便于用户理解。

2. 有多种资源可供下载，包括树库资源［法语资源，即北京语言大学法汉指称链条平行语料库（CCFT）标注语料］、HSK资源（HSK常用词例句、HSK词

---

① CCL语料库含有很低比例的口语语料，约占该库当代语料的2.42%，主体为书面语语料。网址：ccl.pku.edu.cn:8080/ccl_corpus/。

② 网址：corpus.zhonghuayuwen.org。

③ 网址：bcc.blcu.edu.cn。

④ 网址：https://asbc.iis.sinica.edu.tw。

性词表、HSK等级词汇）、汉字资源、词汇资源、外语资源（英汉词典和英文词频词典）和一些汉字学习或语料处理工具。这些丰富的资源为汉语教学和相关研究提供了很大的帮助。

3. BCC支持检索结果下载，注册用户可下载10,000条语料。

台湾"中研院"语料库是"世界上第一个带有完整词类标记的汉语平衡语料库"（黄昌宁、李涓子，2002：76）。该语料库的最大特点是在检索关键词前可对该关键词进行搜索范围的限定，如词类的选择、词的特征（外来语、名物化、专有名词、述宾结构的宾语等）的选择，这样可以使检索结果更加精确，减少后续筛选的工作量。

（二）口语语料库

北京口语语料查询系统是北京语言大学语言研究所在该所前身，即北京语言学院语言教学研究所收集的北京口语语料的基础上开发的。在检索关键词前，可以限定语料发言人的出生年份、性别、民族、地区、文化程度、职业、话题（包括居住条件、家庭、学习、工作、生活、个人经历）等。可以对查询结果进行自定义排序，系统默认的是按照出生年份、性别、民族、文化程度依次排序。

中国传媒大学媒体语言语料库是一个免费开放的语料库。该语料库包括2008年至2013年的34,039个广播和电视节目的转写文本，总字符数为241,316,530个，总汉字数为200,071,896个。因为该语料库是一个有声媒体语料库，所以它可以进行特定时间段、特定语言形式、特定语体、特定领域、特定主持人、特定栏目等的关键词检索。该库具备二次查询功能，可以在第一次检索的结果中再设置关键词，以得到更精确的查询结果。这个功能很有用，可以给用户的检索提供很大的方便。

（三）其他语料库

这部分考察部分专用型语料库。

1. 现代汉语词义标注语料库

词义标注是指根据某个词典对多义词各个义项的界定，在真实语料上标注多义词的正确义项（金澎、吴云芳、俞士汶，2008）。词义消歧（word sense disambiguation，WSD）长期以来一直是自然语言处理中的热点难题，在机器翻译、信息检索等领域均有重要的应用价值。词义标注语料库的建设对WSD研究有重要的意义：通过建设一个大规模的词义标注语料库来训练有指导的机器学习模型，进而解决多义词的义项判定与标注问题。

北京大学计算语言学研究所建设的词义标注语料库，所选的语料来自1998年1月1日—10日和2000年1月—3月的《人民日报》，共计约642万字，在词义标注前已经完成分词和词性标注，所用词典是该所研制的"现代汉语语义词典"。其中1998年1月1日—10日的《人民日报》词义标注语料可以免费下载。（金澎、吴云芳、俞士汶，2008）

2. 中文语言资源联盟

中文语言资源联盟（Chinese Linguistic Data Consortium，CLDC）受到中国国家"863""973"计划、自然科学基金等项目的资助，其目标是建成具备国际水平，具有完整性、系统性、规范性和权威性的通用中文语言资源库，以及中文信息处理的评测体制。目前资源总数为99个，包括词典、语音语料库、工具等。热门资源有：中国科学院自动化研究所（CASIA）汉语情感语料库，共包括四个专业发音人、六种情绪，共9600个发音不同的句子，每个发音人的每种情绪的发音包括300句相同文本和100句不同文本；桌面语音识别语音库——自由话题，包括50个发音人，每个发音人围绕12个话题自由发挥，时长共8小时；CIPS-SIGHAN CLP 2010简体中文分词评测语料，包括CIPS-SIGHAN-2010简体中文分词评测的测试集（文学、计算机、医学、财经四个专业领域，各5万字）、参考集、未标注的训练集（文学、计算机各10万字）、评测大纲和总体评测报告；汉语普通话语音合成语音库——基本库，该库11万字，共20个文本。CLDC资源较多，但不免费，需成为会员后，才能获得资源。

三、语料的收集

专用型语料库的语料仅限于某一领域，例如盲文语料库（肖航、钟经华，2015）、专门收集儿童语言或法律文献的语料库等。而通用型语料库可以反映汉语在词汇、语法、语义以及文字等方面的全貌。下文重点介绍通用型语料库的语料收集。

CCL语料库于2004年发布了首个版本。此后分别在2006年、2009年、2014年历经语料扩容和检索系统功能升级，目前规模超过7亿汉字。其中现代汉语文本约5亿个字符，1949年之前的语料为"现代"语料，占全部现代汉语语料的1.28%；1949年之后的为"当代"语料，涵盖了口语[①]、文学、网络语料、应用文等10类，占现代汉语语料的98.72%。古代汉语文本约2亿个字符、1.637亿个汉字。从周代到民国的语料占了全部古代汉语语料的41.05%，不方便按照朝代分类的杂类语料（包括《大藏经》《二十五史》《十三经注疏》《全唐诗》《全元曲》《全宋词》《道藏》《辞书》以及蒙学读物、历代笔记、诸子百家）占58.95%。（詹卫东、郭锐、常宝宝等，2019）

国家语委语料库全库语料（1919—2002年）主要分为五部分：第一类是大、中、小学教材，约2000万字；第二类是人文与社会科学领域的语言材料，约3000万字；第三类是自然科学领域的语言材料，这部分语料从大、中、小学教材和科普读物中选取，其中科普读物约300万字；第四类是报刊，这部分语料约1300万字；第五类是应用文，指各类政府公文、文告、书信、说明书、广告等，这部分语料约400万字。（肖航，2010）

台湾"中研院"语料库在语料收集时注重反映语言的全貌。出于这种考虑，该语料库的设计者们给所有的语料都赋予了五个不同特征的值：文类（书面语和口语）、文体、语式（书面语、演讲稿、剧本和台词、谈话、会议记录）、主题、媒体。虽然目前仍以主题为轴来保证语料的平衡，但理想上是希望在有了更

---

① 口语部分包括北京话调查语料的书面转写、电视电影、相声小品等，占比约为2.42%。

多的研究之后，可以同时利用一个以上的轴来定义更完善的平衡语料库。若按主题分类，该语料库的语料可分为：哲学类（约占10%）、科学类（约占10%）、社会类（约占32%）、艺术类（约占8%）、生活类（约占20%）、文学类（约占20%）。

BCC语料库的建库目的是打造一个"知识库"，其语料来源广、数量多。BCC语料库中的现代汉语语料包括新闻、口语（微博）、科技、文学、综合等多个语体。其中，新闻语料采自《厦门日报》《厦门商报》《厦门晚报》等，口语（微博）语料采自2013年的新浪微博，科技语料采自国内学术期刊，文学语料采自国内外的文学作品。而综合语料则涉及报刊、文学、微博、科技四个领域，语料内容独立，与其他的语料不交叉，目标是要建立一个"平衡"语料库。其"历时检索"中的语料主要采自1945至2015年的《人民日报》。截至2022年7月，该语料库的语料总字数约为95亿字。（荀恩东、饶高琦、肖晓悦等，2016）

这几个大型语料库在语料的收集方面都遵循了语言材料的多样性原则，但也有一些差别。例如在台湾"中研院"语料库中，哲学类语料占到10%；在国家语委语料库中则要少得多。国家语委语料库把政法、历史、社会、经济、艺术、文学、军体、生活类都归入了人文与社会科学这一大类，占60%；而台湾"中研院"语料库把这几类分开，共占所有语料的90%，这表明台湾"中研院"语料库在语料方面更偏向人文类学科。在语料的完整性方面，国家语委语料库要求书籍抽样字数约占全书字数的3%~5%，字数最多不超过10,000字；要求每本刊物上所选的总字数原则上不超过5000字；而且书籍和刊物的样本容量都是2000字，允许±500字。台湾"中研院"语料库在选取文章时会避免选取过长或过短的文章，在选取后会随其自然段落截取，并非以字数限制为标准，这样的好处是可以保留更完整的语言信息。

四、语料的标注

（一）语料标注内容

1. 分词及词性标注

目前的标注主要集中在词性标注上，对标注的研究也很多，一些高校和科研院所相继研制、出台了一些标注规范。

1992年10月4日，国家技术监督局发布了《信息处理用现代汉语分词规范》（GB/T 13715—1992）（以下简称《分词规范》），1993年开始实施，该规范对推动汉语自动分词的发展起到了积极的作用。2001年，清华大学智能技术与系统国家重点实验室、北京大学中文系、国家语言文字工作委员会语文出版社和中国人民大学语言文字研究所等四个单位联合研究，发布了《信息处理用现代汉语分词词表》。2006年9月18日，原国家质量监督检验检疫总局、国家标准化管理委员会发布由教育部、国家语言文字工作委员会组织研制的《信息处理用现代汉语词类标记规范》（GB/T 20532—2006）（以下简称《标记规范》），自2007年3月1日实施（语信司，2007）。这些规范为语料库的建设提供了参照的标准，使语料的分词和词性标注有"法"可依。

有些语料库在建设过程中，除了参照国家标准外，建设者们还会根据语料库的功能、语料的特点等补充一些规范条款，如北京大学计算语言学研究所1994年制定了《现代汉语文本切分与词性标注规范V1.0》，1998年制定了《现代汉语文本切分与词性标注规范V2.0（征求意见稿）》，并改名为《现代汉语语料库加工规范》（以下简称《加工规范》）。这一规范与国家标准《分词规范》保持一致，并做了一些调整和补充。

北京大学的《加工规范》与《分词规范》《标记规范》有以下不同：

（1）某些标记符号不同。例如：《加工规范》的人名用nr，《标记规范》用nh；《加工规范》的团体机关单位名称用nt，《标记规范》的nt代表的却是时间名词。

（2）某些词类的子类划分不同，最典型的是动词和形容词。《加工规范》把动词的特殊用法分为名动词vn（具有名词特性的动词）和副动词vd（具有副词特性的动词），而《标记规范》分为趋向动词vd、不及物动词vi、联系动词vl、及物动词vt、能愿动词vu。《加工规范》把形容词的特殊用法分为名形词an（具有名词特性的形容词）和副形词ad（具有副词特性的形容词），而《标记规范》把形容词分为性质形容词aq和状态形容词as。

（3）一些具体的切分点不同。例如：地名后有"省""市""县""区""乡""镇""村""江""河"等词时，《加工规范》是将其与地名作为一个切分单位（比如：浙江省），而《标记规范》要求将这些词单独切分（比如：浙江 省），只有两个字的民族名（比如：傣族）、地名（比如：长江）不予切分。

（4）《加工规范》在某些方面考虑得更细致，比如数词与数量词组的切分问题，规定基数、序数、小数、分数、百分数一律不予切分等。这些内容在实际标注中是经常出现的，《标记规范》却未提及。

本章倾向于接受《标记规范》，因为它的体系更接近教学语法，分类更大众化，接受度更高。但它也有不足，比如动词的重叠式在汉语中经常出现，《加工规范》专门说明了遇到哪种形式应该如何切分、如何标注，而《标记规范》中并未提及。

除了以上两个规范外，山西大学在建设500万字的标注语料库时研制了《973当代汉语文本语料库分词、词性标注加工规范》，并于2003年和语料库一起共享在ChineseLDC上[①]。该规范尽可能地与《分词规范》保持一致，词类标记集采用了《分词规范》中的大类，部分细类略有不同。例如在习用语的分类中，《分词规范》中的谓词性习用语在山西大学研制的规范中称为动词性习用语，《分词规范》中把"众口难调""脱颖而出""由此可见"标为ip，在山西大学的规范中，则把它们标为iv；在其他类中，《分词规范》分为未知词、标点符号、阿拉伯数字串和其他符号四类，在山西大学的规范中仅分为三类，分别是标点符号、非汉字字符串和其他未知的符号。

---

① 此信息是北京语言大学杨尔弘教授提供的，谨致谢忱。

台湾"中研院"研制的分词规范与上述规范相比，有两个最大的不同：

（1）词的分类方式不同。台湾"中研院"的规范认为有些词依其在句中位置的不同，要分成不同的小类，例如：动词前程度副词标记为Dfa，动词后程度副词标记为Dfb。

（2）该规范是根据当地方言制定的，有些并不符合普通话的说法。比如分词的基本原则二中举的例子是"那条狗不会游水"，认为"游水"一词应合并，但普通话中很少使用"游水"这一说法。

台湾"中研院"的分词规范在进行词分类时过于烦琐，例如根据词在句中的位置将词分成不同的小类，形容词用在动词、名词之前或之后要分成两类，这些是不必要的。

2. 其他标注内容

肖丹、杨尔弘、张明慧等（2020）认为，在句法标注方面，依存句法有形式简洁、易于标注、便于应用等优点，可以被广泛用于以资源建设等为目的的语料标注中，并提出了汉语中介语的依存标注规范，进行了标注实践。（部分标注标签见表5–1）

表5–1 汉语中介语的依存标注规范部分标注标签

依存关系	说明	例句	标注示例
root	句子	父亲很爱我们	root $→很爱
nsubj	名词性主语	父亲很爱我们	nsubj 父亲←很爱
nsubj : pass	受事主语	观念也被带入了中国	nsubj: pass 观念←带入
obj	宾语	你们给我这个机会	obj 给→机会
iobj	间接宾语	你们给我这个机会	iobj 给→我
obl	状语：介宾短语	跟我约定	obl 我←约定
advmod	状语：副词	少喝酒	advmod 少←喝酒
nmod	定语：体词性成分	时代差异	nmod 时代←差异
amod	定语：形容词性成分	新的观念	amod 新←观念

在语义标注方面，目前能找到的公开的语义语料库是北京大学计算语言学研究所建设的词义标注语料库。该库的语义标注所用词典是北京大学计算语言学研究所研制的"现代汉语语义词典"。该词典在《现代汉语语法信息词典》（由北京大学计算语言研究所研制，是一部面向语言信息处理的大型电子词典）基础上，从词语的组合关系出发来描述词义。该词典采用"属—性—值"的描述方法，见表5–2。义项标注的完成情况见表5–3。（金澎、吴云芳、俞士汶，2008）

表5–2 "现代汉语语义词典"关于词条"想"的描述

词语	词类	拼音	义项	同形	释义	语义类	子类框架	配价数	主体	客体	ECAT	WORD	例句
想	v	xiang3	1		思考	心理活动	NP	2	人类	抽象事物	v	think	~办法
想	v	xiang3	2		推测，认为	心理活动	VP	1	人类		v	suppose	我~他今天不会来
想	v	xiang3	3		希望；打算	心理活动	VP	1	人类		v	want	我~去杭州一趟
想	v	xiang3	4		想念	心理活动	NP	2	人类	人	v	miss	我~妈妈了

表5–3 义项标注的完成情况

词性	CSD		词义标注语料库
	多义词（个）	平均义项（个）	标注词次（个）
名词	794	2.14	20,664
动词	168	3.41	45,538

（二）语料标注质量

目前汉语语料库的语料标注主要是分词和词性标注两方面。大部分的语料库都会进行分词处理，有代表性的语料库包括：

国家语委语料库中的标注语料库是其全库的一部分，约5000万字符。标注指分词和词类标注，进行了3次人工校对，准确率高于98%。

台湾"中研院"语料库进行了全库标注，在不考虑专有名词与复合词的前提下①，机器自动分词的准确率可达99%左右，用机器自动标记词类的准确率达到96%左右。

北京大学计算语言学研究所和富士通研究开发中心有限公司合作，共同建设了1998年全年2600万汉字的"人民日报标注语料库"②。标注项目包括分词和词性标注，并标出了专有名词。到2000年6月底，富士通公司对1998年上半年《人民日报》的机器自动标注结果进行验收时，每个月的各项指标的准确率均在99.8%以上。

鉴于汉语的特殊性和复杂性，机器自动分词会存在一定的错误率；而语料库规模庞大，难以进行穷尽性的人工校对，用户在使用语料库时必须对此有清醒的认识。

（三）语料标注形式

在标注格式上，目前主要采用的是将文本内容与标记符号混合在一起的方法，例如"一/m 批/q 高大/a 的/u 新/a 队员/n 在/d 崛起/v"。黄建传、宋柔（2007）曾提出文本与标记符号分离的标注方法，即保持原句的完整性，标记符号全部放在原句的后面，用"//"把原句与标注相分离，在原句中插入空格表示短语边界，把相应的短语标记放在"//"之后的"[ ]"中，例句如图5–1所示。这样做便于阅读、分析与研究语料，对于树库的标注而言也更方便，图5–1的例子在宾州树库中的标注共用了45行，采用黄建传和宋柔的标注方法，只需要3行。同时，这种方式可以根据研究的需要，进行标注内容的增减。但是对这种标注方法的研究尚不多见。究竟如何进行标注才更有利于研究的开展，尚无定论，需要

---

① 关于标注情况，该库的具体说明为："目前机器自动断词正确性，在不统计专有名词与复合词的前提下，可达99%左右（Chen & Liu, 1992）。基本上，自动断词的步骤是以'中研院'辞典中的800万目词为基础，切分为一个一个独立的词。没列在辞典中的成分，则以字为单位，一一切分开。然后佐以构词律对衍生性强的词缀及数字组合成分进行结合词汇的工作。而目前分词的原则是采用'中央标准局'委托台湾计算语言学学会研拟的'中文资讯处理分词规范'草案的原则切分。"

② 网址：klcl.pku.edu.cn/gxzy/231686.htm。

更深入的研究与更多的实践。

上海浦东 开发开放 是 一项 振兴上海。//dj [dj [np vpl] vpo [vi dnp [mp vpo]]]
建设现代化经济、贸易、金融中心的 跨世纪工程。//np [dep [vpo de] np [vpo n]]
因此大量 出现的 是 不曾遇到过的 新情况、新问题。//c_dj [c dep vpo [vi np [dep npl]]]

图5-1 标注实例

五、存在的问题与改进方法

通过上述考察分析可以看到，汉语语料库的发展速度很快，数量越来越多，规模越来越大，标注规范日趋成熟，标注技术也越来越完善，可以为汉语研究、汉语第二语言教学等提供越来越多的数据支持。但同时还存在一些亟待解决的问题。

（一）语料库建设中的规范与标准还未完全统一。虽然相关管理部门已经出台了《分词规范》等一系列国家标准，目前机器分词和词性标注的正确率也可以达到95%以上，但句法标注、语义标注等都尚未实现标注规范的统一与一致。笔者认为，要实现完全的一致是很难的，毕竟汉语的分词跟英语不一样，不是以一个空格分开两个词。汉语本体研究对词的认识，例如词的界定、词类划分、词性归属、词的语法功能等，本就不尽相同。何婷婷（2003）提出，对于一些不确定的情况，可以采用模糊的方法进行处理：或者当有几种可能的标注方案可以选择时，选择概率值最高的一种方案进行标注；或者把多种可能的标注方案都标注出来；或者统一规定一个常量符号，凡不确定的地方都另外加上该符号。目前的标注规范，尤其是分词规范，对于词的划分或许可以不用太细，因为切分单位越大，异议越少；切分单位越小，异议越多。因此，在制定分词与标注规范时，不妨把有些规则制定得粗一些，这样争议就比较小。也许，在某些有争议的细节问题上，由用户根据自己的使用需要自行确定也不失为一种处理方法。

（二）对汉语语料库进行专门介绍与考察的文献较少。目前国内不少高校已经建成了汉语语料库，但对汉语语料库进行考察介绍的论文却不多。在知网中以

"汉语语料库建设"为主题进行搜索，论文仅有50篇左右，其中还有一部分是关于汉语中介语语料库建设的探讨。这表明目前汉语语料库建设虽然成果多，但深入、系统的研究却还很少，亟待加强。

（三）目前一些已建成的汉语语料库尚未对外开放，无法充分发挥其应有的作用，导致建库所用的人力、物力、财力的极大浪费。在以互联网、大数据、云计算为显著特征的信息时代，免费开放、资源共享，把宝贵的资源提供给有需要的人使用，应该成为学界的共识，并落在实际行动上。如此，才能促进学术的发展和人类社会的进步。

第六章 国外语料库建设考察*

一、引言

20世纪80年代语料库语言学复苏以来,其在全球范围内得到迅速发展。语料库"不仅规模上有数以十倍的增长,而且建设速度大大加快了"(黄昌宁、李涓子,2002:8)。同时,基于语料库的研究逐年增多,语料库语言学逐渐成为语言研究中的热点之一,"已经成为语言研究的主流"(丁信善,1998),而语料库则"逐渐成为语言学研究的主流方法"(霍斯顿,2006:14~15)。

"语料库(corpus或corpora、corpuses[复])是指按照一定的语言学原则,运用随机抽样方法,收集自然出现的连续的语言运用文本或话语片段而建成的具有一定容量的大型电子文库。"(杨惠中,2002:33)语料库的发展经历了手工语料库、第一代语料库、第二代语料库等3个阶段①。"从1979年以来,中国就开始进行机器可读语料库的建设。"(冯志伟,2002)经过三十多年的发展,先后建成并投入使用的语料库多达上百个(孟嵊,2012)。按语料的语种类型,语料库可以分为汉语语料库、外语语料库、平行语料库和中介语/学习者语料库四类。其中,较为典型的有国家语委的现代汉语通用平衡语料库,北京大学的CCL语料库,上海交通大学的科技英语语料库(JDEST),北京外国语大学的日汉对译语料库与汉英平行语料库,香港城市大学的对比语料库,哈尔滨工业大学

---

* 本章作者张敏,系北京语言大学2015级语言学及应用语言学专业硕士研究生。
① 也有第三代语料库,乃至第四代语料库的说法,本章不做详细区分与讨论。

的英汉双语语料库，广东外语外贸大学和上海交通大学合作建设的中国学习者英语语料库（CLEC），北京语言大学的BCC语料库、HSK动态作文语料库与全球汉语中介语语料库，等等。我国的汉语语料库建设和研究已经取得了很大成就，并有一些相关的规范与标准问世，例如国家标准《信息处理用现代汉语分词规范》（GB/T 13715—1992）、《信息处理用现代汉语词类标记规范》（GB/T 20532—2006）等，它们在语料库建设中发挥了很好的作用。而汉语中介语语料库建设与研究还处于起步阶段，语料库建设并无统一标准，很多都是根据建设者的主观认识和研究经验进行建设，建设实践中存在很大的随意性，使得语料库在规模、功能、质量、用法等方面存在诸多局限，不能完全满足用户的使用需求（张宝林，2019a）。本章拟从语料的收集、语料的赋码/标注、语料库的使用与界面设计等角度对国外一些主要的语料库的建设情况进行综合考察，作为他山之石，为国内的语料库建设，特别是汉语中介语语料库建设提供一些经验和借鉴，以促进国内语料库建设和应用研究的进一步发展。

二、国外语料库建设考察

（一）语料的收集

语料是语料库建设的基础，语料可靠与否是衡量语料库质量的一个重要标准。语料收集是语料库建设最重要的步骤之一，与语料库的建设目标和类型有着直接的联系。如果要在语料库语言学框架内研究以某种语言为母语的人对该语言某种现象的使用，则需要建设该语言的母语语料库；如果要研究学习汉语的外国学习者的目的语习得情况，则需要建设汉语中介语语料库，收集的应是外国汉语学习者所产出的汉语语料。语料是否具有真实性和代表性是衡量语料是否可靠、有效、具有研究价值和意义的重要标准。

第二代电子语料库中最具代表性的英国国家语料库[①]（British National

---

① 英国国家语料库网址：http://corpus.byu.edu/bnc/。

Corpus，以下简称BNC语料库）是大型通用语料库（Burnard，2000），该语料库包括各个年龄段、各个社会阶层的语言使用者的语言，覆盖英国英语的方方面面。它采取分层抽样的方法收词约1亿，其中包括9000万词的书面语语料和1000万词的口语语料，虽然书面语和口语语料数量并不平衡，但语料取样广泛，其中书面语语料取自地方性和国家性的新闻报纸、各个学科的学术期刊、学术著作及流行小说、书信及日记等；口语语料取自人口抽样调查的口语资料、正式的商务会议及政府会议录音、电台节目和通话录音等（李赛红，2002）。可见，BNC语料库的语料来源真实且覆盖面广，能在一定程度上体现英国英语使用的情况和特点。

美国当代英语语料库（Corpus of Contemporary American English，以下简称COCA语料库）是当今世界上最大的英语平衡语料库，收词约10亿（截至2022年），语料在口语、小说、流行杂志、报纸和学术期刊这五大类型上基本均匀分布。该语料库一直保持着语料的动态更新，1990年至2019年每年坚持增加2500万词次，2020年后还增加了影视字幕、博客和网页方面的语料[①]，能为学习者和研究者提供真实的语言材料，方便观察语言的变化。

语料的规模、真实性和代表性对语料库的建设来说至关重要，此外，在收集语料时还需注重语料的平衡性。这个问题在汉语中介语语料库建设领域多有讨论，例如施春宏、张瑞朋（2013），张宝林、崔希亮（2015），李桂梅（2017）等，其中根据国际中文教育的实际分布情况分层抽样以实现"实事求是的平衡性"的观点更为可取。总而言之，须在收集语料前认真制订计划和标准，在收集过程中认真执行，方可确保语料的质量。

（二）语料的赋码/标注

语料在输入计算机后，一般要对其进行标注（或称赋码），主要包括元信息标注、词类标注、语义标注等，经过标注或赋码的语料可以更方便地用于学术研究。当然，未经标注的原文本或生语料也有其重要价值。

[①] 详见：https://www.english-corpora.org/coca/。

语料库的赋码一般包括两种：一种是词类赋码，一种是句法赋码。所谓词类赋码就是给文本中每一个单词赋予相应的词类码，包括对标点符号的赋码。CLAWS赋码系统是英国兰卡斯特大学的研究小组研发的用于标注词类和句法信息的系统，并被应用于LOB语料库的赋码。此后的BNC语料库使用的是升级后的CLAWS4赋码系统，COCA语料库使用的是CLAWS7赋码系统。

1. CLAWS赋码步骤

（1）预编辑（pre-editing）

此步骤的主要目的是为语料库中每一个词和标点创建单独的一行，把词和标点放在这一行中规定的标准位置，并用字母和数字标出该词或标点在语料库中所属的文本类型、所在的文本、所在的行，以及在行中的位置。

（2）配码（tag assignment）

配码即通过查询预先编好的词类词典，把可能的词类码配给每一个单词的过程。在给每个词或标点配码时是单独考虑的，不考虑其上下文。为了缩小词典的编辑量，这个小组还编制了一个后缀表，把一些能标志词类的后缀编入表中，如：-ness标志着以它结尾的词一般是名词等，没有编入词典的词就可以到这个后缀表中进行查询。

（3）习语赋码（idiom-tagging）

该程序能在文本中寻找特定的词组，并做出相应的修改。如：一旦找到"as X as"这个词组，而且X的词类中有JJ（形容词），那么该程序就在第一个as后附上QL（限定词），第二个as后附上IN CS@（为介词或很少情况下为从属连词）。如果没有这个程序，那么会给每个as都附上三个词类码，为下一步处理带来很大的麻烦。

（4）解决歧义码（tag disambiguation）

下面的小节专门介绍词类消歧，兹不赘述。

（5）后编辑（post-editing）

人工检查。

BNC语料库的标注主要分为三个程式，第一程式采用的是CLAWS4赋码系统。第二程式采用了比CLAWS4赋码系统的习语赋码更强大的模板赋码器（Template Tagger）对CLAWS4赋码系统输出的标注错误进行系统分析，并将其作为输入再次进行赋码。第三程式即标注终处理（包括歧义赋码），歧义赋码对2%的错误进行标注，使该语料库的错误率降至1%。下面通过词类消歧进一步介绍CLAWS赋码系统的操作过程。

2. CLAWS词类消歧步骤

（1）编写一部标明单词词类的词典。该词典应标出每个词的所有词类，对各个词的不同词类要进行一定的排列，排列的顺序为按使用频率，如round一词在词典中是这样描述的：

round　　JJ RI NN VB@ IN@

JJ、RI、NN、VB、IN分别代表一般形容词、与介词同形的副词、单数普通名词、基形动词、介词，@表示该词类使用频率很低。

（2）应用马尔可夫第一过程[①]对133个词类码做一个概率矩阵。该矩阵说明了各个词类码跟在某一词类码后面的概率。

假设所用的词类码只有八个：N、V、J、R、P、C、A、I，分别代表名词、动词、形容词、副词、介词、连词、冠词和叹词，概率矩阵必须提供N后跟N、V、J、R、P、C、A、I各自的概率，V后跟N、V、J、R、P、C、A、I各自的概率，等等。各个词类码的概率矩阵见表6-1（以动词V为例）：

表6-1　词类码概率矩阵

词类码	N	V	J	R	P	C	A	I
V	12	13	10	17	21	8	16	3

（3）对小规模语料进行人工赋码，求出初步的词类相邻码渡越概率信息矩阵，用于处理规模大一些的语料，根据处理结果，修正词类相邻码渡越概率信息。如此循环，直到得到稳定的词类相邻码渡越概率信息为止。如果已有成熟的

---

① 马尔可夫过程（Markov process）是一类随机过程。它的原始模型为马尔可夫链，由俄国数学家A. A. Markov于1907年提出。

词类相邻码渡越概率信息，则可以借用，例如在对LOB语料库进行赋码时，这些信息都来自已经赋码的BROWN语料库。

（4）解决"一词多码"的问题。以"Henry likes stews"为例，赋码结果如下：

Henry	NP	
likes	NNS	VBZ
stews	NNS	VBZ
.	.	

NP代表"单数专有名词"，NNS代表"复数普通名词"，VBZ代表"动词第三人称单数"，"."代表句号。可见，只有"Henry"一词的词性是确定的，"likes"和"stews"则既可以是名词，也可以是动词。如果不考虑概率信息，这句话的赋码结果有四种，分别是：

NP-NNS-NNS-.

NP-NNS-VBZ-.

NP-VBZ-NNS-.

NP-VBZ-VBZ-.

这就产生了歧义，因为一个句子一般情况下只有一种解释，所以哪个序列最有可能，需要根据计算的结果看哪一个序列出现的概率最大。序列概率的计算方法如下：

先计算一个语法码后面跟另一个语法码的渡越概率，其公式如下：

$$\frac{语法码A和B的组合在语料库中的频数}{语法码A在语料库中的频数} \times 1000$$

按照这个公式，可以计算出NP后跟NNS和跟VBZ各自的概率、NNS后跟NNS和VBZ各自的概率、VBZ后跟NNS和VBZ各自的概率，以及NNS和VBZ后跟句号"."各自的概率。根据BROWN语料库，它们各自的概率如下：

| NP-NNS | 17% | NP-VBZ | 7% |
| NNS-NNS | 5% | NNS-VBZ | 1% |

VBZ-NNS   28%   VBZ-VBZ   0%

NNS-.   135%   VBZ-.   37%

NP后跟NNS和VBZ的概率分别是17%和7%，其他同理。有了概率信息，即可计算出四个序列各自的概率，方法如下（省略了百分号）：

val（NP-NNS-NNS-.）= 17 × 5 × 135 = 11,475

val（NP-NNS-VBZ-.）= 17 × 1 × 37 = 629

val（NP-VBZ-NNS-.）= 7 × 28 × 135 = 26,460

val（NP-VBZ-VBZ-.）= 7 × 0 × 37 = 0

可见，第三序列的可能性最大，经过计算，其概率是69%，而其他序列的可能性就小得多，其中最后一个序列的可能性为0。因此，计算机可以初步判定这一句的赋码结果是：

Henry   NP

likes   VBZ

stews   NNS

.   .

如此，即基本解决了词类消歧的问题。

3. 其他语料库的标注

俄语国家语料库（Национальный корпус русского языка，以下简称НКРЯ语料库）[①]的标注分为元文本标注或元信息标注、词性标注、原形标注、句法标注和语义标注（陈虹，2012）。НКРЯ语料库的标注方法为将"外部形态分析法"和"深度语义分析法"相结合，即形态和意义相对独立的词形仍旧按照传统的语法标注来进行标注，而标注同形异义词时则采用该词在俄语传统语法中"普遍接受的、唯一正确的词法特征"。НКРЯ语料库是由专门的词法分析程序Mystem自动标注的，该程序的词法分析模型以《俄语语法词典》为基础，这部词典包括专有名词、缩略语和能产型词缀。在标注未消歧语料库后，库中的词形如果在《俄

---

① 俄语国家语料库由俄罗斯科学院语言研究所于2003年主持建设。语料库初始规模为1亿4000万词次，目前总容量超过15亿词。网址：http://ruscorpora.ru。

语语法词典》中能够找到,则赋予其词典中所有可能的标注集;如果找不到,则赋予其假定的标注集,同时加上"?"以示区别。然后由标注人员人工标注所有剩余的同形异义词,最后遍历全文并改正程序的标注错误(宋余亮,2006)。

兰卡斯特汉语语料库[①]对语料进行了分词和词性标注,它所采用的切分工具是由中国科学院计算技术研究所开发的"汉语词汇分析系统"。许家金(2007)指出"这一系统的核心是由一个有词性和词频信息的8万词的词库。这一系统是基于最大匹配的计算方法,包含汉字切分、词性标注和未登录词的识别等模块。切分正确率可以达到97.58%。但这一系统对词性的标注却不够精准。比如说它无法区分介词'在'和表示体态的'在'。肖忠华对语料进行了大量的手工校对,词性标注正确率基本可以达到98%以上"。

综上所述,语料库的建设中需要运用科学的办法,设计出实用有效的标注程序和软件,实现正确率较高的词性自动标注,以减少语料库建设中的人力物力投入,实现资源的优化配置。

(三)语料库的界面设计

语料库的界面设计直接决定使用者的使用体验,好的界面设计简洁大方,操作简便易学;不好的界面设计则会给使用者带来很大的困难和不便,也不利于其自身的推广。English-Corpora.org[②]的界面设计属于前者,它不仅把BNC语料库、COCA语料库、维基百科语料库等十几个相关的语料库都放在一起做了相应的链接,方便使用者查找和使用,而且使用了统一设计的检索界面。这个界面设计简洁,使用方法简单易学,学会后可以使用比较丰富的语料资源,极大地方便了使用者。下面以COCA语料库为例具体看一下该语料库的检索界面。

1. 语料库界面的基本情况

English-Corpora.org的界面分为三个版块(如图6–1所示),左侧是语料库检

---

① 兰卡斯特汉语语料库(The Lancaster Corpus of Mandarin Chinese,简称 LCMC)是兰卡斯特大学的 Tony MeEnery 教授和旅英学者肖忠华教授创建的现代汉语平衡语料库。

② 网址:https://www.english-corpora.org。

第六章　国外语料库建设考察

索主界面；右上方是信息栏，公布English-Corpora.org的新进展，包括新开发的语料库的链接和新发布的著作，例如新上线的维基百科语料库的消息就在这里公布；右下方则是使用者的注册区域，注册用户使用时，右下方则显示语境共现索引行。

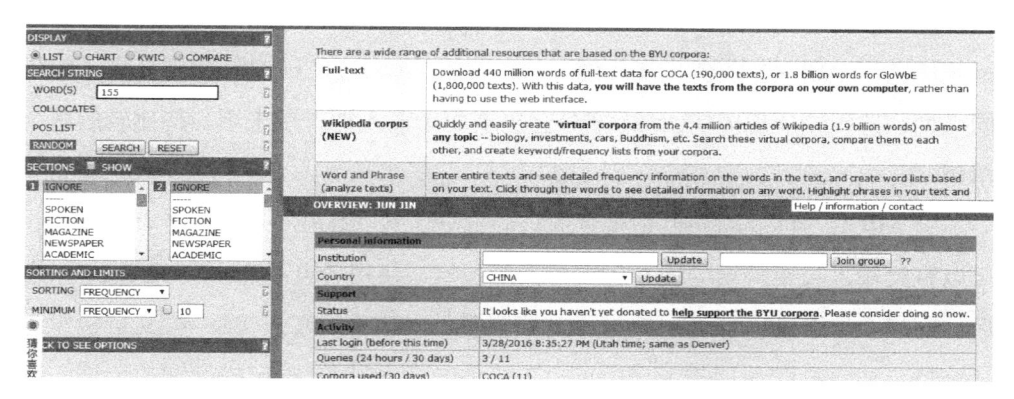

图6–1　English-Corpora.org界面

English-Corpora.org的主界面分为DISPLAY、SEARCH STRING、SECTIONS、SORTING AND LIMITS以及OPTION五部分（如图6–2所示）。

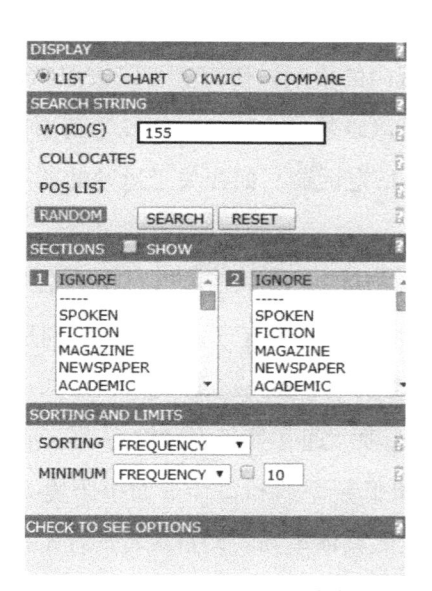

图6–2　English-Corpora.org检索主界面

在DISPLAY一栏中可以选择检索结果的显示方式，共有四种选择：LIST、CHART、KWIC和COMPARE。LIST是将检索结果成行显示；CHART则是将检索结果用更为直观的柱形图来显示；KWIC（key word in context）也叫语境共现（concordance），以检索词为中心，两端是该词出现的语境，便于学习者观察该词的使用情况（KWIC显示方式：蓝色代表名词，紫色代表动词，绿色代表形容词，棕色代表副词，灰色代表代词，黄色代表介词）；COMPARE则是用于辨析同义词，选择该项后WORD(S)部分会出现两个输入框，用来填写待比较的两个单词。

SEARCH STRING一栏是检索的核心部分。WORD(S)一栏支持直接检索，可以直接输入想要检索的词；也支持高级检索，使用者可以点击WORD(S)一栏后的问号获取帮助，以便更好地设定检索条件。COLLOCATES一栏支持检索与某个特定词语搭配使用最频繁的词。POS LIST则是用来限定搭配词的词性，以帮助锁定与某个特定单词搭配使用的某一类词。

在SECTIONS一栏中可以对检索结果做出限制，在SHOW前面的方框内打钩，表示在检索结果中显示不同文体的组成比例。如果在下方的方框内选择IGNORE，则表示忽略文体差异。该方框内的选项设置非常灵活，能最大程度地帮助研究者进行特定领域内的检索。研究者可以按照COCA语料库的五大基本文体来圈定检索范围，也可以以某一个特定时间段为范围显示检索结果，甚至可以锁定COCA语料库中某一特定话题，如在关于运动的新闻或者涉及教育的学术性文章中进行检索。

在SORTING AND LIMITS一栏中则可以对检索结果进行排序和限制，以更加直观地呈现检索结果。SORTING有三种选择，分别是频率（frequency）、相关度（relevance）和字母顺序（alphabetical）。

OPTIONS一栏是可选项，通常处于隐藏状态，点击OPTIONS后会展开可选项，可以对检索结果的最低频率数和每个页面中语境共现索引行的数量做出限制。此外，也可以选择按照具体单词、词目或者词性来排列检索结果。

第六章 国外语料库建设考察

2. 语料库检索示例

（1）搜索words、phrases、lemmas（单词的所有形式）

首先，输入单词smart，选择CHART查询，就可以得到该词在各子库中的频率和每百万词使用的频率。若点击相应的条块，就可以看到KWIC（如图6–3所示，以点击magazine为例）。

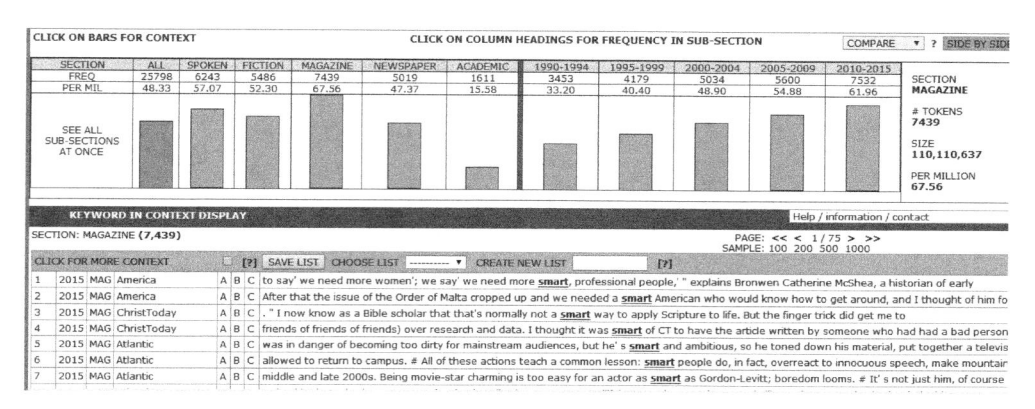

图6–3　English-Corpora.org的检索示意图：词检索

其次，输入词组"white + 名词"，检索表达式为：white [n*]。查询结果如图6–4所示。

图6–4　English-Corpora.org的检索示意图：词组检索

POS LIST 词性列表如图6–5所示。

汉语中介语语料库建设标准研究

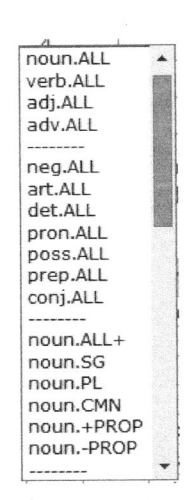

```
noun.ALL
verb.ALL
adj.ALL
adv.ALL
--------
neg.ALL
art.ALL
det.ALL
pron.ALL
poss.ALL
prep.ALL
conj.ALL
--------
noun.ALL+
noun.SG
noun.PL
noun.CMN
noun.+PROP
noun.-PROP
```

图6–5　English-Corpora.org的检索示意图：词性列表

词性列表的用途：①查询多义词特定的词性；②某个词前面或者后面特定词性的若干搭配词，如confidence前的形容词；③词性赋码位置——WORD(S)或COLLOCATES处。

第三，检索lemmas（一个单词的单复数、时态等所有形式），若要得到draw这个单词的所有形式，则要输入[draw]，结果如图6–6所示。

		CONTEXT	FREQ
1		DRAW	26319
2		DRAWN	22775
3		DREW	18690
4		DRAWING	12707
5		DRAWS	8522
6		DRAWED	22
		TOTAL	89035

图6–6　English-Corpora.org的检索示意图：词的所有形式

若输入形容词，那么就会检索出形容词的原形、比较级和最高级。

第四，输入通配符（wildcards），如输入"st?l*"（？代表一个字母，*代表任意数量字母），结果如图6–7所示。

		CONTEXT	FREQ	
1		STILL	410362	
2		STYLE	41663	
3		STOLEN	11183	
4		STYLES	10804	
5		STOLE	6339	
6		STALIN	3413	
7		STELLAR	3203	
8		STALL	3194	
9		STELLA	2702	
10		STALLED	2682	
11		STYLISH	2671	

图6–7　English-Corpora.org的检索示意图：词中通配符的使用

第五，查询特定词性的搭配。若要查询符合"动词 + 任意词 + ground"这一模式的所有词组，则要输入[v*] * [ground]，结果如图6–8所示。

		CONTEXT	FREQ	
1		HIT THE GROUND	914	
2		FIND COMMON GROUND	377	
3		HITS THE GROUND	207	
4		STOOD HIS GROUND	146	
5		STAND YOUR GROUND	139	
6		TOUCH THE GROUND	127	
7		HITTING THE GROUND	126	

图6–8　English-Corpora.org的检索示意图：词组中通配符的使用

（2）搜索搭配词及其出现的频率

如搜索high后的名词，在COLLOCATES里输入[nn*]后选择4，表示在high后4个词的跨距范围内出现的任何名词，结果如图6–9所示。

1		SCHOOL	63973	
2		STUDENTS	6698	
3		LEVELS	5192	
4		SCHOOLS	5163	
5		LEVEL	4101	
6		RATES	3510	
7		PRESSURE	2959	

图6–9　English-Corpora.org的检索示意图：限定词跨距的搭配检索

再如：若搜索做名词的smile前的形容词，在words里输入smile.[n*]，COLLOCATES里输入[aj*]即可检索到相应的实例。

（3）搜索词在子语料库内（或之间）出现的频率或比较不同语域中的用法

如在fiction和magazine中，passionate后面可以跟的任何名词及其频率，检索设置如图6–10所示。

83

| 汉语中介语语料库建设标准研究

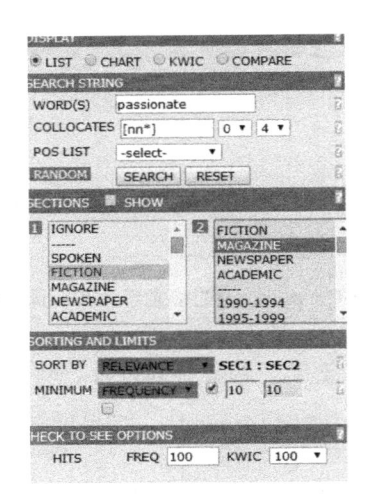

图6–10　English-Corpora.org的检索示意图：passionate＋任何名词

检索结果如图6–11所示。

图6–11　English-Corpora.org的检索示意图："passionate＋任何名词"的检索结果

（4）语义倾向比较

首先，可以进行近义词比较，如比较smart和cute。选择COMPARE，在WORD(S)里分别输入smart和cute，再在COLLOCATES里输入[nn*]表示它们后面所跟的任何名词，也可以比较它们在某个子语料库中出现的频率。结果如图6–12所示。

图6–12　English-Corpora.org的检索示意图："近义词＋名词"的检索结果

也可以用这种方法进行反义词比较。点击W1或W2的数字便可查看具体信息。

其次，可以检索某个词的近义词。如检索cute的近义词，在word里输入[=cute]即可。结果如图6–13所示。

		CONTEXT	FREQ	
1		PRETTY [S]	87159	
2		QUICK [S]	39986	
3		SWEET [S]	32689	
4		SMART [S]	25827	
5		SHARP [S]	22819	
6		ATTRACTIVE [S]	14024	
7		CUTE [S]	8521	
8		APPEALING [S]	6892	
9		CHARMING [S]	6367	
10		DARLING [S]	5239	
11		DELIGHTFUL [S]	2365	

图6–13　English-Corpora.org的检索示意图：近义词的检索结果

综上所述，English-Corpora.org的检索界面表明，有必要设计出一个用户体验好，并且能够整合语料库资源的检索界面，在设计时以用户使用该检索界面的实际感受为标准，努力方便用户使用。此外，也可以展示基于该语料库进行研究的论著成果，这样不仅可以体现语料库的使用及研究价值，同时也可以为学习者和使用者提供研究材料、研究思路和方法等。

（四）语料库建设的新思想

除上述传统的语料库外，俄语开放语料库[①]是一个以全新的思想为指导创建的语料库，它以用户为标注者、编辑者，甚至开发者，堪称"维基百科式"的语料库。该语料库对外开放，但是使用者在注册账号后会被分配相应的语料标注任务。任务完成后会得到相应的证章，证章的等级越高，可以使用的该语料库的功能和权限也就越多。俄语开放语料库有效地实现了使用者共同参与建设这一方案，扩大了语料库建设队伍的来源，是今后语料库建设的一种新思路，值得借鉴和学习。

[①] 俄语开放语料库（Open Corpora）是2009年由德米特里·葛若诺夫斯基（Dmitry Granovsky）、斯维特拉那·阿列克谢耶娃（Svetlana Alekseeva）、阿纳斯塔西亚·博得若娃（Anastasia Bodrova）等俄罗斯语言学家创建的开放并有标注的俄语文本数据库，语料规模为150余万词次。

三、总结

本章分别从语料收集、语料标注、语料库的使用和界面设计等方面对国外的语料库建设进行了考察,对国内的语料库建设,特别是汉语中介语语料库建设有很大的启发意义。在语料收集方面,应根据语料库建设目的收集真实的、有代表性的语料;在语料标注方面,应注重自动标注程序的设计和开发,努力减少标注失误,提高标注的正确率;在语料库的界面设计方面,应该注重界面的简洁美观和使用友好,并使操作简单易学。此外,应整合可以开放的语料库资源,方便用户检索和对比使用。让用户参与语料库建设是语料库建设的新做法、新思路,不仅可以扩大语料库建设队伍的来源,也能够更充分地实现用户的权利和义务。

第七章 美国语料库语言学百年*

一、引言

长久以来，语言学和诸多其他领域一样，将前沿科技应用到研究当中。20世纪40年代末至50年代初，意大利耶稣会士Roberto Busa就开始用计算机编写拉丁文《托马斯著述索引》（*Index Thomisticus*）。Busa（1950）得到IBM公司的技术支持，用计算机将1100万拉丁词的Saint Thomas Aquinas作品编制成索引行。美国学者Ellison（1957）也借助计算机编纂完成英文《尼尔逊校订标准版圣经完全索引》（*Nelson's Complete Concordance of the Revised Standard Version Bible*）。这两项早期语料库课题催生了所谓的"数字人文学"（Digital Humanities）。而在20世纪60年代，语言学领域也出现了具有开创性的布朗语料库（Brown Corpus）（Francis & Kučera，1964），这一取样严谨的美国书面英语语料库已成为现代语料库语言学的基石之一。

尽管美国语料库语言学起步较早，但学界（Simpson & Swales，2001）一般认为语料库语言学盛于英国及欧洲大陆，美国语料库语言学则等而下之。美国语料库语言学未入主流，跟20世纪50年代以来生成语言学的盛行不无关系。20世纪50年代以来，在美国流行生成语言学的同时，英国和欧洲的语料库语言学得到长足发展。然而，美国的语料库语言学在整个学科领域扮演了十分重要的角色，很

---

* 本章作者许家金，系北京外国语大学中国外语与教育研究中心教授。本章原载《外语研究》2019年第4期，收入本书时有改动。

多研究都极具开创性意义。美国语料库语言学的历史比我们想象的要精彩得多。以下我们将对美国语料库语言学历史加以详述。

本章我们不把电子化视作语料库语言学的必要特征，只要某项研究基于真实语言数据做了有代表性的取样和量化分析，我们就将其视作语料库研究。

二、前电子化时代的美国语料库语言学

本节将前电子化时代美国语料库语言学分为三个阶段，即20世纪10到20年代、20世纪20到40年代、20世纪40到60年代。

（一）20世纪10到20年代：Ayres（1913）拼写研究及其他词表研制项目

美国的量化文本分析可追溯到Sherman（1893）的《文学分析法》（Analytics of Literature），该研究采用统计方法区分了散文和诗歌的文体特征。例如，Sherman（1893：259）统计了6位作家作品的平均句长（ASL）：Fabyan（63.02）、Spencer（49.82）、Hooker（41.40）、Macaulay（22.45）、Channing（25.73）和Emerson（20.58），发现了某种"无意识的相似句长"，即同一位作者不同作品的平均句长大抵相似。因此，Sherman指出平均句长可以作为辨别文体风格的有效特征，类似特征还包括动词的使用、小句的衔接、从属和并列关系等。

从20世纪第一个十年开始，许多成规模的（前电子化）美国语料库语言学项目开始蓬勃发展，这些早期语料库研究主要用于促进语言教学。

这一时期的代表性研究是Ayres（1913）的词频调查。该研究选取了2000篇私人和商务信函，语料规模达110,160词。据此，Ayres得到常用词表，例如，I（1080次）、the（918次）、and（697次）、you（635次）、to（627次）、your（585次）等。该词表的编制旨在指导拼写教学。Ayres（1913：7~8）甚至还提供了一些语用相关的词频表，例如，Ayres将信函称呼语以词频降序列出：Dear

（520次）、Dear Sir（490次）、My Dear-（476次）、Gentlemen（207次）、Dear Madam（168次）、Miss-（28次）、Dear Friend（17次）、Dear Miss-（17次）、Dear Sirs（14次）等。

Ayres（1913：10）发现美国全国教育协会（NEA）规定的414个拼写词汇和日常生活中人们实际使用的词之间有巨大的差异。在上述信函词频研究中，当时美国全国教育协会规定的414个拼写词汇中有70%的词甚至从未出现过。因此，Ayres（1913：10）指出，制定者不能坐在书桌前，单凭直觉决定人们应掌握哪些词的拼写，必须知道人们日常需要掌握哪些词的拼写。

此外，Cook & O'Shea（1914：226～227）对比了13位成人所写的20万词家书和专家编写的3本畅销英语拼写课本。他们发现拼写课本中的词汇只有70%出现在了家书当中。Cook和O'Shea认为，这些拼写课本显然没有把重点放在常人最需要掌握的词汇上。有趣的是，Cook和O'Shea同时还研究了13名成人书写用词的差异、家书和其他信函的用词差异，以及词语使用的性别差异。例如，appetite、candy、apron、hair这样的词多出现在女性书写的信函当中，而argument、defeat、administration、convention这样的词多出现在男性书写的信函当中。

Jones（1915：4～6）调查了2到8年级共1050名学生所写的1500万词作文语料，得到了4532个不同的单词，即今天语料库术语中的"类符"。Jones同时还对不同学业水平中涉及的拼写词汇进行了定级。

Andersen（1921）认为，20世纪伊始，教育学的科学研究取得了重大进展，对于教学成果的客观评价是其中一项重要成就。在所有相关课题中，拼写实验的数量最多，因此，他对20世纪前20年的词汇拼写项目做了全面回顾。Andersen对Ayres（1913）的取样标准持怀疑态度，于是在他的拼写研究课题中，他从更广泛的体裁中选取了361,184词的语料，其中涉及的群体包括：专业人士、商务人士、家庭成员、混合群体、友人、医生、农民、银行要员和汽车零售商。

20世纪20年代以前的词频研究多半受到Ayres（1913）信函研究的影响。这一阶段的研究主要聚焦于拼写问题，关注的是中小学生的读写能力。在下一阶段，我们见到的研究不光聚焦于中小学生，也关注成人的语言学习。此外，与外语学习相关的语料库研究开始占据突出位置。

（二）20世纪20到40年代：Thorndike（1921）、Fries（1940）等

20世纪20年代，国际英语教学界兴起了"词汇控制运动"（Hornby，1953）。到了20世纪30年代，词汇控制的理念被更广泛地应用于教学：除了用于教授拼写，还应用于阅读和写作教学、课程大纲设计、教材研发和评估。在理念上主张教授高频词汇的学者主要分为两类：一类是偏爱主观方法的学者，其中包括Charles Ogden 和 I. A. Richards（在英国）、Harold Palmer 和 A. S. Hornby（在日本）、Michael West（在印度和加拿大）。这些学者多依赖个人直觉选取"基础词汇"（Basic Vocabulary）（Ogden，1930），"基础词汇"中的"基础"（Basic）一词为"British, American, Scientific, International, Commercial"的缩写。类似的研究还包括"最低要求词汇"（Notes, News and Clippings，1931）和通用词表（West，1953）。另一类是偏爱以客观视角开展词汇控制研究的学者，他们采用量化方法来寻找最低要求词汇，主要为美国学者。例如，Thorndike（1921）的一万词词汇手册便是这一时期基于大规模真实文本编制量化词表的先驱之作。此后，又出现了各类习语频率表、句法频率表和语义频率表。与20世纪20年代之前的研究相比，这一时期的量化研究在语言描写的各个层面和研究方法上都更胜一筹。

1931年至1944年，Thorndike通过扩充语料将1921年的一万词手册增加到了两万词，随后又扩展到三万词。美国的其他教育研究者受Thorndike的启发，编制了一系列其他语种的词频表，其中包括法语（Henmon，1924；Vander Beke，1929）、西班牙语（Buchanan，1927）、德语（Morgan，1928）和巴西葡萄牙语（Brown et al.，1945）。学者们不仅把研究扩展到其他语种，同时开展了对法语（Cheydleur，1929）、西班牙语（Keniston，1929）、德语（Hauch，1929），以及巴西葡萄牙语（Brown & Shane，1951）的习语量化分析，并对西班牙语（Keniston，1937a）和法语（Clark & Poston，1943）的句法范畴进行了

统计。遗憾的是，并没有出现类似的英语短语和句法统计成果。

　　Eaton（1934、1940）基于现有的词频统计整理了英语、法语、西班牙语和德语中最常用的词汇，教授法语、西班牙语和德语的老师可以将这个词表用于教学材料的编制和课堂教学。Eaton还将这几种语言和世界语进行平行对齐，使得这份整合词表具有了语义词频表的功能。

　　Lorge（1937、1949）基于《牛津英语词典》（*The Oxford English Dictionary*）中的义项编制了英语语义频率表。Lorge的语义频率统计后来编入了广为人们引用的《通用英语词表》（West，1953）。该通用词表后来被用作词汇分析软件Range和AntWordProfiler默认的基础词表。

　　Fife（1931：188～207）和Fries & Traver（1940）曾对这一发展阶段做过详细回顾，讨论了这类研究项目对于教学的重要意义。这一阶段美国学者的相关研究已初步具备了现代语料库语言学研究的特征。

　　首先，几乎所有这一时期的研究都考虑到了语料的代表性。Keniston（1929：4～8）的研究就是其中之一。他选取的文章体裁包括戏剧、小说、各类杂文散文、报刊、科技文本。这样的取样标准很容易使人们联想到布朗语料库的文本分类：新闻、通用文章、小说和学术。Keniston的语料库还涵盖了西班牙语不同的区域变体，西班牙和拉丁美洲（约占1/5）作家的作品都收录在内。有趣的是，尽管Keniston没有采用今天意义上的语料库语言学术语，却详细描述了真实性、人口学代表性、科学取样和体裁/情境多样性等概念。

　　其次，在文本筛选和统计当中，学者们始终遵循分布原则，这项原则在许多文章的副标题中得以标明。在许多研究的导论部分，同频率（frequency）原则一起，常常会出现range、distribution、widely used、units、sources等术语用于阐释分布原则。Keniston（1929：4）认为，在此前的词频表中，一些罕用词只出现在某个特定文本中，因此它们的频数并不能反映它们在语言中的全貌。因此，Keniston把自己著作的副标题列为了"基于分布和频数"，而没有列为"基于频数和分布"，正是为了强调分布比频数更重要。因此，在不同的篇章和文本体裁中，词语、习语和句法统计既包括（相对）频率，又涵盖了分布数据。此外，

Fries（1940：6~9）呼吁我们关注语言特征在历时、地域、书面语和口语、社会和阶层方面的量化差异。

另外，在语言层面，习语和句法的研究使得频数统计不再局限于词汇层面。这些习语包括那些变化形式受限的习语、语义透明的表达和经常共现的词语组合。西班牙语、德语和法语的习语表均于1929年出版，时间远早于Palmer在1933年的英语搭配研究报告。此外，这些习语表基于大量的真实文本编制而成，并提供了统计数据。然而，Palmer的《英语搭配中期报告第二辑》（*Second Interim Report on English Collocations*）仅提供了短语清单，并未说明这些短语是否取自真实文本，也没有提供量化信息。西班牙语和其他语种的频数统计涵盖了复合连接词、复合介词和不及物动词等语言项目，并自然而然地过渡到了语法结构的量化描述。Keniston（1937a）的《西班牙语句法表》（*Spanish Syntax List*）和Clark & Poston（1943）的《法语句法表》（*French Syntax List*）沿用了相同的分布和频率原则来对两种语言中的语法结构进行全面的量化分析。除了句法表，Stormzand & O'Shea（1924）还开展了学习者英语的对比研究，考察了成人和在校学生特定语法结构使用过多或使用不足（语料库语言学术语中的"多用"和"少用"）的现象。Stormzand和O'Shea还比较了不同学业水平的学生的数据，从而评估他们的句法能力发展状况。Lorge的创新之处在于他的词频研究不仅限于语言的形式和结构，还深入到了词义层面。

再有，这一时期几乎所有的量化研究，都有一定的应用语言学或语言学的研究目标。例如，几乎所有的频率表项目都尝试解决语言教学中的问题，此后还有许多语言教学上的应用。例如，最早的学习词典之一——《桑代克世纪中学生词典》（*The Thorndike-Century Junior Dictionary*）（Thorndike，1935）将20,000词分成了20级，每个级别1000词，从第一个1000词（例如be—1）到第二十个1000词（例如authorization—20）进行标号。该词典的义项并非按照历史发展顺序编排，而是采用了由常用到罕见、由简单到困难的顺序（Thorndike，1935：iv）编排。值得注意的是，除了语言教学外，这一时期还有一些量化研究重点关注语言本体特征。例如，Zipf（1935）对汉语、拉丁语、美国英语的音素、词频和词长、词义进行了统计和对比，从而得出了著名的"齐普夫定律"。Keniston（1937b）基于300,000词的语料库对16世纪卡斯提尔语（西班牙北部和中部的一种方言）的句法进行了研究，开创了以量化方法研究历史句法的先河。Fries（1940）的研究与Keniston的跨领域语法比较不同，其描绘了英语的历时语法变化。例如，1560年至1920年间，第一、二、三人称代词与shall和will的搭配用法。他还比较了标准英语和方言英语中动词与介词/小品词的搭配状况。Fries（1952）还录制并转写了美国中北部居民的标准英语对话，总规模达250,000词。他基于这些真实口语语料编写的英语语法，比Quirk et al.（1972）的英语用法调查（Survey of English Usage）早了20年。

（三）20世纪40到60年代：从前电子化时代到电子时代的过渡

20世纪40到60年代，量化语言研究延续了先前的研究范式。虽然这20年间美国并没有出现与先前语种不同的词频项目研究，但是文体和语言风格的量化研究，以及Harris提出的具有语料库语言学特色的相关理论假设，特别值得关注。

Whatmough（1956）采用量化方法研究了希腊语和拉丁语中诗歌和科学文体的风格差异。研究发现，词频和句长是区别作者风格的重要指标。Carroll（1960）在研究文体风格时较早采用了因子分析法，他基于39个语言特征和29个评价文体风格的指标计算出了评价散文文体风格的6个维度（总体风格、个人情态、修饰、抽象程度、文体正式程度和特征）。这在很大程度上是Biber多维分析的先声。

20世纪50年代Harris提出了一系列理念和假说，为美国语料库语言学奠定了理论基础。遗憾的是，他的很多思想并没有得到后期语料库语言学家的广泛采纳。

Harris（1947：175）很可能是最早把corpus作为独立的语言学术语使用的学者：

When such comparisons are carried out for a large corpus, we obtain morphemic segments which are repeated in various environments throughout the corpus.

在Harris的众多理论假设中，分布假说（distributional hypothesis）对于语料库语言学有着重要的理论意义。Harris（1947：156~157）曾在讨论形态理论时指出：

If we consider *oculist* and *eye-doctor* we find that, as our corpus of actually-occurring utterances grows, these two occur in almost the same environments (selection), ..., we say they are synonyms.

在Harris的分布假说框架中，序列依存（serial dependence）或共现（co-occurrence）原则类似于Sinclair（1991）的习语原则；不同语言单位的平行替代（parallel substitutability）原则与Sinclair（1991）的开放选择原则相似。

尽管Harris的分布假说及相关概念并没有发展为语料库语言学理论，但上述概念却奠定了分布语义学（distributional semantics）的基础，在自然语言处理中广泛应用。Sketch Engine中的同义词功能就是一个我们熟悉的应用实例，潜在语义分析、基于词向量模型的语义相似度分析和主题建模（topic modelling）等都基于这一假说发展而来。

三、计算机时代的美国语料库语言学

（一）语料库建设

20世纪60到70年代，美国语料库语言学有所停滞。这很大程度上是受到了迅速崛起的乔姆斯基生成语法的影响，乔姆斯基旗帜鲜明地反对把自然语料作为语言学的研究对象（Chomsky，1957：14~17，97）。

然而，在语料库建设方面，美国异军突起。由于计算机在美国学术界较早普及，第一个电子化通用英语语料库——布朗语料库——在布朗大学应运而生[①]。

[①] Ellison（1957）出现的时间早于布朗语料库，但并非服务于语言学的通用英语语料库。美国第一个非英语的、取样均衡的电子化语料库是Juilland & Chang-Rodriguez（1964）50万词的西班牙语语料库，该语料库始建于1956年。

该语料库存储在穿孔卡片（punched cards）上，研究者借助大型计算机方可使用。布朗语料库的出现使得美国语料库语言学自此得到国际认可。布朗语料库代表了20世纪60年代早期的美国书面英语，其取样方案（15个文类，可细分为新闻、通用文章、小说和学术四大体裁，或信息型文本和想象型文本两大类）成为后来英国英语语料库LOB、英国国家语料库等项目取样的重要参照。

进入21世纪，美国语料库研制的势头愈加迅猛。其中翘楚是杨百翰大学退休教授Mark Davies开发的美国当代英语语料库（以下简称COCA语料库）等大型免费在线语料库（Davies，2010），近年更是建成了超百亿词次的iWeb大数据语料库。English-Corpora.org不仅规模大、界面友好，还特别关注语域、年代等的对比功能的实现，English-Corpora.org的网页界面最初的缩写VIEW（Variation in English Words and Phrases）正是为了突出这一特色。English-Corpora.org中最具影响的仍然是COCA语料库，其每年扩充2500万词，新增的文本等比取自口语、小说、流行杂志、报纸和学术文本。这使得COCA语料库成为第一个大规模历时平衡语料库，是研究语言变化的极好资源（Davies，2010：453）。在教学领域，Davies等人基于COCA语料库编纂了频率词典。参照COCA语料库频率词典的做法，阿拉伯语、捷克语、荷兰语、法语、德语、日语、韩语、汉语、俄语、西班牙语、土耳其语频率词典相继问世。与此同时，大量专用语料库陆续建成。例如，托福2000（TOEFL 2000 Spoken and Written Academic Language，简称T2K-SWAL）语料库被用于描述和分析英语教学语境下学术口语和书面语的特点（Biber et al.，2002）。另外值得一提的是密歇根学术英语口语语料库（Michigan Corpus of Academic Spoken English，简称MICASE）和密歇根高级学生作文语料库（Michigan Corpus of Upper-level Student Papers，简称MICUSP），这两个语料库继承了Charles Fries二十世纪四五十年代在密歇根大学基于真实口语和书面语料库所开展的语言描写和教学应用的实证研究。

（二）技术创新

自计算机问世以来，美国学者为语料库技术进步做出了巨大贡献。例如，我们熟知的语境中的关键词（KWIC）索引行分析方法就是由美国学者Luhn（1960）提出的，平行索引分析工具则最早由美国计算语言学家Church & Gale（1991）基于加拿大议会官方记录研制。

另一个语言教育领域的重要在线文本分析工具Coh-Metrix 3.0提供106个词汇、句法、篇章和语义分析指标。该工具已广泛用于文本可读性分析和学习者写作评价（Crossley & McNamara，2011）。Kyle & Crossley（2015）研发了文本分析工具，几乎涵盖Coh-Metrix 3.0的各项指标，并添加了很多新的功能。更重要的是，他们开发的相关工具使得用户能够在本地电脑上批量处理语料。

20世纪90年代以来，计算语言学开始出现统计转向（Armstrong，1994），自然语言处理领域陆续出现能为语料库研究所用的技术和资源。其中包括词性赋码工具、句法分析器、命名实体识别工具、词汇网络（WordNet）、框架网络（FrameNet）、情感分析工具、谷歌神经机器翻译系统等。这些工具或系统最早都由美国的计算语言学学者开发，并对语料库研究产生了重大影响。

（三）理论贡献

就理论创新而言，Biber（1984、1988）基于语料库研究语域变异的多维分析法改变了美国语料库语言学的面貌。他的研究方法已成为美国语料库语言学中最流行的分析方法，是美国语料库语言学的标志性方法。语域变异研究在教学方面的应用突出表现为《朗文口笔语语法》（*Longman Spoken and Written English Grammar*）（Biber et al.，1999），它是Quirk语法在语料库时代的更新换代之作，已成为十分重要的教学语法参考书。该书的最大特色是以图表形式展示了语法项目在不同语域中的使用差异。多维分析法的提出很大程度上受到了社会语言学变异研究和多元统计分析的影响。Biber（1984）借助布朗语料库和LLC语料库尝试了语域变异的多维分析，并通过《口语和书面语间的变异》（*Variation Across Speech and Writing*）（Biber，1988）一书，迅速确立了多维语域分析的国际地位。Biber学术生涯中大部分时间在亚利桑那州弗拉格斯塔夫市的北亚利桑那大学度过，因此其弟子将其开创的研究传统称作"弗拉格斯塔夫学派"（Flagstaff School）（Cortes & Csomay，2015：xv）。多维语域分析法被广泛应用于学术写作以及口语话语、网络语域、学习者话语、课堂互动话语等方面的研究。

美国语料库语言学的另一项重要进展是将多因素分析（multifactorial analysis）运用于认知语言学研究，其中最具代表性的学者是Stefan Gries。Gries等人基于词法、句法、话语、语用等多个层面的语言特征，利用多因素分析法研究了不同因素对于特定语言构式选择的影响。其中常见研究选题包括构式交替现象（例如：与格交替、属格交替、动词补语交替）、语法标记的选择（例如：补语标记词that使用与否的问题、can和may选用问题），以及语言特征位置变化的动因分析（例如：英语当中多个形容词的排列顺序问题、时间副词从句置于主句前还是主句后的问题）。这一研究方法与基于用法的语言学研究和构式语法密切关联，既可用于理论语言学研究（Bresnan & Ford，2010），也适用于二语习得研究（Gries & Ellis，2015）。

四、结语

本章梳理了美国语料库语言学的百年历史，特别是其早期历史。从中可以看出，一个世纪以来，语料库研究者的研究目的始终未变，即借助大规模真实语言材料揭示语言使用的概率性特征，从而回答语言本体问题或指导语言教学实践。真正发生变化的是存储和提取语料信息的工具和方法。例如，从最初的纸质索引卡片，发展到穿孔卡片格式的电子语料库，再到微型计算机语料库，乃至如今大数据背景下的云端语料库。

由前文综述可见，与英国和欧洲语料库语言学相比，美国语料库语言学在各个历史时期都是语料库创新技术的引领者。同时，美国语料库语言学方法创新也不逊色，其创新领域主要包括：语料库研制、统计算法、计算语言学工具和各种基于语料库的实证语言研究方法。例如，学者们经常把布朗语料库视作第一个电子化的英语语料库，当前全球范围内引用最多的语料库是COCA语料库，Biber所倡导的多维语域变异分析法是目前基于语料库的体裁分析中最有效的研究路径。

　　与此同时，在理论上，美国语料库语言学也贡献显著。如今的美国语料库语言学主体源于后布龙菲尔德结构主义（post-Bloomfieldian structuralism）语言学。譬如，Harris提出的很多具有语料库语言学理论高度的概念和假说，以及Fries倡导的基于语料库的语言教学理念，都是结构主义路径的直接体现。Biber的多维分析法则根植于Hymes等学者开创的社会语言学和话语分析思想，并发展成体裁和语域研究领域举足轻重的理论和方法；Gries的多因素分析思路，力图将功能语言学和认知语言学理论与多变量统计方法充分结合，在复杂的统计方法和深厚的语言学理论之间取得最佳平衡。

　　美国语料库语言学的百年发展史给我国语料库研究带来一些重要启示：我们应兼顾技术创新和理论深化，两者不可偏废。若仅把语料库研究视作一门技术或研究方法，其学科地位必将难以稳固。

第八章　美国语料库建设情况考察*

一、引言

"美国语料库语言学起步较早，但学界（Simpson & Swales，2001：2）一般认为语料库语言学盛于英国及欧洲大陆，美国语料库语言学则等而下之"，然而，"与英国和欧洲语料库语言学相比，美国语料库语言学在各个历史时期都是语料库创新技术的引领者。同时，美国语料库语言学方法创新也不逊色……美国的语料库语言学在整个学科领域中扮演了十分重要的角色，很多研究都极具开创意义。美国语料库语言学的历史比我们想象的要精彩得多"（许家金，2019）。因此，美国的语料库建设特别值得重视与研究。本章从建库目标、语料规模、语料加工标注、语料检索与统计、开放与后期更新维护等角度考察不同时期、不同规模的美国语料库建设情况，供我国学界在汉语中介语语料库建设中参考借鉴。

---

*　本章作者陈丽华、高璇、王美云、段海于、温晓洁。陈丽华系北京语言大学2021级语言学及应用语言学专业硕士研究生，高璇系北京语言大学2021级汉语言文字学专业硕士研究生，王美云系北京语言大学2021级国际中文教育专业硕士研究生。段海于、温晓洁系北京语言大学2016级语言学及应用语言学专业硕士研究生。段海于现为北京市怀柔区第一中学语文教师，温晓洁现为中新天津生态城实验小学语文教师。

二、美国一些具有不同特色的语料库

（一）第一个电子化通用英语语料库——布朗语料库（Brown University Standard Corpus of Present-Day American English，Brown Corpus）

1. 建设团队与建库目标

布朗语料库于1961年在美国布朗大学建成，它采集的样本均为书面美国英语，原版本的编译时间是1963至1964年，数据来源于1961年，约含500份样本，每份样本约2000个单词，是现代英语语言研究中建设的第一个计算机可读的通用语料库（高亢，2019）。在语料库语言学的哲学理论基础与转换生成语法所代表的哲学思想相悖的背景下，布朗语料库的建立对于自然语言处理和语言研究具有特殊的意义。

2. 语料规模与语料收集

布朗语料库由500份样本组成，分布在15种文本类型中，语料必须是美国英语母语者产出的语料。原始（1961年）的语料库包含从15种文本类型中抽取的1,014,312个单词，15种文本类型分别为：报道类（44份）、编辑类（27份）、评论类（17份）、宗教类（17份）、技术和爱好类（36份）、热门类（48份）、传记类（75份）、美国政府机关类（30份）、学习类（80份）、普通小说类（29份）、神秘与侦探小说类（24份）、科幻小说类（6份）、西部冒险小说类（29份）、浪漫爱情小说类（29份）、幽默类（9份）。

3. 语料标注

布朗语料库的标注方式是给每个单词一个独立的词类归属，总共82个词类标识，82个词类标识又可归纳为6个大类（高亢，2019）。

第一类是实词（或称为开放词条类）：名词、动词、形容词、副词等开放性词。

第二类是虚词：限定词、介词、连词、代词等封闭性词。

第三类是某些重要的独立词语：not，隐含表示存在的there，不确定指向的to、do、be、have等动词的各种形式，助动词，等等。

第四类是表示句义的标识。

第五类是屈折词素：名词派生词的复数和所有格，动词过去式、现在分词和过去分词，第三人称单数一致标识，形容词和副词的比较级后缀和最高级后缀。

第六类是两个特殊标识：FM（外来词）和NC（被引用的词），它们与常规标识联合使用，用来表示一个词是外来词或是被引用的词。

布朗语料库的标注方式如图8-1所示：He标注为PP（人称代词），has标注为VHZ（动词have的第三人称形式），worked标注为VVN（过去分词），hard标注为RB（副词）。

He has worked hard
 PP VHZ   VVN   RB

图8-1 布朗语料库标记方式

4. 语料检索与应用

布朗语料库包含六种检索方式：单词概述（WORD SKETCH）、同义词库（THESAURUS）、关键词（KEYWORDS）、单词列表（WORDLIST）、N元语法（N-GRAMS）、索引（CONCORDANCE）。

WORD SKETCH：对某个单词进行检索，可以查看该单词在周围环境中的搭配，并总结该单词的搭配行为。以检索team为例，team作为名词出现了106次，可以搭配的对象如harness，例句：Harnessing a team。可以搭配的主题如place-kick，例句：team's place-kicking。如图8-2所示[①]。

---

① 数据来源于 https://www.sketchengine.eu/。

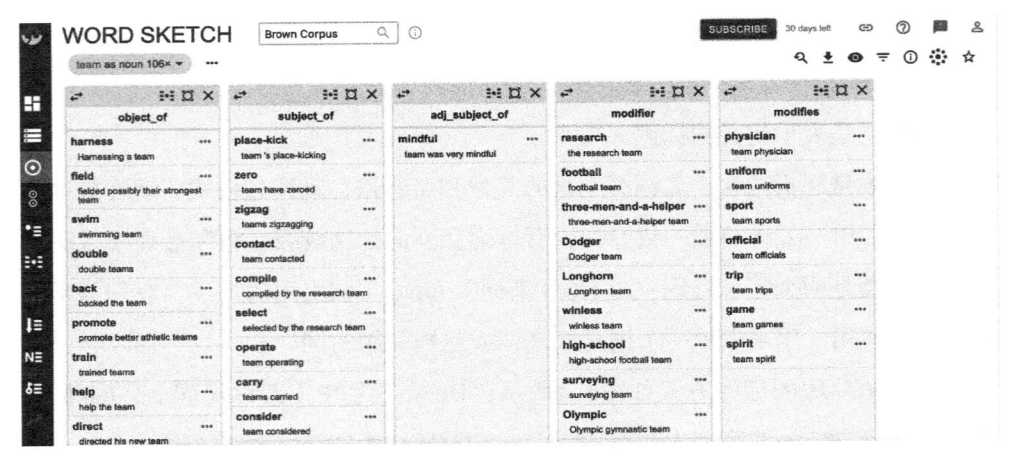

图8-2　WORD SKETCH检索示例

THESAURUS：对某个单词进行检索，可以得到与它属于同一类别的单词的自动生成列表，该列表是基于单词在所选语料库中出现时的上下文生成的。以scare为例，检索出的单词有upset、incline等。如图8-3所示。

图8-3　THESAURUS检索示例

KEYWORDS：比较第一语料库和参考语料库中的文本并得到关键词。如设置第一语料库为布朗语料库、参考语料库为英国国家语料库2014（BNC2014），可得到如图8-4所示的关键词。

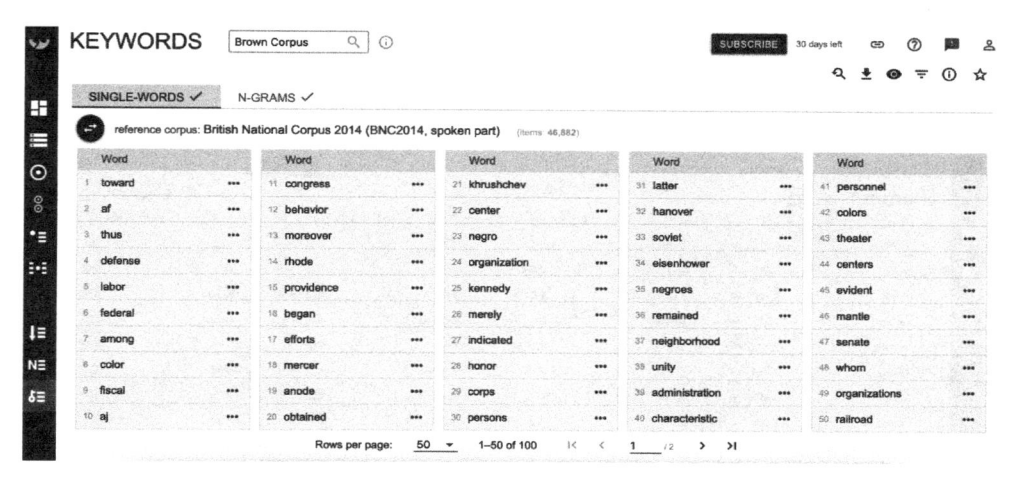

图8-4　KEYWORDS检索示例

WORDLIST：单词出现的频率列表。如将检索条件设置为查找词性为动词的单词时，按照出现频率，出现次数最多的是be，出现了39,328次，其次是have，出现了12,385次。如图8-5所示。

图8-5　WORDLIST检索示例

N-GRAMS：N元语法是包含N个单词的序列。二元语法（一般称为bigram）是包含两个单词的序列，如 please turn、turn your、your homework；三元语法（一般称为trigram）是包含三个单词的序列，如 please turn your、turn your homework。（Daniel Jurafsky，2018）利用语料库中的这项功能可以检索指定词语组合出现的次数，比如"of the"出现了9625次。如图8-6所示。

图8-6　N-GRAMS检索示例

CONCORDANCE：它可以检索单词、短语或文本类型，并以索引的形式在上下文中显示结果。如检索单词fish（不区分首字母大小写），可以检索出该语料库中包含该单词的例句，其中Left context表示该单词的上文，Right context表示该单词的下文，而KWIC（key word in context）则表示被索引的单词fish。如图8-7所示。

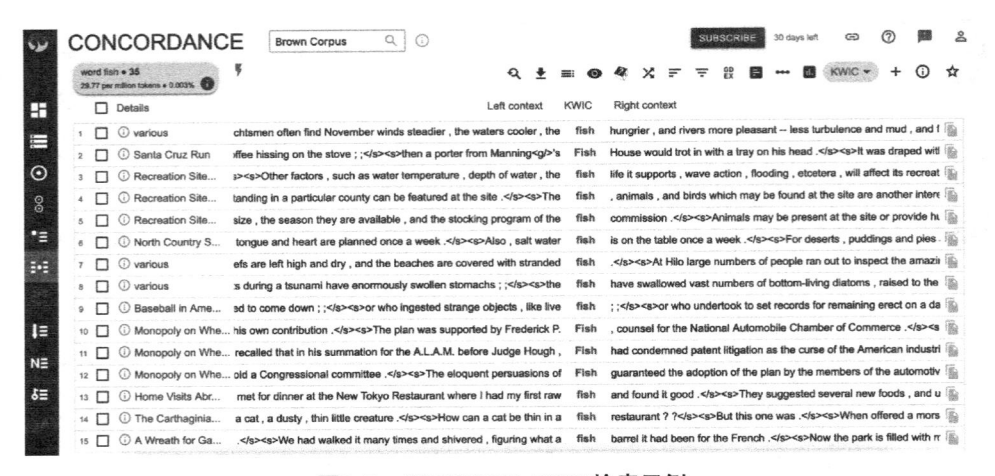

图8-7　CONCORDANCE检索示例

（二）规模最大的平衡语料库——美国当代英语语料库（Corpus of Contemporary American English，以下简称COCA语料库）

1. 建库目的

COCA语料库是由美国杨百翰大学退休教授Mark Davies开发的美国最新当代英语语料库，是当今世界上最大的英语平衡语料库。与其他语料库不同的是，它供大家免费在线使用，给全世界的英语学习者带来了福音，是不可多得的英语学习宝库，也是观察美国英语使用和变化的一个绝佳窗口。（汪兴富、Mark Davies、刘国辉，2008）

2. 内容分类与规模

COCA语料库是大规模的美国英语平衡语料库（large and balanced corpus of American English），库容超过10亿词（1990—2019年期间，以每年2500万词的规模扩充），其由八种类型的语料组成：口语、小说、流行杂志、报纸、学术文献、博客及其他web页面、电视和电影字幕。如图8-8所示。

and 3) has a wide range of genres. The following table shows the genres in the corpus.

Genre	# texts	# words	Explanation
Spoken	44,803	127,396,932	Transcripts of unscripted conversation from more than 150 different TV and radio programs (examples: All Things Considered (NPR), Newshour (PBS), Good Morning America (ABC), Oprah)
Fiction	25,992	119,505,305	Short stories and plays from literary magazines, children's magazines, popular magazines, first chapters of first edition books 1990-present, and fan fiction.
Magazines	86,292	127,352,030	Nearly 100 different magazines, with a good mix between specific domains like news, health, home and gardening, women, financial, religion, sports, etc.
Newspapers	90,243	122,958,016	Newspapers from across the US, including: USA Today, New York Times, Atlanta Journal Constitution, San Francisco Chronicle, etc. Good mix between different sections of the newspaper, such as local news, opinion, sports, financial, etc.
Academic	26,137	120,988,361	More than 200 different peer-reviewed journals. These cover the full range of academic disciplines, with a good balance among education, social sciences, history, humanities, law, medicine, philosophy/religion, science/technology, and business
Web (Genl)	88,989	129,899,427	Classified into the web genres of academic, argument, fiction, info, instruction, legal, news, personal, promotion, review web pages (by Serge Sharoff). Taken from the US portion of the GloWbE corpus.
Web (Blog)	98,748	125,496,216	Texts that were classified by Google as being blogs. Further classified into the web genres of academic, argument, fiction, info, instruction, legal, news, personal, promotion, review web pages. Taken from the US portion of the GloWbE corpus.
TV/Movies	23,975	129,293,467	Subtitles from OpenSubtitles.org, and later the TV and Movies corpora. Studies have shown that the language from these shows and movies is even more colloquial / core than the data in actual "spoken corpora".
	485,179	1,002,889,754	

图8-8　COCA语料库的语料类型

3. 语料标注

COCA语料库词性标注使用了CLAWS7[①]系统，CLAWS系统由G. Leech和R. Garside等人开发，用概率统计的方法进行自动词性标注，自动标注的正确率达到了96%（袁毓林，2001）。词性标注是语料库最常用的注释形式，也是兰卡斯特大学UCREL[②]开发的第一种标注形式，是一种线性标注，在词的后面直接标注其词性。

4. 统计功能

（1）词频（word frequency）

COCA语料库可以统计单词在不同类型文本中出现的频率，方便研究者进行对比。如图8-9所示：FREQ表示lucky这个单词在每种类型文本中出现的总次数；WORDS(M)表示每种类型文本的总词数，单位为百万；PER MIL表示每百万词中，lucky出现了多少次。可以发现，lucky在电视和电影字幕（TV/M）中出现的次数最多，频率最高；在学术文献（ACAD）中出现的次数最少，频率最低。

lucky

SECTION	BLOG	WEB	TV/M	SPOK	FIC	MAG	NEWS	ACAD
FREQ	6370	4877	16697	5094	9249	4825	3916	741
WORDS (M)	128.6	124.3	128.1	126.1	118.3	126.1	121.7	119.8
PER MIL	49.53	39.25	130.37	40.39	78.17	38.27	32.17	6.19

图8-9　COCA语料库词频统计示例

（2）搭配（collocate）

搭配是具有一定特征的词语同现模式（黄昌宁、李娟子，2002：112）。

[①] 此数据见该库网页，网址：https://www.sketchengine.eu/english-claws7-part-of-speech-tagset/。
[②] UCREL（University Centre for Computer Corpus Research on Language）是由兰卡斯特大学创建的大学计算机语料库研究中心。

COCA语料库中可以查询词的搭配。如图8-10所示：node表示查询词，collocate表示搭配词，preNode表示搭配词在查询词前出现的次数，postNode表示搭配词在查询词后出现的次数。以查询smolder的搭配词为例，still出现次数最多，高达76次，其中74次作为前搭配词，2次作为后搭配词。

nodeID	node	nodePoS	collocate	collPoS	freq	MutInfo	preNode	postNode	% preNode
15349	smolder	v	still	r	76	4.39	74	2	0.97
15349	smolder	v	fire	n	59	6.33	39	20	0.66
15349	smolder	v	eye	n	43	4.41	24	19	0.55
15349	smolder	v	cigarette	n	26	6.93	17	9	0.65
15349	smolder	v	ash	n	15	7.42	5	10	0.33
15349	smolder	v	ember	n	14	10.62	4	10	0.28
15349	smolder	v	resentment	n	14	8.26	2	12	0.14

图8-10　COCA语料库搭配检索示例

（3）N元语法（N-gram）

如图8-11所示：以much为例，much为word1，word2、word3是与之相连的两个词，其中much the same出现次数最多，高达1419次，其次是much more likely，出现461次。

frequency	word1	word2	word3
1419	much	the	same
461	much	more	likely
432	much	better	than
266	much	more	difficult
235	much	of	the
226	much	more	than

图8-11　N-gram检索结果示例

5. 检索与下载

COCA语料库有五种检索方式：List、Chart、Collocates、Compare、KWIC。

COCA语料库提供了词频、搭配与文本中连续的n个项目的部分下载，如图8-12所示，点击对应的数据库即可完成下载，用户也可以根据需要选中查询结果进行保存。保存的方式有两种：保存到已建好的路径中，如图8-13所示；或者建立新的路径进行保存，如图8-14所示。

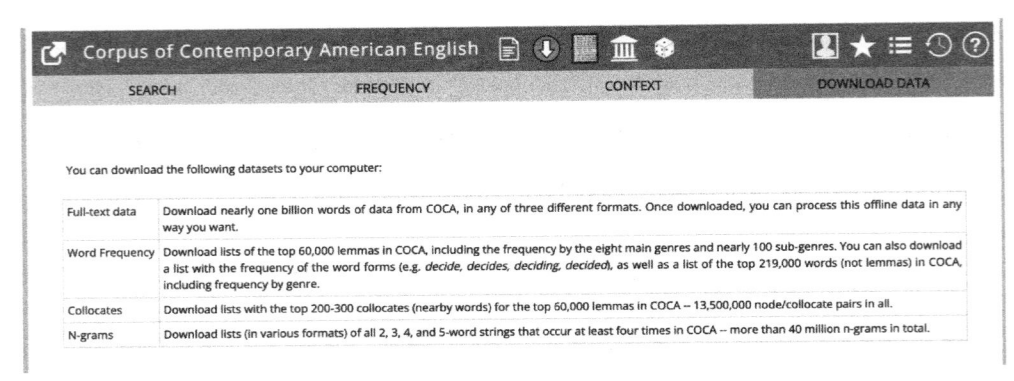

图8-12　数据下载方式

图8-13　保存方式1：保存到已建好的路径中

图8-14　保存方式2：保存到新建立的路径中

6. 应用研究

COCA语料库是一个大型在线免费语料库，为英语研究者和英语学习者获取美国英语资源提供了一个良好的平台，例如张仁霞（2015）在英语词汇教学方面，利用COCA语料库帮助英语学习者学习单词搭配、归纳单词的语义偏好并培养学习者的语体意识。再如宋慧莹、杜璇瑛（2022）利用COCA语料库对近义词进行比较分析，得出COCA语料库能够为英语教育教学提供强有力的辅助这一结论。这些对于英语教学者和英语学习者都有着十分重要的意义。除此之外，COCA语料库具有其他语料库无法比拟的强大功能。例如：COCA语料库库容庞大，库容量超过10亿单词；体裁广泛，涉及电视和电影字幕、口语、博客及其他web页面、小说、流行杂志、报纸、学术文献等多个类型；检索多样快捷，可以支持多种类型的检索，十分方便。这些强大的功能使COCA语料库成为研究人员、教师和学习者必备的理想语料库。

（三）免费的在线学术口语语料库——密歇根学术英语口语语料库（Michigan Corpus of Academic Spoken English，以下简称MICASE语料库）

1. 建设团队

1997年，密歇根大学英语语言学院（English Language Institute）启动了MICASE语料库项目，该项目由Rita Simpson博士负责，在John Swales教授和Sarah Briggs博士的协助下完成，现在由Ute Römer博士负责管理。该项目出于研究和教学的目的录制了1997年至2001年期间在密歇根大学进行的学术活动的音频，通过转写最终建成了一个在线的免费学术口语语料库。

2. 语料规模

MICASE语料库中的语料全部为由密歇根大学各类学术活动音频转录的文本，包含152个演讲活动、近200个小时的录音，共计1,848,364词。话语主体身份各异，语料内容丰富多样，从诺贝尔奖得主在学校庆功大会上的发言，到各系的学术报告、学术辩论、研究生课程、毕业生采访（刘静，2008），较为全面地反映了正式场合中美国英语口语的使用情况。这些活动涵盖了15种不同类型的话语事件，可归为人文与艺术、社会科学与教育、物理科学与工程及生物与健康科学四个学科。具体的文本类型见表8–1。

表8–1　话语事件类型及其词数[①]

话语事件类型（speech event type）	词数（words）（个）
建议（advising）	35,275
座谈会（colloquia）	157,333
讨论部分（discussion section）	74,904
论文答辩（dissertation defenses）	56,837
访谈（interviews）	13,015
实验室（labs）	73,815
大型讲座（large lectures）	251,632
小型讲座（small lectures）	333,338
会议（meetings）	70,038
办公时间（office hours）	171,188
研讨会（seminars）	138,626
学习小组（study groups）	129,725
学生报告（student presentations）	143,369
服务接触（service encounters）	24,691
旅游（tours）	21,768

3. 检索与使用

MICASE语料库网址为https://quod.lib.umich.edu/m/micase/，无须注册或付费就可进行检索，设置了浏览和查找两个功能，页面简洁，对用户友好。

通过浏览功能，用户可以根据发言者属性（性别、年龄、学术职位、母语人士身份、谈话者第一语言）和文本属性（话语类型、学术分类、学科、参与者水

---

① 数据来源：https://varieng.helsinki.fi/CoRD/corpora/MICASE/basic.html。

平、互动性评分）筛选特定文本。设定条件后可看到文本数量、文本名称、录制时长、文本字数等基本信息，点击相应的编号后能获取演讲文本的详细信息，包括标题、编号[①]、学科分类、出版者、参与人数、录制日期、录制时长、文本字数和演讲内容。如图8–15所示。

通过查找功能，用户可以在语料库中查找单词、短语，输入所要查找的单词或短语后就可看到相关的文本内容。此外，语料库还提供文本的下载和统计功能，用户可以根据自身需要使用。如在查找功能中搜索“trust”，结果如图8–16所示。

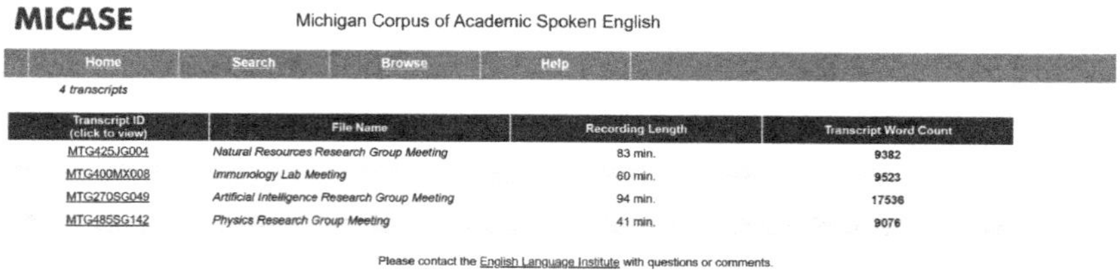
MICASE　Michigan Corpus of Academic Spoken English

Home　Search　Browse　Help

4 transcripts

Transcript ID (click to view)	File Name	Recording Length	Transcript Word Count
MTG425JG004	*Natural Resources Research Group Meeting*	83 min.	9382
MTG400MX008	*Immunology Lab Meeting*	60 min.	9523
MTG270SG049	*Artificial Intelligence Research Group Meeting*	94 min.	17536
MTG485SG142	*Physics Research Group Meeting*	41 min.	9076

Please contact the English Language Institute with questions or comments.

图8–15　设定学术职位为Junior Graduate Student，话语事件类型为Meeting的结果

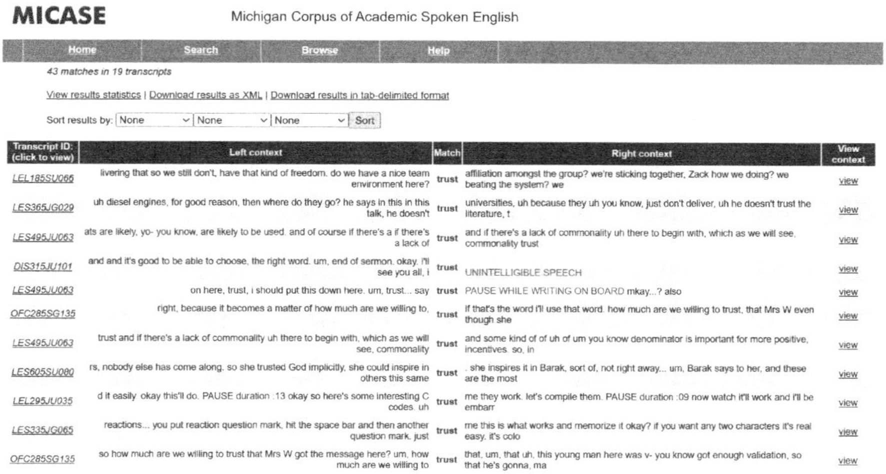
MICASE　Michigan Corpus of Academic Spoken English

Home　Search　Browse　Help

43 matches in 19 transcripts

View results statistics | Download results as XML | Download results in tab-delimited format

Sort results by: None None None Sort

Transcript ID: (click to view)	Left context	Match	Right context	View context
LEL185SU066	livering that so we still don't, have that kind of freedom. do we have a nice team environment here?	trust	affiliation amongst the group? we're sticking together, Zack how we doing? we beating the system? we	view
LES365JG029	uh diesel engines, for good reason, then where do they go? he says in this in this talk, he doesn't	trust	universities, uh because they uh you know, just don't deliver, uh he doesn't trust the literature, t	view
LES495JU063	ats are likely, yo- you know, are likely to be used. and of course if there's a if there's a lack of	trust	and if there's a lack of commonality uh there to begin with, which as we will see, commonality trust	view
DIS315JU101	and and it's good to be able to choose, the right word. um, end of sermon. okay, i'll see you all, i	trust	UNINTELLIGIBLE SPEECH	view
LES495JU063	on here, trust, i should put this down here. um, trust... say	trust	PAUSE WHILE WRITING ON BOARD mkay...? also	view
OFC285SG135	right, because it becomes a matter of how much are we willing to,	trust	if that's the word i'll use that word. how much are we willing to trust, that Mrs W even though she	view
LES495JU063	trust and if there's a lack of commonality uh there to begin with, which as we will see, commonality	trust	and some kind of of uh of um you know denominator is important for more positive, incentives. so, in	view
LES605SU080	rs, nobody else has come along. so she trusted God implicitly, she could inspire in others this same	trust	. she inspires it in Barak, sort of, not right away... um, Barak says to her, and these are the most	view
LEL295JU035	d it easily. okay this'll do. PAUSE duration :13 okay so here's some interesting C codes. uh	trust	me they work. let's compile them. PAUSE duration :09 now watch it'll work and i'll be embarr	view
LES335JG065	reactions... you put reaction question mark, hit the space bar and then another question mark. just	trust	me this is what works and memorize it okay? if you want any two characters it's real easy. it's colo	view
OFC285SG135	so how much are we willing to trust that Mrs W got the message here? um, how much are we willing to	trust	that, um, that uh, this young man here was v- you know got enough validation, so that he's gonna, ma	view

图8–16　trust查找结果

---

① MICASE 语料库采用特定的编号，如 LEL565SU064 代表高级本科水平（SU）社会科学与教育（565）的大型讲座（LEL），这是记录的第 64 次演讲事件。

4. 应用研究

由于MICASE语料库与学术英语通用语语料库（以下简称ELFA语料库）[①]、英国英语学术口语语料库（以下简称BASE语料库）[②]在大小、内容上接近，因此，研究者多将MICASE语料库用于对比研究。如王俊杰（2022）通过比较MICASE语料库与ELFA语料库中的学术讲座语料，探究英语通用语者学术讲座中语力修饰语的使用特点。邱文捷（2019）对比MICASE语料库与BASE语料库中的语料，研究听话人回应标记的类别分布特征及其功能。此外，还有学者运用MICASE语料库探讨英语学术口语话语中的权势关系（程瑶，2016）。总的来说，基于MICASE语料库的研究数量较少，而且以硕士论文为主，有待研究者进一步应用。

（四）含有句法标注的中文树库——宾州中文树库（Penn Chinese Treebank，以下简称PCTB语料库）

1. 建设团队

树库是经过句法标注的文本语料库（黄昌宁、李玉梅、周强，2012）。宾州树库（Penn Treebank）是最早的树库。1989年，宾夕法尼亚大学计算机教授Marcus主持宾州树库项目，目的是建立一个超过450万词次的经过语法结构标注的大型美国英语语料库（Marcus & Marcinkiewicz, 1993）。PCTB语料库是宾州树库的子项目。1998年，宾夕法尼亚大学薛南文（Nianwen Xue）等人主持开展了PCTB语料库项目，旨在提供一个大型的、含有词性标记和完全句法分析的中文语料库。该项目得到了美国国防部、国家科学基金会，以及国防部高级研究计划局（DARPA）跨语言信息侦测、抽取和摘要（TIDES）及全球自动化

---

① ELFA语料库收录了来自芬兰四所大学650名演讲者约131小时的学术演讲录音，共计100万词。
② BASE语料库是英国华威大学和雷丁大学开发的一个英语学术口语语料库，整个语料库包括160个讲座和39个研讨会的录音，涉及艺术与人文科学、生命与医学科学、物理科学和社会科学四大类，每个类别分别包含40个讲座和10个研讨会，共1,644,942个词。

语言情报利用（GALE）和广泛业务语言翻译（BOLT）项目的支持[①]。目前，PCTB语料库已发布到9.0版本，公众可通过宾夕法尼亚大学语言数据联盟（Penn Linguistic Data Consortium）官网[②]付费获取。

2. 语料规模

PCTB语料库从发布至今共进行了九次更新迭代。PCTB 1.0于2000年秋季发布，语料来自1994年至1998年间新华社的新闻，共计10万词。在第一版发布时，建设者就对这些语料进行了加工，完成了分词、词性标记、句法标注等工作。2001年发布了PCTB 2.0，2003年春季发布了PCTB 3.0，增加了15万词。除了新华社的新闻外，还增加了人民日报、香港中国通讯社的文章和从其他语言翻译成中文的材料，以使语料来源多样化（Xue et al., 2002）。PCTB 4.0于2004年发布，语料规模扩大到40万词。2005年1月发布PCTB 5.0，语料规模约有50万词。2007年发布PCTB 6.0，语料规模达到78万词。2010年发布PCTB 7.0，这一版本拓宽了语料来源，不再局限于新闻，增加了来源于广播、杂志和网络的语料，总数约有120万词。2013年发布了PCTB 8.0，增加了除新华社、人民日报、香港中国通讯社等通讯社之外的其他新闻通讯社及杂志文章和政府文件等类型的语料，共计150万词。2016年发布PCTB 9.0，其在前一版本的基础上增加了更多的网络文本信息、聊天儿信息和转录的电话交谈语音，约有200万词的注释和解析文本，共有3726个文本文件，包含132,076个句子、2,084,387个词、3,247,331个汉字[③]。具体的文本来源及数量见表8-2。总的来说，PCTB语料库经过了九个版本的更新发展，不仅在语料规模上不断扩大，而且在语料来源上也更丰富。

---

① 资料来源：https://www.cs.brandeis.edu/~clp/ctb/。
② 网址：https://www.ldc.upenn.edu/。
③ 资料来源：Chinese Treebank 9.0 — Linguistic Data Consortium（upenn.edu）。

表8–2　PCTB语料库文本来源及数量①

文本类别	文本文件（个）
报纸新闻	804
杂志新闻	137
广播新闻	1207
广播对话	86
网络博客	214
论坛	559
聊天儿	701
通话	18

3. 语料标注

PCTB语料库以句子为单位，每个句子都形成了以词语为叶子节点、以整句为根的句法树。PCTB语料库对句法树进行词性、句法、功能、空元素等四个层面的标注。具体可见下例②：

（IP（NP-PN-SBJ（NR 国务院））

　　（VP（VV 批准）

　　　　（NP-OBJ-1（DT 这些）

　　　　　　（DT 城市））

　　（IP（NP-SBJ（-NONE- *T* -1））

　　　　（VP（VV 成立）

　　　　　　（NP-OBJ（NN 边境）

　　　　　　　　（NN 经济）

　　　　　　　　（NN 合作区））））））

---

① 数据来源：杨颢、徐清、邵帮丽等（2021）一种基于端到端模型的中文句法分析方法，《苏州科技大学学报》（自然科学版）第2期。

② 例子来源：黄昌宁、李玉梅、周强（2012）树库的隐含信息，《中国语言学报》第15期。

上例含有丰富的信息，IP代表简单子句，"批准"是三价动词，除了指派"国务院"和"这些城市"这两个NP（名词短语）做主语和宾语之外，还要在宾语后面指派一个IP作为它的第三个核心论元。宾语"这些城市"是后面IP动词"成立"的隐含主语，用空语类"-NONE-"和指同索引号码"-1"标示。具体的标记及其含义可见指导手册①。

4. 应用研究

PCTB语料库建立时间早，规模较大，标注体系较为完善，是重要的中文树库，被研究者广泛使用。如连乐新、胡仁龙、杨翠丽等（2008）以PCTB语料库为基础，对中文文本进行了部分语义角色标注实验。还有谢靖、陈静、王东波（2014）对PCTB语料库和清华树库中短语的直接成分进行抽取，对短语成分进行齐普夫定律验证。此外，杨振鹏（2018）基于PCTB语料库对斯坦福依存句法分析器、复旦大学依存句法分析器、哈尔滨工业大学依存句法分析器、最大生成树依存句法分析器进行比较。总体而言，PCTB语料库在学界具有较大的影响力，是研究者研究汉语句法结构的重要工具。

（五）公开的大型电子化语料库——美国国家语料库（American National Corpus，以下简称ANC语料库）

1. 建设团队与建库目标

在ANC语料库建立之前，语言学研究对语篇语料的依赖日益严重，对美国英语来说，当时并不存在一个能反映语言的各领域和用法的语料库。当时布朗语料库只有100万词，创建的时间也比较久远，并不能反映语言的全貌。虽然英国国家语料库（以下简称BNC语料库）有1亿词的语料规模，但是英国英语和美国英语在词汇和句法上都存在着较大的差异，并不能完全用于针对美国英语的研究。1998年，在格拉纳达大学举办的第一次语言资源和评估会议上，Charles Fillmore、Nancy Ide、Daniel Jurafsky和Catherine Macleod提议创建一个可以和BNC语料库相比较的ANC语料库（Ide & Macleod，2001）。1999年，在纽约大学

---

① 指导手册网址：https://www.cs.brandeis.edu/~clp/ctb/。

举行的关于ANC语料库的建设会议上,几家出版社的代表和软件公司代表签订了创始成员协议,ANC财团正式成立。2003年,ANC语料库第一个版本发布,得到了美国国家科学基金会、ANC联盟、TalkBank项目,以及香港城市大学中文、翻译和语言学系的支持。

2. 语料规模

ANC语料库是目前代表美国英语使用现状的大型语料库。2003年发布ANC语料库第一个版本,它收集了1990年以来不同类型的美国口语和书面语语料,共计1100万词。2005年发布第二个版本,第二个版本在第一个版本的基础上增加了1100万词,这1100万词主要来自ICIC[①]、学术英语口语语料库、小说、医学研究文章、布菲塔斯网站[②]的匿名帖子,语料总数达2200万词。从1998年提出建立ANC语料库的计划,到现在不同版本的迭代升级,它的规模在不断扩大,功能也在不断完善。表8–3是ANC语料库的语料分布。

表8–3 ANC语料库(第一版)语料分布[③]

文本类型	文本名称	文本数量(篇)	单词数量(个)	文本提供者	单词总数(个)
口语	通话(call home)	24	50,494	LDC	3,224,388
口语	电话总机[②](switchboard)	2320	3,056,062	LDC	
口语	夏洛特叙事集(Charlotte Narrative)	95	117,832	Project MORE	

---

① ICIC(Indiana Center for Intercultural Communication Corpus of Philanthropic Fundraising Discourse)即印第安纳州跨文化交流中心慈善筹款话语语料库,由筹款文本组成,包括案例陈述、年度报告、赠款提案和直邮信。

② 讨论各种问题的网站:https://buffistas.org。

③ 表格数据来自 Reppen & Ide (2004). The American National Corpus: Overall goals and the first release. *Journal of English Linguistics, 32* (2), 105-113。

④ 电话总机是一项电信增值业务,它相当于一个虚拟的交换机。交换机设备在服务运营商机房,运营商通过分配给客户一个固定的电话号码,来实现电脑话务员、一号通等企业总机功能。

(续表)

文本类型	文本名称	文本数量（篇）	单词数量（个）	文本提供者	单词总数（个）
书面语	《纽约时报》（New York Times）	4148	3,207,272	LDC	8,283,828
书面语	贝立兹旅行指南（Berlitz Travel Guides）	101	514,021	朗氏出版社（Langensheidt Publishers）	
书面语	《石板》杂志（Slate Magazine）	4694	4,338,498	微软公司（Microsoft）	
书面语	各种非虚构类文学作品（various non-fiction）	27	224,037	牛津大学出版社（Oxford University Press）	

3. 语料加工和标注

ANC语料库根据可扩展标记语言（XML）进行编码。在语料处理的第一阶段，将提供数据的"基本级"编码［符合语料库编码标准（Ide，1998）规定的0级编码］，方法是将原始打印机代码自动转换为总逻辑结构（标题、段落等）的XCES[①]标记。语料的目标受众、文本类型等标题信息则手动插入（Ide & Macleod，2001）。语料标注主要包括结构标注（章节、段落级别），也对词性进行了标注，比如名词类、动词类、命名实体（人物、地点、组织、日期）。ANC语料库使用CLAWS系统的C5和C7版本，这两个版本都可以标注词性并识别一些句法形态特征。

ANC语料库项目在Java中开发了一个名为AQS（ANC语料库查询系统）的简单查询程序，该程序使用Sleepycat Software 8的开源Berkeley DB 4.1.25来存储用于检索XML片段的索引。这种设计允许更高版本的AQS索引和查询任何符合XCES模式的语料库。（Ide & Suderman，2004）

---

① XCES 是基于 XML 语言的语料库编码标准。

4. 检索与下载

ANC语料库的N-gram[①]搜索引擎如图8-17所示，在官网可以进入[②]。

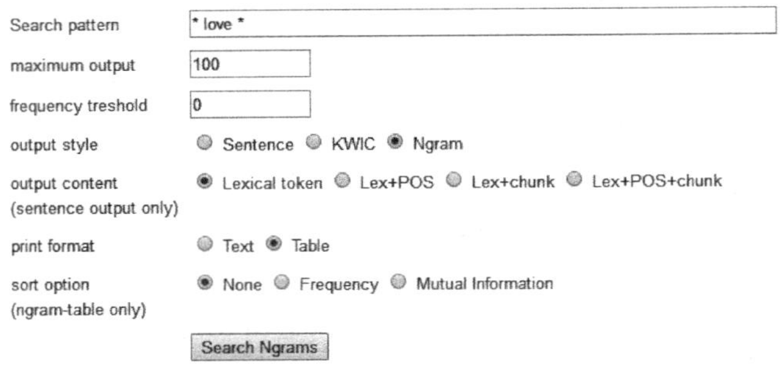

图8-17 搜索示例

除了检索功能，ANC语料库也提供了下载功能，可以下载ANC语料库的全部数据（zip格式或者tgz格式，以及之前版本的zip格式等），用于研究或者商业目的[③]。

三、美国语料库建设特点

美国语料库的语料多为美国英语，数量多，类型丰富，比如COCA语料库，语料规模超过10亿词，且由八种类型的语料组成。除此之外，还出现了收集某种单一语料类型的语料库，比如专门收集学术口语的MICASE语料库。在标注方面，美国语料库总体上标注较为详细，大致包括词性与句法标注。此外，美国语料库多使用机器自动标注，比如：COCA语料库使用了CLAWS7进行词性标注，ANC语料库使用了CLAWS系统的C5和C7版本。在检索统计方面，检索方式多样，比如布朗语料库有六种检索方式，COCA语料库有五种检索方式。COCA语料库和MICASE语料库都提供在线统计检索结果的功能。在后期更新维护方面，美国语料库也在不断更新语料，扩大语料规模。比如ANC语料库，至2009年其总词数为3.85亿，每年还在以2500万词次的规模扩充。

---

① N-gram 搜索引擎由纽约大学 Satoshi Sekine 教授提供，于2011年发布使用。
② 此数据见该库网页，网址：https://anc.org/data/oanc/ngram/。
③ 此数据见该库网页，网址：https://anc.org/data/oanc/download/。

四、对汉语中介语语料库建设的启示

美国语料库建库时间早，且数量多、规模大，对英语语料库的建设产生了重大的影响。在当时转换生成语法占据主流地位的背景下，仍有一批有识之士敢于革新，勇于探索，将正在兴起的计算机技术用于语言研究，建成了第一个电子化的通用语料库——布朗语料库。研究者创新和无畏的精神是语料库建设的重要法宝。对于汉语中介语语料库建设而言，虽然建设起步较晚，但发展较快。1993年，储诚志、陈小荷提出建设汉语中介语语料库的设想，于1995年主持建成"汉语中介语语料库系统"，拉开了我国建设中介语语料库的序幕。此后，中介语语料库建设不断发展，除多所高校建立的语料库外，还有许多研究者自建的规模不一的语料库，中介语语料库建设呈现出繁荣发展的景象。但也应该看到，汉语中介语语料库建设目前同质化现象严重，从文本类型来看，多为笔语语料库；从文本的时间跨度来看，多为共时语料库，缺少多模态的、历时的语料库。诚然，多模态的、历时的语料库建设需要耗费大量的人力、物力、财力，其难度不言而喻，需要研究者不畏艰难，勇挑重担，建设出适应汉语语言研究需要的语料库。

美国语料库多采用统一的置标语言XML进行编码。XML是一种可扩展标记语言，是万维网联盟在SGML[①]基础上研发出来的，其主要特点是简单易用、条理清晰、灵活开放、功能强大。XML早已成为国际通用的标准，甚至JSON已成为新的事实上的标准，应用这些标准格式进行编码，不同的语料库之间可实现语料资源共享和语料的二次利用。但是汉语中介语语料库基本上未采用XML或JSON，如HSK动态作文语料库和全球汉语中介语语料库都以英文词的首字母或汉语拼音首字母来表示词类；中山大学汉字偏误连续性中介语语料库中，大类用各类词的英文词首字母的大写形式来表示，小类用英文词首字母的小写形式或汉语拼音首字母来区分。不同的语料库使用的标记代码不一样，就很难实现多库之间的语料共享，还会造成一些标注工具的重复开发与浪费（赵焕改、林君峰，2019）。因此，学界应积极开展协作研究，尽快研制出学界普遍接受并乐于

---

① SGML 即 Starand Generalized Markup Language,是一种标准通用标记语言,由ISO在1986年发布。

使用的语料标注规范与代码，从而实现语料标注的标准化与通用化（张宝林，2013）。

美国语料库多为公开的语料库，供公众免费使用。布朗语料库最早为学者和研究人员熟知和使用的重要原因之一也是其免费向公众开放（杨瑞和，2015）。语料库的价值在于使用，使用者越多，其价值越大（张宝林，2010a）。但目前汉语中介语语料库的开放程度不高，虽有HSK动态作文语料库、全球汉语中介语语料库等大型语料库面向公众开放，但仍有许多不同类型的语料库仅限部分人群使用，未能使其价值最大化。这种现状亟须政府科研管理部门发布相应的政策法规进行干预，以实现汉语中介语语料库的资源共享。（张宝林，2022c）

美国语料库重视语料规模的不断扩大和内容的更新，如COCA语料库和ANC语料库目前仍在更新。汉语中介语语料库也需要不断进行更新，以便实时反映学习者的习得情况，从而使研究者在不断更新的语料中发现新的中介语现象、教学难点和易错点。大多数汉语中介语语料库由于资金、人员不足和维护管理困难等问题，在更新迭代上存在不足，需进一步完善。值得一提的是，全球汉语中介语语料库采取"搭积木式"的动态建设策略，语料仍在持续增加，系统具有实时统计功能，库存生语料与标注语料的相关数据会随语料的增加而动态更新。这种动态建设策略对汉语中介语语料库的建设具有重要的借鉴意义[①]。

---

① 详见 http://qqk.blcu.edu.cn。

第九章 英国语料库建设情况考察[①]

一、引言

在语料库语言学的发展历程中，英国语料库的建设对语料库语言学的发展具有重要意义。英国语料库建设起步早，发展快，建成了多个具有广泛影响力的语料库，如LOB语料库、英国国家语料库、柯林斯-伯明翰大学国际语料库等。这些语料库在语料库语言学发展史上具有里程碑意义，大大促进了英语的研究。

本章介绍了英国多个重要的语料库，具体考察语料库建设团队与建库目标、语料规模与语料采集、语料加工与标注、语料检索与统计、开放与后期更新维护、语料库的获取与应用等方面的情况，有助于了解英国语料库的建设情况与发展趋势。

二、英国语料库介绍

（一）LOB语料库（The Lancaster-Oslo/Bergen Corpus）

1. 建设团队与建库目标

LOB语料库始建于1970年，由英国兰卡斯特大学（University of Lancaster）

[①] 本章作者陈丽华、王美云、高璇。陈丽华系北京语言大学2021级语言学及应用语言学专业硕士研究生，王美云系北京语言大学2021级国际中文教育专业硕士研究生，高璇系北京语言大学2021级汉语言文字学专业硕士研究生。

著名语言学家Geoffrey Leech倡议，挪威奥斯陆大学（University of Oslo）Stig Johansson主持，并与卑尔根（Bergen）人文科学计算中心联合完成。项目的目标是建设一个相当于布朗语料库[①]的英国英语语料库。语料库在建设期间，受到了朗文集团有限公司、英国社会科学院（British Academy）及挪威国家人文科学基金会（NAVF）的资助，最终于1978年建成并投入使用。

2. 语料规模与语料收集

LOB语料库是模仿布朗语料库的设计结构与比例建设起来的英国英语语料库，因此其语料规模和样本选取均仿照布朗语料库。语料来自1961年的英国英语出版物，采取分层随机抽样的方法在15个文本类型中抽取500篇样本，每篇大约2000个单词，合计100万单词。文本均为英国英语书面语，目的是研究当代英国英语，以及与美国英语进行对比，开展美国英语和英国英语的对比分析和语法分析。具体的文本类型见表9–1。

表9–1　布朗语料库和LOB语料库概况[②]

标签	文本类型	布朗语料库（美国英语）（篇）	LOB 语料库（英国英语）（篇）
A	press: reportage	44	44
B	press: editorial	27	27
C	press: reviews	17	17
D	religion	17	17
E	skills, trades and hobbies	36	38
F	popular lore	48	44
G	belles letters, biography, essays	75	77

---

① 布朗语料库（The Brown University Standard Corpus of Present-Day American English）是美国布朗大学的 W. Nelson Francis 和 Henry Kučera 于 20 世纪 60 年代建立的第一个计算机可读的通用语料库，简称 Brown Corpus。该语料库从 1961 年的出版物中选取 500 篇书面文本，共计 100 万词。

② 数据来源：李华剑、邓耀臣（2021）。

（续表）

标签	文本类型	布朗语料库 （美国英语）（篇）	LOB 语料库 （英国英语）（篇）
H	miscellaneous（documents, reports, etc.）	30	30
J	learned and scientific writings	80	80
K	general fiction	29	29
L	mystery and detective fiction	24	24
M	science fiction	6	6
N	adventure and western fiction	29	29
P	romance and love story	29	29
R	humour	9	9

3. 应用研究

在实际应用过程中，LOB语料库经常与布朗语料库一起被选用为研究工具，主要原因有三：其一是这两个语料库是完全开放的，便于研究者进行研究；其二是这两个语料库的语料是20世纪60年代的美国和英国书面英语的典型代表，研究具有历史性意义；其三是两个语料库在语料库建库细节，如资料来源、词汇收集等方面有一定的相似性，是对比语料库，具有典型性和代表性，有一定的研究价值。（蒋晓玲，2020）

（二）伦敦–隆德语料库（The London-Lund Corpus，以下简称LLC）

LLC包括LLC-1和LLC-2。LLC-1是世界上第一个公开的口语语料库，LLC-2的大小和设计与LLC-1基本相同，只是语料的时间跨度不同，下面分别介绍LLC-1和LLC-2。

1. LLC-1

（1）建设团队与建库目标

对话语境中的口语是动态的、变化的，蕴含着丰富的语言变异。为了探究这些语言变异现象背后的原因，语言学家或者人类行为科学家都需要收集并转录大量的口语语料，LLC语料库为语言学家研究英语口语提供了便利。

LLC-1于1980年建成，是世界上第一个公开的口语语料库，Randolph Quirk团队和Jan Svartvik团队合作，把SEU语料库[①]中的口语部分转变为计算机可读的文本形式。

（2）语料规模与语料收集

LLC-1包含50万词的英国英语口语，语料的时间跨度为20世纪50年代到80年代，语料库一共包含100个文本，每个文本的词汇量约为5000词。口语类型也多种多样，如图9-1所示。

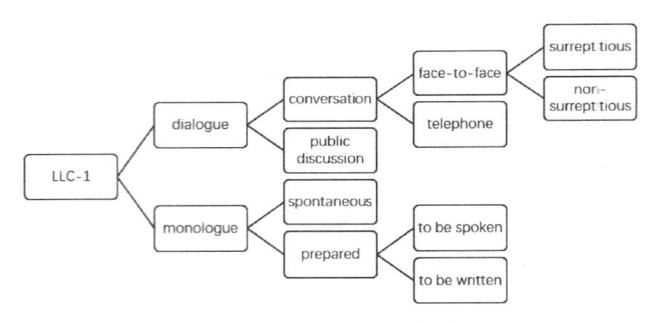

图9-1 LLC-1口语类型

从图9-1可以看出，LLC-1包含多种话语语境，可以分为对话和独白。对话包括私人谈话和公开讨论，如访谈和小组讨论。私人谈话进一步分为面对面的谈话（秘密谈话或非秘密谈话）和电话谈话。独白包括自发的和事先准备好的，前者包括即兴创作，例如对体育赛事进行评论；而后者则是事先准备好的，准备好

---

① 英语用法调查（Survey of English Usage）语料库，简称SEU语料库，是手工语料库阶段的典型语料库。1959年，英国伦敦大学学院教授R. Quirk发起了"英语用法调查"项目，收集了200篇不同语体的语料，其中书面语和口语各占一半，整个语料库的规模为100万词次。

的独白又包括写出来供人说的独白（如政治演讲）和说出来的独白（如口述书信）。丰富的口语类型为语言学家研究各种话语类型的自然语言提供了可能，也使得语言学家们可以对不同语境中的语法和文本特征进行比较研究。

（3）语料加工与标注

语料库的计算机化版本包含详细的韵律转录，标注了语调单元、核心语调的位置和方向、不同长度的停顿等特征（见表9-2）。转录还包含说话人身份、同步谈话、上下文评论和无法理解的单词信息。[①]

表9-2 LLC-1标注说明[②]

标记	含义
#	语调群的结束
^	语音开始
/	上升型核心语调
\	下降型核心语调
^	先升后降型核心语调
—	平型核心语调
[ ]	不完整的词语和音节符号
.	标准重音
!	高音高于前一个音节的重音
=	高音跟前一个音节相当的重音
(( ))	不清晰的音节
**	同步发音
-	一个重音单位的停顿

（4）语料库的获取

使用LLC-1的方法有两个：一个方法是在CD-ROM上付费后获得LLC-1，语料库可以利用ICECUP软件[③]进行检索；另一个方法是通过语料库管理和分析系统Corpuscle访问，该系统由卑尔根CLARINO中心与卑尔根大学合作开发和维护

[①] 详见 Põldvere et al.（2021）。

[②] 表格信息来自 https://www.yumpu.com/en/document/read/17266814/count-/31。

[③] 网址：www.ucl.ac.uk/english-usage/resources/icecup/（2022年12月11日访问）。

(Meurer, 2012)。与ICECUP类似，Corpuscle可以查询、搜索语料，以及对词语进行一致性和搭配分析。LLC-1还可以通过机构登录免费使用。

2. LLC-2

（1）建库目标与建设团队

由于LLC-1包含的是20世纪50年代至80年代的语料，但口语的变化速度很快，所以LLC-1不能作为研究当代口语的有效资源，LLC-2在这样的背景下诞生了。瑞典隆德大学Carita Paradis教授主持建设LLC-2，收录了2014—2019年间丰富的英国英语口语素材，体现了在多种交际场合下的英语使用特点。

（2）语料规模与语料收集

LLC-2是一个包含50万单词的英国英语口语语料库，这些语料的时间为2014—2019年，产出者主要是来自英格兰的360名受过教育的成年演讲者，这些演讲的话语环境也多种多样，见表9-3。

表9-3　LLC-2语料类型[①]

文本类型	次类	次类文本数量（篇）	文本总数（篇）
face-to-face conversation	equals	32	47
	disparates	15	
phone/CMC conversation	audio	7	12
	video	5	
broadcast media	discussions	4	12
	interviews	8	
parliamentary proceedings	question time	2	4
	debates	2	

① 数据来源：Põldvere et al.（2021）。

(续表)

文本类型	次类	次类文本数量（篇）	文本总数（篇）
spontaneous commentary	sports	7	12
	video games	1	
	science	3	
	cooking	1	
legal proceedings	hearings	4	4
prepared speech	lectures	2	9
	popular science	3	
	sermons	2	
	politics	2	

面对面的对话、电话/CMC对话及准备好的演讲（大学讲座）属于受访者录音，在正式收集语料之前，需要跟受访者签订将录音权转让给语料库开发人员的声明，允许开发人员转录录音，并将转录文本和原始录音公开用于非商业用途。广播媒体、议会程序、自发评论、法律诉讼以及准备好的演讲（科普演讲、政治演讲）等属于从互联网上获得的网络录音，语料库的开发人员也与这些组织商议版权的问题，并签署使用许可协议。

（3）语料加工与标注

LLC-2的语料转录是在转录软件Inqscribe中进行的，转录完成之后，要将转录的内容转换为规范的XML格式，这种格式可以提高LLC-2的可搜索性，并有助于生成语料库最终的XML版本。LLC-2使用CLAWS系统对每个单词的词性进行了标注。除此之外，LLC-2对音频文件中的语音信号也进行了注释，将音频文件中所有的个人信息部分替换为嗡嗡声。

（4）语料库的获取

LLC-2可以通过两种不同的方式使用：XML转录文件和相应的未压缩wav文件可以在隆德大学人文实验室的语料库服务器上完整下载；基本的语料库语言技

术，如查询搜索、一致性分析和搭配分析，可以在CLARINO内部的语料库管理和分析系统Corpuscle中的LLC-2中操作。

（三）柯林斯–伯明翰大学国际语料库（Collins Birmingham University International Language Database，以下简称COBUILD）[①]

1. 建设团队与建库目标

由哈珀–柯林斯出版集团与英国伯明翰大学合作、John Sinclair主持的COBUILD项目力图寻找一种对英语语言的全新的、彻底的描述。最终建设了一个具有重要影响力的语料库，名为英语文库（Bank of English），又称COBUILD。

2. 语料规模与语料收集

对语言全新的、彻底的描述建立在对自然语言行为进行观察的基础之上。据此，COBUILD小组制定了语料收集原则。在内容上，收集书面语和口语，书面语来自网站、报纸、杂志以及小册子和传单，口语来自广播、电视、会议、日常对话；收集规范英语，不收集地方方言。在时间上，收集当代英语（1960年以后），并尽量收集最新英语。在体裁上，收集自然发生的语言，不收集戏剧性的语言；收集散文、小说语料，不收集诗歌作品；尽可能收集普通英语，不收集或少收集科技英语。在年龄上，收集16岁以上的成人的语料。（何莲珍，1994）这样的收集原则让COBUILD最大限度地反映了英语的使用情况，成为它的一大优势和特色。

得益于计算机技术的蓬勃发展，COBUILD的规模超越了以往建立的语料库，成为世界上规模最大的语料库之一。1982年建成之初，COBUILD仅有230万词次，之后语料库规模以惊人速度增长，1996年语料库规模达到2亿词次，到2002年语料库规模高达4.5亿词次，截至2004年，语料库规模已达约5亿词次（唐萌，2015）。

[①] 语料库网址：https://collins.co.uk/pages/licensing-and-rights。

3. 应用研究

在COBUILD大量真实自然语料的支持下，柯林斯出版集团出版了词典、语法、教材等一系列工具书，如*Collins COBUILD English Dictionary*、*Collins COBUILD Phrasal Verbs Dictionary*、*Collins COBUILD Grammar Patterns*、*Collins COBUILD Dictionary for Learner's*。这些工具书凭借释义准确、语言鲜活的特点成为具有影响力的、广受欢迎的辞书，是语料库在词典学领域的成功应用案例。

除了出版词典等书籍，COBUILD还有配套的检索取样器和搭配器[1]，以供学习者检索使用。研究者可以利用其分析学习者的词汇搭配能力，从搭配的角度研究词汇的语义范围，进而丰富词汇教学的内容。（鲍贵，2006）

（四）英国国家语料库（British National Corpus，以下简称BNC语料库）

1. 建设团队与建库目标

自1991年起，在英国政府的支持下，经过牛津大学出版社、Addison-Wesley Longman、Larousse Kingfisher Chambers这三个出版机构以及牛津大学和兰卡斯特大学这两所大学的三年努力，BNC语料库于1994年建成。在建设过程中，BNC语料库项目也收到了来自多个部门的资助，比如贸工部和工程与自然科学研究委员会提供了全部费用的50%，英国国家学术院也提供了部分资助，最后BNC语料库实际花费140万英镑。在政府和社会各界的支持和帮助下，该语料库顺利建成，并成为英国第一个涵盖各种口语语料、书面语语料，并面向学术、工商以及教育界的国家级大型英语语料库。（张煤，1997）

BNC语料库建库目标可以从宏观的国家层面和具体的应用层面来看。

（1）国家层面的宏观目标

王建新（1999）指出，语料库的广泛应用让人们意识到计算机语料库的众多

---

[1] 检索取样器和搭配器下载网址：http://www.collins.co.uk/Corpus/CorpusSearch.aspx，现点击会跳转至Collins网站，而非下载地址。

潜在用途，在这种热潮之下，英国出于发展信息技术的目的，计划建设一个大型语料库。BNC语料库的建设目标之一就是通过研制更智能、更先进的计算机语言处理系统来加强英国的信息技术。

（2）应用层面的具体目标

随着技术的快速发展，计算机能够存储和处理更大数量的语言事实，在强大的数据支撑下，人类有可能超越个人的经验和直觉对语言做出判断。建设BNC语料库是为了向研究人员、学者、教师和语言爱好者提供这种可能性，使之服务于辞书编撰、语言研究、自然语言处理[①]。

2. 语料规模与语料收集

BNC语料库包含4054个取样文本，一共约包含1亿词次。该语料库由书面语语料和口语语料两部分组成。其中书面语语料占语料总数的90%（9000万词次），口语语料占语料总数的10%（1000万词次）。书面语语料和口语语料各包含不同的语料类型，下面对其进行详细的介绍。

（1）书面语语料

为了确保语料库包含不同语言风格的文本，并能够对不同类型的文本进行比较，BNC语料库在选择书面语语料的时候，主要参考以下三个特征：主题（domain）、媒介（medium）以及时间（time）。书面语语料包括富有想象力的创造性作品或文学作品（imaginative text）以及信息性文本（informative text），前者占书面语语料总数的25%，后者占书面语语料总数的75%。富有想象力的创造性作品或文学作品主题丰富多样，不计其数，所以在选取样本的时候，很难对其进行主题字段的分类，统一将其称为"富有想象力的"（imaginative）；对信息性文本则进行了主题字段的分类。具体的文本主题以及数据占比见9-4[②]。

---

① 参见 http://www.natcorp.ox.ac.uk/docs/URG/BNCdes.html#BNCpurp。
② 本章所呈现的表格数据均来自 http://www.natcorp.ox.ac.uk/docs/URG/BNCdes.html#BNCpurp。

表9-4 文本主题数据统计

主题	文本数量（篇）	单词总数（个）	占比（%）	句子总数（个）	占比（%）
富有想象力的	476	16,496,420	18.75	1,352,150	27.10
信息：自然科学	146	3,821,902	4.34	183,384	3.67
信息：应用科学	370	7,174,152	8.15	356,662	7.15
信息：社会科学	526	14,025,537	15.94	698,218	13.99
信息：世界事务	483	17,244,534	19.60	798,503	16.00
信息：商业和金融	295	7,341,163	8.34	382,374	7.66
信息：艺术	261	6,574,857	7.47	321,140	6.43
信息：信仰和思想	146	3,037,533	3.45	151,283	3.03
信息：休闲	438	12,237,834	13.91	744,490	14.92

通过表9-4可以看出，BNC语料库书面语语料主题是十分丰富的，从创造性的文学作品，到科普说明类的信息性文本，这也扩大了BNC语料库的服务范围。

书面语语料的文本媒介也是丰富多样的，有书籍（book）、报刊（periodical）、杂项出版文本（miscellaneous published）、杂项未出版文本（miscellaneous unpublished）以及口述文本（to-be-spoken）。"杂项出版文本"包括小册子、传单、手册、广告等。"杂项未出版文本"包括书信、备忘录、报告、会议记录、论文等。各项具体的数据及占比见表9-5。

表9-5 文本媒介数据统计

媒介	文本数量（篇）	单词总数（个）	占比（%）	句子总数（个）	占比（%）
书籍	1411	50,293,803	57.18	2,887,523	57.88
报刊	1208	28,609,494	32.52	1,487,644	29.82
杂项出版文本	238	4,233,135	4.81	287,700	5.76
杂项未出版文本	249	3,538,882	4.02	220,672	4.42
口述文本	35	1,278,618	1.45	104,665	2.09

书面语语料还有一个选取特征即时间,将所有文本根据其产出日期分类。对于口语文本,日期是录音日期;对于书面语文本,用于分类的日期大多是所用源版本的出版日期。对于富有想象力的作品,则使用作品首次出版的日期。信息性文本仅从1975年开始选择,富有想象力的文本从1960年开始选择,反映了它们更长的"保质期",尽管后者的大部分(75%)不早于1975年出版。具体的时间跨度信息见表9–6。

表9–6 语料时间跨度统计

时间	文本数量(篇)	单词总数(个)	占比(%)	句子总数(个)	占比(%)
未知日期	162	1,831,585	1.86	126,415	2.09
1960—1974	46	1,718,449	1.74	119,510	1.98
1975—1984	169	4,730,889	4.80	257,962	4.28
1985—1993	3672	90,082,860	91.58	5,522,396	91.63

由表9–6可知,BNC语料库主要涵盖了1960至1993年的语料,时间跨度并不是很大,所以并不方便进行时间跨度较大的历时语言学研究。

(2)口语语料

由于口语语料的收集要比书面语语料的收集复杂得多,BNC语料库的口语语料仅占语料总数的10%。虽然口语语料占比较小,但取样合理,数量较大,达到1000万词,因此具有代表性,能综合反映不同人群、不同场合的口语特点。口语语料由两部分组成:一个部分是人口抽样部分(demographic sampling component),这部分的语料主要是人们日常的对话;另一个部分是语境控制抽样部分(context-governed sampling component),这部分的语料比人们的日常对话更有组织性,比如演讲录音、课堂教学录音、课堂讨论录音等。这两部分各占50%,下面分别来看这两部分的情况。

(1)人口抽样部分

相关人员从英国各地招募了不同年龄阶段和不同社会阶层的124名志愿者,在他们身上安装微型录音机,将他们日常生活中的所有对话都尽可能地记录下来。每次谈话交流之后，携带录音机的人或相关人员会告诉谈话对象他们之间的谈话被录下来了，对方如果不同意被录音，那么录音需要删除。最后，参与对话的人员一共有2500人，项目收集了大约700个小时的录音、超过400万个单词。由于志愿者来自英国各地，身份、职业、性别、年龄各不相同，谈话的场所也不尽相同，或在家中，或在室外，因而他们录下的谈话也多种多样。这种方式的人口抽样，在一定程度上保证了抽样语料的代表性和多样性。

（2）语境控制抽样部分

仅仅收集非正式场合的谈话难以保证口语语料的全面和均衡，还需对会话的情境进行限制，收集更为正式、更有组织性的口语语料，如演讲、会议、广播等。语境控制抽样就是收集这部分语料，共收集了757个文本（6,153,671个单词），具体的语境信息见表9–7。

表9–7 语料语境数据统计

语境	文本数量（篇）	单词总数（个）	占比（%）	句子总数（个）	占比（%）
教育/信息	169	1,646,380	26.65	118,987	27.83
商业	129	1,282,416	20.76	107,366	25.11
公共/机构	262	1,672,658	27.08	96,500	22.57
休闲	195	1,574,442	25.49	104,670	24.48

BNC语料库的语料收集有以下几个方面的特点：

第一，语料来源广泛，类型丰富，具有代表性。以书面语语料为例，以主题、媒介、时间这三个特征来收集语料，其中主题包含与社会生活息息相关的各种信息类的语料。此外，与语料相关的其他各方面的信息也比较全面。如在收集语料的时候，相关人员也关注到了作者的性别、年龄、居住地以及这些书面语语料的受众的年龄和性别。另外，口语语料包括人口抽样部分和语境控制抽样部分，书面语语料包含富有想象力的创造性作品或文学作品及信息性文本，类型丰富，互相补充，使语料更全面、更平衡，也更具代表性。

第二，与书面语语料相比，口语语料数量较少。主要有两个方面的原因：首先，语料收集较困难，收集口语语料的方法是用微型录音机将谈话录下来，而这些录下的音频有的是因为噪声太大，听不到实际的谈话而作废；也有的是在录完音之后，佩戴录音机的人告诉交谈对象刚才的谈话已经被录制下来，但是对方并不同意录制，这样的话，录好的语料也要被删除。其次，语料的形式难以转换，要把口语语料转换成计算机可以识读的形式，要先将录音逐词转写成书面文字，而实际生活中日常交谈的口语比教科书上的口语要复杂得多，所以这种转写要求较高的技术，十分费力费时。（张煤，1997）

第三，BNC语料库是单语语料库，只有英国人撰写的文本才收录在语料库中。就口语材料而言，选择记录谈话的志愿者必须以英国英语为第一语言。

3. 语料加工与标注

整个BNC语料库都对单词进行了标注，标注出每个单词的词性。语料标注使用的是CLAWS4系统，该系统主要由Roger Garside开发。整个标注过程有以下几个部分：

（1）tokenization：把要标记的文本按照空格和标点符号分成单词和句子。

（2）initial assignment of tags：对切分出来的单词进行初级语法标注。没有歧义的单词可以直接进行标注，如"beautiful"，会标注为AJ0（形容词）；对于有多重语法身份的单词，为其标注多个词性，如"paint"，则会标注为NN1（单数普通名词）、VVB（动词）、VVI（词汇动词的不定式形式）[①]。

（3）tag selection（disambiguation）：对于具有多重语法身份的单词，根据其上下文，选择出一种可能性最大的语法身份。这是一种概率型赋码，根据概率可相当准确地估计出字符串最可能的标记顺序，从而标注出可能性最大的语法身份（李赛红，2002）。

（4）idiom tagging：主要是对"because of/such as"这类由多个单词组成的成分进行标注，或者是对地名、人名、其他语言或古典语言等进行标注。

以上4个步骤都是使用CLAWS4系统完成的。

[①] 标注代码说明网址：http://www.natcorp.ox.ac.uk/docs/bnc2guide.htm。

（5）the Template Tagger：CLAWS4标注的错误率为3%，为了进一步提高正确率，采用Template Tagger进行二次标注，纠正CLAWS4标注错误的部分。它以CLAWS输出的文件为输入，并使用手写模板规则来纠正它发现的任何错误标注。

（6）postprocessing（including ambiguity tagging）：这一阶段的任务是以最方便用户使用的形式进行输出。除此之外，在上一步使用Template Tagger进行标注错误修正之后，还有2%的错误，在最后这一阶段，需要对不能给出明确语法身份的单词进行歧义标注（ambiguity tagging），例如：VVVD-VN表示自动标记器无法决定哪个是正确的类别，这时就需进行歧义标注，从而提高标注准确率[1]。

4. 语料检索与统计

BNC语料库提供在线检索[2]，但是在线检索不支持下载语料，如果想要下载语料，需要在https://ota.bodleian.ox.ac.uk/repository/xmlui/中下载BNC语料库。

在检索界面右侧有一个"Five minute tour"链接，点进去之后是对整个语料库的使用方法的说明，用户可以通过浏览这个链接的内容，对整个语料库的使用有更加清晰的了解。在检索界面，一共有五种检索方式，分别是List、Chart、Collocates、Compare、KWIC（key word in context），下面分别简要介绍这几种检索方式的功能。

首先是List检索，在这里可以进行单个单词、短语的检索及某种固定搭配的检索、通配符检索、单词的所有形式检索、近义词和反义词的比较检索、单词的近义词检索等。输入检索内容之后，在SEARCH栏后有一个FREQUENCY栏，是对检索内容使用频率的统计。FREQUENCY栏之后有CONTEXT，点击之后，可以看到检索内容的上下文。

用Chart检索可以查看检索内容在各类语料中的分布情况，以"Postprocessing (including Ambiguity tagging)"为例，检索结果如图9-2所示。

---

[1] 标注步骤详见：http://www.natcorp.ox.ac.uk/docs/URG/posguide.html。
[2] 检索界面：https://www.english-corpora.org/bnc/。

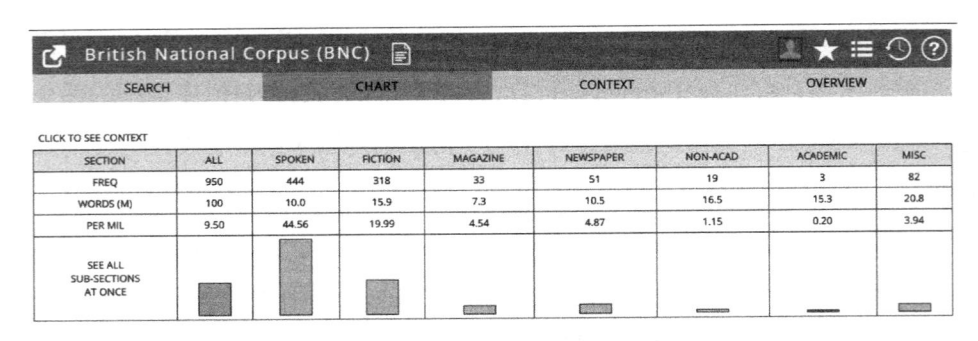

SECTION	ALL	SPOKEN	FICTION	MAGAZINE	NEWSPAPER	NON-ACAD	ACADEMIC	MISC
FREQ	950	444	318	33	51	19	3	82
WORDS (M)	100	10.0	15.9	7.3	10.5	16.5	15.3	20.8
PER MIL	9.50	44.56	19.99	4.54	4.87	1.15	0.20	3.94

图9-2 Chart检索示例

Collocates检索是对搭配进行检索，可以查看某个单词的搭配情况，便于深入了解该单词的用法和意义。

Compare检索可以比较两个单词的搭配，了解它们在含义和用法上的不同。

KWIC检索通过对单词的左侧或右侧出现的单词进行排序，可以查看单词经常出现在什么上下文中。

以上是对上述五种检索方式的简要介绍，具体的检索方法在每个检索栏的右侧都有详细的说明，且给出了可供参考的检索示例。点击示例，可以在左边的检索框中看到具体的检索输入方法。在检索栏旁边附上功能说明以及检索示例，对用户来说是一种非常友好的功能。

5. 开放与后期更新维护

建设语料库的工作始于1991年，并于1994年完成。项目完成后没有添加新文本，但在第二版BNC World（2001年）和第三版BNC XML版（2007年）发布之前，语料库略有修订。自项目完成以来，两个包含BNC语料库语料的子语料库已单独发布：BNC采样器（100万书面语语料和100万口语语料的总集）和BNC Baby（四种不同类型的总计400万词的样本）。

考虑到有的用户没有BNC语料库的语料分析软件，所以BNC语料库也提供在线检索，一共有三个查询BNC语料库的地点：BYU-BNC（杨百翰大学）[①]、BNCweb（兰卡斯特大学）、BNCWeb（仅限牛津大学用户），目前使用最多的

---

① 现已更名为 English-Corpora.org，不属于杨百翰大学。

是BYU-BNC提供的检索服务。

使用在线检索功能的时候，用户需要先进行注册，注册的时候需要选择级别，不同的级别每天可以查询的次数不同。注册时一共有三个可以选择的级别：最低级别是非研究人员（non-researcher），主要包括本科生和非语言学或非语言专业的研究生，每天可查询50次；第二个级别是半研究员（semi-researcher），主要包括非语言学或非语言专业的教授，或非大学或非研究生的教师，每天可查询100次；最高级别是研究员（researcher），主要包括语言学或语言专业的教授或研究生，每天可查询200次。在注册时如果申请第二级别和第三级别，需要填写有自己名字的大学网页以及自己如何使用语料库等信息，然后等待相关人员的审核批准。如果是第一个级别的人员想要升级为较高级别的用户，可以购买会员账号。注册登录之后，用户可以找到自己的搜索历史，要访问搜索历史，只需单击语料库顶部的时钟图标，就可以看到有关每个搜索的信息，例如搜索类型、搜索完成的时间等。BNC语料库在线检索界面也汇总了其他的常用语料库，并附加了链接。在帮助栏，汇总了19个用户在使用时的常见问题，每个问题都有超链接，点击问题即可跳转到问题的解答界面。最后，语料库后期的维护工作由牛津大学语言学、语言文献学和语音学学院（Faculty of Linguistics, Philology and Phonetics, University of Oxford）负责。

（五）兰卡斯特汉语语料库（The Lancaster Corpus of Mandarin Chinese，以下简称LCMC语料库）[①]

1. 建设团队与建库目标

LCMC语料库是由兰卡斯特大学的Tony McEnery和肖忠华教授创建的一个公开免费的现代汉语平衡语料库。McEnery et al.（2003）鉴于汉语语料库语言学现有的语料库资源，认为学界缺乏一个现代汉语平衡语料库。LCMC语料库旨在向学术研究人员公开提供各种类型的文本来实现深入的单语言研究及英语和汉语对比研究。该语料库得到了英国经济和社会研究理事会的资助，于2003年正式建成

---

① 语料库网址：https://www.lancaster.ac.uk/fass/projects/corpus/LCMC/。

并投入使用。

2. 语料规模与语料收集

在建库之初，建设者对选择哪个语料库作为参照对象进行了多方考量。BNC语料库语料规模大，短期内难以建成。参照LOB语料库和布朗语料库的话，难以找到1961年前后的汉语语料，在建设上存在困难。最终LCMC语料库建设者决定以FLOB[①]为参照，建立一个与之相对的汉语语料库。在此目标之下，LCMC语料库无论是语料规模还是语料收集都严格参照FLOB的模式。LCMC语料库的语料规模与FLOB一致，都为100万词次，由于英语单词与汉字原始文本的长度的计算方式不同，建设者最终采用1∶1.6的比例，也就是1个英文单词对应1.6个汉字。在语料收集上，同样按照FLOB的取样模式，选取了15种文本类型的500篇样本，只做了两处微小的调整。第一个调整是将FLOB中的西部和冒险小说（N类）替代为武侠小说。主要有三点原因：一是中国没有西部小说；二是武侠小说在中国具有重要意义；三是武侠小说语言独具特点，值得单独研究。这些文本材料主要由超星数字图书馆提供，数字图书馆缺少的部分新闻文本则采用新华社的新闻文本[②]。具体的文本类型见表9-8。

表9-8 LCMC语料库文本类型[③]

代码	文本类型	样本数量（篇）	字符数（个）	占比（%）
A	press: reportage	44	89,367	8.8
B	press: editorials	27	54,595	5.4
C	press: reviews	17	34,518	3.4
D	religion	17	35,365	3.4
E	skills/trades/hobbies	38	77,641	7.6

① Freiburg-LOB英国英语语料库（Freiburg-LOB Corpus of British English，简称FLOB），是Christian Mair于1991年建设的LOB语料库的升级版。建设者从15个文本类型中选取500篇各约2000词的样本，最终建成包含百万词的书面语平衡语料库。

② Guo Jin编写的PH语料库。该语料库包含了1990年1月—1991年3月的新华社新闻，共有3,260,416个中文字符。

③ 数据来源：吴侠（2020）。

（续表）

代码	文本类型	样本数量（篇）	字符数（个）	占比（%）
F	popular lore	44	89,967	8.8
G	biographies/essays	77	156,564	15.4
H	miscellaneous	30	61,140	6.0
J	science	80	163,006	16.0
K	general fiction	29	60,357	5.8
L	mystery and detective fiction	24	49,434	4.8
M	science fiction	6	12,539	1.2
N	adventure and martial arts fiction	29	60,398	5.8
P	romantic fiction	29	59,851	5.8
R	humor	9	18,645	1.8

第二个调整是将文本出版时间的范围扩大至1991年的前后两年，以解决文本数量不足的问题。为保证与FLOB语料的同质性，1991前后两年产生的文本不超过LCMC语料库所包含的500篇样本的三分之一。文本的时间分布见表9–9。

表9–9　LCMC语料库文本时间分布

代码	年份				
	1989	1990	1991	1992	1993
A	—	22.7%	72.7%	2.3%	2.3%
B	7.4%	14.8%	51.9%	3.7%	22.2%
C	—	5.9%	88.2%	5.9%	—
D	5.9%	17.6%	41.2%	11.8%	23.5%
E	—	23.7%	44.7%	10.5%	21.1%
F	6.8%	25.0%	29.5%	13.6%	25.0%
G	1.3%	10.4%	64.9%	16.9%	6.5%
H	—	—	100.0%	—	—
J	1.2%	7.5%	72.5%	17.5%	1.3%

（续表）

代码	年份				
	1989	1990	1991	1992	1993
K	—	—	79.3%	13.8%	6.9%
L	—	8.3%	62.5%	16.7%	12.5%
M	—	—	100.0%	—	—
N	3.4%	13.8%	48.3%	31.1%	3.4%
P	10.3%	6.9%	55.2%	20.7%	6.9%
R	—	—	44.4%	22.2%	33.3%

3. 语料加工与标注

McEnery et al.（2003）指出，在编码上，LCMC语料库采用Unicode（UTF-8），而非GB2312或Big5。主要有以下两点考虑：一是确保非中文操作系统与中文字符的兼容性，二是便于Xara 1.0版和WordSmith Tools 4.0版等索引软件读取语料。

为了使语料库对非英语操作系统的用户更加友好，LCMC语料库有汉字版和拼音版两个版本。每个版本各有15个文件，每个文件有语料库标题和文本两个部分。标题部分给出语料库的一般信息。文本部分则包括：（1）文本类型；（2）文本标识符；（3）段落；（4）句子；（5）单词、标点或符号及省略成分。文本采取了五重标注，具体见表9–10。

表9–10　LCMC语料库标注情况[①]

标注层	代码	代码含义	属性	含义
1	text	文本类型	TYPE	根据表9–8的取样范畴
			ID	根据表9–8的取样代码
2	file	文本标识符	ID	取样代码加上文本编号
3	p	段落标记	—	—

---

① 数量来源：McEnery et al.（2003）。

（续表）

标注层	代码	代码含义	属性	含义
4	s	句子标记	n	从0001算起
5	w	单词	POS	依据LCMC语料库标注集的语法标注
	c	标点或其他符号		
	gap	省略成分	—	—

除此之外，建设者还对语料进行了分词和词性标注等加工。LCMC语料库采用的是中国科学院计算技术研究所开发的词法分析系统（ICTCLAS），该系统分词准确率可达到97.58%，但词性标注却没有这么高的准确率，因此在自动标注后，肖忠华还进行了大量的人工校对，最后正确率达到98%以上（许家金，2007）。

4. 应用研究

针对LCMC语料库的特点，研究者多用其进行单语研究或对比研究。单语研究如Xiao & McEnery（2004）利用LCMC语料库进行汉语语体标记的研究。对比研究如McEnery & Xiao（2005）对英汉有标记被动式进行了对比研究。还有将LCMC语料库作为对比语料库考察翻译文本的语言特征的研究，如胡显耀（2007）探寻汉语翻译文本的规律性特征；胡显耀、曾佳（2010）研究了现代汉语翻译小说中"被"字句的使用频率和结构，分析其语义韵的构成；巩雪先、王晓红、任晓霏（2019）运用LCMC语料库与汉语翻译语料库（ZCTC），分析概括了汉语翻译文本中介词的使用特征并探究其成因。

三、英国语料库建设特点

从语料库的数量看，英国语料库呈现出数量多且质量高的特点。在"第一代英语语料库"和"第二代英语语料库"中都建设了有代表性的语料库。早期三大经典语料库之二，即LOB语料库和LLC，英国就为主要建设国；COBUILD至今仍为世界上最大的语料库之一。

从语料库的规模看，英国语料库多为大型语料库。在建设初期，限于存储技术，语料库规模较小，如LOB语料库和LCMC语料库的语料规模仅为100万词。随着计算机技术的发展，语料库规模逐渐扩大，BNC语料库的规模为1亿词，COBUILD的语料规模更是达到了约5亿词。

从语料来源看，语料取材广泛，包括各种书籍和报纸，覆盖英国语言的方方面面，而不是针对某一学科领域、某一地域或某一文本类型。英国语料库多为共时语料库，语料的时间跨度较小。另外，语料多为英国的英语语料，因此也多为单语语料库，这也是英国语料库的局限性。

从语料标注看，标注的流程较多，环环相扣，多采用机器标注和人工标注相结合的方式，详细标注出每个单词的词性，还对习语、地名等进行了标注，标注的错误率也较低。

从语料的检索和统计看，检索方式多样，同时对每种检索方式的功能都进行了详细的介绍，并给出了检索示例。用户可以根据自己的需求选择不同的检索方式并参照检索示例进行检索。

四、对汉语中介语语料库建设的启示

英国的语料库建设为汉语中介语语料库的建设提供了许多有益启示。

首先是语料库的系统性。英国语料库在建库之初就对语料的采集做出规定，按照一定的原则和比例收集书面语和口语语料，使之能够较为全面地反映语言使用状况。颜明、肖奚强（2017）认为，对于汉语中介语语料库来说，口头表达语料和书面表达语料可以反映学习者不同的语言能力，具有同样的分析价值。同时也应看到汉语中介语语料库在收集口语上的困难，口语语料转化为机器可识别的语料还需要转写技术的支持。

其次是语料库的代表性。在语料库建设中，语料规模在一定程度上影响着语料库的代表性。从英国语料库的发展看，规模越大的语料库越能反映语言的真实情况，越具有代表性。反观汉语中介语语料库的发展，中介语语料库的规模由最初汉语中介语语料库系统的104万字，到全球汉语中介语语料库5000万字的目标规模，随着信息技术的发展，语料的规模不断扩大。但同时应注意到，汉语中介语语料库存在中介语体裁比较单一的问题，语料多为命题作文，话题单一，缺乏记叙文和散文等其他文体。如何在扩大语料库规模的同时兼顾语料的平衡性是建设者下一步要考虑的事情。

最后是语料的时间跨度。英国语料库多为共时语料库，仅能为研究者提供共时的语料。对于汉语中介语语料库而言，历时语料可以反映学习者学习过程中的变化，更有利于研究者发现习得规律。现有的语料库如HSK动态作文语料库、中山大学汉字偏误标注的汉语连续性中介语语料库、全球汉语中介语语料库都为共时语料库，纵向语料库极为缺乏，极大地限制了汉语二语习得研究的深入开展。因此，为了弥补共时语料的不足，应加大对历时语料库建设的关注，协力解决相关问题与困难，大力促进历时语料库的建设与发展。

第十章 俄罗斯语料库建设及使用情况考察*

一、引言

（一）研究背景

在语料库语言学的发展历程中，相较于美国、欧洲、亚洲等一些国家或地区，俄罗斯的语料库建设起步较晚，但发展速度很快。21世纪前，俄罗斯还没有一个向用户开放的现代俄语语料库。21世纪初，几乎同时出现了多个可供网上访问的俄语语料库，如俄语报纸文本计算机语料库、俄语国家语料库等。语料库的规模增长也很快，俄语国家语料库2004年最初开放时规模为1亿4000万词次，而目前语料规模约15亿词次[①]。

王臻（2007）指出，国内学界关于俄语语料库的研究相对较少，成果不够丰富，关注此领域的研究人员数量有限。彭雪滢、李喜长（2022）使用CiteSpace对CNKI 1991—2021年关于俄语语料库语言学的文献进行了可视化分析，从发文量、机构、作者群体、期刊等角度进行了统计，认为该研究领域发文量少，且尚未形成核心研究群体。以上观点也可从笔者在CNKI上的检索结果得到印证。截

---

* 本章作者文雁，系北京语言大学2016级语言学及应用语言学专业博士研究生，现为暨南大学华文学院教师。部分俄文资料的获取和理解得到艾森（俄罗斯籍，系北京语言大学2015级语言学及应用语言学专业硕士研究生）的协助，特此致谢！

① 数据来源于俄语国家语料库网站，网址：https://ruscorpora.ru/。最新规模数据截至2022年8月10日。

至2022年8月10日，以"俄语语料库"为关键词进行检索，得到相关文献19篇，其中学位论文4篇；以其为主题进行检索，共检索到相关文献76篇，其中硕博论文21篇。

（二）考察对象与内容

本章以俄罗斯本土建设的俄语语料库为考察对象，选择在不同时间建设、有代表性、类型不同且网上开放的语料库为调查对象，具体考察语料库建设团队与建库目标、语料规模与语料收集、语料加工与标注、语料检索与统计、开放与后期更新维护等方面的情况，了解俄语语料库的建设情况与发展趋势。

（三）考察方法

研究主要采用文献法、实地考察（即上网浏览使用）法和对比法。中文文献主要来自CNKI数据库，俄语文献主要来自Elibrary.com及各大语料库网站上提供的介绍、使用指南以及链接的相关资料[①]。

基于文献研读，筛选并确定具体调查的语料库；通过语料库浏览使用，了解其建设情况和语料库架构，并获取标注、检索、下载等方面的信息；展开对比研究，凸显各语料库特色，加深认识；同时总结经验，提高本调查对汉语中介语语料库建设的参考价值。

（四）考察目标与意义

本调查服务于汉语中介语语料库建设标准研究，借他山之石以开拓视野、提供经验。调查目标如下：其一，了解各个俄语语料库的建设情况和发展过程；其二，总结概括俄语语料库建设的特点；其三，发掘可供汉语中介语语料库建设借鉴的经验。

---

① 文中与俄语语料库相关的数据等皆来自各语料库官网提供的介绍资料，为方便阅读，下文不再一一注明。

二、俄语语料库介绍

（一）20世纪末俄语报纸文本计算机语料库（Компьютерный корпус текстов русских газет конца XX-ого века，以下简称КГТ）[①]

1. 建设团队与建库目标

该库于1999至2002年建设，由莫斯科大学语文系普通计算词汇学和词典编纂实验室在Поликарпов А. А.带领下完成，得到了俄罗斯基础研究基金的支持。建库目标是展现20世纪末现代俄语报刊语言的整体面貌，为语言学研究，特别是词汇学及词典编纂研究服务。

2. 语料规模与语料收集

КГТ收集了1994—1997年俄罗斯13家俄语报纸的文章与报道，包括《明日报》《消息报》《文学杂志》《莫斯科共青团杂志》《莫斯科新闻》《独立杂志》《诺夫哥罗德公报》《诺夫哥罗德》《真理报》《真理报第五期》《自由萨哈林》《托木斯克周报》以及《新报》（周一版），共计23,110篇文本，语料库规模达到11,401,479词次。

该库的建设者认为，在建设专用型语料库时，需要根据目标尽量收录全部样本；如果必须对样本进行选择，那么一定要保证样本在统计学意义上的充分性、可靠性和针对某个研究主题的代表性以及时空上的多样性。因此，在兼顾不同类型的主流报纸的同时，КГТ采用了特定时段全文收录的方式，而非只收录文本片段，追求客观、准确、全面地反映20世纪末俄语报纸文本的整体面貌。

为了对不同体裁所用词汇的频率分布进行统计分析，该库对文本进行分类，区分了9大不同的体裁：纯信息、信息政论、纯政论、文学政论、广告、文学、谈话、正式公文和其他（包括游戏、填字等娱乐类型和祈祷、布道等宗教类型）。这是根据不同体裁特征进行的更精细的分类，分类的标准与信息主题、文

[①] 语料库网址：http://www.philol.msu.ru/~lex/corpus/。

本交际功能和语言组织风格等因素相关。比如，纯信息体裁的内容以最客观的形式呈现信息，没有作者的主观性。建库者认为，同一新闻信息在简讯中非常简短，而在通讯报道中则会对细节进行更多的描述，因此是有必要进行区分的。

3. 语料加工与标注

КГТ中的文本进行了元信息标注，标注内容包括出版信息、报纸名称、文本标题、作者、风格等。词法标注使用了该实验室开发的диктум-1系统，采用的是自动或半自动的标注方式。对最早收集的文本进行了较深入的词汇和词形标注，这个部分是语料库的核心，约135万词次。

词法形态标注内容包括词性、词法信息、词形还原，并且对词形和词位进行了语素切分，从中可以得到词形、原形、词根、语素等信息。发布的测试版中为每个词形提供了20种信息：词形右边的标点符号、原形、固定特征、变化特征、词性、词根、语素模型、体裁类型、体裁、文档编号、数据来源、句法要素、同义词、同形异义词、语义类型、同义词群的主导词、用法特点、频率、文本部分、句子。

КГТ对部分语料进行了语义标注，首先标注表示人或动物的名词，再根据语义和构词原则将它们细分为不同小类。另外，标注了部分词汇单位的同义词群，方便用户获取所有的同义词以及它们使用时的文本语境。

4. 语料检索与统计

除了通常的词形检索，用户还可以在词根列表中选择所需检索的词根，获得语料库中具有该词根的所有单词的列表，并查看每个词根的上下文。语料库还支持利用标注信息进行检索。不过，由于该语料库的词形标注系统仅支持精确检索，因此，检索时会出现类似下面的情况：在语料库中阳性名词标注为"см"，阴性名词标注为"сж"，中性名词标注为"сс"，如果检索"с"，则无法检索到所有的名词，而只能检索到没有确定属性的名词。[①]

检索后可以看到的上下文最多为60个词（检索词前后各30个）。这些语料可以

---

① 转引自宋余亮（2006），俄语现代标注语料库的理论与实践，中国人民解放军外国语学院，硕士学位论文。

下载，不过，由于公开的语料有限，能够检索到并下载的语料数量也很有限。

语料库根据体裁类型已经完成159,000个词的分布统计，并编写了词语频率分布词典。之后还将进行词形、词根、新词、前置词的频率分布统计。图10-1截取了语料库中最常用的100个词语中的前5个，可以看到这5个词语在上文所说的9种体裁中出现的频次以及出现的总频次。

№№	Слово	Инф	Собст-публ	Инф-публ	Худож	Худож-публ	Реклам	Офиц-дел	Разг-пис	ост	Все жанры
1	в	40104	72705	223130	7760	24912	4852	4475	229	28511	406678
2	и	26368	69056	185954	10287	24957	3207	4105	527	25185	349646
3	на	17612	30230	94984	4255	11497	2008	2190	124	12445	175345
4	не	9305	34316	95905	5449	13457	818	1856	345	13254	174705
5	с	10917	22892	69794	3140	8945	1618	1672	359	9549	128886

图10-1　КГТ频率分布排名前5名[①]

5. 开放与后期更新维护

根据网站主页介绍，该语料库语料规模不会再增加。КГТ网络测试版开放了深加工语料中1997年8种报纸[②]的446个文本，约205,000词次的语料。之后会逐步开放更多的语料，计划将有100万词次的语料在网上公开。不过，尽管КГТ网络测试版的主页可以打开，其提供的检索链接却无法正常使用。

（二）俄语国家语料库（Национальный корпус русского языка，以下简称НКРЯ）[③]

1. 建设团队与建库目标

НКРЯ由多所高等院校和研究所（包括俄罗斯科学院维诺格拉多夫俄罗斯语

---

① 图10-1第1列为排序，第2列为词语，顺序翻译为：в，前置词，在……里、到……里；и，连词，和、与、既……又……；на，前置词，往……上、在……上；не，语气词，表否定，不、没、别；с，前置词，从、和、跟。第3~11列分别为该词语在9种体裁（纯信息、纯政论、信息政论、文学、文学政论、广告、正式公文、谈话、其他）中的使用频次，第12列是该词在所有体裁中的使用总频次。

② 8家报纸分别为《明日报》《消息报》《莫斯科共青团杂志》《莫斯科新闻》《独立杂志》《托木斯克周报》《诺夫哥罗德公报》和《新报》（周一版）。

③ 语料库网址：http://ruscorpora.ru。

第十章 俄罗斯语料库建设及使用情况考察

言研究所、俄罗斯国家研究型高等经济大学、信息传输问题研究所、圣彼得堡语言学研究所、沃罗涅日国立大学）共同建设，得到了多个基金和研究项目的支持。比如，2003年在С. А. Шаров和В. Б. Касевич的倡议之下，语料库建设被纳入俄罗斯科学院"语文学和信息学"的科研项目，得到了俄罗斯基础研究基金、俄罗斯人文科学基金和俄罗斯联邦教育总署俄语联盟目标计划基金的资助；2020—2022年，语料库建设得到了科学和高等教育部"新一代俄语数字文献计算机语言平台"的资助；俄罗斯最大的搜索引擎Yandex为语料库建设提供技术支持。

建设团队指出，区别于其他俄语文本语料库，НКРЯ是最平衡的语料库，各类型的文本采样比例接近于普通母语者在现实生活中所接触的语言事实的比例，同时语料库拥有最强大的学术支持，一个庞大的语言学家团队参与了语料库的研发[1]。因此，语料库不仅可以服务于语言学研究和语言教学研究，还能为所有对俄语有兴趣或有疑问的人提供服务。

2. 语料规模与语料收集

НКРЯ2001年开始建设，于2004年4月27日网上开放。开放之初，语料规模为1亿4000万词次。语料库一直在动态扩大规模，目前语料库有近450万个俄文文本，总容量超过15亿词次。为了保证语料库样本总体的平衡性，添加语料只能由建设团队进行，不过，用户可以向建设团队提出建议。

НКРЯ是12个独立子库的集合，具体如下：（1）主库[2]，3.75亿词次；（2）报刊语料库，7.9亿词次；（3）深度标注语料库，或称句法语料库，100万词次；（4）平行文本语料库，1.51亿词次；（5）俄语教学语料库，66.4万词次；（6）方言文本语料库，48.5万词次；（7）诗歌文本语料库，1300万词次；（8）口语语料库，1300万词次；（9）重音语料库，1.33亿词次；（10）多媒体语料库，500万词次；（11）多媒体平行语料库，22.9万词次；（12）历史语料

---

[1] 资料来源于 https://ruscorpora.ru/page/faq/。
[2] "主库"之名称源于该库有别于其他子库，是一个通用型语料库，而非专门用途语料库。该库收录了18—20世纪初的新时代俄语书面文本，力求文本具有时代代表性，并且注重各种体裁的比例合理，追求语料的平衡性。

库，1300万词次。①每个子库都有明确的针对性，而且子库的规模都很大，足以支持不同领域的语言研究。

НКРЯ结构复杂，规模巨大，这也决定了其语料采集需要更加科学严谨。总体上讲，НКРЯ的语料采集有以下四个特点：第一，语料库通过采集类型多样、地域覆盖面广、产出时间跨度大的文本，并参照特定时期语料实际所占的比例确定语料占比，很好地体现了语料库的代表性与平衡性。例如，历史语料库是由4个更小的库组成——古俄语语料库、白桦树皮文字语料库、古斯拉夫语语料库和教会斯拉夫语语料库，这些不同时期的俄语文本资料非常珍贵，便于进行俄语历时研究。第二，针对不同子库的建设目的确定语料采集范围，避免不合理的重复入库，并减少遗漏。比如，主库试图全方位地呈现俄语的面貌；报纸语料库收录大量电子形式的媒体文本，侧重实时反映语言变化；方言文本语料库采集各种方言变体，便于开展更细致的方言研究。第三，采集的语料产出时间跨度大，为语言的历时研究提供了可能。例如，口语语料库中有1900—2020年的口语录音材料；诗歌文本语料库中语料的时间跨度为从18世纪到21世纪初期；历史语料库中的语料时间跨度更大，为从6世纪到17世纪。第四，主库中符合子库采集标准的语料可以纳入子库，充分利用，避免了不必要的时间和人力的消耗。例如，深度标注语料库100万词的文本全部来自主库；研究重音的子库收入了诗歌文本语料库的全部语料。

3. 语料加工与标注

НКРЯ中所有入库的文本均进行了元信息标注和词法形态标注，只有深度标注语料库做了句法标注和语义标注，深度标注语料库和重音语料库还进行了重音标注。

（1）元信息标注

按照语言工程标准专家咨询组（EAGLES）指定的框架，НКРЯ确定了25个元信息标注参数。具体如下：3个描述作者（姓名、性别、年龄）、9个描述文本

---

① 各子库的规模数据来自官网，截至2022年8月9日。

第十章 俄罗斯语料库建设及使用情况考察

本身（名称、创建时间、篇幅、功能领域、主题、所描述事件的地点与时间、类型、文学作品的体裁、非文学作品的体裁）、3个描述报刊书籍的受众（年龄、受教育程度、规模）、5个描述图书编目信息（来源、发行者名称、出版社名称、出版年份、媒介类型）、5个描述文本文件在库中的组织方式（电子文本质量、预先规划的子语料库名称、备注、文本提供者、责任人）。①

考虑到语料库规模和文本的异质性，元信息标注是非常必要的。因为大多数研究人员不会对语料库中的所有文本进行研究，而只需要研究服务于特定研究目的的部分语料。元信息标注便于用户更精准地抽取出带有特定元信息参数的文本，或者自建满足具体需求的语料库。例如男性写作的回忆录、创作于某个时间段的短篇小说等。

（2）词法形态标注

俄语是一种形态标记丰富、变化复杂的语言，语料库中的词法形态标注是用Mystem程序自动完成的。词法标注分3步：首先切分出词形，其次还原词目，最后标注词形的语法特征。词法标注信息具体包括：①词目，即单词在词典中的词条。具有不同屈折变化形式的词在词典中只是一个词目，还原词目就是把文本中的词形还原成词典中的词条。②词目的分类特征，如词性、名词的性、动词的及物性等。③词形的语法特征，如名词的格、数，动词的人称，等等。例如词形читавшуюся（形动词，"读了的"），词法形态标记为"ЧИТАТЬ（词目，'读'）、V（动词）、прич（分词）、несов（未完成体）、прош（过去式）、страд（被动）、ед（单数）、жен（阴性）、вин（宾格）"。

主库中有600万词次的文本经过了人工同形异义消歧（ручное снятие омонимии）及自动词法分析程序进一步改正。具体处理方法如下：①使用Grambat程序为部分同形异义词形选择正确的词法分析集；②使用自动过滤程序过滤前述步骤中未

---

① Савчук С. О. (2005a), *Основные принципы метаразметки текстов в Национальном корпусе русского языка* . Научно-техническая информация[J], 3: 26-55.
Савчук С. О. (2005b), *Метатекстовая разметка в Национальном корпусе русского языка: базовые принципы и основные функции,* Национальный корпус русского языка: 2003-2005. Результаты и перспективы[M], 62-88. Москва: Индрик.

识别出的同形异义词形，并根据常见的上下文选择正确的词法分析集；③人工标注其他未标注的词形，并修改程序的标注错误。这些经过同形异义消歧的语料又成为一个集合，可以作为各类检索工具、形态分析工具和自动文本处理工具的理想的实验对象，检测程序的精确度。

计算机自动词法形态标注最大限度地保证了标注的一致性，并且力求满足用户的需要，便于用户进行检索。对于根据上下文无法判断其语法特征的词形，自动标注的原则是标注出这一词形所有可能的语法特征。不过，这种"全标"的处理方式也会导致检索时结果不够精确，需要用户根据需求再次筛选。

（3）句法标注

深度加工语料库中利用依存语法模型对2万句左右的语料进行了试验性的句法标注。句法标注模式是，首先由多用途语言处理器ЭТАП-3对文本进行加工，运用其中的词典和句法分析器，采用依存语法进行初步句法标注，然后再进行人工校对。这些语料都经过同形异义消歧处理，意味着每个单词都与单个形态结构相关联，每个句子都与单个语法结构相关联。

进行了句法分析的句子可以以句法结构图的形式显示，这种依存关系树的左边是句子中的词形，依序纵向排列。句子的语法结构被表示为一种依存关系树，其中每个箭头是从主要的词（хозяина）指向从属词（слугу），圆角矩形框内标注它们之间的语法关系。句中的每一个词都与另一个词存在某种句法关系，这种关系是词与词的关系，而不是短语之间或词与短语间的关系。方框内还原了词目，后面是该词在句中的词法形态标注。以"Ведь очевидно, что многовариатность капиталистического и социалистического развития не просто факт.（很明显，资本主义与社会主义发展的多元性不仅仅是个事实。）"为例，图10-2是其句法结构标注。

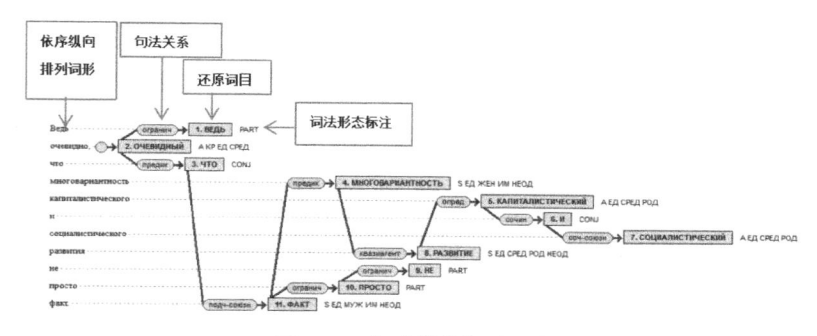

第十章　俄罗斯语料库建设及使用情况考察

图10-2　句法结构标注示例

（4）语义标注

深度加工子库的语义标注由Semmarkup程序自动完成，属于浅层语义分析，可看作词法标注的进一步深入。语义标注主要依据全俄科学技术信息研究所研发的"词汇信息库"。

语义信息包括三组标注集：① 类属，对词类的下一层级进行细分，如名词分为具体名词、抽象名词、专有名词，яркость（亮度）是抽象名词。② 特有的词汇—语义特征，如词汇的评价特征等，изюминка（热情）具有积极肯定的评价特征，негодяй（恶棍）则具有消极否定的评价特征。③ 派生（构词）特征，如名词指小形式，домик（小房子）是дом的指小形式，且带有喜爱的感情色彩；Лёша（廖莎）、Алёша（阿廖沙）是人名Алексей（阿列克谢）的指小形式。再如，выбор（选择，名词）标注为отглагольные имена（动名词）[①]，因为它是由выбрать（选择，动词完成体）变形而来的名词。

不同词类的标注内容是不同的。比如，名词、形容词、动词和副词都有关于主题分类的信息，аплодисменты（掌声，名词）的主题分类是"声音"，прошлый（过去的，形容词）的主题分类是"时间"。代词可标注诸如人称代词、反身代词、物主代词、疑问代词、指示代词、否定代词、不定代词等信息。使役关系则仅是动词的语义信息，如обрадовать（使……高兴）。

需要注意的是，НКРЯ中一个词目可以同时属于多个语义类别。由于语义标

---

① 动名词具有名词的形态和句法功能，同时保留了动词的接格关系。动名词词根来源于动词，但具有名词词尾。

注是自动赋予词典中单词的所有语义，所以没有消除同一个词目的语义歧义，也不能搜索某个词的单个语义。目前，НКРЯ的研发者正在设计和利用语义过滤器对指定的文本进行多义词的自动语义消歧。

4. 语料检索与统计

НКРЯ可以用精确的词形检索，或者根据词语的词法形态属性、词法属性、语义属性等检索，还可以用"词语 + 具有某些语法/语义特征的词"或"具有某些语法/语义特征的词 + 具有某些语法/语义特征的词"的方式进行词组检索。有的子库，比如诗歌文本语料库，除普通检索外，还可以根据诗歌风格、篇幅、停顿、类型、韵律等一个或多个参数进行检索。每条检索结果的上下文可以扩大到7个句子，即检索词所在句子前后各有3个句子。检索后可以保存、下载语料。

НКРЯ中可以查找到丰富的统计信息。比如：主库中文学书面文本和非文学书面文本的数量以及所占比例、文学书面文本中各种体裁的分布、非文学书面文本的功能领域分布、文本的主题分布等。另外，还有一些具体到词语使用的统计信息，比如各子库中文本数量、句子数量、短语数量、词形数量的统计，主库中文本创建时间参数下的文本数量、句子数量、词形数量的统计，以及消歧后词形的词类分布统计。

5. 开放与后期更新维护

НКРЯ的主页设计简洁清晰，页面上即可进行词形检索，并注明了12个子库的规模大小，点击后即可跳转至该子库的检索页面①。语料库主页上的菜单内容丰富，可以了解语料库项目、结构、标注等，以及查询各类统计信息，也有相关的使用说明，还提供了与НКРЯ有关的主要出版物链接、其他语料库的链接等。主页上的信息档案中存放了语料库自网上开放以来的重要信息，内容涉及语料库的建设、语料规模的变化、新增功能的说明等。

НКРЯ全部免费开放，不过语料只能用于研究、教育等非商业用途。当使用НКРЯ下载的语料时，应注明НКРЯ为语料来源。如果可查到语料出处，则应该注

---

① 2022年8月2日通知：从2022年8月起，俄语国家语料库所有子库的检索只能在新版本中进行，语料库旧版本已关闭。

明作家、作品名称。另外，若用户在使用过程中发现语料库存在错误，比如词语书写错误或标注错误，可以通过网站告知建库单位。语料库每年会进行两次正文的重新索引，用户提交的错误会在最近一次重新索引时进行修改。НКРЯ的语料规模一直在增加。

（三）多媒体语料库（Мультимедийный русский корпус，以下简称МУРКО）[①]

МУРКО为研究各种体裁的口语文本而建。前期收录1930—2000年的电影片段，以视频、音频、文本三种形式平行呈现，共计20余万个视频和音频片段，转写的文本总计90余万个句子、475余万词次。之后又补充了其他语音样本，如口头公开演讲、政治演讲、新闻采访、广告、电话交谈、朋友圈日常对话、艺术朗诵等，目前已接近500万词次。

俄罗斯学界对电影片段语料是否属于口语语料进行过讨论。不过，建库者认为相比戏剧中的言语，电影语料更符合标准，更适合进行自然交际研究。再者，自然的视频语料牵涉个人隐私问题，会影响语料库的开放发布。相较而言，电影片段还是比较理想的语料类型。

МУРКО中声音文本以音频和视频文件的形式呈现，被剪辑成持续10~30秒的小片段，每个片段有一个转录文本，通常是意义相对完整的交际片段。每个包含或不包含文本信息的片段都被处理为一个单独的文件，按照口语语料库中的元信息参数进行标注，另外，还标注了一些社会性质的参数。这些标注参数可分为两类：一是描写言语行为的参数，包括情境、言语功能、言语行为的完整性、言语形式、重复的类型、说话人的数量，以及语言、非语言成分等；二是描写身势语的参数，包括说话人的社会生理特征、与言语活动相关的物品、身体的部分、动作的次数等。

МУРКО中的视频语料既可用于口语研究，还可结合视频信息，研究场景中

[①] МУРКО语料库是俄语国家语料库中的一个子库，因类型特殊，且同类语料库数量较少，故专文介绍。

说话人实际的语音和伴随的身体语言、表情等。根据МУРКО的设计理念，首要目标是便于开展语音、语调和身势语研究，同时也可用于对外俄语教学。

用户不仅可以用普通词形进行检索，而且可以用元信息进行检索，包括用体态语（点头、拍肩等）和话语功能（同意、要求等）进行检索。在检索结果中，被切分的音频、视频片段居左，可以查看、收听；转写的文本居右。图10–3是以"男演员（актёр）"进行精确词形检索所得的第7条结果。不过，МУРКО不支持下载全部文本，只能下载片段（包括视频片段）。

谢尔盖·波将金，伊戈尔·格采夫，《没有太阳的城市》，电影（2005）[同名未删除]

7. Сергей Потемкин, Игорь Герцев. Город без солнца, к/ф (2005)　[омонимия не снята]

[На сцене] [Режиссер Семен (Семен Фурман, муж, 54, 1951)] Здравствуйте/ дети. Сам я... плохой актёр/ но... Елизавета Бам заболела.

[Сергей Потемкин, Игорь Герцев. Город без солнца, к/ф (2005)] [омонимия не снята]

【舞台上】【西蒙导演（西蒙·福尔曼，丈夫，54，1951）】你好/孩子们。 我自己是......一个糟糕的演员/但是......伊丽莎白·巴姆病倒了。

图10–3　检索结果示例

（四）关于梦境的叙述和其他声音言语语料库（Рассказы о сновидениях и другие корпуса звучащей речи）①

1. 建设团队与建库目标

该语料库由俄罗斯科学院语言学研究所、俄罗斯国立人文大学、莫斯科大学和新西伯利亚国立技术大学建设，目标是研究俄语口语话语的特点。建设团队认为，即使是最彻底的转录也无法取代听到的语音、传达语音的所有内容。因此，将文字符号与音频信号相结合是必要的。

2. 语料规模与语料收集

语料库分为两大部分：一部分是俄罗斯人自发的独白式口语语料，包括围绕不同话题（关于梦境的叙述、西伯利亚人讲述重大生活事件、生活中的有趣经历）的三个子语料库；另一部分是关于"礼物"和"滑雪"的描述与复述的多语种子语料库，包括俄语、亚美尼亚语、日语三种语言。具体语料来源、规模见表10–1。

---

① 语料库网址：http://spokencorpora.ru/。

表10–1 语料来源及规模

子库名称	语种	语料类型	语料产出者	样本数量（个）	录音时长（分钟）	转写文本词数（个）
关于梦境的叙述	俄语	口头	未成年人（7～17岁）	129	120	14,000
西伯利亚人讲述重大生活事件	俄语	口头	成年人（18～70岁）	17	40	5000
生活中的有趣经历	俄语	口头	成年人（18～60岁）	40	70	7000
	俄语	书面	成年人（18～60岁）	40	—	10,000
关于"礼物"和"滑雪"的描述与复述	俄语	口头	10个莫斯科人（20～30岁）	40（20个描述，20个复述）	35	4500
	亚美尼亚语	口头	10个埃里温人（17～25岁）	40（20个描述，20个复述）	42	4500
	日语	口头	10个日籍留学生（21～30岁）	40（20个描述，20个复述）	45	4100

语料库采集的口语语料均为独白叙述，建设者认为这种性质的口语语料最适合转写。三个围绕话题叙述的子库中的语料会根据话题适切性选择语料产出者，比如："关于梦境的叙述"是未成年人产出的语料；"西伯利亚人讲述重大生活事件"是成年人（性别均衡）的故事；"生活中的有趣经历"采集的语料很具有对比价值，每个语料提供者口头讲述生活中有趣的故事，此时并未告知他们需要记录这个故事，一周后再请他们把同一故事以书面形式表达出来。

描述与复述子库采集实验诱发的口语样本。实验分为两步：第一步，展示两组关于"礼物""滑雪"的图片，对每一组图片进行几秒钟的情节介绍，然后让受试根据图片编故事；第二步，在第一步完成后6~8小时进行，受试在没有图片提示的情况下凭借记忆复述故事。另外，选择的受试数量相当，都用自己的母语描述和复述图片。亚美尼亚语子库的转录文本中包括亚美尼亚语、拉丁语和俄语翻译，日语子库也是同样的处理方式。

3. 语料加工与标注

对口语语料进行了转写并以三种模式进行标注，即最小模式、简单模式和完整模式。这三种模式在详略程度上有所区别，最小模式标注内容最少，在语料语气停顿处进行了切分，标注了所切分片段的时间长度；简单模式在最小模式的基础上添加了停顿、重复等话语标记，还标注了被弱化的元音；完整模式中标注了停顿时间的长度、一些发音人的发音特色，比如某个元音带有很重的鼻音、某处发音声音嘶哑等，还有发出的无意义的语音。三种标注模式界面清晰简洁，可以随意切换，操作方便。

除此之外，语料库还用ELAN[①]软件对音频材料进行了可视化分析，更直观地反映了伴随自发口语话语的语音特点，有助于了解与话语结构组织相关的信息。

4. 语料检索与统计

该语料库采集的口语样本数量不多，因此没有设计检索功能，也没有统计信息。在主页的导航中选择需要的子语料库，可以看到该子语料库中的所有录音列表。列表中的录音文档都有序号，按照语料产出者的年龄进行排序。点击列表中的录音，可以进入该录音转写后的页面，并播放整个录音文本或选中的片段。语料标注信息界面还有对语料的整体描述和一些简单说明，使用者可以选择显示或隐藏这些信息。

语料库中的语料可以下载，但首先需要安装ELAN软件。

5. 开放与后期更新维护

语料库免费开放，建成后没有进一步扩大规模。语料库管理平台不太稳定，有时候无法登录。

---

① ELAN是一个可以导入多媒体数据并对其进行编辑、可视化操作和搜索的标注工具。

（五）俄语互联网语料总库（Генеральный Интернет-Корпус Русского Языка，以下简称ГИКРЯ）[①]

1. 建设团队与建库目标

ГИКРЯ于2012年开始筹建，由俄罗斯国立人文大学、莫斯科物理技术学院计算语言学教研室承担主要建设工作，参与研究的还有莫斯科国立大学、英国利兹大学以及ABBYY软件公司的研究人员。俄罗斯联邦科学及高等教育部、俄罗斯国立人文大学战略发展项目和ABBYY公司提供了资金支持。语料库的建设目标是为语言学研究者提供一个已标注、已查重、来源为多种类型网页、标注了文本基本信息、建立了语言学分析索引的语料库，以更好地服务于机器学习系统、分析器等计算语言学领域的研究。同时，建设者希望语料库能帮助研究者关注俄语的不同变体，比如网络文本不同的类型、不同的地域变体，或是带有性别特征的语言变体。

2. 语料规模与语料收集

该语料库的语料均为俄语互联网资源，包括网络新闻、社交网络、网络杂志、博客和网上论坛。2021年秋季，语料库发展为两个版本：功能版本1.0和正在开发的2.0版。目前语料规模为200亿词次（截至2021年），未来预计达到500亿词次。

两个版本的语料来源、文本数量和词次规模见表10-2（2021年秋季官网公布数据）。

表10-2　ГИКРЯ语料数据统计

版本	语料来源	文本数量（个）	词次（亿）
1.0	Журнальный Зал（网络杂志图书馆）	56,547	3.13
	Новости (Риа, Регнум, Лента ру, Росбалт)（网络新闻）	2,964,897	8.51
	Живой Журнал（论坛及博客平台）	73,229,158	81.10
	ВКонтакте（社交网络）	193,770,717	98.20

[①] 语料库网址：http://www.webcorpora.ru/。

（续表）

版本	语料来源	文本数量（个）	词次（亿）
2.0	ВКонтакте（社交网络）	191,000,000	51.15
	Журнальный Зал（网络杂志图书馆）	73,000	3.20
	Живой Журнал（论坛及博客平台）	354,000,000	159.87

语料库利用Nutch软件自动采集文本。采集后进行文本筛选，去掉服务信息、广告、动态生成的新闻条、垃圾邮件等不需要的文本，并且删除重复文本。如果文本具有版权，版权所有者可以联系建设团队去除文本。为避免语料数量大幅增加，建设者坚持有鉴别地扩容。

3. 语料加工与标注

语料的标注采用计算机程序自动完成，且能实现文本自动纠错。

ГИКРЯ根据自行编制的分词器进行分词，标点符号也算作单独的词形。形态标注采用TnT-Russian软件，其主要功能是形态标注和削尾标注，同时参考了Yandex研发的Mystem程序，标注集采用广泛使用的MULTEXT-East for Russian编码。另外，词形进行了词目还原。

语料还标注了元信息，包括文本完成的时间和地点、统一资源定位符（URL）、文本类型、体裁，以及作者的出生年月、出生地、性别。在ГИКРЯ界面上可通过以上参数对文本语料进行检索，还可对检索结果进行归类。

该语料库的子库Серебряный стандарт进行了机器自动词形消歧处理，语料来自Живой Журнал（论坛及博客平台）和ВКонтакт（社交网络），规模约为200万词次。

4. 语料检索与统计

对于规模巨大的语料库而言，检索程序的开发尤为重要。ГИКРЯ开发了自己的搜索引擎，用户无须手动输入，采用勾选选项的方式即可实现快速检索。如果只考察名词某个形态的分布或用法，可以通过对性、数、格，以及是否有生命等条件的限定实现精确检索。另外，在处理同形异类的词形时，如стекло（玻璃，名词、中性）与стекло（流走，动词стечь过去时、中性），可以先确定词性，排除干扰。总之，这些功能设置操作简单，为用户节约了检索用时，并且能得到更精确的检索结果。语料库基于对作者版权的保护，没有提供下载功能。检索结果上下文最多显示50个词形。

5. 开放与后期更新维护

任何人皆可参加该语料库的改善工作或者使用语料进行语言学研究，不过发送申请至geekrya@gmail.com并注册后，才可以使用该语料库。

三、俄语语料库建设特点

前文介绍的语料库类型有别，规模不一，各具特色，都是有一定代表性的俄语语料库。通过了解这些语料库，可以看到一些共通之处，这些共通之处反映出俄语语料库建设的部分特点。

1. 从建设团队看，本章中的语料库均由多家科研院所联合开发建设，甚至与国外院校、知名的软件公司等一起合作建设；在研发团队中，既有语言学领域的专家，也有计算机领域的专家。同时，大多数语料库都获得了基金支持或者项目经费支持。

2. 从建库理念和目标看，这些语料库之所以能实现其独特的价值，很大程度上取决于其先进的建库理念、明确的建库目标和科学的建库方式。比如，KГT以研究20世纪末俄语报刊文本的基本面貌和特征为目标，采用了全文收录13家重要报刊的采集方式，并对语料进行了精细的分类，便于进行各种体裁语料的词频统计。НКРЯ以所有对俄语感兴趣的人为用户群，规模宏大，各个子库分别建设，分期开放，持续更新。ГИКРЯ应当代俄语及各种语言变体的研究需求而建，采用了实时自动采集共时语料的方式。语料库类型多样，特点突出，各具优势，不仅能更好地服务于语言学研究，而且对语料库资源建设也具有重要意义。

3. 从语料规模看，大规模语料库的优势毋庸置疑，而小规模语料库的研究价值也不容小觑。比如，"关于梦境的叙述和其他声音言语语料库"规模不到5万词次，但是语料产出类型一致，话题集中，同质性强，是研究独白语体以及进行相关对比研究的理想资源。对于大规模通用型语料库来说，语料的代表性和平衡性更加重要，需要从社会语言学的角度进行考量。如果要进行语言历时研究，则需要在时间的维度上做出谨慎的选择。比如，НКРЯ中的历史子库为古俄语研究而建，选取了俄语发展的4个关键时段的语料建库。

与此相关的另一问题是，在建设大规模语料库时，语料能否重复入库。如前文所述，НКРЯ就存在语料重复使用的现象。这样操作一方面提高了语料的利用率，有其合理性；但另一方面的确造成了语料规模上的误差，因此需要慎重地把握比例，并且公开重复入库的语料的数量。

4. 从语料标注看，比较突出的特点有：（1）重视元信息标注，语料属性清晰，便于语料的充分利用和分类检索。（2）大规模标注倾向计算机自动标注，速度快、效率高、一致性好，是语料标注的方向。但是，限于目前语言自动标注的水平，许多问题尚未解决，研究还在进行。（3）小规模的深度标注依靠人工标注，针对不同类型语料进行多种类型的标注尝试与探索。（4）精细标注后的语料可用于机器学习和自动标注训练。

5. 从语料库的检索看，以上语料库存在较大差异。КГТ建设时间最早，主页上的介绍清楚，但是不能检索使用。"关于梦境的叙述和其他声音言语语料库"系统稳定性不太好，有时不能检索，且使用者必须先安装ELAN软件，不太方便。相对而言，НКРЯ和ГИКРЯ检索界面简洁，使用说明清晰，检索方式多样，下拉菜单的设计方便选择，用户使用体验比较好。俄语语料库比较通用的检索模式是词形检索和标注代码检索，二者各有利弊。词形检索能够满足单个词或少量相关词语的研究需求，但如果针对词类进行研究，则非常困难。标注代码检索可以提取同类语料，不过若是标注不准确或一致性不强，则会影响检索效果。

6. 从语料库的公开程度看，上述语料库都可以免费使用，为俄语教学和研究提供了很大的便利。其中，НКРЯ做得更好，不仅及时更新该语料库的建设信息、发展动态，而且提供了该语料库相关的学术资料和其他俄语语料库的链接，并设计了用户与建库单位沟通互动的渠道。这些措施一方面带给用户更好的使用体验，体现出很强的服务意识；另一方面，利于建设团队及时了解反馈意见，进一步优化语料库。

四、对汉语中介语语料库建设的启示

1995年第一个汉语中介语语料库建成以来，汉语中介语语料库建设得到了长足发展，数量、规模都有了较大增长，相关的应用研究成果也逐年增多。但语料库建设也还存在一些问题，例如语料类型单一、标注不够全面、检索不太方便、很多语料库未开放使用等（张宝林，2010a、2013、2019a、2022a；张宝林、崔希亮，2022），这些问题也影响了二语习得研究的深入开展。本次考察的俄语语料库，尽管在语言类型、语料性质、语料加工标注等方面与汉语中介语语料库存在显著差异，但是就语料库本身的研发建设而言，无论是成功的经验还是存在的问题，都可为汉语中介语语料库建设提供参考和借鉴。

1. 优势互补的建设团队与一定的资金支持是语料库研发的先决条件。本章介绍的俄语语料库基本都是如此。建设团队，尤其是作为核心的研发小组，是语料库建设的中坚力量，是语料库质量和生命力的人力保障。首先，从整体设计、全面统筹，到工作安排、实施、监管，直至语料库投入使用后的调整等工作，都离不开研发小组的合理设计和科学架构。其次，组建语料库核心团队需要从专业性、互补性和稳定性等三个角度进行综合考虑，语言学专家和计算机专家都需要参与其中，术业有专攻，实现团队互补。再次，教学科研院所联合建设、院校与公司联合建设是一个值得推行的建设方式。单个院校建设语料库的劣势在于团队力量不够、资源有限，往往需要较长时间才能研发一个规模较大的语料库；多个院校合建则能有效地克服这些缺陷，不过需要在统筹及推进工作上找到合理的解决途径。最后，如果要建设动态发展的语料库，持续的资金支持也是必要的。动态更新是语料库发展的趋势，是符合语言研究需求的，也是适应时代发展趋势的。

2. 先进的建设理念和明确的建库目标在一定程度上决定了语料库的应用效力。本章所介绍的语料库尽管规模大不相同，但皆因其独特性而具有价值，这种独特性也源自语料库的设计理念与目标。语料库建设应该有前瞻性的理念支撑，研发有特色、有明确目标的语料库。目前，汉语中介语语料库以收集学习者笔语语料为主，语料类型单一，实际上还有很大的发展空间。比如口语语料库、多媒体语料库、同一学习群体不同阶段的语料库、非目的语学习环境产出的语料库、非学校习得的语料库等。这些类型的语料库能够满足更广泛、更精细的研究需求，具有很高的研究价值。曹贤文（2020）从当前汉语中介语习得研究的"需求侧"视角，探讨了汉语中介语语料库建设的问题，希望"以前瞻性的构想和设计，加强合作、共建共享，提高汉语中介语语料库的建设水平，在静态、单一维度语料库的基础上进一步建设动态、多维、多模态、多语、网络交际语料库"，为语言习得研究提供更丰富可靠的数据支持。值得一提的是，全球汉语中介语语料库（以下简称"全球库"）于2019年3月4日开放，这是目前最大的汉语中介语语料库，规模约2367万字，包括了笔语语料、口语语料、视频语料和母语者语料，在很大程度上弥补了汉语中介语语料库类型上的不足。

3. 元信息标注很重要，应尽快统一规范。俄语语料库都比较重视元信息标注，可以提取满足需求的语料，便于开展更多角度的对比研究。在汉语中介语语料库建设中，语言学标注，包括标注原则、内容、方式、代码、一致性等，还存在一些分歧，所以在短期内实现统一不太现实。相比而言，制定元信息标注的统一规范更具有可行性。原因有三：相对于其他语料信息，元信息比较客观，标准便于统一；标注完备的元信息利于语料归类，可以提高语料的使用率；元信息标注能够为语料库结构调整及更新、扩建、合并等提供依据，方便对不同语料库中的语料进行对比。针对元信息采集的困难，可以采取一些改进措施。比如：充分利用软件工具，如线上共享表单等，让语料产出者自助、便捷、准确地完成元信息采集和录入；学界尽早统一针对不同类型语料的元信息参数；等等。

4. 实现机器自动标注应是语料库标注工作的最终目标，在条件尚未成熟的情况下，对于一些争议较大的标注内容，建议持谨慎探索的原则，既需要尝试，又不宜操之过急。俄语语料库在进行大规模标注时，基本依靠机器自动标注，标注所依据的理论基础是学界普遍认可或大多数研究者接受的，而对于需要人工检查和标注的部分，仅进行小规模的精加工，且标注目的是训练机器，实现自动标注。中介语语料库能够由计算机自动完成的标注内容少，大量依靠标注员人工标注，因此，为了减轻标注工作量和难度，不妨尝试浅层标注。另外，对于本体研究还未形成基本认可或通用理论的内容，例如语义、语用方面的标注，可以进行小规模尝试，在应用中接受检验，在应用中不断修改。如果操之过急，不但费时耗力，而且有可能事倍功半。

5. 语料库检索系统是直接服务于用户的，其有效性和准确性的高低直接决定用户是否能够方便快捷、准确无误地获取语料库中的资源和信息。俄语语料库的检索方式和汉语的很不一样。比如，俄语语料库中词形标注丰富，一旦界定就与其功能相匹配，而汉语则完全不同。由于中介语里充斥着各种类型的偏误（遗漏、误加、误代、错序等），因此检索难度更大，即使利用精确的字符串检索也不能把相关的语料全部查找到。因此，为了方便汉语中介语研究，还需要更多地考虑检索方式的设置。张宝林（2021b）研究了以往汉语中介语语料库的检索系统，指出检索功能还不够健全，并根据学界科研教学的实际需求，设计了更丰富且更有针对性的检索方式。另外，提出了"检索方式'文科化'和简化"的理念，这对于非理科背景的语言学工作者来说是非常有利的。全球库也践行了这一理念，提供了9种检索方式，包括字符串一般检索、分类标注检索、离合词检索、特定条件检索、词语搭配检索、按词性检索、词语对比检索、重叠结构检索和按句末标点检索，检索方式更有针对性，同时简化了检索规则。

6. 语料库免费开放是发展之必然，也是实现语料库价值的重要途径。本章考察的俄语语料库都是免费开放的，而目前国内中介语语料库数量不少，免费开放的却不多。究其原因，可能与语料库建设投入有关。在这种情况下，若强行要求建设单位建库之后立即开放，或许不易执行。如何保证语料库建成后能为中介语研究和汉语教学服务？笔者认为，在审批建库项目申请时就应该把语料库的开放问题纳入结项要求。不过，可以根据实际的投入情况灵活地把握开放的规模、程度和时间；或者对用户权限进行处理，不同级别的用户享有不同权限；等等。总之，把建成的语料库束之高阁是极大的资源浪费，既不利于语料库自身的完善，也无法实现语料库应有的价值。

7. 目前汉语中介语语料库在为用户考虑上还有很大的完善空间，主要问题是告知用户的信息比较有限。对于用户而言，在初次使用语料库时，急需了解关于语料库的重要信息，包括语料库结构、语料库规模及组成、语料采集的原则、语料库标注内容和标注集、语料库统计信息、语料检索和下载的方法等。对于这些信息，语料库应给出清晰的指引。另外，为用户提供其他语料库链接及为非母语者提供媒介语的翻译，也能够扩大语料库的使用群体，进而提高语料库使用率。

标准研究

第十一章　汉语中介语语料库建设流程标准研究*

一、引言

汉语中介语语料库建设流程标准（以下简称"流程标准"）是在对语料库[①]二十多年建设经验进行梳理与总结的基础上，对语料库建设流程的提炼与概括。流程标准研究对包括语料库的总体设计、语料的收集加工、软件系统的研发、语料库的集成与发布等在内的必要环节进行探讨。研制流程标准的实践价值在于制定语料库建设程序上的一系列操作规范，为未来的语料库建设提供参考与指导，避免低水平重复，加快建库速度，提高语料库质量；其理论价值在于拓展语料库语言学的研究内容，夯实语料库建设的理论基础。这项研究既有助于语料库建设的科学发展，又有利于汉语二语教学与习得、汉语中介语等领域科研工作的深入开展，对汉语国际教育的发展具有十分重要的意义和作用。

流程标准是语料库建设标准研究的首要问题，即语料库建设过程中的各个环节及其操作步骤。本章探讨两个问题：其一，语料库建设包括哪些环节以及具体包括哪些内容；其二，这些流程的特点及作用是什么。

---

* 本章作者段清钗、文雁、张宝林。段清钗系北京语言大学 2018 级语言学及应用语言学专业硕士研究生，现为北京语言大学 2021 级语言学及应用语言学专业博士研究生；文雁系北京语言大学 2016 级语言学及应用语言学专业博士研究生，现为暨南大学华文学院教师；张宝林系北京语言大学汉语国际教育研究院教师。
① 指"汉语中介语语料库"。本章若无特别说明，均如此指代。

二、语料库建设流程的基本内容

语料库建设流程可分为规划阶段、工程阶段、发布与后续改进阶段等3个阶段和10个步骤（如图11-1所示）。这10个步骤缺一不可，对语料库能否顺利建成都发挥着独到的作用。

规划阶段
- 提出建库任务，进行总体设计
- 组建核心团队

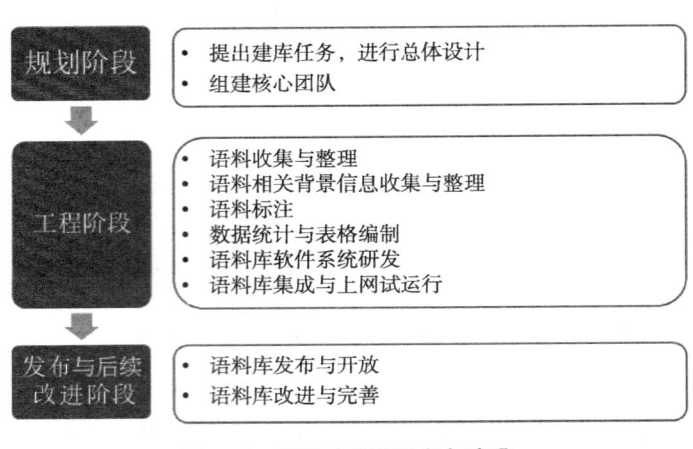

工程阶段
- 语料收集与整理
- 语料相关背景信息收集与整理
- 语料标注
- 数据统计与表格编制
- 语料库软件系统研发
- 语料库集成与上网试运行

发布与后续改进阶段
- 语料库发布与开放
- 语料库改进与完善

图11-1　语料库建设阶段与步骤

（一）提出建库任务，进行总体设计

在语料库规划阶段，首先要提出建库任务，即确定建设目的、服务对象和语料库类型，明确建设什么样的语料库，以及为什么建设这样的语料库。例如，为了进行基于语料库的某种语言的本体研究，需建设该种语言的母语语料库；而为了考察某种语言的二语习得情况，需建设该种语言的中介语语料库[①]；要进行某种语言多个层面的研究，需建设通用型语料库；而进行某种语言某个层面的研究，例如对该语言的语音或文字进行研究，则需建设专用型的语音语料库或文字语料库。总体设计是在确定建设任务之后对语料库进行通盘考虑，制定全库建设方案，相当于描绘一张建设蓝图，涉及语料库建设的方方面面。例如语料库的建

---

① 或称学习者语料库。仅从名称上看，二者或有侧重点的不同，而它们的实质相同，本章不做区分。

设规模、语料来源、语料标注、软件系统、使用方式，乃至人员调配、经费来源与使用、工程进度等。明确、清晰、可行的总体设计是语料库规划阶段最关键的一步，可以确保后续建库工作的有序展开。总体设计做得如何，从根本上决定了语料库所能具备的功能及所能发挥的作用。从这个意义上说，总体设计在整个语料库建设过程中的重要性是怎么强调都不过分的。

（二）组建核心团队

总体设计固然重要，但毕竟还是筹谋策划，属于设计的范畴。一个实实在在、可供查询使用的语料库还是要由人力通过工程方式来建设的。因此，语料库规划阶段一项实质性的工作便是配齐人手、组建核心建设团队。如果没有一支高水平的核心建设团队，要建设高质量、高水平的语料库是不可能的。核心建设团队是语料库建设的人力基石，是语料库功能、质量和生命力的根本保障。

组建核心团队需要从专业性、互补性和稳定性等三个角度进行综合考虑。专业性是指核心建设团队的专业化水平，其中既包括语言学专家，也包括计算机专家。梁茂成（2015）主张"团队成员之间应该具有一定的共同性和互补性"，并且明确反对工具至上，提倡语言学至上。我们理解，所谓"语言学至上"是说语料库建设应由语言学专家主导，这是很自然的。"因为建库是汉语作为第二语言/外语教学与研究的需要，语料的收集与加工标注等也是语言学专业人员应该承担的工作。"（张宝林，2022a）由于语料库建设的跨学科性质，"软件系统研发具有十分重要的地位和作用，承担着语料库管理、语料检索与呈现、背景信息查询、统计信息查询、语料下载、留言反馈、众包维护、升级迭代等多方面工作职能，在某种意义上可以说占据着语料库建设工作的半壁江山"（张宝林，2022a）。因此，核心团队成员术业有专攻，密切合作，才能发挥不同专业的优势，实现团队互补。语言学专家负责语料库总体设计和语言学部分的工作，计算机专家提供软件研发服务与技术保障，如此即能建设功能强大、方便易用的高水平语料库。此外，由于语料库建设周期长，为了保证设计理念的延续性和项目的顺利完成，核心团队成员应该保持相对稳定，不宜轻易变动。

（三）语料收集与整理

1. 语料的收集

语料是语料库建设的物质基础，是建库前提。语料包括笔语语料、口语语料及视频语料等三种类型。由于语料库是语言大数据，需要具有代表性和平衡性的大规模真实语料，收集起来颇为不易。相比于笔语语料，口语语料和视频语料的收集过程更为复杂，也更为困难。然而，为了促进多方面、多模态的语言研究，这些类型的语料收集必不可少。在现有语料库以笔语语料为主、口语语料和视频语料相对缺乏的情况下，尤其如此。此外，语料的质量与规模对语料库质量评价作用关键，意义重大。

2. 语料的录入与校对

从目前通用型语料库建设的实际情况看，收集到的语料多为教学语料，包括平时的写作练习和写作考试答卷，皆为纸质形式；口语语料和视频语料则包括课堂教学、课后聊天儿、口语考试、访谈、辩论等，为音频或视频形式。为了后续的语料标注和查询，必须进行笔语语料的录入及口语语料和视频语料的转写，将笔语语料、音频语料和视频语料转变为电子版语料。这是后续一系列语料加工与应用的基础，任务十分繁复，工作量巨大。无论是由人工转写还是机器转写，都必须进行严格、仔细的校对，以确保语料的真实性，保持语料的原始面貌。因为底层的不一致性在上层应用中会被放大几倍到几十倍[①]，校对环节对语料库建设乃至建成后的应用研究都极为重要。

（四）语料相关背景信息收集与整理

语料相关背景信息主要包括语料作者的背景信息和语料自身的背景信息。作者背景信息包括其自然情况、学习情况、考试成绩等。例如：性别、国别、母语或第一语言，以及是否为华裔；汉语学习目的、汉语学习的时间与地点；各学期

---

① 参考宋柔 2010 年"文本语料库建设同语言教学和研究"讲座课件。

的期中考试成绩、期末考试成绩、平时成绩等（张宝林、崔希亮，2015）。作者背景信息可以从描述学习者社会属性（姓名、年龄、职业等）、描述学习者语言背景（母语或第一语言、家庭使用语言等）、描述学习者学习经历（学历等）、描述学习者个人特征（学习动机、性格特征）等几方面进行考虑。"语料本身的信息指语料产出时的相关要求。例如：语料的语体和文体、笔语语料的标题或口语语料的话题、笔语语料的字数要求和口语语料的时长要求、完成语料的时间要求、语料产出的地点（指课上、课下、考场）等。"（张宝林、崔希亮，2015）

收集详细的语料背景信息有利于开展二语习得研究和中介语研究，也有利于汉语教师在教学中"对症下药"，提高教学效率和水平。从建库目的来说，汉语中介语语料库建设服务于汉语二语教学及其相关研究。汉语学习者成人居多，且学习目的相对多样，如果教师和研究者在获取语料的同时能得到丰富详细的语料作者的相关信息，则有利于从不同角度（例如国别和不同水平）对学习者及其中介语进行研究。另外，语料本身的信息如语料的语体、文体、标题、产出要求等对研究来说同样十分重要。如果这些信息全面，教师和研究者就可以精准地检索到所需要的语料，开展有针对性的教学与研究，例如不同语体的研究、不同文体的教学等。此外，语料库中的背景信息也是客观体现语料多样性与分布情况的重要参数，是评估语料库代表性与平衡性的依据，需要从多角度、多方面予以考虑。

（五）语料标注

语料标注是"一种给口语和（或）书面语语料库增添解释的（interpretative）和语言的（linguistic）信息的实践"（黄昌宁、李涓子，2002：139~140）。"只有当语言研究者能够从语料库中获取知识或信息时，才能说这个语料库是有用的。事实上，为了从语料库中抽取语言信息，必须首先向该语料库中植入信息，即添加标注。"（黄昌宁、李涓子，2002：141）语料标注是"实现原始语料机读化的关键环节"（崔刚、盛永梅，2000），是"语料深加工的重要环节，也是一个语种语料库建设水平的重要标志"（刘连元，1996）。从学者们的论述可见，不论是从语料库建设的角度看，还是从基于语料库的语言研究的角度看，语料标注都具有十分重要的意义和作用，其内容与质量决定了一个语料库的功能、价值与建设水平。

在语料标注之前必须制定科学、严密、可行、与建库目的一致的标注规范，"语料标注规范主要解决标注内容与方式的问题"（张宝林、崔希亮，2015），将直接指导和规范语料标注的实施。标注内容即标什么，包括标注对象和标注范围。是只标词、句，还是覆盖汉字、词汇、短语、单句、复句、语篇、语体、语义、语用、修辞在内的语言文字的各个层面？标注类型方面，是只标注偏误现象，还是同时标注正确的语言表现？对语料的标注是深加工，还是浅加工？标注方式则包括人工标注、机器自动标注、人机互助（人标机助或机标人助）等方式，采用或研发什么样的标注代码也属于标注方式的范畴。这些内容可以概括为"标注模式"[①]问题。

（六）数据统计与表格编制

语料入库之后，可以对语料及其标注信息进行多方面的统计，得到具有重要实用价值的统计信息。如字频和词频数据、各类偏误语言现象的数据、与各类偏误现象相对应的正确的语言现象的数据等。正如张宝林、崔希亮（2015）所指出，语料标注完毕后，可经统计得到多种相关数据，例如总字次、总词次、不同字的数量、不同词的数量、偏误语言现象数量、与偏误项目相对应的正确语言表现的数量，以及各种短语、句类、句型、句式的总数量等。对于汉语二语教学与习得研究、中介语研究来说，这些数据可以直接体现教学的成果与不足、难点与重点，具有十分重要的意义。这种统计工作是由计算机程序自动完成的，准确迅捷。根据语料库的具体建设方式，可以实时统计或上网之前统计，十分方便。

（七）语料库软件系统研发

语料库软件系统包括管理系统和检索系统。管理系统管理语料库中的各类

---

① 参见张宝林、崔希亮（2015）。

语料、多种数据和各种相关信息，乃至建库人员信息与用户注册信息，与在线运行、升级迭代、网络安全等密切相关；检索系统则是用户使用语料库的基本方式。语料库能否正常运行，能否让用户正常使用，能否发挥其在教学和研究中应有的作用，都取决于软件系统的设计与开发。软件系统研发在语料库建设与应用中具有十分重要的作用。以往的语料库建设对此环节缺乏足够的重视，导致语料库功能不强，使用不便，未能充分发挥其应有的作用，难以为汉语教学与研究提供充分的支持。例如：语料库中实际存在的现象却无法检索到，检索到的语料不能方便快捷地下载，统计信息不全面、不完备，录入与标注错误不能及时得到审核与修正，等等。因此，要特别重视软件系统的研发，尤其是语言学专业人员，应提高认识，深入了解软件系统在语料库建设中的重要地位与作用，积极参与、主动配合软件技术人员的软件系统研发工作，加强对软件系统研制的理论探讨和应用研究，解决软件系统研发方面存在的各种实际问题，不断提高软件系统的研发水平。（张宝林，2022a）

软件系统研发是一项相对独立的工作，可与语言学部分的工作同时进行。确保语料库安全正常运行，用户界面友好，检索系统方便易用、响应迅捷，当属软件系统应实现的目标。

（八）语料库集成与上网试运行

语料库集成指把之前完成的语料收集与加工、软件系统研发等全部工作的成果整合为一个统一的系统，并使之上网运行，供用户查询使用。该环节由计算机专业人员负责，同时需要语言学专业人员的配合，发现问题及时处理、调整，使之具备可使用性与易用性。集成的系统主要由三个部分组成：（1）语料处理模块，包括收录的原始语料、语料的元信息标注、语料各个语言层面的加工和标注系统等[①]。（2）统计数据模块，包括经统计得到的多种相关数据以及呈现统计数据的具体方式等。（3）用户功能模块，这是面向用户并直接服务于用户的部

---

① 这是语料库建设与应用综合平台具有的功能，目前只有全球汉语中介语语料库采用这种方式进行建设，而传统的语料库建设方式并不具备这一组成部分及其功能。

分，可以根据用户需求检索、呈现、下载语料，以及查看各类统计信息，便于用户开展研究。语料库集成是使语料库能够正常使用的最后一环，是语料库建成的重要标志。语料库建设人员应对语料库的设计功能逐一进行测试，或请部分用户进行实际应用，发现问题及时处理，使语料库具备应用功能和开放条件。

（九）语料库发布与开放

在经过试运行，确定语料库可以实现预定的各项功能后，建设团队应通过建设单位和项目支持单位的网站、有广泛社会影响的专业期刊、微信群等多种渠道向学界发布消息，通告语料库建成并向学界及社会各界开放语料库，欢迎各界用户使用，以最大限度地发挥语料库的作用与价值。

（十）语料库改进与完善

软件工程有一个从bug的爆发期到收敛期的必经过程，虽然bug情况通过试运行可以得到一定改善，但试运行的时间较短，参与测试和应用的人员较少，因而能够发现的问题是十分有限的。语料库开放后更长的时间里，在更多人的实际应用中，会发现语料库更多的问题、不足与缺陷，这是必然的。因此，语料库须设置和用户的沟通渠道，以方便快捷地得到广大用户反馈的问题、意见和建议，进而予以及时的回应，并对语料库加以改进。这是提高语料库质量的有效环节，应长期坚持。还可以根据众包理念，设置用户修改功能，使用户在应用中发现录写、标注等方面的错误后，能够直接动手修改这些错误。经语料库管理人员确认修改无误后，即可替代存在错误的语料。

三、语料库建设流程的特点

语料库的建设流程从整体到局部，从不同阶段到具体步骤，环环相扣、缺一不可，因而要统筹兼顾、全面安排。上述建设流程的核心步骤有三个，即总体设计、语料的收集与加工、软件系统的研发。这三个环节在整体建设流程中各有特点，发挥着不可或缺的作用。此外，语料库建设流程本身还具有规约性与独特性。

（一）总体设计的统领性

语料库建库任务与总体设计在语料库建设的全部工作中具有统领性，即起统率、引领作用，总体设计是规划蓝图，它对语料库建设具有指导作用，可以确保建库目的的实现。要建设一个什么样的语料库直接决定了要收集的语料的类型、语料加工标注的内容以及标注规范的制定，语料库软件系统也是根据总体设计进行研发的。应该说，如果没有一个符合建库目的并切实可行的总体设计，语料库建设工作就无法按部就班地顺利进行，也就无法建成符合建库目的、能够满足用户需求的语料库。可见，总体设计在语料库建设中具有决定性作用。

（二）语料收集及加工处理的基础性

语料库建设的相关步骤，从语料的收集与整理到语料相关背景信息的收集与整理，从语料的录入、转写到校对，都是前期基础性工作。语料的收集与整理关乎语料库的性质与质量，如果在汉语中介语语料收集与整理的过程中混杂汉语母语者的语料，则会直接影响到语料库的性质；如果从网上收集号称是外国人产出但却无法证实其产出者身份的汉语语料，则无法保证语料的真实性。语料相关背景信息的收集与整理则会直接影响语料检索的结果及其呈现，进而影响到研究者基于语料库所做的研究。

对基于语料库的研究来说，语料标注是语料库建设中另一项至关重要的基础性工作，决定着语料库的功能与使用价值。因为只有做了某些方面的内容的标注，才能检索到这些方面的语言现象，为研究相关语言现象的研究者提供方便与帮助。例如只做偏误标注，则只能为偏误研究提供帮助；只有采取"偏误标注＋基础标注"的标注模式，才能为表现分析（或称语言运用分析）提供支持。而从标注方式的角度考虑，在人工标注的基础上充分发挥机器的辅助作用，则可以大幅提高标注的准确性和一致性。例如"基于web的语料协同标注平台"

可以实现"人机互助""人人互助"（张宝林、崔希亮，2013）。张宝林、崔希亮（2022）对自动标注进行了有益的探索：实现了繁体字与异体字的自动标注，对语体色彩鲜明的词及短语、句式等实现了"机标人助"，提高了标注的一致性与效率。标注的准确性对语料库的功能具有极大的影响。例如对泰国学习者"是……的"句的使用情况进行考察，如果在标注的过程中对该句式的偏误及正确使用情况存在漏标、错标等情况，则会直接影响语料库中的统计数据；而统计数据的误差如果达到一定的量，则会影响研究结论的可靠性。

实施语料标注之前必须制定标注规范，标注规范对语料标注具有重要的指导作用。标注规范包括标注的目的、原则、模式、内容、方法、类型、单位、代码等，这些都需要进行深入的研究与明确的规定，以便标注员在标注实践中贯彻落实。例如标注代码如能设计得含义明确、便于理解，则标注员在标注时可以全心关注标注内容，专注于对中介语现象的分析与判断，而无须耗费过多的精力记忆标注代码的具体含义。另外，根据语料标注内容进行的数据统计与表格编制是语料加工结果的直接呈现，是进行中介语分析的基础材料之一，研究者可以根据这些数据从多个角度对语料进行分析，进而得出具有数据支持的研究结论。

（三）语料库软件系统研发的关键性

语料库软件系统主要指语料库的管理系统和检索系统，其研制与开发是整个语料库建设的核心环节之一。语料库管理系统具有对语料的加工处理功能，例如语料的上传、录写、标注、修改；语料库建设人员与用户的权限设置功能；用户意见与建议等反馈信息的收集功能；等等。这些都离不开管理系统的支持。检索系统则是直接为广大用户的查询、检索需求服务，是用户使用语料库的基本方式。如果没有检索系统的支持，即使标注规范设计得全面完备，语料标注得质量优异，也丝毫不能发挥其应有的作用。"语料检索也是一种信息检索，在语料库建设中具有十分重要的地位与作用，关系到一个语料库能否满足广大用户的使用需求，能否实现语料库的价值，也标志着语料库的建设水平。"（张宝林，

2021b）如果检索系统不能精准地查询与呈现语料，则经过加工标注的语料就不能为用户所用，也就无法体现其应有的价值。以往语料库中对于离合词"离"的用法、重叠结构、存现句等无法进行检索（张宝林，2021b），正是检索系统不佳所致。如此看来，语料库软件系统的研发在语料库建设和应用研究中均具有关键性作用。

（四）语料库建设流程的规约性

不论是中介语语料库还是母语语料库，都离不开总体设计、语料收集与加工、软件研发等基本环节。例如荀恩东、饶高琦、肖晓悦等（2016）对BCC语料库的介绍就是围绕语料库资源建设、BCC检索引擎、语料库服务三方面展开的。张宝林、崔希亮（2015）谈到语料库建设流程时也是围绕语料库的总体设计、语料的收集与加工、语料检索系统与管理系统的研发等几个方面展开讨论。该文指出，研究语料库建设流程的目的是设计一套建库的标准流程，使以后的语料库建设者可以按照这一标准流程按部就班地建设语料库，而无须"从零开始"，重新探索，从而避免语料库建设中的低水平重复现象。由此可以看出，语料库建设流程具有规约性，是语料库建设过程中必须遵守的基本特性之一。

（五）语料库建设流程的独特性

语料库建设过程有其独特之处，在语料的收集加工方面往往面临更多的困难、更加复杂的情况。中介语语料无法像母语语料那样直接从互联网上检索下载，而只能从汉语学习者手中或通过教学单位收集，且大多为手写的纸质版本，必须进行录入以转化为电子版；口语语料的转写由于发音中存在的偏误现象需要反复听辨而更为困难。此外，中介语语料的产出频率相对母语语料要低得多，数量规模要小得多，收集语料的周期更长。语料库中语料的背景信息尤为重要，例如在全世界约3000万汉语学习者中，华裔学习者占70%（贾益民，2007），而华裔和其他二语学习者的学习情况有很大差异。因此，在上述背景信息中，是否为华裔具有重要意义。母语或第一语言对二语习得情况深层原因的分析具有重要价值，应予以特别关注（张宝林、崔希亮，2015）。然而，很多教学单位的学籍档案中并未收集学习者的母语信息；出于保护个人隐私的考虑，部分语料产出者也不愿配合提供这些信息。语料中中介语偏误现象的广泛存在更是加大了语料加工处理的难度。总体来看，语料库在语料的收集和加工处理方面更为复杂，因而在建设过程中，更需要认真的态度和严谨的工作作风。

四、结语

语料库建设是一项复杂的系统工程，每个建设环节都有其不可替代的意义和作用，每个环节都有其繁难之处，每个环节都需要认真对待、通盘考虑、精心实施，只有这样才有可能建设出质量优异、功能强大、能满足教学与研究需要的语料库。本章在对语料库建设实践经验进行深入总结概括和对相关问题进行深入研究的基础上，提出了一个语料库建设的标准流程，希望能够促进语料库建设的规范化、标准化与科学化，能为今后的语料库建设提供有价值的参考和借鉴。同时期待出现更多的研究和探讨，提升对语料库建设流程标准的认识，促进语料库建设本体研究的不断发展。

第十二章 语料采集标准研究*

一、引言

　　语料是建库的基本前提，建设一个语料库首先要解决语料采集问题。语料采集标准研究主要涉及采集什么样的语料、怎样采集语料两方面。卫乃兴、李文中、濮建忠（2007）指出："并非所有的真实话语材料都可采作语料，语料的选择和采集要按照一套明确表述的标准。目前，语料库的采样主要依据一套外部标准（external criteria）而非内部标准（internal criteria）。外部标准是社会语言学的标准，即根据文本或话语的社会语言学功能而界定的有关语域变量标准，内部标准是根据文本或话语内部的语言特征、风格等因素界定的标准。外部标准基本上是客观的，内部标准则因目前的技术水平制约而有较大的主观性。"由此看来，从语料采集的客观性出发，应根据语料库的建库目的、语料库类型等制定相应清晰明确的外部标准，根据外部标准进行相关语料的采集。本章从语料采集原则、语料采集渠道、语料采集内容与方法等三个方面对语料采集标准进行探讨。

---

* 本章作者杨星星、段清钒。杨星星系北京语言大学2016级语言学及应用语言学专业硕士研究生，现为北京市通州区中国人民大学附属中学分校语文教师；段清钒系北京语言大学2018级语言学及应用语言学专业硕士研究生，现为北京语言大学2021级语言学及应用语言学专业博士研究生。本章原载《第五届汉语中介语语料库建设与应用国际学术讨论会论文选集》，南京：南京大学出版社，2021。收入本书时由段清钒做了较多的补充修改。

二、语料采集原则

关于语料采集原则前人多有论述，意见比较一致。本章着重阐释如下几个方面。

（一）真实性与自然性

真实性是语料采集的基本原则，也是首要标准。没有真实性，语料就失去了其应有的价值。因为"语料的真实性是建设汉语中介语语料库的基本前提，没有这个前提，语料库就不能反映汉语学习者真实的语言面貌，基于语料库的研究及得出的结论也必然是毫无意义的"（张宝林、崔希亮，2015）。

张瑞朋（2013）指出："语料的真实性至少应该包括两层含义。一是水平真实性，即收集的语料必须是外国学生真实语言水平的反映；二是文字真实性，即收集的语料忠实于原来的语言文字面貌，对错字的保存和呈现要能体现出错误特征。"要使所采集的语料能够反映学生的真实水平，就必须剔除那些经他人批改过的语料或借助参考资料完成的语料。首先应采集学生产出的原始语料或语料初稿，其次要采集学生不借助其他资料而独立产出的语料。例如课上的写作和口语练习、考场中产出的写作考试语料或口试语料，这些语料能够反映学生的真实水平，在语料采集时应该优先采集。张宝林、崔希亮（2015）指出"语料必须是由学习汉语的外国人自主产出的成段表达语料"，这表明抄写的文字、朗读的材料、单纯的造句均不能列入语料采集范围，而只有学习者自主成段表达的语料，才能反映学生的真实水平。除了确保学生水平的真实性，还要确保所采集语料文字的真实性，即语料录入和转写后，文本要能够最大限度地体现语料原貌。那些在录写过程中有意无意地"改正"了原始语料中的错别字乃至偏误句的做法，不仅做了无用功，而且破坏了语料的中介语特征，降低了语料的原有价值。

语料的自然性指语料是由语料产出者在相对轻松自由的环境中、没有固定话题的要求下产出的。真实性与自然性密切相关。一般情况下，语料的自然性越高，真实性也越高，例如日记、书信等。但在实际操作中，因为涉及个人隐私等问题，完全自然的语料很难获得。因而不得不退而求其次，选择不完全自然但能在很大程度上反映学生汉语水平的考试语料，也叫受控语料。以口语语料库为例，自由、即兴话语是最自然真实的，也是最有价值的。"它具有真实的交际目的、真实的交际者角色关系、实现真实的意义和功能，可真实地反映语言使用者在给定场景中的语言运用特征。"（卫乃兴、李文中、濮建忠，2007）但是，即兴话语语料很难获得，能够获得的基本上都是考试场景中的受控话语。影响自然性的另一个因素是"学生是否意识到了他们的谈话正被录音？是，就可能影响交谈的自然性；否，就可能较好地保证交谈的自然性"（卫乃兴、李文中、濮建忠，2007）。另外，有的学者认为"收集的语料主要包括但不限于考试录像、演讲比赛、课堂教学和日常会话等"（黄伟，2015）。其中，演讲比赛的话语能否用作语料尚需斟酌，因为演讲比赛大多是事先准备好演讲稿，甚至将其背诵下来，属于有准备的文本，而非即兴的发言讲话。而且在准备文本的过程中可以查阅、吸收许多资料。因此，从语料的自然性与真实性角度看，演讲语料不具备自然性，不能反映学生真实的汉语水平。相比而言，一些由外国汉语学习者参加的聊天儿节目是很好的口语语料来源，例如江苏卫视的《世界青年说》。首先，这些节目中的语料具有真实性，其中很多问题是现场提问、现场回答，有些就是现场的观点交锋、即时辩论，根本无法事先准备；其次，语料的产出发生在比较自然的交际场合，具有比较好的自然性。当然，能参加这些聊天儿节目的外国汉语学习者汉语水平都很高，属于高级阶段学习者中的佼佼者。

另一方面，真实性与自然性不是完全成正比的关系。杨惠中（2002：66）指出，"试卷作文能够真实反映学习者目前的写作水平，考场的压力使他们无暇他顾，只能发挥平时的能力"。因而，试卷作文相对而言具有较好的真实性，但考试带来的紧张焦虑情绪则会影响语料的自然性。当然，不完全自然的试卷语料也有自身的优势。"考试语料的真实性不如即兴话语；受内容和时间限制，学生有一定程度的心理紧张等情绪因素，会影响真实水平的发挥和话语特点的反映。但是，从另一方面看，考试话语具有较强的话题针对性，便于反映有关的词语运用能力……"（卫乃兴、李文中、濮建忠，2007）应该说，考试语料虽然不够自然，但从反映学习者语言水平的角度看，却是真实可靠的。

具备真实性与自然性的语料是语料库建设的理想语料，但从语料采集的实际情况看，真实性与自然性往往难以兼顾。作为补偿，可以给所采集的语料标明来源，比如考试语料、自然谈话语料等。明确地标注语料来源是为了让语料库使用者在语料库中选取语料时可以根据自身需要选取最合适的语料。如果使用者的目的是展现学习者语言学习的全貌，那么可以按照1∶1的比例选取自然谈话语料与考试语料；而如果目的是指导课堂教学，那么考试语料的比例可以高一些。这样可以更好地发挥语料的作用。

（二）平衡性与代表性

施春宏、张瑞朋（2013）指出"语料库的平衡性问题实际上就是语料库中各类语料在类型和数量上的协调问题"。对于语料的平衡性，张宝林、崔希亮（2015）认为不同类型的语料完全均匀分布是过于理想化的，且不符合外国人学习汉语的实际分布情况。中介语语料库的平衡性可以从学习者背景与产出语料层次两方面来说。关于学习者背景的平衡，卫乃兴、李文中、濮建忠（2007）指出，"背景包括学习者的外语水平、性别信息、所学专业、学校、所属地区等变量。这些变量在采样时应认真考虑，适当平衡，使语料库具有较好的代表性，且宜于[①]日后进行相关的对比研究"。而语料本身的平衡包括口语与书面语的平衡、自然产出的语料与考试语料的平衡、正式语体语料与非正式语体语料的平衡等。

语料的代表性指所选语料要能真实反映学习者整体或大多数学习者的汉语面貌与水平，而不仅仅是反映个别或某一小部分学习者的汉语学习情况。因为"我们需要分析由许多说话者收集的大量语言，以保证我们的结论不是基于少数说话者的个性语言而做出的"（道格拉斯·比伯、苏珊·康拉德、兰迪·潘瑞，2012∶3），"语料库的代表性反过来决定研究问题的种类和研究结果的普遍性"（道格拉斯·比伯、苏珊·康拉德、兰迪·潘瑞，2012∶152）。

---

① 原文中无"宜于"二字，在此补充以使文意无误。

平衡性也直接关系到语料的代表性，没有平衡性就谈不上代表性。邓海龙（2016）指出："要达到语言研究目的，语料库的均衡性和规模量都是很重要的指标。只有做到这两点的语料库才具有代表性，才使检索结果具有实证意义。"这就要求我们在建设语料库时设计好各类语料的比例和规模。根据张勇（2008）的研究，语料库代表性的实现跟该语料库的总体规模相关。但一般情况下，研究者往往无法得知总体大小。通过Raosoft的样本量计算器（sample size calculator）[①]计算，在误差是5%、置信水平是95%的情况下，至少需要377条语料，才可以代表该语料库的特点，可资参考。

（三）多样性与丰富性

在语料库建设中，保证语料来源的多样性非常重要（约翰·辛克莱、王建华，2000）。而"多样性主要体现在文本产出者属性、文本属性、文本类型以及文本的时间跨度上"（周文华，2015）。"话题与语言形式和话语模式的关系紧密，围绕一定话题展开的话语往往共享一个语义场，话语模式也有规律可循。话题多寡也直接影响所含词汇量的大小"，"所以，'话题多样性'应是口语语料库建设的重要原则之一"（卫乃兴、李文中、濮建忠，2007）。语料库建设应尽可能扩大语料来源，增加话语类型，使语料库更具代表性，体现丰富的语言形式和交际内涵。国家语言文字工作委员会1993年1月制定的《现代汉语语料库选材原则》在语料选取时注重语料的多样性与丰富性，将语料的选取分为人文与社会科学类等8个大类和30个小类。黄伟（2015）指出，建设多模态汉语中介语语料库，在采集语料时应注意多样性与丰富性。

通用型语料库的语料要尽可能地涉及生活的各个方面，话题、情境要多元化，不宜只局限于校园生活，比如可以分为家庭、购物、交友、旅游等；而专用型语料库的语料也要注意话题的广度和交际内容的多样性，比如在"汉语学习者句式偏误语料库"的语料采集过程中，应选取不同话题、不同文体的语料。

---

① 网址：www.raosoft.com/samplesize.html。

（四）连续性与系统性

张瑞朋（2022）指出："连续性指学生各个学习水平等级是连续的，不是只有单个水平等级。"为了对语言现象或个体学习者做动态跟踪研究，就需要所采集的语料具备连续性（张瑞朋，2012）。由此可见，连续性语料即可以反映学习者不同水平等级的、连续产出的成系统语料。这种语料"不仅可以方便用户对不同级别的语言发展趋势做整体的对比研究，而且可以方便用户对个体学生做语言追踪研究"（张瑞朋，2013）。"有了'历时'特征，中介语的纵向变化研究才能进行"，"大时间跨度的语料便于进行中介语的纵向或跟踪调查，研究特定水平的学生群体外语能力发展的模式和规律，或给定语言形式的习得特征"（卫乃兴、李文中、濮建忠，2007）。成系统的语料能够反映学习者的整个学习过程和完整的语言面貌，便于从各种角度对学习者的学习情况进行观察分析，对基于语料库的相关研究具有重要意义（张宝林、崔希亮，2015）。

关于语料连续性，存在的问题是留学生学习时长不稳定，有的学习者学习一个学期后便不再学习，连续性语料很容易断层甚至流失，所以单个学生语料的连续性很难保证。"只有进一步增强初级、中级和高级语料分布的平衡性，才能更好地体现该语料库的连续性，而且即使同一个学习者不能连续学习，但是只要尽量增加各阶段的语料，提高语料库对各阶段的覆盖率，也可以在宏观上增强语料的连续性。"（张瑞朋，2013）这可以视为保证语料连续性的一个可行方法。具有连续性、系统性的语料有助于我们观察学习者学习语言的动态变化，从而发现哪些是阶段性的问题、哪些是持续性的难题，并在此基础上改进教学。

三、语料采集渠道

在确定语料采集的原则后、实际采集语料前，必须首先确定采集点，详细深入地了解各个采集点的学习者分布情况与教学情况，进而制定严密、可行的语料采集方案。这一步是保证语料采集工作顺利开展并获得较高质量语料的关键，也是后续建设工作的基础。如果某采集点产出的语料不合适（例如是造句而非成段的自主表达）或者同类语料过多（如韩语、日语母语背景学习者的语料过多），则应选择舍弃或部分舍弃；也可以跟采集点的负责人商议，请对方结合正常教学计划安排产出符合建库要求的语料。采集语料的同时应注意采集语料背景信息，包括国籍、母语、所在年级、汉语水平等学习者背景信息，以及语料产出要求、题目或话题、文体、字数或时间要求等语料本身的信息。只有找到恰当的、符合建库要求的语料采集点，语料采集方案才能得以落实，从而尽可能确保语料的真实性、自然性、平衡性、代表性、多样性、丰富性、连续性、系统性，保证语料质量。

无论是笔语语料、口语语料还是多模态语料，语料主要采集渠道是学校、语言培训机构等教育场所。一方面，这些单位或机构的学习者规模较大，背景信息易获取且相对全面；另一方面，这些学习者的语料能在相当程度上满足语料采集的真实性、连续性等要求。语料库建设者可以通过跟学校、培训机构、教师个人合作的方式采集语料。为了提高语料的自然性，除了考试语料，也可以采录一些课堂教学实况、课下答疑讨论等语料。在师生或学习者同意的前提下，可以采集师生之间、学习者之间的聊天儿等日常交流语料。

合作须采用双赢或多方共赢的方式，如提供语料的单位或个人可以免费使用语料库及相关研究成果、得到语料库的更多使用权益，或者获得一定的报酬等。需要特别指出的是，网络上可能也有各种类型的中介语语料资源，但是其真实性、平衡性、连续性、可追踪性等均难以保证，且无法获得学习者的背景信息。因此，其语料质量是不过关的，不宜采用。

四、语料采集内容与方法

根据不同的建设目的与建设类型，汉语中介语语料库可以采集三类语料：笔语语料、口语语料和多模态语料。每种语料的特性不同，其采集内容和方法也不同。所谓笔语、口语只是语料的承载或呈现形式，而非严格的语体含义。因为作为中介语，这些语料是否符合汉语书面语或口语的语体特征并不一定，是需要研究的。例如汲传波、刘芳芳（2015）的研究就"发现留学生书面语中确实存在口语化倾向"。所谓多模态语料即视频语料，是带有语料产出者图像及语料产出场景的口语语料。

（一）笔语语料

笔语语料指学习者自主产出的成段书写表达。例如：平时的作文练习，期中考试、期末考试、HSK标准化考试的写作考试作文，综合课考试的写作部分或回答问题部分，乃至便签、日记、周记、书信等。其中，作文因其产出量较大、产出周期固定，是笔语语料的主要来源。语料采集者可以与教学单位合作，通过汉语教师或教务管理人员采集这些语料。

（二）口语语料

口语的话语类型涉及独白、演讲、口头报告、访谈、会话、辩论等，也涉及交际者的角色关系，如教师—学生、学生—学生、家庭成员—家庭成员、应聘者—招聘者等。其中，前两种关系的语料较易采集，而后两种关系的语料由于涉及隐私或者企业利益，难以采集，即使采集到也不便公开。"体裁形式和角色关系不同，语言使用的特征也就不同。如，'独白'类的话语不具有一般话语的交互性，缺乏话轮转换、会话策略的使用等内容，从而使有关研究无法进行，故必须适量控制或者不选；'演讲'和'报告'类的话语经过事先准备并参照讲稿，体现极强的书面语特征，因而不是口语语料库应选的话语类型。"（卫乃兴、李文中、濮建忠，2007）口语语料采集中的这些问题是应予以充分考虑并妥善处理的。

口语语料应主要采集访谈、会话、辩论等事先无准备且交互性强的成段的口头表达。口语语料的采集手段包括单独访谈、图片诱导、课堂观察（赵守辉、刘永兵，2007），还可以通过记录语伴聊天儿、进行口语考试等方式获得口语语料。

（三）多模态语料

"多模态汉语中介语语料库收集具有声音、图像信息的汉语学习者口头产出的话语材料，与一般所说的口语语料相比，强调语言（语音）层面以外的副语言信息或非语言信息，比如动作、表情、环境等。"（黄伟，2015）一些电视节目可以成为采集对象，如江苏卫视的谈话类节目《世界青年说》、湖北卫视的文化访谈类节目《非正式会谈》等。许多中外文化交流活动，比如"汉语桥"、各级各类的中文辩论赛等都可以作为多模态语料的来源。首先，由这些渠道采集的语料符合真实性的要求，嘉宾在现场进行交流，现问现答，还有现场的观点交锋、即时辩论，这些无法事先准备；其次，所采集的语料发生在比较自然的交际场合，具有比较好的自然性；最后，其话题丰富，贴近生活并联系当下国内外社会关注的热点。在采集这些语料时，应注意语料产出者声音和图像等附加信息的完整性。

五、结语

作为语料库建设的基本前提，语料采集是一项十分重要的基础工作。其原则包括真实性与自然性、平衡性与代表性、多样性与丰富性、连续性与系统性。对于汉语中介语语料库来说，无论是笔语语料、口语语料还是多模态语料，主要的采集渠道都是学校、培训机构等教育场所。在内容与方法方面，笔语语料、口语语料、多模态语料各有其特点，在语料库建设和应用研究中各有其不可替代的作用，因而都需要广泛采集。

语料采集是一项庞杂而烦琐的工作，在采集语料的过程中会受到各种主客观条件的限制，很难达到真正的全面和平衡；不同的语料库依据不同的建库原则和目的在采集语料时会有不同的取舍，采取的抽样方法和比例也是不同的（何丹，2012）。本章所提出的原则有些是语料库建设的努力方向，如丰富性、多样性；有些则是必须严格遵守的，如真实性、代表性；而连续性、系统性则可以根据建库原则和目的进行取舍、调整。本章还提出了语料采集的一些方法和途径，可供建库者借鉴、参考，而在实际建库工作中则是需要因地制宜、摸索创新的。

第十三章　扩大汉语中介语语料库语料来源的途径*

一、语料现状

（一）语料库的发展与规模

1995年，汉语中介语语料库系统问世，"该系统的研制填补了汉语中介语语料库研究方面的空白，在汉语作为第二语言教学领域里取得了开创性成果，达到了国际领先的水平"（本刊记者，1995）。该库具有十分重要的意义，被学界认为是汉语中介语语料库（以下简称"语料库"）的开山之作。其后，以HSK动态作文语料库（以下简称"HSK语料库"）为代表的多个语料库相继建成。而基于语料库的汉语国际教学研究、汉语习得研究和中介语研究也得到了很大发展，形成了一批重要的研究成果。与以往人工收集、整理语料的同类研究相比，这些研究考察的语料规模大、数量多，用大数据揭示语言规律，不但深化了对相关问题的认识，而且具有很强的客观性和说服力，集中体现了语料库的作用与应用价值。这样的研究成果与示范效应引起了学界的广泛关注，人们很快接受了基于语料库的研究范式，更多的学者和教学单位受到激励投入语料库建设，大大促进了语料库建设的发展。目前，"汉语中介语语料库建设渐成高潮，'成为语料库研

---

*　本章作者张宝林，原载《国际中文教育（中英文）》2022年第2期，收入本书时有改动。

究中的热点'"（谭晓平，2014），汉语中介语语料库建设正在跨入一个繁荣发展的重要时期"（张宝林、崔希亮，2015）。

目前，语料库建设呈现出语料规模越来越大、标注范围越来越广、标注内容越来越丰富全面的特点。例如，汉语中介语语料库系统熟语料为100余万字，"作了断句、分词和词性标注等加工处理"（陈小荷，1996a）；HSK语料库熟语料为424万字，对字、词、句、篇、标点符号等5个层面进行了穷尽性标注；全球汉语中介语语料库（以下简称"全球库"）基础语料达2367万字，标注语料总规模约1.26亿字，对字、词、短语、句、篇、语体、辞格、标点符号、口语和视频语料的语音、视频语料的体态语等10个层面进行标注（张宝林、崔希亮，2022）。标注模式则从偏误标注改进为"偏误标注＋基础标注"的模式，为表现分析（或称语言运用分析）提供了条件，提升了语料库建设与应用研究水平。

（二）语料分布

语料库的平衡性指"构成特定语料库中各部分语料的类型和比例相对适当，以满足语料库建设和使用中的合理性和可靠性等方面要求"（施春宏、张瑞朋，2013）。而语料分布是语料平衡性的集中体现，与语料库的功能与使用价值密切相关，是语料库建设中一个十分重要的问题。语料的平衡性指不同类型的语料在分布上应尽可能均匀，例如不同国籍、不同母语、不同学习时间、不同专业背景、不同专业方向、不同水平的汉语学习者所产出的语料数量应该完全相同。但在建库实践中，由于语料及其背景信息采集的困难，这方面的问题颇难解决。HSK语料库和全球库在这方面同样存在诸多不足。

HSK语料库的语料覆盖100个国家和地区，但其分布差异很大。详见表13–1。

表13–1　HSK语料库语料的国家和地区分布

语料数量（篇）	国家和地区数量（个）	国家和地区
1000及以上	2	韩国、日本
100～999	9	新加坡、印度尼西亚、马来西亚、泰国、越南、缅甸、澳大利亚、美国、英国

（续表）

语料数量（篇）	国家和地区数量(个)	国家和地区
30～99	7	俄罗斯、加拿大、法国、菲律宾、蒙古、德国、中国香港
10～29	9	瑞士、意大利、葡萄牙、乌克兰、柬埔寨、荷兰、比利时、奥地利、西班牙
2～9	48	略
1	25	略

从表13-1可见，HSK语料库语料分布呈现出两个特点：

1. 语料相对较多的国家和地区很少，例如语料数量达到1000篇及以上的只有韩国、日本两个国家，语料数量为100～999篇的只有9个。语料少的国家和地区则很多，例如语料数量在10篇以下的达73个之多。语料的不平衡性十分严重。任海波（2010）认为，"'HSK动态作文语料库'中，东南亚国家留学生的语料很多，而欧美国家留学生的语料则相对较少，语料的国别不平衡性比较明显"，这是符合该语料库的实际情况的。

2. 语料库使用价值有限。如果把30篇语料作为小规模样本的下限（且不考虑是否随机取样等其他相关因素），则只有18个国家和地区学习者的语料具有统计意义，其他82个国家和地区学习者的语料是不具有统计意义的。具有统计意义的国家和地区的数量与国家和地区总数的比例约为1∶5.56[①]。如此看来，HSK语料库的使用价值确实非常有限。

以同样的方法考察全球库的语料分布情况，详见表13-2。

---

① 计算方法：100÷18≈5.56。

第十三章 扩大汉语中介语语料库语料来源的途径

表13–2 全球库语料的国家和地区分布

语料数量（篇）	国家和地区数量（个）	国家和地区
10,000 以上	1	韩国
1000～9999	10	泰国、越南、印度尼西亚、美国、日本、哈萨克斯坦、吉尔吉斯斯坦、尼泊尔、菲律宾、巴基斯坦
100～999	24	俄罗斯、老挝、蒙古、瑞士、乌兹别克斯坦、法国、塔吉克斯坦、土库曼斯坦、德国、缅甸、苏丹、英国、土耳其、澳大利亚、奥地利、马来西亚、伊朗、西班牙、孟加拉国、意大利、波兰、葡萄牙、乌克兰、埃及
30～99	32	荷兰、墨西哥、印度、赤道几内亚、摩尔多瓦、柬埔寨、马尔代夫、白俄罗斯、阿根廷、赞比亚、加拿大、朝鲜、古巴、巴拿马、刚果（金）、尼日利亚、萨摩亚、埃塞俄比亚、刚果（布）、希腊、瑞典、南非、阿塞拜疆、巴西、汤加、阿尔及利亚、比利时、阿富汗、突尼斯、匈牙利、加纳、马达加斯加
10～29	46	略
1～9	未统计	未统计

仍以上面衡量HSK语料库的两条标准来评价全球库：

1. 语料相对较多的国家和地区和语料相对较少的国家和地区的差距依然存在，但与HSK语料库中二者的差距相比，已经缩小了很多。例如语料数量在1000篇及以上的国家和地区有11个，100～999篇的国家和地区有24个，30篇及以上的合计67个，10～29篇的有46个。而不足10篇的国家则不予统计，这个做法是正确的，因为数据太少没有意义[①]。

2. 语料库使用价值较高。如果把30篇语料作为小规模样本的下限（且不考虑是否随机取样等其他相关因素），则67个国家和地区学习者的语料具有统计意义，46个国家和地区学习者的语料不具有统计意义。具有统计意义的国家和地区

---

① HSK 语料库 2.0 版也不再统计语料不足 10 篇的国家和地区。

的数量与不具有统计意义的国家和地区的数量的比例约为1.46∶1。这个比例意义十分重大，它表明具有统计意义的语料已经在相当程度上超过了不具有统计意义的语料。很多国家和地区的语料增加了，具有了统计意义。其中最典型的当数中亚五国，哈萨克斯坦、吉尔吉斯斯坦的语料数量超过1000篇，乌兹别克斯坦、塔吉克斯坦、土库曼斯坦的语料数量超过100篇；而在HSK语料库中，这五个国家的语料数量均不足10篇。与HSK语料库相比，全球库的语料平衡性相对较好，使用价值远高于HSK语料库。

同时必须看到，即便在全球库中，仅从国家和地区分布的角度看，仍有将近四成的语料没有统计意义。从平衡性角度看，这仍然是一个很大的问题。

客观地说，外国汉语学习者的语料分布差异很大。以HSK高等作文考试的成绩分布为例，未获证考生最多，获得9级证书的较多，获得10级证书的次之，获得11级证书[①]的极少（田清源，2011）。现实如此，成绩不同考生的语料自然难以平衡。学习者的国家和地区分布也是这样，东亚、东南亚国家和地区的汉语学习者远远多于西亚、北亚国家和地区的汉语学习者与欧美、非洲国家和地区的汉语学习者，这是客观事实。由此看来，完全、彻底、"理想化的绝对平衡"可能只是一种理论上的追求，不但在实践上很难做到，也不应该作为追求的目标，因为那并不符合汉语国际教育的实际情况（张宝林、崔希亮，2015）。"从建库的实际和语料库的应用来看，现实的取向更可取，也更可行。"（李桂梅，2017）

二、问题与原因

在语料库的语料分布问题上，不同国家和地区的语料数量差距较大，甚至很大：排在前面的多达成千上万篇，而排在后面的则不足30篇，甚至在10篇以下。而语料太少，就基于语料库的研究而言，是无法得出具有客观性、稳定性和普遍意义的研究结论的。因此，语料分布的差距凸显了语料的不平衡性问题，会严重

[①] 老HSK的最高证书等级为11级，9级则是高等汉语水平证书的最低一级。

第十三章　扩大汉语中介语语料库语料来源的途径

影响语料库的作用和使用价值。

导致语料不平衡的原因大致有如下几方面。

1. 语料库建设者缺乏语料库建设与应用研究的实践经验，对此问题认识不足、重视不够。例如HSK语料库的建设者在建库之初对语料库缺少切实的了解，不但从未建设过语料库，而且没有使用过语料库，甚至没有看到过语料库，完全是根据自己的对外汉语教学经验和科研经验边干边学，逐步摸索，积累相关知识，纯属"摸着石头过河"。建设者的语料库知识与建库经验如此贫乏，要求其建设的语料库处理好语料的平衡性问题，是不可能的。

2. 和汉语国际教育的发展形势密切相关：汉语国际教育发展形势好的国家和地区汉语学习者多，产出的语料就多；发展形势一般或不太好的国家和地区汉语学习者较少或很少，产出的语料自然也少。例如在HSK语料库中鲜有非洲、拉丁美洲、太平洋岛屿等地区的语料。随着近十多年来这些地区汉语国际教育事业的蓬勃发展，以及孔子学院、孔子课堂的广泛建设，埃及、阿尔及利亚、赤道几内亚、赞比亚、刚果（金）、尼日利亚、埃塞俄比亚、刚果（布）、南非、加纳、马达加斯加等非洲国家和墨西哥、巴拿马、阿根廷、巴西、古巴等拉丁美洲国家，以及汤加、萨摩亚等太平洋岛屿国家的汉语学习者人数均有显著增长，在全球库中这些国家和地区的汉语学习者语料数量均达到了有统计意义的水平。

换个角度看，语料多少可能在一定程度上反映了汉语国际教育的实际情况，即不同国家和地区汉语学习者的整体数量。例如HSK语料库是用1992—2005年参加高等汉语水平考试的考生的作文答卷建设的语料库，在一定程度上体现了二十世纪九十年代至二十一世纪初汉语学习者的国家和地区分布情况：学习者规模以韩国、日本为最，其次是部分东南亚国家，再次是欧美一些发达国家。而全球库收集的是近10余年来的语料，就其语料分布情况而言，韩国仍高居榜首，语料多达2万多篇；而日本已退居泰国、越南、印度尼西亚、美国之后，与哈萨克斯坦、吉尔吉斯斯坦、尼泊尔、菲律宾、巴基斯坦等国属于"第二梯队"，语料数量在千篇以上；乌兹别克斯坦、塔吉克斯坦、土库曼斯坦、柬埔寨、老挝、缅甸、伊朗、土耳其、孟加拉国、印度、马尔代夫、阿富汗等亚洲国家和地区，语料也都达到了100篇或30篇以上。

从这些实例来看，语料库的语料分布和近年来汉语国际教育的总体形势是基本一致的。例如语料数量排名前15位的国家中，韩国、泰国、越南、日本、美国、印度尼西亚、哈萨克斯坦、俄罗斯、巴基斯坦等国都是名列前茅的来华留学生生源国。

3. 不同国家和地区的语料多少，或者说汉语学习者多少，与其和中国的地缘距离以及其和中国在历史、政治、经济、贸易、外交、文化、教育等方面的关系密切相关。例如1992年中韩建交，经贸关系不断发展，韩国学习者人数持续增长并占据高位；日本与中国历史文化联系密切，相当一部分文字相同或相近，日本的大学又要求学生学习第二外语，因而汉语成为日本学生学习二外的首选；随着泰中经贸、文化等方面的交流增加，以及越来越多的中国游客前往泰国旅游，掌握汉语的人才在泰国就业市场越来越受欢迎，在泰国政府的支持下，汉语俨然已经成为仅次于英语的第二大外语；"48万人去年来华留学，'一带一路'沿线国生源占半数以上"（兰美娜、熊旭，2018），近年来，哈萨克斯坦等中亚国家汉语学习者逐渐增多，与这些国家和中国的经济贸易额快速增长密切相关。

4. 其他原因。语料库中有些国家和地区的语料数量比较出人意料，应属"异常值"。例如韩国语料出奇地多，不但高居榜单首位，而且约为排名第二的泰国语料数量的3.87倍。瑞士语料数量多达429篇，名列第16位，而其人口只有约876万，语料数量排名高于人口数量比其多的邻国法国（第18位，人口约6555万）、德国（第22位，人口约8387万）、奥地利（第28位，人口约906万）、意大利（第33位，人口约6028万）[①]。奥地利的语料数量排名也高于比其人口数量多很多的意大利。

这些"异常值"的出现并不是偶然的，而是有其原因、可以解释的。

（1）多年来，韩国一直是来华留学人数最多的国家，其语料排在第一位是很自然的。但语料多达22,411篇，是唯一语料数过万的国家，还是令人诧异。这

[①] 上述数据来自世界人口评论（World Population Review），网址为 https://worldpopulationreview.com/，数据为2022年实时动态数据。

第十三章　扩大汉语中介语语料库语料来源的途径

是因为全球库项目子课题之一的某校提供的基本都是韩国学习者的语料，包括数十万字从韩国收集来的语料。

（2）瑞士语料较多的原因是该国某校中文系教师原本就想建设汉语学习者语料库，并已收集、积累了很多语料。得知全球库项目之后，非常支持，把语料交给了课题组，全球库因而得到了这笔宝贵的"意外之财"。

（3）奥地利语料数量排名相对靠前是因为全球库在建库过程中发现德语背景的汉语学习者语料很少，于是主动和该国某校联系，得到了该校中文系教师的大力支持，专门为全球库收集了语料。

这几个所谓的"异常值"表明，如果能积极主动地想办法，那么是可以收集到我们需要的语料的。同时也警示我们要特别注重语料的平衡性。

三、解决问题的方法

语料库中有些国家的语料确实较少，甚至太少，依据这么少的语料在汉语教学、汉语习得研究、汉语中介语研究方面无法得出具有客观性、稳定性和普遍性的研究结论，语料库的价值与优势也就无法得以体现。

语料的平衡性问题可以从以下几个方面解决。

1. 目的语环境中语料的采集。近年来，来华留学生人数逐年增长，来华留学生成为汉语中介语料的重要来源。"根据教育部发布的统计数据，2018年，共有来自196个国家和地区的49.2万名留学生在国内1004所高校和科研机构学习。"（教育涉外监管信息网，2019）如此庞大的来华留学生群体，其所学专业不同，汉语水平不一，是汉语中介语语料库建设巨大的潜在语料来源。如能结合留学生的国籍、母语、水平、学习目的、学习时长、所学专业、年级等情况，以及1000余所高校和科研机构的地域分布、留学生人数等数据，定期分层抽样采集语料，则目的语环境中汉语学习者的静态语料和动态语料采集问题即可得到彻底解决。

2. 邀请国外汉语教学单位或教师参与语料库建设，由他们采集其学生的汉语语料，是一个颇有成效的方法。他们熟悉国外的相关规则，可以因地制宜地采取恰当的方法采集语料。这是一个已经被采用的方法，应进一步拓展使用，争取让更多的国外汉语教学单位和教师个人参与语料库建设工作。

3. 国内众多高校外派的汉语教师是获取非目的语环境中汉语中介语语料的重要力量之一。这些外派教师可以与所在国的高校协商语料合作与采集事宜，按语料采集标准采集当地汉语学习者产出的汉语中介语语料。需要特别注意的一个问题是，一些国家对学生语料的采集与使用有非常严格的规定，不能随意采集，外派教师须遵守这方面的规定，与所在高校达成协议并征得学生同意之后方可采集语料。

4. 目前海外的孔子学院和孔子课堂约有1500所（个），这是非目的语环境中汉语中介语语料的另一个重要来源。可以把语料采集作为它们的一项常规任务，定期采集，持续数年，便可积累起大量语料，满足语料库建设对非目的语环境中汉语中介语语料的需求，特别是对初等和中等教育阶段学习者语料的需求。许津彰、王琛、宋继华等（2021）以学习汉语的英国高中生群体为语料来源，探索英语母语背景的青少年汉语口语语料库构建，便是一个范例。

5. 由于目前已入库或已采集到的语料多寡不均，不能满足平衡性的要求，因此语料采集应采取普遍采集和定点采集相结合的策略，注重针对性，重点采集语料匮乏的国家和地区的学习者语料，以解决语料的平衡性问题。

落实上述语料采集做法需要具备如下条件。

1. 学界的理解与支持。广泛采集国内外学习者的汉语中介语语料是一项非常艰巨的任务，不是哪一个或哪一些汉语教学单位能够完成的，需要国内外汉语学界的广泛共识、大力支持和共同努力，才有可能实实在在地完成这一任务。

2. 强有力的组织保障。要完成这样一项艰巨的任务，尤其需要有坚强的组织领导发挥引领和凝心聚力的作用。例如可以由教育部中外语言交流合作中心、世界汉语教学学会等来组织实施语料采集工作。

3. 明确可行的语料采集标准与操作规范。语料采集需制定明确的技术标准与清晰的操作规范，以保证采集到的语料真实，完整，具有代表性，背景信息完备，能够满足汉语教学、习得研究、中介语分析的需要。

4. 专业化队伍与运作。语料采集工作专业、庞杂、工作量巨大，应选派专业人员组成专门机构，指定专人负责相关事宜。例如应由语料库研究专家、主持过语料库建设的学者负责制定语料采集标准、流程规范、审核手册等；应选派富有语料库建设实际经验，特别是有语料采集实际工作经验的专业人员负责语料采集相关事宜，以督促、落实与检查语料采集工作，确保其顺利开展。

通过上述途径与方法可以有效解决语料的平衡性问题，从而进一步推动语料库建设，更好地为汉语教学与研究服务。

第十四章 语料背景信息采集标准研究*

一、引言

"语料库（corpus）顾名思义就是存放语言材料的仓库"（黄昌宁、李娟子，2002：1~2）。它是为某一个或多个应用目标而专门采集、有一定代表性、可以被计算机程序检索且具有一定规模的语料的集合。语料必须有相关信息的支撑，才能在语料库建设与使用过程中对之进行有规律的采集、分类、处理、检索等，最终为语言教学与研究提供强大的资源支持。顾曰国（2002）指出，多模态分析与语料库的建设都与话语产生的环境、说话人等背景信息具有相关性。刘剑、胡开宝（2015）认为元数据可以增加语料的客观性和可信度，同时也可以拓展语料的应用深度。黄伟（2015）认为元数据描述越详细、合理，语料未来的使用范围就越广，使用效率就越高。可见，语料的背景信息对于语料库的建设与使用都非常重要，语料库建设必须制定相应的语料背景信息采集标准。本章将根据已有的语料库建设相关研究、多种语料库实际调研和语料库建设背景信息采集中遇到的实际问题，探讨汉语中介语语料库建设中背景信息的采集标准问题。

---

* 本章作者段海于，系北京语言大学 2016 级语言学及应用语言学专业硕士研究生，现为北京市怀柔区第一中学语文教师。

二、语料背景信息采集的文献考察

本章考察语料库建设相关文献中背景信息的研究情况，以中介语语料库为主，兼顾其他类型的语料库，例如平行语料库和多模态语料库。

（一）中介语语料库语料背景信息研究

在语料库建设过程中，许多学者就语料库建设方案进行了深入研究，其中包括关于语料背景信息的研究。储诚志、陈小荷（1993）指出其所建的汉语中介语语料库系统包括12项学习者背景信息和3项语料背景信息。关注学习者是否为华裔，以及家庭环境与文化背景对学习者学习汉语的影响；关注学习者的第一语言是否与母语一致，与汉语是否为亲属语言；关注学习环境，在中国还是外国学习，在北京还是其他地区学习，学习者是否受到了当地方言的影响；关注学习者的学习经历和文化程度，课堂显性学习还是自然环境下的隐性学习，不同文化水平学习者的学习效果是否存在显著差异；关注学习者的个人主观因素，学习汉语的动机是什么，是内在需求还是外部需求；等等。其对相关背景信息的关注相当全面，考虑相当细致而深入。

张宝林、崔希亮、任杰（2004），张宝林（2010a），崔希亮、张宝林（2011），张宝林、崔希亮（2015）等一系列讨论语料库建设的论文中都谈到语料背景信息采集问题，主要分为两部分：学习者背景信息和语料背景信息。学习者背景信息包括：考生姓名（以代码的形式出现，以保护学习者的隐私），学习者学习时间（与学习者汉语水平相关，但并不等同于学习成绩或效果，须有更客观、更直接的评价标准），学习者掌握的其他语言及程度（可以体现学习者的第二语言学习经验及其多少，以及是否对汉语学习产生效应），学习者各学期的期中考试成绩、期末考试成绩、平时成绩等，是否参加过HSK、是否获得水平证书以及参加次数、作文考试分数、考试总分、证书等级。语料背景信息包括：写作或口试要求（含作文或其他成段表达的标题、文体、语料的字数要求和口语语料的时长要求等）、语料产生的时间地点（课上、课下、考场等）、考试成绩（包括作文分数、口试分数，客观试卷中听力、阅读、综合等各部分分数和客观试卷总分，以及客观统一的汉语水平等级）。学习者的考试作文不一定能非常准确地反映其真实的能力水平，但详细的作文要求与产出时地信息、学习者作文与口语及其他科目的成绩以及学习者的平时成绩可以让教师与其他研究者更清楚准确地了解学习者的汉语水平。张宝林（2016）提到背景信息的采集方法，一是问卷调查，二是学校的学籍管理系统和教务系统。但是可能存在学生调查时不配合、教务系统缺少必要的信息项目（如母语信息）等问题，这些会对背景信息的采集造成困扰。

此外，武金峰（2002）在构建哈萨克族学生汉语中介语语料库系统过程中通过调查问卷的形式获取背景信息：调查点包含城镇、乡村，调查对象包括小学生、初中生、高中生和大学生；学习者背景信息包括作者姓名、性别、年龄、族别、第一语言、熟悉的其他语言、文化程度、性格类型、学习汉语的动机，产出语料时作者所在学校、所在年级、学时等级、所学主要教材、原汉语学时、原汉语教材；语料背景信息包括语料类型、话题类别、语料长度、写作（说话）时间、语料提供者。郑通涛、曾小燕（2016）认为大数据时代的汉语中介语语料库学习者背景信息应该包括年龄、性格、语言水平、学能、学习动机、学习兴趣、学习需求、学习策略等，语料提供者会受到自然环境、社会环境、文化环境、教学资源、现代化的教学设备等的影响。

中介语口语语料库方面，田清源（2005）在汉语学习者口语语料库计算机系统设计中提出，学习者数据库的背景信息包括考生代码、国籍、性别、年龄、考试时间、考点、试卷代码、汉语水平以及考试各个部分（包括听力、语法、阅读、作文和口试5个部分）的成绩；试卷数据库的背景信息包括试卷代码、朗读篇名、朗读文本、问题一、问题二、作文题目；朗读语料参数数据库包括考生代码、录音长度、朗读语音错误总数、朗读语音错误分类数；自主交流语料参数数据库包括考生代码、录音长度、总字数、实际字数（不重复字数）、总词数、实际词数（不重复词数）、句数、语篇（衔接手段）数、各类错误数量。杨翼、李绍林、郭颖雯等（2006）在建设汉语学习者口语语料库的基本设想中提出，学习

第十四章 语料背景信息采集标准研究

者背景信息包括姓名、考号、性别、国籍、汉语水平（HSK等级），语料背景信息包括考试年月、考点代码、语料类型、话题类型、口语文本素材、原始录音素材、口语评分及相关成绩等。赵守辉、刘永兵（2007）设计的对双语学习者家长的问卷调查，内容涉及所调查儿童父母的教育程度、职业和经济状况、语言使用情况（如华语、英语在家庭中的使用）、自我语言评估、阅读倾向（如所读书报多为何种语言）、语言接触（广播电视频道、保姆及玩伴的语言）、子女语言使用倾向等。吴福焕、林进展、周红霞（2016）的新加坡教育专用语料库通过一对一访谈、课堂实录和家庭对话三种方法采集数据。

现有语料库背景信息的研究结果详见表14–1[①]。

表14–1 中介语语料库背景信息汇总

背景信息	具体分类	详细信息	
学习者背景信息	自然情况	客观	学生姓名（代码）、性别、年龄、国籍、族别、第一语言、熟悉的其他外语及程度，以及是否为华裔
		主观	性格类型、学能、学习动机、学习兴趣、学习需求、学习策略、生活经历
	学习情况		文化程度、所在学校、所属地区、所学专业、年级、学时等级、原汉语学时、所学主要教材、原汉语教材 各学期的期中考试成绩、期末考试成绩、平时成绩等 各学期的综合课、阅读课、写作课、口语课、翻译课、词汇课、语法课、修辞课成绩 是否参加过HSK、是否获得水平证书，以及参加次数、作文考试分数、考试总分、证书等级
	家庭情况		父母的受教育程度、职业和经济状况、语言使用情况、自我语言评估、阅读倾向、语言接触、子女语言使用倾向

[①] 其中也融入了本章作者对语料背景采集的实践经验。

（续表）

背景信息	具体分类	详细信息
语料背景信息	产出要求	语料类型、作文或其他成段表达的标题、文体、写作时间、字数要求、朗读篇名、朗读文本、口语语料的时长要求等 试卷代码、问题一、问题二、作文题目
	产出时地	地点（课上、课下）、考试时间、考点代码、时间跨度与历时性质
	得分情况	作文分数，口试分数，客观试卷中听力、阅读、综合各部分分数和客观试卷总分，客观统一的汉语水平等级
其他信息	语料统计信息	总字数、实际字数（不重复字数）、总词数、实际词数（不重复词数）、句数、语篇（衔接手段）数、各类错误数量、录音长度、朗读语音错误总数、朗读语音错误分类数
	偏误信息	字、词、短语、单句、复句等

（二）其他类型语料库语料背景信息研究

关于平行语料库的背景信息，谢家成（2004）、王惠和朱纯深（2012）、黄万丽和秦洪武（2015）认为应收入源文本语种、目标语语种、文体类别、英汉篇名、作者、译者、出版社、出版年份、所属时代等信息。张姝、赵铁军、杨沐昀等（2005）和张姝、杨沐昀、郑德权等（2007）认为应收入文本的基本信息，包括文本类型（对话、典型例句、篇章）、语言类别、段落标志和文章题目等，以及语料的领域（旅游、餐饮、交通、体育和商务五大类）和语境（饭店、出租车、海关、机场等），对话文本则须附加标注对话人人称、性别、年龄等。详见表14-2。

表14-2 平行语料库背景信息汇总

背景信息	详细信息
作者背景信息	作者、译者、性别、民族、年龄
语料背景信息	文本标题、文体体裁和类型、语言类别（源文本语种、目标语语种）、文体类别、英汉篇名、段落标志、出版社、出版年份、所属时代、语料领域、语境

关于多模态语料库的背景信息，黄伟（2015）认为多模态语料库的数据主要包括元数据、音视频语料、转写标注数据三部分。元数据就是指背景信息，包括：言语活动者信息——姓名、性别、年龄、母语、国籍、学习情况等；语料本身信息——发生时间、场景、语料类型、考试题目、时间长度、参与人数、考试成绩（或等级）等。黄立鹤（2015）认为多模态语料库的信息卡应该包括录音人信息、采录时间地点、会话人信息（姓名、性别、年龄、职业、籍贯或口音）、谈话事由与目的、背景活动等。详见表14–3。

表14–3 多模态语料库背景信息汇总

背景信息	具体分类	详细信息
学习者背景信息	自然情况	姓名、性别、年龄、母语、国籍、籍贯或口音、职业
	学习情况	学习情况
语料背景信息	产出时地	发生时间、地点、场景、背景活动
	语料情况	语料类型、考试题目、谈话事由与目的、时间长度、参与人数
	得分情况	考试成绩（等级）

多模态语料库可以更加全面地记录学习过程，其背景信息在其他语料库的基础上增加了语料产生的场景、背景活动与谈话事由与目的等内容。

三、语料库背景信息考察

（一）汉语语料库

这里所谓汉语语料库指汉语母语语料库，包括书面语和口语形式的语料，例如北京大学CCL语料库、国家语言文字工作委员会现代汉语平衡语料库、北京语言大学BCC语料库、北京语言大学DCC语料库、中国传媒大学媒体语言语料库（MLC）等，这些都是目前在汉语学界颇负盛名的语料库。表14–4是根据上述语料库的在线查询功能对其背景信息进行的汇总。

表14-4 汉语语料库背景信息汇总

背景信息	详细信息
作者背景信息	作者（代码）
语料背景信息	建设者、建设机构
	语料来源、语料时代、语料类型、文件名（样本名称或代码）写作时间、出版时间、书刊名称、出版社
	语料库样本数、语料库字符数、语料库总词语数、语料库总词语个数（不同词的个数）、语料库总汉字数、语料库总汉字个数（不同字的个数）、语料库说明

汉语语料库建设相对完善，但考察发现其背景信息比较简略，并不丰富，语料库建设者也没有在使用说明中详细介绍语料的相关信息。这与母语语料库的基本性质密切相关，从语言研究的需求角度看，这已经够用了，而中介语语料库建设不能采取这样的做法。从中介语语料库建设与应用的角度看，除表14-4中的作者信息、语料来源、语料类型、语料时代、语料库的基本信息和使用说明等之外，还需要更多更细致的背景信息。

（二）汉语中介语语料库

汉语中介语语料库需要收集汉语学习者的笔语语料、口语语料、视频语料，采集较为详尽的背景信息，例如全球汉语中介语语料库共有3类语料、约30项背景信息[①]。无论是学习者背景信息，还是语料自身的背景信息，都相对较为全面。本章考察了可以开放使用的全球汉语中介语语料库、北京语言大学HSK动态作文语料库、暨南大学留学生书面语语料库、中山大学汉字偏误标注的汉语连续性中介语语料库、福建师范大学汉语学习者语料库。表14-5是对汉语中介语语料库背景信息的汇总。

---

① 详见全球汉语中介语语料库，网址：qqk.blcu.edu.cn。

表14-5 汉语中介语语料库背景信息汇总

背景信息	具体分类	详细信息
学习者背景信息	自然情况	姓名（代码）、国别、性别、年龄、母语、文化程度、其他外语及程度，以及是否为华裔
	学习情况	汉语学习时间、汉语水平等级、年级、专业、学习地点、学校、学习目的
语料背景信息	语料要求	语料形式、作文或口试标题、文体、字数或时长要求
	产出时地	考试时间、考试地点
	得分情况	作文分数，口试分数，客观试卷中听力、阅读、综合各部分分数和客观试卷总分
	语料统计	作文题目总数、篇数、字数、词数、句数及偏误数量

汉语中介语语料库与汉语语料库相比，更加注重语料作者（学习者）的背景信息，需要标记国别、性别、年龄、文化程度、母语、掌握的其他外语，以及是否为华裔等情况；在语料背景信息中增加了各种类型的考试语料的分数及偏误数量等。这些背景信息十分重要，可以为包括教学、习得与中介语等方面的研究在内的应用提供极大的方便，并将研究推向深入。

（三）美国英语语料库

本章实地调研了几个美国英语语料库，例如布朗语料库（约100万词[1]）、美国国家语料库（约2200万词[2]）、美国当代英语语料库（约10亿词[3]，且一直在增加），其语料背景信息归纳见表14-6。

---

[1] 此数据见该库网页，网址：https://www.sketchengine.eu/brown-corpus/。
[2] 此数据见该库网页，网址：https://anc.org/data/anc-second-release/。
[3] 此数据见该库网页，网址：https://www.english-corpora.org/coca/。

表14-6 美国英语语料库背景信息汇总

背景信息	详细信息
学习者背景信息	作者（代码）
语料背景信息	建设者、建设机构
	语料类型、文件名（样本名称或代码）、语料来源（小说、期刊、广播等）、语料规模、出版时间、书刊名称、出版社
	语料库样本数、语料库总词数、语料库说明

美国英语语料库的规模和语料的时间跨度越来越大，为研究语言的变迁、语体的差异等提供了有力的支撑。也许是因为这些语料库的母语语料库性质，其背景信息比较简单。但其采集时间跨度较大的语料、扩展不同语境下产出的语料的做法有助于进行语料的历时研究和多语域研究，对中介语语料库建设是颇具启发意义的。

四、语料背景信息采集中的问题

（一）学习者背景信息采集中的问题

1. 疏于采集的背景信息

从教学单位采集的成批语料，其学习者背景信息主要是通过教学单位的学籍管理系统和教务系统采集的，语料库建设需要的某些信息这些管理系统并未采集，例如是否为华裔，以及母语、汉语水平、学习时间、其他外语程度、HSK参加次数、HSK参加时间和HSK证书等级等。而对于基于语料库的相关研究来说，这些信息十分重要。

语料采集者由于缺乏专业知识或相关工作经验，在采集语料时未记录某些背景信息，或某些信息因为采集的语料太多而出现疏漏，从而导致背景信息不全面、不完整。例如考试相关成绩（口语、听力、阅读等）缺乏，各学期的期中考试成绩、期末考试成绩、平时成绩缺乏，等等。

2. 不易采集的背景信息

（1）学习者以往的汉语学时、汉语教材、学习时间、学习地点等。由于学习者遗忘以往学习汉语的时间与使用的教材，或学习时间的计量单位难以统一，这些信息不易采集。

（2）性格、气质、认知学能、学习动机、学习策略等。这些背景信息与心理学密切相关，不经过专门的心理测试与研究，即便是学习者自己也无从知晓。即便他们知道，出于保护个人隐私之故，也不一定愿意告诉他人。

（3）生活经历、家庭语言使用情况、社会背景、文化背景等。这些信息都有可能影响到学习者对第二语言的学习，但也会涉及学习者的隐私，学习者可能不愿意将其告知他人，学籍档案中一般也不会涉及这些内容。即便是在填写调查问卷时，学习者也可能回避这些信息。

（4）学习者原有学习情况。例如各学期的期中考试成绩、期末考试成绩、平时成绩，各学期的综合课、阅读课、写作课、口语课、翻译课、词汇课、语法课、修辞课成绩，是否参加过HSK、是否获得水平证书，以及参加次数、作文考试分数、考试总分、证书等级，等等。这些信息关系到学习者的学习情况，有的在教务系统中有记录，有的则没有，因而不易完整获取。

3. 学习者背景信息不准确或不匹配

某些学习者信息中存在诸如姓名与国籍不匹配，序号、性别和所在学校不对应等情况，存在这类问题的背景信息属无效信息。而这些信息无效将导致相关语料无法使用，只能舍弃。语料采集颇为不易，最终舍弃是非常可惜的。

（二）语料背景信息采集中的问题

1. 语料背景信息不全面、不完整

只有作文题目，缺少作文写作要求，如写作文体、写作时间和字数下限等。

缺少语料产出的地点信息（课上、课下或考试）。语料产出地点与语料的真实性、自然性密切相关，学习者在日常写作练习时与考试情境下的写作心理是很不一样的，考试时的认真程度、紧张情绪与焦虑感会影响语料的自然性；课上写作与课下写作有时限的不同，可能还有能否使用参考资料的区别，这些对学生写作能力的发挥也会有很大影响。由此可见，地点信息颇为重要。

2. 语料背景信息与学习者背景信息不对应

这种情况指语料背景信息的编号或文件名与学习者背景信息的名单、序号或文件名对应错误而导致的两种信息的张冠李戴现象，是语料背景信息采集工作中非常严重，乃至最严重的错误。语料背景信息一般由语料提供者（相关教师或工作人员）记录，而学习者背景信息或考试试卷上的信息由学习者自己填写，这就使两种信息存在对不上、不一致的可能性。之所以认为这种错误最严重，是因为其很容易导致语料与背景信息的错乱与张冠李戴，基于这种语料进行相关研究必然会得出错误的结论。如果外国学习者在学习期间更改自己的中文名字，而教务系统又没有及时更新，那么同一名学生的中文名字就会不一致；而外国人所起的中文名字有很多又是一样的，因而无法准确判断语料与学习者背景信息的对应关系。另外，采集口语语料时存在录音的编号和学习者的姓名与学习者自己所说的不一致的现象，也会导致产生无效语料。

3. 解决语料背景信息采集问题的可能途径

建议汉语教学单位细化学习者的学籍档案管理工作，把母语、以往汉语学习时长、学习方式、学校、参加HSK的考试成绩和证书等级等相关信息作为必填项目，以获取更为详尽的学习者信息。

充分利用一线汉语教师熟悉学习者相关情况的优势，通过对教师的访谈获取学习者信息。

采集语料时应特别注意各种写作、口语练习和考试的相关信息的完整性，例如作文考试，不仅要采集作文题目，还要采集相关的写作要求和提示语/引导语等。

通过调查问卷采集学习者信息时，应明确地告知学习者采集他们的相关背景信息的目的是建设语料库，开展学术研究，探索语言学习规律，以便提高教学效率，帮助他们更好地学习汉语。同时，会依照法律保护他们的个人隐私和背景信息，人名会以代码形式呈现。通过这些做法来消除他们的后顾之忧。另外，也要指导学习者正确填写信息，尽量保证背景信息的完整性和准确性。

五、语料背景信息采集标准

"前事不忘，后事之师"，通过考察现有语料库和相关文献，本章提出汉语中介语语料库背景信息的采集标准。该标准内容比较齐全，其中有些信息是必备信息，例如学习者代码、国籍、现有汉语水平等，如果没有这些信息，采集到的语料就无法使用；而有些信息虽然非常重要，但尚不足以决定相关语料的可用性，例如学习者性别、母语、学习动机等；还有一些信息对于分析判断学习者的学习情况与特点及其所产出的中介语的特征有重要的参考与辅助作用，但如果未采集到，对相关研究影响并不是很大，例如所修各门课各学期的期中考试成绩、期末考试成绩等。有些背景信息易于采集，有些则不易采集，建库者可以根据语料库建设的目的、团队人力和经费支持力度等因素酌情采集。具体标准详见表14-7。

表14-7 中介语语料库背景信息采集标准

语料背景信息	具体分类	详细信息	
学习者背景信息	自然情况	客观	姓名（代码形式）、学号/考号、国籍、性别、年龄、族别、母语/第一语言、熟悉的其他语言及程度
		主观	学习目的/动机、学习兴趣、学习需求
	学习情况		文化程度、汉语水平（HSK作文考试分数、口试分数、考试总分、水平证书及其等级） 写作语料时所在国家或地区、学校、专业、年级，以及学习时长、所学主要教材 各学期的期中考试成绩、期末考试成绩、平时成绩等 综合课、阅读课、写作课、口语课、翻译课、词汇课、语法课、修辞课考试成绩

（续表）

语料背景信息	具体分类	详细信息
语料背景信息	家庭情况	父母的受教育程度、职业、语言掌握与使用情况、语言使用倾向
	语料产出要求	语料类型（写作、口语、视频）、写作题目或口语话题、文体/语体、引导语/提示语、写作字数或口语时长下限
	产出时地	时间、地点（课上、课下、考场）、考试时长
	参加 HSK 相关情况	听力考试分数、语法考试分数、阅读考试分数、作文考试分数和口语考试分数 作文长度、总字数、不同字字数、总词数、不同词词数、口语语料录音长度

语料作者和语料自身的背景信息的采集是语料库建设中的重要环节，背景信息为基于语料库的研究提供了分析的角度。这些信息不仅使研究者能通过研究语料看到中介语的面貌，还使研究中介语形成的原因与过程成为可能。在学习者背景信息中，学生个人信息、学习情况和家庭情况都值得去了解，因为这些是影响语言学习的外部因素。在语料背景信息中，语料的产出要求、时间与地点、得分情况等都可以成为语料的研究角度。语料及其产出者的背景信息对基于语料库的研究来说具有十分重要的意义与价值。

针对汉语中介语语料库建设中学习者和语料自身背景信息的采集缺乏统一标准的现实，本章基于对众多相关研究和已建成语料库的考察，对语料库建设中的背景信息采集提出了相对完备、近乎"理想主义"的采集标准，希望能在一定程度上推动语料库建设，更好地为基于语料库的相关研究提供支持。毫无疑问，本章所提出的采集标准属推荐性标准，在建库实践中如何落实、究竟采集哪些背景信息，还要根据建库的目的和整体设计，做出恰当的选择与安排。

第十五章 汉语中介语笔语语料录入标准研究*

一、引言

目前，汉语中介语语料库建设迅速发展，从中国知网的相关论文来看，大多数学者对于汉语中介语语料库建设的研究集中于语料收集、语料标注、语料检索以及数据统计等方面，而很少有人注意到语料录入的重要性。张宝林、崔希亮（2015）提出："对录入与转写的语料进行严格的校对。这是确保语料真实可用的重要环节。"曹贤文（2013）和张宝林、崔希亮（2015）都提到语料录入应尽量保持语料原貌，以及错字录入规则。但上述文章并未说明汉语中介语语料库语料的录入方式，亦未探讨人工录入和文字识别系统录入的差别。那么，除了错字录入规则，录入中还有哪些需要注意的问题？除了坚持"实录"原则，是否还需遵守其他原则？这些问题尚未有文章进行充分讨论。因此，本章着重探讨汉语中介语笔语语料录入原则以及录入过程中具体问题的处理，以期最大程度保持语料原貌，更好地为基于语料库的相关研究服务；同时，为下一步的语料标注奠定坚实基础，提高语料标注的可靠性与有效性，确保汉语中介语语料库的建设质量。

---

* 本章作者齐菲、段清钒、张馨丹。齐菲、段清钒系北京语言大学2018级语言学及应用语言学专业硕士研究生，齐菲现任职于湘西土家族苗族自治州古丈县融媒体中心，段清钒现为北京语言大学2021级语言学及应用语言学专业博士研究生；张馨丹系北京语言大学2016级语言学及应用语言学专业硕士研究生，现任职于北京市西城区市场监督管理局。本章原载《汉语中介语语料库建设与应用研究》（第一辑），北京：中国书籍出版社，2021。收入本书时有改动。

二、笔语语料录入方式

笔语语料录入即把纸质版的文字语料输入计算机，使之变为可加工的电子版语料。文字输入有哪些方式及其对汉语中介语语料库录入的适用性是录入标准研究需解决的问题之一。目前笔语语料录入方式主要有两种：第一，文字识别系统录入，适用于质量好、清晰度高的纸质印刷品和图片资料，清晰规整的手写稿也可以通过文字识别系统录入。OCR（Optical Character Recognition，光学字符识别）技术"将图像信息中的印刷体文字通过相应的转换形成一定的字符，并与字符数据库进行比对，最终将标准的文本信息输出"（王学梅，2019）。该方式能够快速识别文本，但同时也存在一个问题：如何确保识别正确率？就印刷体汉字而言，"由于图片拍摄的清晰度和光照等因素，或者文档扫描不完整，甚至于原件的污损等原因，都有可能造成文字的切割错误，从而影响文字的识别正确率"（刘冬民，2018）。对于汉语中介语语料来说，汉语二语学习者产出的大量汉字偏误现象会极大地影响识别正确率，这对文字识别系统是一个很大的挑战，若想使用OCR技术录入中介语文本，识别正确率是必须首先解决的问题，而要解决这一问题并不容易。第二，传统的人工录入，即由录入员将纸质版语料逐字录入电脑，成为txt文本格式的语料。

相比文字识别系统，人工录入具有较强的灵活性：1.对于一些电脑字库中没有的汉字，人工录入可根据录入标准与规则用相应的标识替代，而不是如文字识别系统那样随意识别，导致录入错误，进而造成对语料语义的曲解。2.人工录入能够显著提高非规范汉字字形的识别率。录入完成后，质检人员要对人工录入语料进行审核与修正，进一步提高录入准确性。例如汉语二语学习者书写的汉字字形不如印刷体文字整齐、规范，常常会出现一个汉字的多种不同字形。由于语料录入者为汉语母语者且具有一定的文字基础，虽然字形不规范，但仍能准确判别并录入汉语学习者书写的汉字。以全球汉语中介语语料库建设与应用综合平台为例（以下简称"全球库"），"城""跟""那"等为从汉语学习者语料中截取的汉字。这些字从字形上看，书写不够规范。如果使用文字识别系统，那么可能会识别成形近的别字。对于这种不规范的汉字，人工录入效率更高。人工录入的灵活性能够克服文字识别系统固有的一些问题，与专业的录入公司进行合作还会大大提高录入的效率。

考虑到汉语中介语语料库中的语料为汉语学习者的主观成段表达，且很多"中介汉字"书写的规范程度不高，就汉语中介语语料库建设而言，人工录入是最优的录入方式，这也是目前大多数汉语中介语语料库所采用的方式。从具体录入方式看，又分线上录入和线下录入。线上录入是指依托语料库一体化建设平台，对上传的图片版语料进行录入。这种方式使语料上传、语料录入、语料标注环环相扣，具有很好的连贯性，并简化了汉语中介语语料库建设流程。目前在汉语中介语语料库的建库实践中，采用这种录入方式的是全球库，该平台充分利用互联网的便捷性，以众包[①]思想指导录入工作。

线下录入是传统的录入方式，由语料管理者将语料传递给录入员，再由录入员将笔语语料录入为txt文本，然后交给标注员进行语料标注，待语料加工等一切工作完成后才能入库。两种录入方式最大的差异在于线上录入具有较好的连贯性与开放性，录入员一旦完成某条语料的线上录入，审核通过后即可由标注员进行语料标注，经审核后即可入库并被浏览检索，实现了语料库的"边建设边开放"（张宝林，2021d）。毋庸置疑，线上录入符合当今信息化时代的发展趋势，今后会更加普遍。但究竟采取何种录入方式，还要根据语料库建设的实际情况加以确定。

三、笔语语料录入原则

语料录入是语料标注的基础，处理得当与否将决定语料标注是否有效、所建语料库是否有信度，以及所建语料库使用价值的高低。语料录入如此重要，但目前尚无关于汉语中介语笔语语料录入标准的研究，录入原则亦不明确，而此原则问题与录入标准的研究具有十分密切的关系。

---

① 众包：利用互联网将工作分配出去，工作者利用业余时间完成任务，并获得一定的报酬。

（一）实录原则

汉语中介语语料库的建库目的是更好地为汉语国际教学与研究服务，提供最真实的语料。语料录入的核心原则为"实录原则"（张宝林、崔希亮，2015），即人工录入过程中对汉语学习者语料不添、不漏、不改，以"保持语料原貌"为纲。因此在语料录入这个建库基础环节，应严格把关，确保录入语料的真实性。

1. 汉字与标点符号原样录入

汉语学习者产出的语料具有中介语性质，在正确的语言现象之外，在语言文字的多个层面还存在多种类型的偏误现象。正确的语言现象是教学与习得成果的展现，偏误现象也是汉语学习者学习情况的真实反映，有利于教师发现教学问题，进而采取相应解决办法。因此，在录入环节，应保持汉语学习者的中介语面貌，如实记录与呈现偏误语言现象。例如，在录入过程中，会碰到一些可识别的汉字、标点错误，对于这些错误，我们坚持原样录入、"只录不改"，以保持语料中的汉字、标点书写错误，乃至词语搭配错误和语法错误等。比如学习者把"好"的两个部件拆开，写成了"女""子"两个字，把"龙"写为繁体字"龍"等，要按照错误的或不规范的写法录入。在标点符号的使用方面，该用逗号的地方用了句号，或者把句号写为一个点等现象随处可见，录入时均须保持原样，不得修改。

2. 语料格式原样录入

中介语性质还体现在原始语料的格式上。语料中出现的起段不空格、空一个格、标题不居中等现象均须原样录入，不得做任何改变。在语料录入实践中，有中介语语料录入经验的录入员大多能做到文字的如实录入，使录入文本与原始语料保持一致。但往往会忽略语料格式的原样录入，使录入文本在分段、空格等方面失去真实性。

3. 教师批注等汉语母语者信息不能录入

录入过程中，并非所有的语言文字都需录入。学习者的作文作业语料中一般会有教师的修改及评语，这些文字内容即不能录入，因为这些内容并非学习者产出的中介语语料。

（二）系统性原则

对于电脑字库中有的偏误汉字，例如别字，如实录入即可。而对于电脑字库中不存在因而难以录入的偏误汉字，例如错字，则应坚持系统性原则。该原则指在笔语语料录入过程中，某些语言文字偏误现象无法如实录入时须遵守的原则。该原则的作用一是有利于保持语料库建设中处理汉字方式的一致性，二是便于检索与查询使用。其适用范围主要包括以下几方面。

1. 非标准汉字

非标准汉字指电脑标准字库中不存在的汉字。这种汉字往往是由于笔画部件组构错误、缺失或书写不清晰而无法直接录入。主要包括错字和存疑字两种情况：错字，即由于书写不正确，生造出了汉字系统之外的、电脑字库中没有的字，例如把"忍"字写为上"刀"下"心"形式，因其不成汉字，故而无法录入；存疑字指由于书写不清晰而无法准确判断的汉字。上述两种无法直接录入的中介汉字，性质有所不同，为了表述清晰、避免混淆，称为"非标准汉字"比较妥当。

肖奚强、周文华（2014）指出："汉字偏误的主要形式有错字和别字，别字比较容易处理……对于错字在语料库中的呈现有多种方式，可以用其他字代替、造字或截图。"代替可以是用正确字代替偏误字，代替后如何表示错误是个问题。造字之法造出来的字和偏误字在笔画的走向、曲直及笔画间的相互距离上颇有差异，因此要面对造出的字和偏误字的相似度问题，从现有实验效果看，二者差距还是很大的，因而会在一定程度上影响语料的真实性。截图能完美呈现中介汉字的原貌，是处理错字偏误的理想方式。但截图不同于其他汉字偏误的处理方式，会导致汉字录入、标记和呈现方式的不一致，且不利于检索。

非标准汉字的录入可采用代码方式处理，并与汉字标注相统一。代码应简洁且意义清晰，并与标注环节中的其他代码采用相同的编码方法，处于同一系统中。例如使用汉语拼音进行编码，那么不论是非标准汉字中的错字、存疑字，还是可识别的别字、繁体字,皆应使用汉语拼音编码。这样保证了非标准汉字录入与标注的一致性,乃至汉字标注系统内部的整体一致性。例如错字可以用代码[Zc]标示,[Zc]中大写字母"Z"表示字层面,小写字母"c"表示字层面具体的偏误类型。"应【该】[Zc]"是一个错字录入实例,且对其进行了标注。"【该】"表示"该"在原始语料中是错字,录入时用正确汉字代替;"[Zc]"是错字标注代码,表示在原始语料中"该"是错字。偏误字因无法识别而无法准确判断汉字原貌的,录入时用字存疑代码[Z?]标示,"?"表示该字属于存疑字。例如"更[Z?][Z?]保存自己的生命",连续出现的"[Z?]"表示"更"与"保存自己的生命"中间有两个字无法判断。

语料库建设的各个环节既独立又联合,独立是指各个环节互不干扰,分工明确,录入环节只需进行语料录入,无须标注;联合是指各个环节环环相扣,具有连贯性。语料录入完成后,随即进入语料标注环节,对语料中的相关语言现象进行标注。就录入环节而言,只需做错字和存疑字的标注,一方面是为了保证语料的真实性,对一些无法直接录入的字符做特殊处理;另一方面体现了各环节之间的联合,录入环节与标注环节使用的标注代码处于同一标注系统中。

2. 非标准标点符号

非标准标点符号是指输入法中无法录入的标点形式。无法直接录入的标点有以下两种类型:第一,汉语学习者标点书写错误,导致无法直接录入,比如将"?"下面的"."写为"。"。第二,汉语学习者书写不清晰,无法判断其为何种标点。为了保持字与标点层面录入的一致性,对于非标准标点也应该使用标注代码进行录入与标注。这样做可以保持录入与标注系统的一致性,也能够更加准确地反映汉语学习者书面语的真实水平。例如"【?】[Bcx]"为标点偏误录入实例,[Bcx]为标点书写形式错误代码,其中的大写字母"B"表示标点层面,小写字母"cx"为"错误""形式"两个词语各自的第一个字的拼音首字母,整体表示问号书写形式错误。[B?]为标点符号存疑代码,表示标点书写不清晰因而无法准确判断的情况。

（三）保护隐私原则

相关研究表明，虽然语料库建设取得了很多成绩，但面向公众开放的语料库较少，语料库资源共享成为汉语中介语语料库建设未能普遍解决的问题。其原因有版权限制问题，为了避免不必要的麻烦，一些语料库建成后只放在校园网上供学校内部人员使用，校外人员无法访问；也有个人隐私问题，有些语料涉及作者个人信息，不方便公开。为了进一步推动语料库资源共享，对语料作者隐私的保护是建库过程中必不可少的一项工作。例如在语料录入过程中，姓名、学号、电话号码等潜在的个人信息应一律用"×××"代替。

"今天是一个以互联网、云计算、大数据为显著特征的信息时代，其核心观念是开放。"（张宝林、崔希亮，2015）期待解决上述问题后，有更多的汉语中介语语料库面向公众开放，尽早实现资源共享的局面，以更好地发挥语料库的作用。

上述三大原则是汉语中介语笔语语料录入时应遵循的原则。实录原则是语料录入中的核心原则，没有该原则，语料库就没有价值。系统性原则是针对无法直接录入的字符所提出的重要原则，这一原则有助于保持语料的真实性，也更能体现语料库的系统性。实录原则与系统性原则关系十分紧密，后者是对前者的补充，对无法实录的部分做了最大程度的保真处理，可以更好地保持中介语语料的原貌。保护隐私原则不仅是对语料作者及语料涉及人员的个人信息的尊重与保护，也是促进语料库资源共享的重要手段之一。

四、结语与展望

语料录入标准研究的目的是提出语料库建设在语料录入这一环节的操作规范，语料录入是建库的基础环节，录入标准与语料库质量密切相关，同时也关系到基于语料库的相关研究结论的可靠性。"语料录入的质量也只有对照原始语料才能做出准确的评价。"（张宝林、崔希亮，2015）因此在语料录入过程中，必须坚持实录原则，最大程度保证语料的真实性，确保录入质量，进而确保语料库的建设质量。

汉语中介语语料库建设已从"简单粗放"的1.0时代进入以"精细而丰富"为典型特征的2.0时代（张宝林，2019a），需要先进科学技术的支持，并向自动化方向发展。中文信息处理水平的提高和文字识别技术的发展将为语料录入提供新的手段，以实现全面、系统、准确的语料自动录入。这方面的研究在汉语中介语语料库建设领域目前几无涉及，这表明汉语中介语语料库建设在语料自动录入方面的研究水平还不高。期待学界关注并加强该领域的研究，尽早实现语料自动录入，提高汉语中介语语料库的建设水平。

第十六章　汉语口语中介语语料转写若干问题探讨*

一、引言

无论从世界范围还是从中国范围看，口语语料库的建设都落后于书面语语料库的建设。这是因为相对于书面语语料来说，口语语料在收集和加工方面都存在更大的挑战。口语以语音为交流媒介，因此对口语语料进行收集和加工，跟书面语语料相比就多了一道手续，即首先需要采用一种合适的方法来记录和保存口头交流。用书面形式来记录和保存口语是一种无奈的选择，对语言研究来说也是一个新的挑战（传统的语言研究由于倾向于以书面语为研究材料，总体来说此问题未显现）。

语料库按照特定目标收集语言数据。目前语料库的规模越来越大，对语料库数据准确性的要求也越来越高。准确性要求对中介语语料库的建设提出了新的挑战，对口语中介语语料库的建设尤其如此。因为口语中介语语料库多了转写的流程，转写的质量在很大程度上决定了中介语语料的质量，决定了语料库的质量。Weisser（2018）通过重新转写，发现英国国家语料库（British National Corpus）的语料转写存在一些错误。如一些转写者由于粗心，把"you're off the hook"转写成了"your off the hook"。以个例为代表进行推算，Wesser估计英国国家语料

---

*　本章作者刘运同，系同济大学国际文化交流学院教授。本章原载《国际中文教育（中英文）》2022 年第 2 期，收入本书时有改动。

库的错误率将高达8.5%。这个转写错误还将导致其他的问题，如词频统计问题、语法分析问题（"your off the hook"成了一个错误的表达，可能被标注为与上下文无关的碎片，即fragment）。

本章将主要讨论汉语口语中介语语料转写中的一些重要问题，包括：（1）转写的基本单位；（2）转写的主要内容；（3）标点符号的使用；（4）基本的转写策略。

二、转写的基本单位

语料的整理加工涉及语言分析的基本单位问题。对于书面语来说，语言描写和分析的基本单位是句子。对于语料库语言学来说，甚至可以采用更具可操作性的方法来解决句子的问题，那就是以句号（或问号、感叹号）为判断句子的标准（宋柔、葛诗利、尚英等，2017）。但是对于口语来说，情形有很大的不同。口语就其固有媒介来说，并不存在标点符号之类的辅助成分。不过研究者发现，口语表达也是可以分隔成较小的片段的。在处理口语语料时研究者面临的一个重要问题就是：对于口语来说，描写和分析的基本单位是什么？是跟书面语一样的句子，还是其他的单位？

Foster et al.（2000）回顾了87项涉及口语的研究，发现过往的研究者对口语的基本切分单位提出了众多的方案，包括：命题（proposition）、交流单位（C-unit）、表达单位（idea unit）、音调单位（tone unit）、语调单位（intonation unit）、小句（utterance）、句子（sentence）、可终结单位（T-unit）等。之所以出现这么多的方案，是因为研究者对口语中基本单位的认知不同，采用的标准也不同，如语义的、语法的、韵律的。有时甚至同时混用不同的标准，如语义标准无法解决问题时便转向语法标准。虽然研究者提出的各种方案有其本身的合理性，但众多的方案造成了一个无法克服的后果，就是人们无法对采用不同基本单位的研究结果进行比较。

目前越来越多的研究者认为，在对口语进行切分时，最好先单独利用韵律

第十六章 汉语口语中介语语料转写若干问题探讨

标准找出口语表达的基本单位，再对韵律单位与语法、语义、功能的关系进行研究。研究者把利用韵律因素划分出来的口语基本单位称为语调单位（intonation unit）。语调单位从本质上讲是一个听觉单位，根据美国功能语言学派的观点，原型性的语调单位具有一个连贯的语调拱形，并具有一些明显的分界特征，如开头部分的加速、结尾音节的延长，以及停顿等（Barth-Weingarten，2016）。

有些研究者怀疑语调单位具有范畴性，发现在处理真实的口语语料面临模糊的临界现象时，其便无能为力（Barth-Weingarten，2016）。但多数研究者认为，语调单位已成为一个公认的口语语篇分析单位，对口语研究非常重要，并具有很多优势，比如可进行跨语言比较等（Tao，1996）。对语调单位的探索也影响到语料库（特别是包括口语语料的语料库）的建设和标注，例如20世纪80年代前完成的London-Lund Corpus对其中的口语语料进行了韵律标注，在每一个音调单位（tone unit，英国学派的术语，与intonation unit同义）后面插入一个黑色实心方块来进行标注［见例（1）］。虽然口语的基本分析单位与书面语不同，但是一些研究发现，由小句实现的语调单位在整个口语表达中还是占有相当高的比例。Tao（1996）的数据显示，汉语口语语篇中小句形式的语调单位占比达47.9%（完整小句占19.0%）。Matsumoto（2003）的数据显示，日语口语语篇中小句形式的语调单位占比是68.0%（完整小句占19.0%）。从书面语和口语对比的角度看，如果语料库中的语料标注了语调单位，研究者便可以利用大规模的数据来对比书面语的句子和口语的语调单位的共同点和不同点，深入挖掘口语表达的特点。如果语料库未区分书面语和口语的分析单位，对二者的对比研究便无法进行。因此我们认为，在对口语语料进行标注时优先确定口语转写的基本单位是十分重要的。虽然对语调单位的性质和判定方法还存在少许争议，但在目前情况下把它作为口语描写和分析的基本单位是一种值得尝试的选择。目前大多数语料库在处理口语语料时采用了与书面语相同的方法，这固然带来一定的便利，但也忽视了口语语料的特点，不利于对口语特征的描写以及对口语与书面语的差异的研究。

（1）The practice of charging employees for meals ■ whether they eat at the hospital or not ■ should be abolished ■（Svartvik，1990：294）

三、转写的主要内容

在对口语中介语语料进行转写时，需要尽可能地保留口语交际的特征。根据前人的研究，我们认为有三类口语特征在转写时需要特别关注。第一类特征是关于口语本身的一些特征，如停顿、语调、重音等。第一类特征的选取可以借鉴现有的口语转写系统，例如会话分析（Conversation Analysis）所采用的转写系统。这一转写系统是会话分析学派的共同选择，还深深影响到其他研究口语交流现象的研究者及其设计的转写系统。会话分析的转写系统关注的是会话活动中的一些重要因素，如话轮之间的顺序等。Hutchby & Wooffitt（1998）认为会话分析学者所关注的内容可以归纳为两类：一是有关话轮转换的因素，如话轮的开端、结束，以及话轮交替；二是话语产出时的特点，如重音、语调、清晰或含糊等。

第二类特征是正常的非流利特征，指口语表达中的各种修改和补救努力。例（2）取自一位官员的发言，其每次产出的话语都很短（临时用#来代表产出单位的界限，即语调单位之间的分界），充满了"啊、这个"之类的填充词和停顿。但这正是口语表达的常态，不应该把它看作是书面语的退化形式。研究口语的学者把人们进行口语补救的努力当作是人们进行交流的重要资源，而不是需要排除的消极因素。对于一种语言来说，口语修补还扩展了语法的可能性。Schegloff（1979）认为，会话补救在一定程度具有超语法（like a super-syntax）的能力。例（3）取自曹禺的著名话剧《雷雨》（姑且当作是口语的模仿），鲁妈发现周家的大儿子周萍（其实是她与周朴园的儿子）动手打了自己和鲁贵的儿子鲁大海，十分生气，想上前制止。当她走到周萍跟前，说出"你是萍"之后，却突然停了下来，因为她意识到在当前的情境下，让周萍认她这个妈妈是十分困难的事。但她并没有放弃已经发出的话语，而是改为"凭——凭什么打我的儿

第十六章 汉语口语中介语语料转写若干问题探讨

子",利用同音词的关联,十分巧妙地转移了话题。同样地,当周萍询问鲁妈是谁时,她本能的反应是说"我是你的妈妈",但当话语进行到"你的"之后(如果说出"妈妈"一词,整个句子也就结束,因而无法更改),也是突然停止,改成了"你打的这个人的妈"。从这个例子可以看出,人们在口语中充分利用了各种手段(包括打断原来的话语、改变原来的话语)来达成交际目的。在口语研究中应该对交际者的这种语言能力进行描述和说明,而不仅仅将其贬斥为错误启动(false start)或不成熟的尝试。

(2)#那么今年#教育部啊就是国家#这个用这个每年两个亿的资金#建立了免费提供教科书的#这样一个制度的试点#

(3)曹禺《雷雨》

鲁:(大哭起来)哦,这真是一群强盗!

(走至萍前,抽咽)你是萍——凭——凭什么打我的儿子?

萍:你是谁?

鲁:我是你的——你打的这个人的妈。

在对口语中介语语料进行转写时,对各种会话修补现象首先要进行准确的转写记录,然后可以根据大类中的不同进行细分。在尝试建立一个小型汉语学术口语语料库时,我们对口语中的正常非流利现象进行了大类及小类标注,例(4)中,"df"表示一种标注的大类——口语中的不流畅,"type='repeat'"中的"repeat"表示"口语中的不流畅"这一上层类别中的子类别"重复"。正如例句所示,标注时将需要标注的文本放置于尖括号中间,"</df>"表示该标注的完成,"/"是结束的主要标记,在分析时用于定位和提取标注内容(韩毅、刘运同,2020)。

(4)连不起来有点杂糅[P]<df type='repeat'>有点杂糅</df>

第三类是学习者的中介语特征,如影响发话人语言表达的语音特征、不同于母语者的停顿、外语学习者特有的语码转换等。对第三类特征的选择和确定必须建立在中介语学习理论和相应的研究基础之上,这样才能捕捉到学习者中介语的一些特殊表现,并在语料转写中给予充分的重视和系统的标注。例如初级阶段的汉语学习者由于缺乏汉语知识，掌握不好汉语句子的节奏，使用一种几乎平均分割的方式来读或者说汉语句子，把"她爱上汉语了"说成"她 爱 上 汉语 了"（空格表示片段切割）。

四、标点符号的使用

为了忠实记录各种口语特征，转写时免不了利用一些符号。在设计各种符号时，除了表义的明确性，还有其他一些实际的因素需要考虑，如在计算机中实现是否便利等。有时，一些转写系统由于某种原因利用了书面语中常用的一些标点符号。书面语中的标点符号是为了辅助阅读而设计的，而一些转写系统中借用的标点符号的意义与其在书面语中的意义是不同的。转写者在进行口语中介语语料转写时或使用其他研究者的语料时对标点符号的意义一定要特别注意。

以书面语中常用的逗号和句号为例，它们在不同的转写系统中的意义是截然不同的。对会话分析的转写系统来说，来自书面语的几种标点符号是用来标示话轮或者话轮构成单位的音高形状的。Hepburn & Bolden（2017）特别说明，为了表示发话人结束话轮的不同方式，他们通常使用标点符号，如逗号、句号、问号。这些标点符号并不是像在书面语里那样用来标示语法特性的，而是用来标示话轮结尾部分的音高轮廓的。这些标点符号也可以出现在一个复杂话轮中间，用来标示话轮构成单位之间的界限。具体而言，逗号标示一个略微上升的语调，句号标示一个下降语调。顺便一提，在会话分析的转写系统中，问号标示的是一个比较强烈的上升语调，不一定同疑问的语法形式对应。

同样，在应用广泛的美国功能语言学派的转写系统（指Du Bois等设计的转写系统）中，也采用了书面语中常用的标点符号。设计者（Du Bois et al., 1993）非常明确地指出，在他们的话语转写系统中，标点符号如逗号、句号、问号一直是用来标示语调的类型的，从来不是用来标示语法或语义结构本身的。同时，功能语言学的研究者又从语篇功能的角度对语调进行了分类，把语调大致分为终结（final）语调、延续（continuing）语调、吁求（appeal）语调，分别由句号、逗号、问号标示。设计者特别提醒使用者，尽管使用书面语中的标点符号可以方便记忆，但同时也带来一定的风险，转写者一定要避免根据书面语的使用习惯来理解这些符号。

基于上述讨论，我们认为转写符号需要表义明确。为了避免书面语的影响，在进行口语转写和标注时最好不要使用书面语中常用的符号。如果为了便利而采用了书面语中的一些符号，也要在语料库的描述和相关文件（包括使用该语料库语料进行研究的文献）中明确说明这些符号的定义，从而避免造成不必要的误解。

五、基本的转写策略

由于口语语料转写费时费力，在具体操作时可以借鉴一些语料库转写系统的层级性设计，对语料进行不同精细度的转写。如德语学者设计的HIAT（Heuristic Interpretative Auditory Transcription）转写系统分为两种，一种是基本版本，另一种是扩展版本。扩展版本中补充了音调和非语言符号，以及更细致的音调变化符号。Du Bois et al.（1993）的转写系统区分宽式、中级、严式三种转写等级。宽式转写包括基本的内容，中级转写更进一步，严式转写包括的内容最多。宽式转写包含的信息主要是：交谈者、话轮和语调单位、话语重叠、停顿、笑声。中级转写增加了模糊音、转写人的评论、重音词和音节的长短、停顿的时长、语调方向。严式转写在二者的基础上增加了话语的紧密连接、特殊音如吸气和长出气、特殊的音质如快慢高低等。（刘运同，2016）Barth-Weingarten（2016）在提出自己对语调单位的研究思路时，也提议可以对口语进行三种颗粒度不同的转写：最少转写、基本转写、精细转写。在最少转写层面，转写者只需要区分出三种不同的休止（cesura）。在讨论口语转写的著作中，Jenks（2011）把口语交流的转写信息分为5种类型，见表16–1。

表16-1　口语交流转写信息

类型	特征	具体信息
类型1	叙述	对交流事件进行描述
类型2	文字	仅（转写）词语
类型3	交互特征	停顿和话语交叠
类型4	副语言特征	延长、声音增强、重音、语调
类型5	多模态	注视与体态的静止图像

对口语研究和中介语语料库建设而言，只转写第一和第二种类型的特征是不够的。但一个转写系统到底需要包括哪些信息，其实是要根据研究目的或语料库建设的目的来考虑的。中国的语料库建设者与研究者在这方面也进行了宝贵的探索，提出了一些行之有效的建设策略。张宝林、崔希亮（2013、2022）提出全球汉语中介语语料库"搭积木式"的动态建设策略，提议采用多次标注或多版标注，每次只对一个层面的内容进行标注。上述两篇论文中提到的标注策略主要是针对后期的标注提出的，我们的转写策略是针对把口语语料转变成文本这一阶段提出的，二者的对象不完全相同。我们建议，在对口语语料进行转写时可以先确定不同类型的转写信息，每个版本只标注相应的信息。然后根据需要，从简单到复杂，逐渐完善口语语料或多模态语料的各种信息。在处理口语语料时，分层或分级转写可以使口语中介语语料转写更具可操作性。这一转写策略可以纳入张宝林、崔希亮（2013、2022）提出的"搭积木式"语料库建设策略。

六、结语

建设高质量的、具有通用性的汉语中介语语料库，重要的一点就是要做到笔语语料和口语语料的平衡。口语语料的收集和标注与笔语语料有显著的区别，其中，口语语料转写是十分关键的步骤。学界对口语以及口语中介语的研究相对还处于探索阶段，无法为口语中介语的转写及口语语料库建设提供坚实的基础，

第十六章　汉语口语中介语语料转写若干问题探讨

在一定程度上制约了口语语料库建设的发展以及口语中介语研究的深入。本章针对口语中介语转写的几个重要问题，根据已有的研究和实践，提出了一些建议，如如何确立口语转写的基本单位、应优先转写哪些韵律要素、如何选择转写符号等，希望对中介语语料库建设中口语语料转写及转写标准研究有所助益。

第十七章　汉语中介语口语语料转写标准研究*

一、引言

在国内语料库的建设与发展中，始终存在重书面语、轻口语的倾向（张宝林，2017、2020），不论是母语语料库，还是中介语语料库，绝大多数语料库限于文本语料，均属书面语或笔语语料库，口语语料库很少，多模态语料库更为罕见。汉语母语语料库如北京大学CCL语料库、国家语言文字工作委员会现代汉语通用平衡语料库、北京语言大学BCC语料库，以及汉语中介语语料库如北京语言大学HSK动态作文语料库、中山大学字词句偏误标注文本语料库都几乎没有收录口语语料[①]。即便是一些口语语料库或收录了口语语料的语料库，如北京口语语料查询系统收集了374人的184万字的语料，但并无音频文件，只是口语语料的转写文本，且转写规则较为粗略简单。暨南大学华文学院留学生中介语语料库之口语子库虽然收录了口语语料，但是并没有系统的转写说明，更没有一套确定的转写符号；中国传媒大学的媒体语言语料库（MLC）收录了2亿字的广播、电视节目转写文本，但同样没有一套转写说明，也没有一套确定的转写符号。读者或用

---

* 本章作者张蕾、杨帆。张蕾系北京语言大学2013级语言学及应用语言学专业硕士研究生；杨帆系北京语言大学2016级语言学及应用语言学专业博士研究生，现为山东科技大学国际交流学院中文教师。本章原题《汉语中介语口语语料转写规则初探》，作者张蕾，原载《第三届汉语中介语语料库建设与应用国际学术讨论会论文选集》，北京：世界图书出版公司，2016。收入本书时，杨帆对相关情况进行了深入的考察，做了大量补充修改。

① 北京大学CCL语料库含有约占其当代语料规模2.42%的口语语料，主体部分为书面语语料。

户只能根据转写的文本语料归纳转写规则，结果可能不够准确。广外–兰卡斯特汉语学习者语料库收录了120万词的口笔语语料（口语语料占48%），语料库对长停顿、短停顿、听不清、笑、清嗓子、抽鼻子、叹气、咳嗽、打喷嚏、打哈欠等非语言的语音进行了转写并提供了相应类型的频率统计数据。若单纯检索字符，从呈现的转写文本中看不出任何相应的标记，用户无法得知声音语料原本具有的口语特征[①]，且语料库没有提供明确的转写系统说明。因为学界已逐渐意识到单纯研究书面语的局限性，并逐步将研究转至口语方向，所以建设口语语料库的需求日益强烈，并对其完善程度有越来越高的要求。目前对口语语料的收集问题已有较多讨论，认识渐趋统一，而口语语料究竟应该如何转写？转写到什么程度？转写的符号系统应该是怎样的？都还是有待深入研究与解决的问题。本章拟就这些问题进行探讨，希望能对问题的解决有所助益。

二、转写相关问题回顾

（一）转写历史回顾

对转写问题的关注最早可以追溯到20世纪60年代，伦敦大学学院的Quirk（1960）组织发起英语用法调查（Survey of English Usage，SEU），收集了100万词次、200个语篇的语料，口语和书面语各占一半，口语语料用录音带储存，并第一次将口语语料转写为书面材料，形成了纸质转写文本，对转写的文本进行了人工的韵律标注、副语言标注和语法结构标注（Crystal & Quirk，1964），开创了口语语料转写的先河。1965年，英国学者Gail Jefferson从会话分析角度将其老师Harvey Sacks用录音带收集到的对话语料转写出来（Lerner，2004），而后师徒二人研究会话中的话轮转换最简系统（Sacks et al.，1974），并提出

[①] 若想考察转写文本的部分口语特征，只能在主界面"TEXT TYPE ANALYSIS"版块的相应类型（如停顿、非语言语音）处点击跳转至原转写文本查看，跳转后的文本中仍无特殊标记，只是相应字段显示为红色。

了口语语料转写体系（Jefferson，1984）。而后其团队经过不断改进，探索并解决了自然发生语料的转写中的问题，如笑声、话语重叠、沉默等方面的内容（Jefferson，1983、1984、1985、2004；Schegloff，1998、2002、2007），逐渐形成了迄今为止使用最广泛的会话分析综合转写系统（Hepburn & Bolden，2013），这套转写系统被称为"杰弗逊转写系统"。其他学者提出的转写系统大多根据各自的建库目的在此基础上进行了改造，如美国学者Du Bois等人借鉴杰弗逊转写系统并做了简化，省掉了音量、音高、语速等内容，提出了会话转写要略（Du Bois et al.，1993），并将其应用在美国加州大学圣巴巴拉分校的圣巴巴拉美国英语口语语料库（Santa Barbara Corpus of Spoken American English）的转写中。

除了会话分析中的口语语料转写，TEI文本编码规范、HIAT口语文本转写标注规范也是非常成熟的国际转写规范。TEI文本编码规范是一个国际性的跨学科编码标准（邹兵、王斌华，2014），由文本编码倡议联盟（TEI）制定和维护，提倡使用可扩展标记语言（XML）对数据和语料及结构信息进行编码，现行版本TEI P5 专辟一章说明如何转写语音语料，被世界各地的学术项目和图书馆广泛使用；半解释性转写系统（Semi-Interpretaive Working Transcriptions，德语为Halbinterpretative Arbeitstranskriptionen，简称为HIAT[①]）现已发展成为集转写标注格式规范和转写标注工具于一身的EXMARaLDA系统，其转写规范主要用于功能语用语篇分析的转写，目前只有德语版本。

我国的转写研究始见于宋孝才（1987）的《谈"北京口语调查"》一文，该文是至今可查最早出现"录音语料转写"概念的中文文献。但其只提到"转写文字材料""有声语料转写成书面材料"，没有任何具体的语料转写方案。北京语言学院"北京口语调查"课题组（1987）则提出了"在转写工作中坚持客观描写、忠实原话"的原则，采取了"对说话人使用的字词不加人为的增删"的做法，这无疑是非常正确的。"北京口语调查"是20世纪80年代北京语言学院语言

---

① 见 https://exmaralda.org/en/hiat-2/。

第十七章　汉语中介语口语语料转写标准研究

教学研究所承担的科研项目。2004年，在该项目基础上建成了北京口语语料查询系统，该系统对口语语料的转写与标注有三条转写细则和三条标注细则[①]。转写细则：1. 对有声语料中的口误、脱落、赘述、重复等现象不做任何修改，原样转写。2. 凡有固定用字的，都以《现代汉语通用字表》所收汉字为准；没有固定用字的，用同音替代的方法处理，即在汉字后加等号"="表示；电脑库里没有的字用"@"表示，有音无字的用符号"□"表示。3. 变读、文白异读、误读等情况在文字上仍用正规汉字书写。三条标注细则：1. 词语切分，对语料中的每个词语都进行切分，词与词之间用"／"隔开，联系紧密的短语用"｛｝"标记。2. 语音标注，根据录音对语料中出现的轻声、儿化、清入字以及其他特殊语音现象用国际音标进行标注，并对部分词语进行文本和声音的链接。3. 话语标记，在Zimmerman（2005）的转写框架基础上，制定了一套切实可用的符号，从话语分析角度对语料进行标注。符号如下：

（#）表示不计时的停顿；

（1.2）表示停顿的精确时间，即1.2秒；

（×）表示说话人说话时的重复或口吃；

∷表示前面的音节延长；

（词语）表示转写人对词语没有把握；

<词语>表示说话人声音模糊；

（　）表示转写人听不清的部分；

（（　））表示听到的某些非言语行为；

（↑）（↓）表示说话人的语调。

这些细则对问题的描述比较粗略，与之匹配的符号系统也很简单，部分符号容易与其原本的意义相混淆。可以看出，中国语言学研究者在转写方面既有对国外语言学家的借鉴，也有很多适应汉语的改进之处，在不断地完善转写系统。

[①] 见 https://www.corpus4u.org/threads/2173/。

（二）转写的定义

段丽杰（2010）引用了几位外国学者对转写的定义：Dittmar（2004）将转写定义为借助字母或其他指代交际行为的符号，将发生在特定场景的口头语再现出来的行为；Baldry & Thibault（2006）认为转写最为重要的作用是将口语交际的产物借助特定符号统一起来，并使之标准化，以此帮助分析交际模式和结构。Ochs（1979）提出了"转写也是理论"的著名观点，指出一般把转写看作是简单地把语音材料转写成书面上可读的材料，没有意识到怎么样转写、选择什么内容作为转写的对象是有理论意义的（陶红印，2004）。本章认为，转写是借助一套规范化的符号系统，根据建库目的将口语语料转写为文本语料的行为，服务于基于口语特点的研究。口语语料的转写会大大促进口语语料库的建设。

（三）转写的基本单位

文本语料以句子为单位，即根据句号、感叹号、问号等标点符号进行断句。由于口语语料的口语特点，例如有能区别意义的音高变化、句子长度多短小、常重复、有停顿、有时采用曲折的方式表达等，多数从事口语研究的学者不将句子当作研究的基本单位（Sacks et al., 1974；Tao，1991、1996），而多以语调单位（intonation unit）为转写单位。Chafe（1994：58～61）讨论了语调单位的边界、功能、类别、大小，他提到通过研究语调单位的大小，可以对意识和语言加工有一定的了解，而最简单、最明显的度量方法是语调单位所包含的单词数。德国特里尔应用科技大学建设的英语学术口语语料库（Corpus of Academic Spoken English，CASE）的转写规范（CASE transcription conventions，2017）提出语料转写中以语调单位为切分单位，语调单位的大小一般为五到七个词，并表达一个新的概念单位（idea unit）。语调单位大多数以一个简短的停顿开始，以一个目的从句语调边界（a clause-final intonation contour）结束，且大多数与语法上的从句相一致。每个概念都包含一个主语或已知信息和一个谓语或新信息。陶红印（2004）提到，大量的研究表明，书面语的句子格式不能反映口语的实际情况。

换句话说，口语不是按照书面语的句子构造展开的。因此，话语语言学家在不同程度上倾向于使用以音律为标准的语言单位，例如所谓的声调单位（tone unit）、语调组（intonational phrasing）和语调单位（intonation unit）。陆萍、李知沅、陶红印（2014）也认为口语研究的单位是语调单位而不是句子。刘运同（2022）指出不同学者对语调单位是否适合作为口语语料的基本转写单位存在争议，同时从挖掘口语不同于书面语的表达特点的角度赞同以语调单位为汉语中介语口语转写的基本单位。基于上述观点，从凸显口语特征，以便于和书面语进行对比研究的角度出发，本章认为应以语调单位为汉语中介语口语转写的基本单位。

（四）转写格式

根据陶红印（2004），大致可以将转写的格式分为三类：自上而下立体式、左右平行式和上下分离式。

自上而下立体式是最传统的转写方法，也被叫作"纵式转写"，样例如下：（S代表学生，T代表老师）

S：你好，我叫洛林，是荷兰人。

T：嗯。

S：第一个问题我选择第一和第三个。

T：嗯。

S：第一个是，你干吗？为什么每天迟到？

T：嗯。

S：不然老师很生气，恐怕他不让你通考试。

T：嗯。好，第二个。

S：第三个。

T：呃，第三个，对不起。

左右平行式能够更好地体现说话者在整个话语中的参与程度。样例如下：

S：你好，我叫洛林，是荷兰人。　　　T：嗯。

S：第一个问题我选择第一和第三个。　T：嗯。

S：第一个是，你干吗？为什么每天迟到？　　T：嗯。

S：不然老师很生气，恐怕他不让你通考试。　　T：嗯。好，第二个。

S：第三个。　　　　　　　　　　　　　　　　T：呃，第三个，对不起。

上下分离式也被叫作"乐谱式转写"。分离式的好处是可以较好地体现话语连接点，这在展示同时发话现象时尤为明显。但它的缺点是格式不容易掌握，尤其是用电脑文字处理软件转写材料时，左右两边的空间常常不够用。样例如下：

S：你好，我叫洛林，荷兰人。第一个问题我选择第一和第三个。

　　　T：嗯。　　　　　　　嗯。

....

S：第一个是，你干吗？　为什么每天迟到？　不然老师很生气，恐怕他不让

　　　T：嗯。

S：你通考试。　　　　　第三个。

　　　T：嗯。好，第二个。　　呃，第三个，对不起。

本章研究所需转写的语料大多是对话形式，基本上都是老师和学生依次发言的话轮，用自上而下立体式可以很完整地记录对话。当然，根据语料的具体情况，也可以选用其他转写方式。

（五）转写内容

在中国知网上以"口语 转写"为主题进行检索[①]，与口语转写相关的文献共267篇，主要包括汉语普通话语料（陆萍、李知沅、陶红印，2014；陶红印，2004）、外语语料（毋育新、李瑶，2021；王芳、王晔、李文中，2005）、少数民族语料（范俊军，2015；江荻，2006）、专门行业语料（张彦，2018）、方言语料（黄高超、严修鸿、吴文治，2022）、儿童语料（谢楠、张笛，2017）等。语料类别较多，说明各领域学者都关注到口语的独特价值，并在思考如何挖掘其独特价值。

关于汉语中介语口语的转写内容问题也有一些学者进行了专门探讨。胡凡

---

① 检索时间：2023年1月4日。

霞、王雪莹（2011）对汉语中介语口语的转写工作进行了较为细致的研究，她们在真实性和完整性原则下，针对转写中遇到的问题，提出了若干转写规则，包括单纯汉字转写不准确、停顿、重复、无法辨别或听不清，以及数字和非言语交际成分问题在转写中的解决方法等，并借鉴了英语口语语料库的相关做法，如无法辨别的某些人名、地名等用"<?>"表示，一个"<?>"代表一个音节，如若是整个语句没有听清，用"[X]"表示。她们在实践中发现了一些中介语特有的标注问题，如多位数字说得不正确、发音和汉字无法准确对应等。对有些问题如停顿的转写则未做明确规定，有些转写方法是否恰当仍需推敲。例如转写符号既用到了拼音、数字和汉字（如"目mu（51）标"），又用到了英文字母和单词（如"重复[wr][pr][sr]""笑[laugh]"）；用某些标点符号表示特定意义（如听不清的情况中，用"<?>"代表一个音节）等，在阅读中存在一定的混淆可能性。赵焕改（2022）针对汉语继承语口语语料的转写，简略提到应在转写的同时，将停顿、重复、声韵调错误、鼻音、非言语行为等标注出来，但未提出具体的转写和标注方案。刘运同（2020、2022）对汉语中介语口语语料的转写内容的认识逐步明确：首先提出口语语料转写的最低分类清单，即普通口语本身的特征和学习者的中介语特征；进而完善为三部分内容，即口语本身特征、正常的非流利特征和学习者的中介语特征。他提出了转写内容的大类，但未列出具体的中介语特征，这些仍然需要在实践中不断总结。

本章在大量口语语料转写实践的基础上，试图提出一套包括转写符号在内的转写标准，以供后来的建库者与研究者参考。

三、转写原则

转写什么及转写多少，反映了转写实践的两难境地：一方面，从分析的角度出发，转写应细致，尽可能不加主观意愿地真实再现原始语料；另一方面，从交流的角度出发，转写要经济实用、清楚易懂并方便易学。（段丽杰，2010）这两方面是存在矛盾的：既要细致详尽，又求简单明了，实难兼得。当然，任何形式的转写都不可能是百分之百的复制，而是有选择的。Adolphs & Carter（2013）指出，在口语语料的转写过程中要以研究目的为指导进行语料转写。陶红印（2004）也提出，转写时必须做出选择，否则转写将成为"一个没完没了的过程"。卫乃兴、李文中、濮建忠（2007）则同时进行转写和标注，制定了三条转写和标注原则，即真实原则、标注完整原则和准确原则，他们认为真实原则是"忠实地转写考生的原始语句，每音必录，对用词、句式、短语等保持原样，不做任何纠正或忽略。如果考生使用的是非完整句、语法病句，则不加任何改动；对考生的错误发音、错误重音、加音或减音等语音错误如实转写；对非言语声音要照实转写；对无法辨认的含糊声音也要采用一定方法转写"；标注完整原则是"对话轮的转换、打断或插入、重叠、话轮的结束等完整地标注，不得遗漏或省略"；准确原则是"准确判断语音、语调、整句、短语、词汇等内容，正确使用标点符号和所规定的统一标注符号"。借鉴以上观点并结合在转写实践中所遇到的问题，我们现提出以下转写原则。

第一，真实原则。口语语料的转写是为了反映语料的真实面貌，反映说话人的真实会话情景，所以必须保持语料的原貌，转写者不可凭自己的主观感觉和意愿擅自删减或者添加内容。转写带有偏误的语音或无法识别的语音时，应如实转写，可采用转写和标注同时进行的方式，在文本中用正确的汉字转写，在括号中标注其真实语音。

第二，准确原则。必须对口语语料中语音所承载的字、词、句进行准确转写，这是对语料进行的文字转写，具有相同听辨能力的人转写的内容应该一致。此外，音频语料中反映说话者语义、体现口语特征等附加信息的语音现象，如停顿、重复、咳嗽等，也应该在转写过程中一并标注出来，语料转写与标注同时进行。这样有助于用户通过转写的文字更全面地了解语料的语音原貌。在转写过程中，会用转写和标注的符号系统辅助语料的转写。转写者一方面要准确听辨、转写语料内容，另一方面也要准确使用相应的转写与标注符号，并准确标注附加信息。

第三，目的原则。根据不同的建库目的，建库者可以侧重口语语料的不同方面、不同层面，进行不同深度的转写。曹贤文（2020）从汉语学习者"需求侧"视角出发，提出建设适应二语习得研究新需求的汉语中介语多维语料库、汉语学习者多模态语料库、汉语学习者网络交际语料库等。根据建库目的的不同，口语语料的转写可以侧重不同方面，如汉语中介语语音语料库可以在转写语料的同时，标注学习者语音音质方面的内容，包括声调的调值等信息，而通用型汉语中介语口语语料库则不需要标注到这种深度。因此，转写不是、不须，也不可能将语料的每个细节都还原出来。根据研究目的的不同，建库者有选择地对语料进行转写，也是允许的。

四、转写规则与符号系统

在转写实践中，转写规则与符号系统具有重要作用，一方面，它可以给语料转写提供处理各种语音现象的根据和方便，并有利于后期进行某些方面的研究。另一方面，无论转写规则与符号系统多么详尽完善，转写结果都不可能完全彻底地代替原始语料。如果所要研究的部分没有在语料中进行标示，研究者还需要参看原始口语语料。

下文从七个方面来描述转写的符号系统。

（一）外文名字

在转写语料的过程中，会遇到语料产出者自我介绍的情况，这时要对其外文名字进行转写。因为对语料产出者外文名字的转写也就是对外来词的音译转写，所以应按照惯用的外来词翻译原则，使用最通用的写法，比如"安娜"通常不写成"安那"，"安德烈"通常不写成"安得列"。

（二）停顿

语料产出者在口语表达中的不正常停顿大致可以分为以下三类：

1. 短停顿，约三秒以内（^）；

2. 中长停顿，约三秒到五秒（^^）；

3. 长停顿，约五秒以上（^^^）。

对于时间的把握是很主观的，靠转写者自己把握，对于停顿这部分可采取宽式转写。在一个语言单位表述完整的情况下出现停顿，则用标点符号将停顿与两侧语言单位间隔开来；如果语言单位没有表述完整就出现停顿，则停顿符号直接标在未表述完整的语言单位之后。例如：

S：今天，^，今天只花几个小时就行了，嗯，^^，行了，但是从，呃，从别的角度来，来看，呃，这些现，现代化，呃，现代化呃，的发，发明正，呃，正发展，呃，人类的惰性，嗯，甚，甚至于会导，导致我们的思维的退化，因为，呃，^，嗯，现，现在，呃，^，呃，我们……

（三）重复

1. 重复说某一个字、词，如实转写。

S：啊如果我想说我得我得我得看啊我我我的观点是这样的。

2. 语气词"啊""呃""嗯"如果重复多次，如实转写；如果说出单个字之后声音拖长，那么写成如下格式"啊——""呃——""嗯——"。

S：那以后，额，万一，额——，发生了什么，嗯——，不快的事情，你可以得到一些钱，额，得到帮助。

3. 如果语气词后面先是声音拖长，然后又停顿，那么格式如"啊——，^^，"。

S：额，我觉得，额，额——，大学生，嗯，和中学生都应该，都必须要参加社会活动，这样子，嗯，让他们，嗯——，^，嗯，知道，嗯，嗯……

（四）语音偏误

1. 如果语料产出者发音中有明显的声调问题，那么在转写出的正确的音对应的汉字之后加上[Yd]，"Yd"表示音调错误。

S：忌讳[Yd]啊，你们，呃，国家有什么样的忌讳[Yd]你。

2. 语料产出者在发音中将"法律"读成"法lù"、将"学习"发成"xiáo 习"，则标注为："法律[lù]""学[xiáo]习"。

S：你辞了工作他们会给你那个那个钱还是他们会让你你找到那个钱，在法律[lù]在法律[lù]上如果你跟一个人吵架了，那个保险就是一个，啊法啊啊啊律[lù]师他会帮助你。

3. 语料产出者在发音过程中出现发音残缺，例如"分钟"的"分"只发出"f"，这种发音错误标注为"分[Yc]"。

S：嗯，我觉得生，呃，生活，呃，越现代化越好，呃，这，这点就是，嗯，一分[Yc]，嗯，呃，一分，呃，为二。

4. 多音字的情况，例如将"还书"读成"hái 书"，要转写为正确的汉字，然后标出读错的音，格式如："还[hái]书"。

S：以至于我再也舍不得与这个可爱的男孩分手了。还[hái]书之后仍然念念不忘，不忘。

（五）听不清

说话人吐字不清、声音小或者录音设备的问题等导致的读音听不清的状况按如下方式处理：

1. 如果是单音节/单个字听不清的话，用[Yz?]替代该音节/字。

S：额，比如说他们，嗯，跟自己的孩子，额，和家庭家里的人，额，没有交往得够，所以，额，以后很后悔，因为，这，真的是重要的事情，不是挣钱工作[Yz?]的。

2. 如果是双音节/单个词听不清的话，用[Yc?]替代该双音节/词。

S：会越来越让他的公司，比如说他找到公司比如说我做[Yc?]，如果他的工资是五千，那那个那个借钱，借他钱的人……

3. 如果是多音节/整个句子听不清的话，用[Yj?]替代该多音节/句子。

（六）鼻音

语料产出者在说话时会发出一些鼻音，无法用汉字标出，即不对这些鼻音做进一步细致的说明，统一用一个符号[m]标示。例如：

S：嗯，他们，嗯，可以把自己的已经不用，嗯，有些人他们把自己不用的，已经不用的，嗯，一些东西，嗯，[m]，给需要的人，或者，嗯，^，嗯——，拿，拿比较多，嗯钱，嗯，也买些吃的一些……

（七）非言语的语音行为

跟不成词的语音类似的一个现象是非言语的语音行为。当代言谈分析学派越来越重视行为和言语的关系，人们越来越认识到行为和言语是密不可分的，两者结合起来才能构成日常口语交际的整体符号系统。陶红印（2004）指出，从交际的角度看，行为传达视觉的信息、言语传达听觉的信息，两者相辅相成。因此，在转写时应该尽量把视觉信息也传达出来。目前可以转写的非言语语音行为如下：笑、喷、咳嗽、吸气、呼气、叹气、打喷嚏、清嗓子。转写格式如下：[笑声] [喷声] [咳嗽] [吸气] [呼气] [叹气] [打喷嚏] [清嗓子]。例如：

S：呃，不是大的问题，[呼气]，但是我知道有很多人他们如果没有电视台。

S：嗯，我叫张爱玲，我来自罗斯。我选择第二，第二个题目，是，嗯，[咳嗽]，我，嗯我认为中学生和大学生，呃，有没有，呃，需要参加社会公益活动。

（八）话轮转换不清

1. 师生对话语料中，话轮角色的标识按照老师用"T"、学生用"S"来处理。

2. 在进行话题会话时，有多个学生在一起进行讨论，如果可以分清是哪一个学生在说话，就按顺序编号，如S1、S2、S3……；如果分不清是哪一个学生在说话，就标成"S?"；如果是多个学生同时说话，就标成"SS"。

3. 在一个学生说话时，如果有老师附和说"嗯"，就如实转写老师的话，然后回到学生的话轮。例如：

S：我在

T：嗯。

S：中国。

第一句"我在"后面的标点视句子的完整程度而定。如果情况如上面所示，"我在"并不完整，其后就不能加小句标点或者整句标点；但如果第一句是"我在中国留学的时候"，后面即可使用句中标点"，"；同理，如果第一句是"我在中国去过好多地方"，后面即可使用句末标点"。"。

上述规则对话轮的转写处理还很粗略，远非完善，需要在今后的口语语料转写实践中不断积累经验，不断改进。

五、结语

本章在部分口语语料转写实践的基础上，尝试提出转写的原则、规则与符号系统。转写时一个比较突出的问题是，在转写过程中不可避免地会涉及标注的问题。转写与标注究竟是分为两步进行还是同步进行？如果分为两步，转写之后还需要标注人员重复一遍烦琐的听辨工作，十分耗费人力、物力。如果同步进行，则需标注人员对汉语语音知识有较多的了解。从效率和经济的角度看，后者更为适宜。当然，在实际的建库过程中，还要根据建库周期和人力资源等情况加以统筹规划，选择恰当的方法。

第十八章　汉语中介语语料库口语及视频语料转写研究*

一、引言

在汉语中介语语料库的建设中，相比于蓬勃发展的笔语语料库建设，口语语料库、多模态语料库的建设尚处于起步阶段：数量很少，面向学界开放的口语语料库更是凤毛麟角；目前已知的大型多模态语料库只有中国社会科学院的现代汉语现场即席话语多模态语料库（黄立鹤，2015），而且其为汉语母语语料库，而非汉语中介语语料库。出现这种口语语料库、多模态语料库建设滞后的情况的原因之一是语料转写困难（张宝林、崔希亮，2018）。

在早期的口语语料库建设研究中，经常可以看到"录音材料需要人工转写，耗费大量人力财力"（杨翼、李绍林、郭颖雯等，2006）这样的表述。实践表明，情况确实如此，而且转写后还面临着诸多问题。例如设计中的HSK动态口语语料库在对小规模样本进行转写实验时，就遇到了诸如转写用字的准确性和恰当性问题，以及如何转写无法分辨或完全听不清的内容之类的问题。语料库建设者相应地提出了一些解决措施，例如拼音汉字双重转写、只转写一次重复字词等，对口语语料库的建设起到了一定的促进作用（胡凡霞、王雪莹，2013）。

---

* 本章作者梁丁一，系北京语言大学2018级语言学及应用语言学专业硕士研究生，现任职于德州学院生态与资源环境学院。

第十八章　汉语中介语语料库口语及视频语料转写研究

在建设全球汉语中介语语料库的过程中，建库团队同样进行了口语及视频语料的转写，发现以往让人头疼的转写问题在很大程度上已经由机器解决了，但如何校对机器转写的文本成了一个新问题。针对这一问题，本章将结合前人的研究成果，以全球汉语中介语语料库为例，重点探讨以下三点：机器转写的优势、转写中遇到的问题、针对问题制定的转写规范，以期全面彻底地解决语料转写问题，进而推动口语语料库、多模态语料库建设的发展，提高汉语中介语语料库的建设水平。

二、机器转写的优势

以往，人们对机器转写的顾虑多是机器能否准确地、高质量地完成转写工作，在转写实践中主要还是采用人工转写的方式，其不足是十分费时、费力。今天，在进行汉语中介语口语及视频语料的转写时，语音识别技术的发展已经让较高质量的机器转写成为可能。

由科大讯飞研发的"讯飞听见"平台提供的机器转写工具主要用于汉语母语者口语的转写。用于汉语作为第二语言的学习者的口语及视频语料的转写时，它依旧具有用时短（1小时音频最快5分钟出稿、最慢10分钟出稿）、准确率高（可达95%以上）的特点。相比于人工转写（1小时音频最快需2~3小时转写），该转写工具具有极大的速度优势。以几段共计长达一小时十九分十秒的口语考试录音为例，从提交订单到订单完成，该转写工具实际只用了4分钟就完成了转写，而且错误率也较低。以下为该口语考试录音的部分转写文本：

然后我决定了我的梦想是空校的话最好，所以我选择我的梦想是空桥。我的专业是化工，所以一点我有一点担心。但在我看来，所谓空小的这样的职业，看起来很有魅力美丽，所以我想挑战成了虹桥。我的二姐的职业是空姐，所以我很羡慕他。对我来有一点难，因为我说的是方言，

对于这段文本，即使不查阅原录音文件，也可以知道该学生谈论的话题是职业规划。根据录音对转写文本进行校对后发现，转写文本只在一些细微之处有一

定错误，比如遗漏语气词、用错人称代词等。校对后的文本如下（校对之处用下画线标示）：

然后我决定了我的梦想是<u>空少</u>的话最好，所以我<u>，</u>嗯这个选择我的梦想是空少。嗯我的专业是化工，所以有一点我有一点担心。但在我看来，所谓<u>空少</u>的这样的职业，嗯看起来很有美丽魅力，所以我想挑战成了<u>空少</u>。我的二姐的职业是空姐，所以我很羡慕<u>她</u>。对我来有一点难，因为我说的<u>嗯</u>是方言，

由此可知，该转写工具的准确率是有保障的。基于这些转写文本，校对人员可以先进行校对，再交由标注人员进行后续标注，从而大大节省了录入文本所消耗的人力和财力。

三、机器转写中的问题

"讯飞听见"平台的转写工具的机器转写文本主要存在标点使用、文字使用和段落划分三个方面的问题，可细分为标点错误、文字错误、文字遗漏或多余、不清晰的内容无法转写、外语词无法转写、段落划分不清六小类问题。

（一）标点错误

机器转写的文本中存在没有标点或者标点错误的情况，这会对后续的标注工作造成一定的困难。下面我们选取三例来说明这个问题：

（1）是不是这样，呢

根据视频，学习者说话流畅，并没有语音停顿，机器转写为文本时却多出了一个逗号，且结尾处缺少问号。

（2）请问对红楼梦的研究形成了红学名著对文学是不是影响更深刻

根据视频，学习者说话有所停顿，而不是一口气说到底。机器转写为文本时缺少了表示停顿的逗号，而且在结尾处同样缺少问号。

（3）刚才对方辩友说新加坡，新西兰，那……

例（3）的标点问题与学习者的语音无关，而是和汉语的标点使用习惯有

关。句中"新加坡"和"新西兰"是两个并列的地名，一般用顿号连接，机器转写为文本时却使用了逗号进行连接。

（二）文字错误

机器转写过程中会犯的文字错误有三种：第一，学习者发音是对的，机器却转写成了错误的字；第二，学习者发音是错的，机器记录了他的错误发音；第三，学习者发出的音节在汉语中并无对应的字，机器却转写成了音近的字。第一种文字错误具体情况如：

（4）到了今天没迟到

例（4）录音中原本说的是"阿萨德今天没迟到"，机器却未能将人名转写出来。

第二种文字错误具体情况如：

（5）对方边友，我们今天讨论的不是嗯各国的教育的不同

（6）对方备用

例（5）、例（6）中的"对方边友"及"对方备用"应为"对方辩友"，机器如实反映了学习者的发音错误情况，但"边友""备用"显然是不存在的称谓。面对的问题是：保留这种发音错误，还是将其改为对应的正确文字呢？

第三种文字错误情况则往往和学习者的声调偏误有关。例如把"见"发成第二声，把"高"发成第二声。按其读音，汉语中并无对应的字。这种情况应该怎么处理？写拼音，还是标声调？或是保持机器转写的原样？

（三）文字遗漏或多余

机器有时无法识别嘈杂环境中的发音，因此会有所遗漏或误加。如：

（7）所以我是跟你解释而已啊。

这是一段辩论赛的视频，选手所说原话为"所以我不是跟你说的，我是跟你解释而已啊"，但是由于环境嘈杂，机器没有识别出中间的一些话，存在遗漏情况，影响了语料的完整性。

(四) 不清晰的内容无法转写

由于部分学习者的口语水平较低,机器有时会转写出一些不知所云的内容。依据音频或视频进行校对时发现,这些内容出现的情况为:学习者发音含糊,不仅机器无法识别,人工校对时也难以听辨。例如"陶学强的叫为扭还姓儿"这样一句话,校对时仍然不明白该学习者在说什么,很难进行妥善处理。

(五) 外语词无法转写

在学习者的汉语中介语语料中,有时会混杂学习者母语中的单词、短语乃至句子。对于这些外语词、短语、句子,机器转写时只能按照发音转写为汉字,但是这些汉字与其他非外语词、短语、句子混杂在一起,不便识别与理解,甚至会造成误解。如:

(8) 那你……

例(8)的语料来自一场辩论赛,说话者是一名日本学习者。根据现场视频可知,其想说的是日语中的"什么"(日语发音近乎"那你"或"纳尼")。汉字形式的转写结果和其原意相距甚远,懂日语者可能还能想到其原意,不懂日语者可能就会误解了。

(六) 段落划分不清

机器转写语料时并不会进行合适的分段,因此几个人所说的话总是混杂在一起。如:

(9) 但我们可以但不算是证据呀,不不不是不是,重点不是。他说的对他说的,但是我们比利用产生太阳能,双方……

例(9)是来自一场辩论赛提问环节的语料,涉及三个说话人——两个选手和一个主持人——但是机器转写出的文本却完全没有区分说话对象,导致看的人一头雾水,而且不利于后续的标注工作。

第十八章 汉语中介语语料库口语及视频语料转写研究

四、口语及视频语料转写规则

针对以上三大类、六小类问题，为了提高口语语料的转写效率、保证转写质量，我们拟定如下转写规则，以便处理与解决上述问题。

（一）转写模式

转写模式为"机器转写 + 人工校对"。

"机器转写"指转写工作全部交由机器完成，具体使用的转写工具由科大讯飞股份有限公司开发的"讯飞听见"平台（网址：https://www.iflyrec.com/）提供。

"人工校对"主要针对机器转写中的种种问题进行审核修正，涵盖上文所说的标点使用、文字使用和段落划分三个方面的六小类问题。因为语料转写与校对之后的建库流程是语料标注，所以如何使语料转写有助于后续语料标注工作的开展也是本章考虑转写问题的一个重要角度。例如，学习者的发音错误造成的转写错误只有改为学习者原本想说的正确文字，才便于进行后续的语料标注。

另外，值得注意的是，为尊重并保护语料作者的隐私，在校对中如果发现文本中存在作者或是其他人的姓名，需以三个叉号（×××）代替；如有学号、分数等，应一律删除。

（二）标点转写规则（3项）

本部分主要解决例（1）、例（2）和例（3）所展示的标点错误问题。

例（1）中，学习者说话流畅，因此需要去掉句中的逗号，并在结尾添加问号标示出疑问语气。如：

（10）是不是这样呢？

例（2）中，学习者中途自然停顿了两次，但是机器转写的整句话都缺少标点，因此需要人工添加逗号及问号，改为：

（11）请问，对红楼梦的研究形成了红学，名著对文学是不是影响更深刻？

例（3）中，"新加坡"和"新西兰"两个并列地名之间使用的是逗号，不符合汉语的标点符号用法规范，因此需人工校对，改为顿号：

（12）刚才对方辩友说新加坡、新西兰，那……

依据这一原则对文本进行校对后，意思更加准确，文本更加流畅，便于为后续标注服务。上述规则归纳为表18-1。

表18-1 标点转写规则

问题类型	问题示例	校对示例	校对释义
标点多余	是不是这样，呢	是不是这样呢	删除多余标点
标点缺失	请问对红楼梦的研究形成了红学名著对文学是不是影响更深刻	请问，对红楼梦的研究形成了红学，名著对文学是不是影响更深刻？	增添缺失标点
标点用错	刚才对方辩友说新加坡，新西兰，那……	刚才对方辩友说新加坡、新西兰，那……	修改用错标点

（三）文字转写规则（5项）

本部分主要解决文字错误、文字遗漏或多余、不清晰的内容无法转写、外语词无法转写这四小类问题，具体规则分为五项。

第一，文字错误。在上文中已提到校对时可能会发现的文字错误有三种。第一种是涉及学习者真实姓名的情况，需以替代之法隐去姓名以保护学习者隐私。第二种是机器转写时如实反映了语音错误的情况，如例（5）中的"边友"和例（6）中的"备用"都体现了学习者对"辩友"的发音错误。但是，考虑到后续的语料标注，即标注规范规定要在正确汉字基础上进行偏误标注（如"边友"的"边"属于声调错误，标注结果为【辩】[Yd]；而"备用"的"备"属于韵母偏误、"用"属于韵母偏误和声调偏误，标注结果为【辩】[Yy]【友】[Yy][Yd]），因此在校对时需将机器转写的错误汉字根据前后文改为正确汉字。第三种是由于存在声调偏误，无法找到对应的汉字，机器便转写成了音近的汉字。在

第十八章　汉语中介语语料库口语及视频语料转写研究

以往的研究中,有人曾采用拼音汉字双重转写的方法(胡凡霞、王雪莹,2013:319),这种方法的潜在问题是可能不便于用户搜索;加之为了使语料库中所有的语料标注具有一致性,应保留机器转写的正确汉字。例如,学习者把"见"发成第二声,把"高"发成第二声,校对时应保留"见""高"二字。

第二,文字遗漏或多余。对于这种情况,校对时需增添遗漏或删减多余的文字。如例(7),机器因环境嘈杂遗漏了7个字,而且也没有标示出学习者语音中的自然停顿,因此校对时需及时增补,修改为:

(13)*所以我不是跟你说的,我是跟你解释而已啊。*

这样才能确保语料的完整与真实,方便用户查询使用。

第三,不清晰的内容无法转写,这类问题一般会被归为语音存疑偏误,即由于学习者发音偏误严重,机器转写与人工校对时皆无法辨别学习者所要表达的内容,于是将此类发音问题做存疑处理。对于这种情况,校对员在校对时可将无法辨别的文字打为空格,或是用"( )"标示此处有存疑的文字,以便后续标注。如:

(14)*陶学强的　/(叫为扭还姓儿)*

例(14)是由机器转写的完全语义不通的句子,虽然校对员在校对时对音频进行了听辨,但是仍然无法辨别学习者的原意。对于这种情况,可直接将"叫为扭还姓儿"打成六个空格,或者在其前后添加括号。

第四,外语词无法转写,这类问题可分两种方式处理。第一,对于标注员或大部分人可能比较熟悉的语言,例如英语中的词、短语或句子,采取保持原状的做法,照录英语。例如:

(15)*艾姆扫瑞……*

校对员可以依据自己的英语知识判断出这是"I'm sorry"的发音转写,因此将其改为英文即可。第二,针对语料中存在的人们不太熟悉的小语种中的词、短语或句子,则可以使用汉语拼音标示。例如"那你……"一句,虽然经查核可以确认该日本学习者想说的是"什么"(日语词"なに",音同"那你"或"纳尼"),校对时仍以汉语拼音将其拼写为"nani",从而保持处理外语语料时的一致性。上述情况归纳为表18–2。

表18–2 文字转写规则

问题类型	问题示例	校对示例	校对释义
暴露学习者隐私	到了（阿萨德）今天没迟到	×××今天没迟到	将学生名字隐去
记录学生错误发音	对方边友，我们今天讨论的不是嗯各国的教育的不同	对方辩友，我们今天讨论的不是嗯各国的教育的不同	按学生的原意修改
文字遗漏或多余	所以我是跟你解释而已啊。	所以我不是跟你说的，我是跟你解释而已啊。	根据音/视频，增添遗漏或删减多余的文字
无法转写语音存疑内容	陶学强的叫为扭还姓儿	陶学强的_____/陶学强的（叫为扭还姓儿）	对存疑语音一律用空格代替或用括号标示
用汉字记录学生的外语表述	那你……	nani……	用汉语拼音记录不熟悉的小语种词、短语或句子
	艾姆扫瑞……	I'm sorry……	对较为熟悉的英语中的词、短语或句子，采取保持原状的做法

（四）段落划分转写规则（1项）

本部分主要解决例（9）所展示的段落划分不清这一问题。

Ochs曾提出三种转写格式：自上而下立体式、左右平行式和上下分离式（Ochs，1979；陶红印，2004）。就汉语中介语口语语料转写而言，第一种格式较为适宜，可以按照"一人一段"的原则进行段落划分。如例（9）修改如下：

正方三辩：但我们可以……

正方一辩：但不算是证据呀……

正方三辩：不不不是不是，重点不是。他说的对他说的，但是我们比利用产生太阳能……

主持人：双方……

按照"一人一段"的原则对段落进行划分，三个说话人的说话内容都独立成段，十分清晰。虽然这种方法无法像上下分离式一样展示两个说话人同时说话的现象，但可以用省略号表示话语存在未尽之意，因此这种段落划分的方法可以满足转写的需要。详见表18–3。

表18–3　段落划分转写规则

问题类型	问题示例	校对示例	校对释义
无分段，多人话语混杂	但我们可以但不算是证据呀，不不不是不是，重点不是。他说的对他说的，但是我们比利用产生太阳能，双方……	正方三辩：但我们可以…… 正方一辩：但不算是证据呀…… 正方三辩：不不不是不是，重点不是。他说的对他说的，但是我们比利用产生太阳能…… 主持人：双方……	按照"一人一段"的原则对段落进行划分

五、结语

目前，语音识别技术的提升使汉语中介语口语及视频语料的转写工作可以交由机器完成。"机器转写 + 人工校对"这一模式极大地节约了人力、提高了效率。本章针对机器转写在标点使用、文字使用和段落划分这三个方面存在的六个具体问题提出了一些解决措施。转写实践表明，这些方法能够有效地保证语料的真实性，反映学习者的实际发音情况，进而助力用户的相关研究。当然，这些问题只是汉语中介语语料库建设实践中口语及视频语料转写方面存在的部分问题，本文提出的转写规则也还需要完善。然而，随着语音识别技术的迅速发展，机器自动转写已经取得了长足进步，具备了实用价值，这是口语及视频语料转写的方向，相信语音识别技术的进步会带来更好的转写效果。语料库建设者也应不断实践，发现转写中的相关问题，并加以妥善解决，逐步形成更加科学严谨的转写规则，促进汉语中介语口语语料库和多模态语料库的建设与发展。

第十九章 汉语中介语语料库标注标准研究*

一、引言

在汉语中介语语料库建设中,语料标注直接关系到语料库的功能、作用和使用价值,占据举足轻重的地位。然而迄今为止,语料标注并无统一标准,在建库实践中存在着极大的随意性(张宝林、崔希亮,2015),研究者对标注中的一些具体问题也存在不同看法。张宝林(2013)对"偏误标注+基础标注"模式进行了深层次的解释,同时主张进行语义标注和语用标注,倡导实行"有限的一错多标"。肖奚强、周文华(2014)对汉语中介语语料库的全面性及类别问题进行了探讨,认为标注的全面性应从标注的广度、深度、角度和准确度四个维度加以考虑;标注赋码的类别应与标注内容的类别相匹配。赵焕改、林君峰(2019)针对汉语中介语语料库的标注代码,阐述了现有语料库标注代码存在的问题及标注代码的设计原则与方法,提出了代码不能重复、便于联想、便于检索等六条标注代码设计的原则。任海波(2010)针对HSK动态作文语料库的不足之处提出,语料处理应该注意学习者国籍及汉语水平的平衡性、进一步完善加工标注、注意界面的友好设计等。以上研究涉及语料标注的部分内容与环节,但未对标注问题进行全面的、整体性的研究,特别是没有明确提出对标注标准进行研究。

本章在上述研究基础上,结合全球汉语中介语语料库建设实践,从语料标

---

* 本章作者闫慧慧,系北京语言大学2018级汉语言文字学专业硕士研究生,现为北京市昌平区第一中学教师。

注的科学性、全面性、可行性等方面对汉语中介语语料库的标注标准进行全面探讨，提出一些观点和主张，以期为汉语中介语语料库的语料标注工作提供参考与借鉴。

二、语料标注的科学性

（一）标注规范的科学性

语料标注的科学性首先体现为标注规范的科学性（张宝林，2013），包括标注代码的逻辑性和标注规范的明确性。

1. 标注代码的逻辑性

标注方法有很多种，例如人工标注、人标机助、机标人助、计算机自动标注等（张宝林，2013）。由于中介语语料中多种偏误现象的存在，"目前汉语中介语语料库的标注几乎不可能像汉语母语者语料库那样进行计算机自动标注，人机互助的标注也仍处于起步阶段，大部分的标注工作还是需要人工进行"（肖奚强、周文华，2014）。因此，标注代码的设计应与人的思维习惯相适应，语料库标注代码应具有很强的逻辑性，易于联想。

以全球汉语中介语语料库标注代码为例，标注代码的整体设计，以及各层面之间、各层面内部均有很强的逻辑性。

从标注代码的整体设计来看，各层面标注代码均以各层面名称中每个字的汉语拼音首字母开头，如：字层面偏误标注代码均以"字"的汉语拼音首字母"Z"开头、词层面均以"词"的汉语拼音首字母"C"开头、语篇层面均以"语篇"的汉语拼音首字母"YP"开头等。如此设计，各层面标注内容根据其代码即可与其他层面区别开来，清楚明了。此外，代码便于联想和记忆，易于母语者理解和接受，具有很强的逻辑性。

从标注代码各层面的联系上看，每一层面不是完全独立或毫无联系的，如在字层面，有"别字"一类偏误，即该用彼字而误用为此字，标注代码为

"Zb"；而在词层面，也有"别词"一类偏误，即词语误用，标注代码为"Cb"。"别字"与"别词"均为"该用彼而误用为此"，本质相同，故标注代码均为"本层面代表字母+b"。"别字"与"别词"虽属不同层面，但因偏误本质相同，所以标注代码的设计也相呼应，体现了代码的系统性。

从同一个标注层面内部来看，同样要注意各偏误类型标注代码的逻辑性和关联性，如"别词"标注代码为"Cb"，"缺词"标注代码为"Cq"，"多词"标注代码为"Cd"。"C"为汉语拼音大写字母，代表所属层面；其他字母同为汉语拼音字母，一律小写，表示偏误类型。之所以选取汉语拼音字母编制标注代码，且代码均由"所属层面代表字母（大写）+偏误类型代表字母（小写）"组合而成，是因为对作为汉语母语者的标注员和用户来说，标注代码形式与含义之间以汉语拼音字母为媒介进行联系，易于联想与掌握，不论是语料标注还是语料检索，都更为方便。

2. 标注规范的明确性

在语料标注实践中有时会遇到疑惑之处，标注员可能不知如何处理。因此，标注规范在这些疑惑之处应规定明确的处理方法。例如词层面标注的疑问主要有以下三类，可以给出相应的处理方法。

首先，同一条语料可以采取不同的标注方式，而不同的标注方式存在优劣之分。对于这种情况，标注规范应明确规定，采取相比之下较优的标注方式。例如：

（1）当然我们还会面临从广告得到欺诈性信息。[1]

这条语料有三种标注方式：

（2）当然我们还会【面临】[Cb面对]【从】[Cd] 广告【得到】[Cb中]【 】[Cq的] 欺诈性信息。（改后：当然我们还会面对广告中的欺诈性信息。）

（3）当然我们还会【面临】[Cd] 从广告【 】[Cq中]【得到】[Cb收到] 欺诈性信息。（改后：当然我们还会从广告中收到欺诈性信息。）

（4）当然我们还会【面临】[Cb面对] 从广告【 】[Cq中]【得到】[Cb收到]

---

[1] 本文语料如无特别说明均来自全球汉语中介语语料库，网址：qqk.blcu.edu.cn。

欺诈性信息【 】[Cq的]【 】[Cq风险]。（改后：当然我们还会面对从广告中收到欺诈性信息的风险。）

例（1）主要存在两个问题，即"面临"和"得到"存在词语误用，以及缺少"面临"的宾语，可以有三种不同的理解及相应的标注方法。例（2）将"面临"改为"面对"，将"得到"改为"中"；同时将介词"从"视为多词，予以删除；并认为缺少一个助词"的"而予以补充。共计做了4处标注与更改。（3）认为"面临"是多词，予以删除，将"得到"改为"收到"；同时认为"广告"后面缺少一个方位词"中"并予以补充。共计做了3处标注与更改。（4）则除上述相应问题之外，补充了"面对"的宾语"风险"，共计做了5处标注与更改。

三种标注与更改之法皆正确。面对这种情况，标注规范应予以规定：当两种及以上标注方法皆可时，应以不改变语料原意为第一标准，其次是以改动较少者为佳。如此看来，相较于例（2），例（3）的标注与更改更少，因而更好。但从更符合语料作者原意的角度看，则例（4）为佳。

其次，若对于同一条语料，多种标注方式皆可，且无明显的优劣之分，则任选其一即可，无须做硬性规定。如：

（5）这些都取决于每个人的欣赏观念和广告商的实力而不同。

有以下两种修改方式：

（6）这些都取决于每个人的欣赏观念和广告商的实力【而】[Cd]【不同】[Cd]。

（7）这些都【取决于】[Cb因]每个人的欣赏观念和广告商的实力而不同。

例（5）因混用两种句式而导致句子杂糅，例（6）标注为词语多余或例（7）标注为词语误用均可分化句式，因而都是可以采用的标注与更改之法。

第三，词层面以外的偏误在词层面无须标注。例如：

（8）小红梦到去长城跟朋友。

这句话的正确形式应该是"小红梦到跟朋友去长城"，其错误原因是语序不当，属语法层面的标注内容，在词层面无须标注[①]。

（二）标注过程的严密性

标注是语料库建设中的关键环节，而由于标注员在语言文字基本功、对标注规范和标注工具的掌握、精神状态与注意力等方面的差异，出现标注不一致，乃至标注错误的情况是很难完全避免的。张宝林（2013）提出，应"通过制定严密的标注规范、严格规范标注流程、对标注员进行严格有效的培训等方法，尽最大可能将语料标注的错误率降到最低"。在建库实践中，可从以下几个方面对标注的方式、过程与质量进行管控。

1. 标注方式的选择

一般来说，如果语料库规模较小，则语料标注可以由项目组成员承担；如果规模较大，则需招募标注员进行标注。例如全球汉语中介语语料库，其原始规模约2367万字，需要进行字、词、短语、句（含句式和句子成分）、语篇、语体、修辞格、标点符号、语音、体态语等10个层面的标注。如此庞大的语料规模和标注工作量，绝非少数人之力所能完成，故只能采用第二种标注方式。

实施标注之前，须对标注员进行严格的专业培训，以保证标注质量。培训务求实效，通过讲解、试标、检查、讲评，使标注员深入理解并切实掌握标注规范，熟练掌握标注工具，能够准确辨识各种语言现象，并进行正确的标注。标注方式可以采用集中标注，也可以选择分散标注。集中标注能够直接、高效地组织与管理标注员的标注工作，遇到问题可以及时提出、讨论、研究、解决，便于管控标注质量；可能产生的问题是时间场地受限，彼此也会有所干扰，会在一定程度上影响进度。分散标注不受时空限制，标注员相互间没有影响，能自主安排标注进度，但不利于实时管控标注质量。应根据实际情况采取适宜的标注方式。

2. 标注质量的审核

一篇标注完成的语料须经审核人员审核无误之后方可入库。如此，语料审

[①] 这条标注规则适用于采取分版/多版标注方式进行语料标注的语料库，例如全球汉语中介语语料库。

核人员的工作尤为重要，它在很大程度上决定着入库语料的标注质量。要把好标注的质量关，标注审核人员应具备扎实的汉语言文字学功底，并对标注规范有全面、准确的理解，这是作为审核人员的必备条件。否则，就难免会出现较为明显、严重的错误。例如：

（9）他们想跟他【聊家】[Cb聊天儿]，可是他们不想跟他们【聊家】[Cb聊天儿]。

（10）春天正是大家一起爬上【的】[Cb山]好【的】[Cb时]候。

例（9）中代码"Cb"的含义为"别词"，"别词"指现代汉语中存在此词，但在该用彼词之处而误用了此词的偏误现象。"聊家"并不存在于现代汉语之中，属生造词，因而标注为"Cb"是错误的。

例（10）谈论的是春天适宜开展的一项健身运动，短语"爬上"应为"爬山"，"上"为"山"的别词，偏误定性为"别词"；"好的候"，"候"为黏着语素，须与"时"组合成"时候"方为词，"的"为多词，应予删除。此句改后应为：春天正是大家一起爬山的好时候。

以上两例涉及某词的有无和语素的自由与黏着等汉语言文字基础知识，以及对词语误用、多词与别词、生造词等标注规范的理解，这些在标注质量审核中都是很重要的。

3. 解决问题的及时性

中介语语料库语料标注是一项以语言学知识为主、实际情况复杂多样的工作，参加者较多，耗时较长，"标注时出现错误在所难免"（肖奚强、周文华，2014），包括错标、漏标，以及标注规范未做规定的新发现的语言现象的处理。不论遇到何种问题都必须及时处理，以保证标注工作持续进行，为用户提供高质量的语料。HSK动态作文语料库与全球汉语中介语语料库均设置了用户反馈留言功能，用于广泛收集用户的问题、意见和建议，并设专人负责定期查看、及时回复、释疑解难。对用户的意见和建议，会经过分析整合，及时修改。根据众包理念，设置了用户修改功能，用户可以对使用中发现的语料录入与标注方面的错误进行修改，修改后的结果经管理人员审核后即可入库，替换原来的存在错误的语料。通过这样的办法，不断改进与完善语料库，更好地为汉语国际教学与研究服务。

三、语料标注的全面性

语料标注的全面性是中介语语料库建设研究中的一个重要问题，也是近年来学界讨论的一个热点。张宝林（2013）认为，作为通用型汉语中介语语料库，语料标注的内容必须全面，这样才能保证语料库功能的全面。对此主张，肖奚强、周文华（2014）持不同观点，认为应从语料标注的广度、深度、角度和准确度四个维度来思考语料标注的全面性问题，"没有较为成熟的理论支持"的"贪大求全并不可取，也不现实"。本章从满足教学和研究实际需要的角度出发，认同全面性主张，在标注实践中把语料标注的全面性分为两个方面：标注内容的全面性和标注角度的全面性。

（一）标注内容的全面性

内容全面的语料标注可以满足汉语教学与研究的多方面需求。关于语料标注，"从理论上讲可以包括汉字、词汇、语法、语义、语用、标点符号等层面的标注。如果是口语语料库，还应包括语音、韵律等的标注"（肖奚强、周文华，2014），而语料库建设者应考虑语料标注的可行性（丁信善，1998）。因此，汉语中介语语料库建设者应当在二者之间寻求一种平衡，兼顾教学与研究的实际需求和语料标注的可行性。同时积极探索与尝试，除在字、词、句等理论比较成熟的层面进行标注之外，还可根据二语习得研究者的需求，开展需求较大的语篇、语体、语义、语用等层面的标注尝试。

HSK动态作文语料库对字、词、句、篇章、标点符号等层面进行标注，全球汉语中介语语料库除对这5个层面进行标注之外，还对短语、语体、修辞格、语音、体态语等层面进行标注，是迄今为止标注内容最为全面的汉语中介语语料库。例如语体层面，全球汉语中介语语料库在近年来相关研究的基础上，对具有明显书面语和口语特征的词、短语、句子分别进行语体标注，对口语语体中误用书面语词[YTsc]、书面语短语[YTsd]、书面语句式[YTsj]，以及书面语语体中误用口语词[YTkc]、口语短语[YTkd]、口语句式[YTkj]等6种偏误进行了标注，效果良好。由此可见，语料标注应在充分考察理论研究并保证现实可行性的基础上，实行全面标注，以满足汉语教学与研究的多方面需求。

（二）标注角度的全面性

汉语中介语的特点在于其中包含二语学习者在学习汉语时产生的大量偏误现象，从二语教学和习得研究的角度看，这也是中介语的价值所在。因此，"中介语语料库必须进行偏误标注，这是由中介语的特点决定的，也是学者们研究的需要"（周文华、肖奚强，2011），中介语的研究不仅要关注学生的偏误用例，更要关注学生的正确用例（肖奚强，2011）。张宝林（2008、2013）提出"偏误标注+基础标注"的标注模式，基础标注即对语料中正确的语言现象进行的标注。这一标注模式的提出在汉语中介语语料库建设中具有重要意义，该模式大大提升了语料库的功能与使用价值。因为只有从偏误现象和正确现象两个角度出发进行标注，才能把汉语二语教学与习得研究从偏误分析提升为表现分析，才能对二语教学与习得情况形成全面的认识，做出准确的判断。例如"把"字句习得研究，既看其偏误，又看其正确表现，才有可能得出"对参加高等汉语水平考试的二语者来说，'把'字句的回避问题并不十分严重"[1]的结论。

当然，"偏误标注+基础标注"的标注模式并非是死板而僵化的，要根据实际情况加以灵活运用，灵活运用的基本原则是"实际需要"。例如正确的汉字和标点符号可以检索到，就无须进行这两个层面的基础标注。而基础标注中的分词和词性标注就非常必要，因为词汇量是习得第二语言的重要标志，各类词的统计数据对教学与相关研究具有重要意义。分词和词性标注还是实现某些检索方式的前提，例如按词性检索就必须在这一标注的基础上进行。

---

[1] 参见张宝林（2010b）。

四、语料标注的可行性

（一）标注深度的有限性

任海波（2010）根据对HSK动态作文语料库的考察认为，汉语中介语语料库应进行深加工，便于研究者进行更深层次的研究。肖奚强、周文华（2014）认为，语料的标注深度对于语料库的建设与使用是非常重要的，蜻蜓点水式的标注只能提供有限的检索信息，其利用价值并不高。张宝林、崔希亮（2018）则认为，语料库的根本作用决定了只能对其进行浅层标注，片面追求标注深度的做法缺乏可行性。本章在保证标注可行性的前提下，认同"浅层标注"的观点，汉语本体研究的成熟度、标注人员和审核人员的水平及标注质量对标注深度均有影响。

1. 汉语本体研究的成熟度影响标注深度

语料标注必须以汉语本体研究为基础，现阶段汉语本体研究对部分语言层面的认识并不深入，如在语义、语用层面的研究并不成熟，同一个语言现象究竟是语义问题还是语用问题并不容易分清（张宝林，2013），在标注时对二语学习者语义、语用层面语言现象的偏误类型即难以做出准确判断。

2. 标注人员和审核人员的水平影响标注深度

从语料标注人员角度看，标注人员多为汉语相关专业的在读研究生，对于一些语言现象的判断可能并不准确，如全球汉语中介语语料库中语体层面的书面语标注：

（11）为了不【影响】{YTsc}心情，他只好将原本贴在大门外的春联，福字贴在了大门里面。

《现代汉语词典》（第7版）中"影响"有三个义项，此处应为第一个义项：（动）对别人的思想或行动起作用。在词典中，此义项并未标注为书面语词或口语词，而全球汉语中介语语料库在语体层面却将其标注为了书面语词。"影响"一词并无很强的语体色彩，标注人员错误地将其理解为书面语词，导致了标注错误。

标注人员和审核人员如语言学知识水平有限，对某些语言现象的认识不够，则必然会导致标注出错。在层次较浅的标注中尚且如此，若进行更深层次的标注，则其正确性更令人怀疑。如果参照冯胜利（2010）的语体三分系统进行语体标注，则需将语体分为通俗体、正式体、典雅体，典雅体再分古句型、古虚词，还有嵌偶词、合偶词等概念。标注人员和审核人员如未曾深入学习并切实掌握该语体系统，则不可能及时发现这些语言现象并做出正确判断。可见，有限的标注深度在实际标注过程中更具可行性。

3. 有限的标注深度符合语料库实际应用的需要

语料库作为一种工具，是为便于二语教学与相关的习得研究而存在的。从语料库应用角度看，为多数学者所接受的观点可进行详尽标注；而如果是学界仍存在争议的问题，则应只提供查找的线索，不可根据一家之言进行标注，因为仅据一家之言进行标注有失公允，不便于持不同看法的研究者使用。归根结底，语料库是供研究者检索、收集语料的工具，而非要代替研究者进行研究。如研究者想要研究"把"字句，则在语料库中检索出"把"字句即可，至于"把"字句的下位分类，某个句子属于何种类型的"把"字句，是研究者的工作，且不同研究者的看法可能并不相同。因此，语料标注在深度上应是有限度的，并非一标到底、越深越好。

（二）分版标注符合实际情况

在中介语语料中，某些偏误现象可以从不同层面理解。如：

（12）有一个字我写了几次也不能记住它是怎么写。

此句末尾缺"的"，而"的"是一个字，也是一个词。所以从字层面看，是缺字偏误；从词层面看，是缺词偏误；而着眼于句层面，则是"是……的"句结构不完整，属句式偏误。

对于此种情况，有两种标注方法：一是"同版多标"，即在该语料上标注多个语言文字层面的偏误类型；一是"分版标注"，即将该语料复制多版，在不同版语料中标注不同层面的偏误类型。分版标注可以化解标注中存在的"从大""从小"问题，简化标注人员对各个层面语言文字现象进行思考与辨别的繁难程度，并可以更好地满足研究人员的使用需求，无疑是更好的标注方式。（张宝林、崔希亮，2018）

五、语料标注与语料的真实性

（一）标注时应最大限度地保留中介语特色

张宝林（2013）指出，语料标注要忠实于原作，要最大限度地保持汉语中介语的"原汁原味"，在标注时不能为了使语料"合法"而把中介语语料改得面目全非。从中介语理论观点看，中介语本就是二语学习者母语和目的语之间的一种过渡性语言，包括各种偏误是其自身的特点，对教学与相关研究来说有其特定的价值与意义：了解学习者的习得情况，反思教学的得与失；也有利于发现本体研究的不足，推进本体研究的深入，加深我们对于汉语、对于语言的认识。因此在标注时必须保持中介语的原貌，不能让语料失去其固有的特色与价值。例如：

（13）比如说他常常听音乐，但是听的太大的声音。

有标注人员将其标注为：

（14）比如说他常常听音乐，但是听的【太】[Cd]【大】[Cd]【的】[Cd]声音【　】[Cq很]【　】[Cq大]。（改后：比如说他常常听音乐，但是听的声音很大。）

例（14）的语言表达虽然不是十分地道，却较好地保留了中介语的特点。而如果像例（15）这样标注，语言可能会更标准一些，但更像母语者的话，较大程度上失去了中介语的面貌。

（15）比如说他常常听音乐，但是听的【　】[Cq时候]【　】[Cq播放]【太】[Cd]【大】[Cd]【的】[Cd]声音【　】[Cq很]【　】[Cq大]。（改后：比如说他常常听音乐，但是听的时候播放声音很大。）

（二）标注时应最大限度地尊重作者原意

标注时，有些语料可能有多种标法，应选取改动少、符合作者原意的改法。如：

（16）我觉得商人在与客户谈判时应该让步，或看情况【 】[Cq让步]。

此句后一分句的意思是"让步与否要看情况而定"，即不一定让步。现有标注则使意思变成了"让步"是一定的，只是要"看情况"做出多大的"让步"，或以什么方式"让步"，这样标注改变了作者的原意，十分不妥。

六、结语

汉语中介语语料库建设已经取得了长足发展与很大进步，但仍然存在种种问题，特别是语料标注问题，其不仅会影响到语料库建设水平，还会对汉语二语教学与相关研究产生影响。因此，语料标注是语料库建设亟须研究的一个重要问题，标注标准研究则是解决这一问题的有效途径之一。

本章从汉语中介语语料库建设的科学性、全面性、可行性，以及保持原作特色四个方面对汉语中介语语料库标注标准进行了探讨。我们认为中介语语料标注要注重标注规范的科学性、标注内容的全面性、标注深度的有限性、标注方式的适宜性、标注过程的严密性和实际操作的可行性。在标注时还应最大程度地尊重作者原意，保持语料原貌，保留中介语特色，以满足汉语二语教学与研究的实际需求。

第二十章　汉语中介语语料库呈现标准研究*

一、引言

　　语料库对当今语言教学和研究的重要性已得到充分证明，为学界普遍认同。国内的汉语中介语语料库（以下简称"语料库"）建设经过早期"摸着石头过河"的初步探索，到现在已呈蓬勃发展之势，建成的语料库以数十计。其中在学界有广泛影响且对外开放的语料库有北京语言大学HSK动态作文语料库[①]、暨南大学华文学院留学生汉语中介语语料库[②]、中山大学汉字偏误标注的连续性中介语语料库[③]等三个语料库。近几年来，福建师范大学汉语中介语语料库[④]，南京大学汉语中介语口语语料库[⑤]，由北京语言大学牵头、海内外学界共建的全球汉语中介语语料库[⑥]，中山大学留学生全程性中介字字库及中介语文本语料库[⑦]，均已相继建成开放。

---

*　本章作者李红梅，系北京语言大学2015级语言学及应用语言学专业硕士研究生，现为浙江大学汉语教师。
① 以下简称"北语HSK语料库"，网址：hsk.blcu.edu.cn。
② 以下简称"暨大语料库"，此语料库网址目前已无法访问。
③ 以下简称"中大偏误字库"，网址：https://cilc.sysu.edu.cn。
④ 网址：http://yuliaoku.hanyu123.cn/iccs/。
⑤ 网址：http://yuliaoku.hanyu123.cn/nju。
⑥ 以下简称"全球库"，网址：qqk.blcu.edu.cn。
⑦ 以下简称"中大全程字库"，网址：https://cilc.sysu.edu.cn。

从目前建成并开放的几个语料库来看，有些语料库在早期的探索与实践中筚路蓝缕，取得了很大成绩，留下了很多宝贵的经验，为后来的语料库建设奠定了良好的基础。但同时还存在着不少有待改进的地名，例如语料标注的原则和内容、方法与代码，用户检索模式，语料呈现方式，等等。各个建设单位基本上都是"自说自话""各自为政"，缺乏统一的建设标准。张宝林（2010a）指出："语料标注应使用通用代码，然而就汉语语料库而言，目前并无一种公认的标注代码可供使用，标注实践上是各自使用自编代码，而没有实现标准化和通用化。其后果是各个语料库之间很难实现资源共享，彼此融合；而对广大用户来说，则凭空增添了使用的不便，甚至困难。"周文华（2015）也曾建议，语料库要做到共享，就需要有统一可行的建库规范，如统一的采集、编排和标注的原则，同时要有一致的文本外标记（属性标记）。可见，如果能有一套统一的建设标准，各个建设单位在处理建库过程中出现的一些问题时即可以有一定的"行规"参考。如此，不仅可以减少用户使用的不便，还有望实现各个语料库之间的资源共享。而新建成的语料库，如全球库，则在这些方面进行了较为全面与深入的探索，取得了一些可资借鉴的新成果、新经验。

基于目前语料库建设中缺乏统一的建库标准而不能满足教学和研究的多方面需求的现实，针对语料库及其检索结果的呈现问题，本章将以北语HSK语料库、中大全程字库、暨大语料库、全球库为例，对其相关建设情况进行考察，并在此基础上就语料库的呈现标准提出一些初步设想，以期为今后的语料库建设提供参考和借鉴。

二、语料库呈现界面现状

考察目前已建成且开放的语料库的呈现界面（可谓语料库的"公众面貌"），可以发现语料库的呈现界面主要由三个版块组成：语料检索界面、语料呈现界面和语料附加信息呈现界面。北语HSK语料库、中大全程字库、暨大语料库、全球库在这三个版块上的具体情况归纳见表20–1。

表20–1　北语HSK语料库、中大全程字库、暨大语料库、全球库呈现界面对比

语料库	语料检索界面	语料呈现界面	语料附加信息呈现界面
北语HSK语料库	首页上面是该库的功能项目，下面是相关简介。可以进行字符串检索，字、词、句、篇的偏误检索及全篇检索。其2.0版增加了高级检索，包括特定条件检索和词语搭配检索。此外，在左侧链接了相关度较高的一些科研单位或权威语料库，如教育部语言文字应用研究所、北京语言大学BCC语料库[①]等	检索到的语料逐条呈现，检索词用不同颜色标示。同时显示对语料的标注，可以查询原始语料。2.0版增加了语料显示条数的自主设定功能和语料自动下载按钮。数据统计方面，增加了可视化图形设计	原始语料为扫描版。2.0版允许用户对发现的语料录入错误和标注错误进行修改。同时增加了"个人工作室"和留言功能。在"统计分析"功能栏中可以看到该语料库的概况，如总字/词数、作文题目总数、各个国家和地区所占篇数、每年的作文数及作文题目
中大全程字库	检索界面中有错字字库、别字字库、似别字字库和不规范字字库等四类字库及上传功能。四类字库中都设置了自定义检索的功能。此外，在"使用说明"中还详细介绍了该语料库的概况、标注理念和代码，以及使用方法等	该字库的呈现页面根据汉字偏误类型而略有不同，如在错字字库和不规范字字库的呈现页面中，不仅展示了错字、不规范字，列出了偏误类型，在错字字库中还标明了错误部件和偏误原因。偏误汉字及其标注均以黄色显示。进行初步检索后，可以在统计功能中得到每个汉字的错字、别字、似别字、不规范字的总频次和总使用量，并自动计算各类所占比例。如果点击汉字后面的"看分布"和"看数据"，可查看四种偏误形式在"母语""性别""水平等级"这三个方面的具体分布情况	附加信息涵盖了偏误汉字所在的前后句文本、语料标题、语料收集时间，以及语料产出者的性别、水平、国籍和母语。同时还有原始语料的扫描版

[①] 全称"北京语言大学现代汉语语料库"，以下简称"BCC语料库"，系汉语母语语料库。网址：bcc.blcu.edu.cn。

（续表）

语料库	语料检索界面	语料呈现界面	语料附加信息呈现界面
暨大语料库[①]	检索界面分为初级检索和高级检索，两个界面都设置了根据学生的国籍和系别进行检索的选项。高级检索界面可以对两个关键词、框式结构或离合词进行定距检索	检索结果呈现为关键词居中对齐模式。点击"下载"，可以将所得语料保存为txt格式，且检索词已用特殊符号标示	文本中附有学生的背景信息，如国籍、母语背景、汉语水平等
全球库	该库是汉语中介语语料库建设与应用综合平台的语料检索部分。首页是平台界面，其左侧是平台功能选项，包括语料库检索、语料库建设、系统管理、个人工作室等；右侧是平台简介，包括全球库的规模、语料类型、标注内容、检索方式等。进入语料库检索页面，上面是语料检索、统计信息、用户反馈、帮助等选项，下面是语料库概况。点击语料检索，横列九种检索方式，可以满足不同的检索需求	可以针对汉语中介语全部语料或笔语、口语、视频熟语料、生语料，以及汉语母语语料进行检索。检索时可以设定学习者国籍、学习者母语、语料标题、产出日期、分数、文体等检索条件。检索到的语料包括偏误用例和正确用例。用户可以自主设定显示条数，语料可以自动随机下载500条。检索词以红色呈现，语料以单句或复句形式呈现	每条语料带有国籍、性别、母语、汉语水平，以及是否为华裔等11项学习者背景信息，题目、文体、分数等8项语料背景信息。帮助中有使用说明、标注代码、词性代码。统计分析包括词汇总、字汇总、性别汇总、国家和地区汇总、分类标注统计、语料形式分类统计，可以查看字、词的使用频次及各级字、词的使用情况

通过考察分析可以看出，以上四个语料库在语料库呈现界面的设计安排方面均取得了一些成功经验，比如在检索界面既有一般通用的检索模式，也有根据用户的个性化研究需求设置的自定义检索条件，可以检索各种语言单位、不同检索条件的正确或偏误用例。在语料检索结果呈现界面，不仅能看到检索词的前后文信息，还能看到语料的背景信息和语料产出者的背景信息，比如语料收集时间，语料提供者的性别、国籍、母语和汉语水平，等等。在附加信息呈现界

[①] 调研进行到后期时，此语料库网址已无法访问，故未得到更多详细信息。

第二十章 汉语中介语语料库呈现标准研究

面,用户不仅可以以语料库使用者的身份查看"原汁原味"的原始语料,还可以作为语料库建设的参与者和维护者建言献策、上传语料、直接标注或修改错误标注等。

以上语料库的呈现界面的不足之处也是显而易见的。首先,在检索界面设置方面,用户自主检索功能尚不全面,这导致有些中介语现象检索不便,甚至无法检索(张宝林,2010a;张宝林、崔希亮,2013、2015)。比如在语料库的检索界面,北语HSK语料库2.0版虽然从共时(按国家和地区,如图20-1所示)、历时(按年份,如图20-2所示)角度统计汇总了各类语言单位的偏误类型及其数据和频率,却没有让用户自主检索某个语言单位的功能设置,即只能"浏览橱窗",却不能"个性定制"。中大全程字库也从共时角度统计并呈现了每个汉字的正例数据、各类偏误数据,同时还允许用户自主检索个人所关注的汉字,了解其各种用例(如图20-3所示),但遗憾的是缺少供历时观察的检索及呈现功能。这样的功能缺失其实都是因为未全面考虑到用户的多样化使用需求,而用户基于这样的数据进行观察与研究,得到的结论也在某种程度上缺乏稳定性和普遍意义。全球库在这些方面则做出了诸多改进,可以查询任意词及其具体语料、该词出现的原文标题、词的等级、作者国籍等,可以按照总频次或偏误率排序,方便了用户的使用。

图20-1 北语HSK语料库 2.0版共时(按国家和地区)语言现象统计

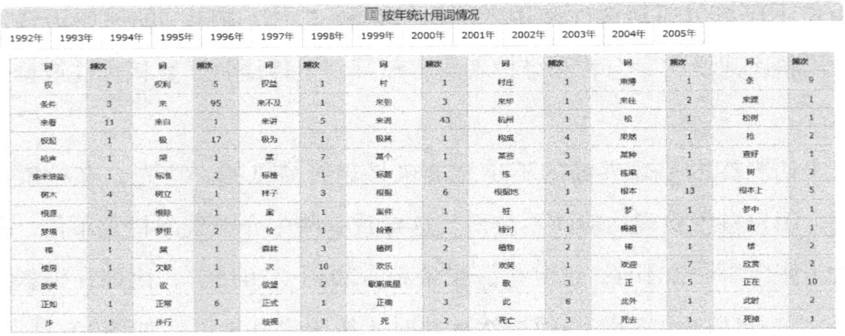

图20-2　北语HSK语料库2.0版历时（按年份）语言现象统计

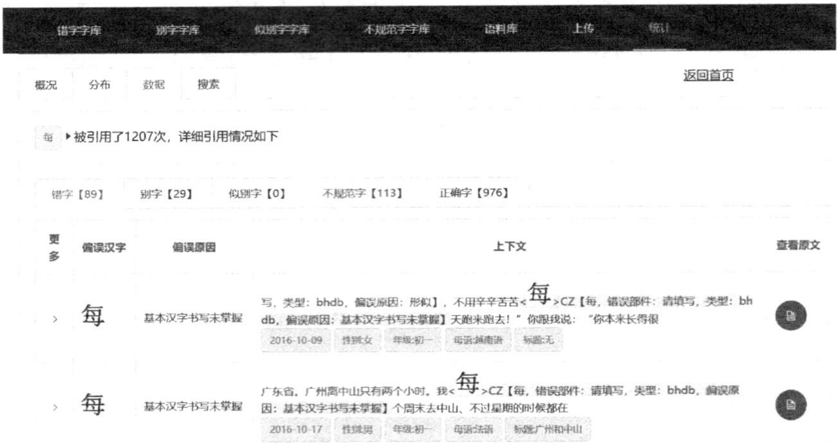

图20-3　中大全程字库单个汉字用例统计

其次，语料库的检索结果呈现界面尚需进一步便捷化，同时也要提升其人性化程度。比如北语HSK语料库2.0版（如图20-4所示），如果用户进行检索后未进行任何自定义检索条件的设置，检索结果中会呈现10条语料，在每条语料中有以红色标示的检索词，还有跟检索词无关的其他偏误标注信息，在语料下方则有以绿色标示的语料产出者的附加信息，等等。此种设置，虽说全面，但一则字体太小，二则堆积信息太多，很容易让用户产生视觉疲劳及阅读障碍。相比而言，中大全程字库的检索结果呈现界面则有更清晰的观感（如图20-5所示）。不过，两个语料库在此界面的呈现上还有一个共同的问题：虽然都附加了原版语料和标注版语料，但在检索字/词所在的逐条语料中依然存在着与检索词有关或无关的偏误标注信息，而且用户无法自主选择显示与否。任海波（2010）就曾建议，目前的语料库检索系统在提供例句时把所有的标注符号一起输出，这有它的必要性，但是它应该是使用者选择的一种结果而不是使用者面对的唯一结果。笔者也有此感，认为偏误标注信息，或至少与检索词无关的偏误标注信息的显示与否应允许用户自主选择。

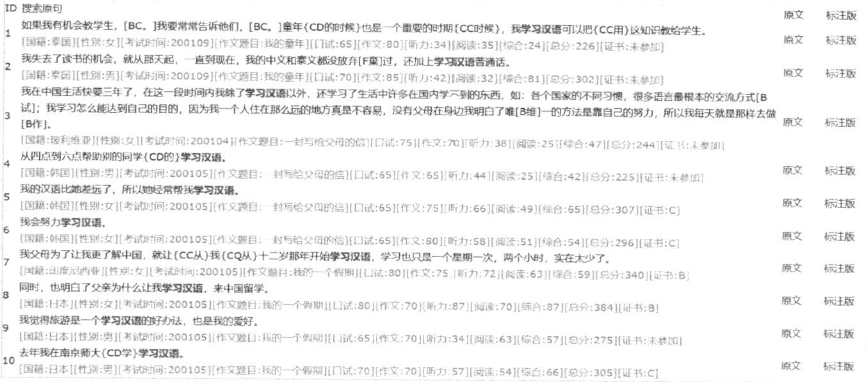

ID	搜索原句		
		原文	标注版
1	如果我有机会教学生，[BC。]我要常常告诉他们，[BC。]童年{CD的时候}也是一个重要的时期{CC时候}，我学习汉语可以把{CC用}这知识教给学生。 [国籍:泰国][性别:女][考试时间:200109][作文题目:我的童年][口试:65][作文:80][听力:34][阅读:35][综合:24][总分:226][证书:未参加]	原文	标注版
2	我失去了读书的机会，就从那天起，一直到现在，我的中文和泰文都没放弃[F棄]过，还加上学习汉语普通话。 [国籍:泰国][性别:男][考试时间:200109][作文题目:我的童年][口试:70][作文:85][听力:42][阅读:32][综合:81][总分:302][证书:未参加]	原文	标注版
3	我在中国生活快要三年了，在这一段时间内我除了学习汉语以外，还学习了生活中许多在国内学不到的东西，如：各个国家的不同习惯，很多语言最根本的交流方式[B试]；我学习怎么能达到自己的目的，因为我一个人住在那么远的地方真是不容易，没有父母在身边我明白了唯[B维]一的方法是靠自己的努力，所以我每天就是那样去做[B作]。 [国籍:玻利维亚][性别:女][考试时间:200104][作文题目:一封写给父母的信][口试:75][作文:70][听力:38][阅读:25][综合:47][总分:244][证书:未参加]	原文	标注版
4	从四点到六点帮助别的同学{CD的}学习汉语。 [国籍:韩国][性别:男][考试时间:200105][作文题目:一封写给父母的信][口试:65][作文:65][听力:44][阅读:25][综合:42][总分:225][证书:未参加]	原文	标注版
5	我的汉语比她差远了，所以她经常帮我学习汉语。 [国籍:韩国][性别:女][考试时间:200105][作文题目:一封写给父母的信][口试:65][作文:75][听力:66][阅读:49][综合:65][总分:307][证书:C]	原文	标注版
6	我会努力学习汉语。 [国籍:韩国][性别:女][考试时间:200105][作文题目:一封写给父母的信][口试:65][作文:80][听力:58][阅读:51][综合:54][总分:296][证书:C]	原文	标注版
7	我父母为了让我更了解中国，就让{CC从}我{CQ从}十二岁那年开始学习汉语，学习也只是一个星期一次，两个小时，实在太少了。 [国籍:印度尼西亚][性别:女][考试时间:200105][作文题目:我的一个假期][口试:80][作文:75][听力:72][阅读:63][综合:59][总分:340][证书:B]	原文	标注版
8	同时，也明白了父亲为什么让我学习汉语，来中国留学。 [国籍:日本][性别:女][考试时间:200105][作文题目:我的一个假期][口试:80][作文:70][听力:87][阅读:70][综合:87][总分:384][证书:B]	原文	标注版
9	我觉得旅游是一个学习汉语的好办法，也是我的爱好。 [国籍:日本][性别:男][考试时间:200105][作文题目:我的一个假期][口试:65][作文:70][听力:34][阅读:63][综合:57][总分:275][证书:未参加]	原文	标注版
10	去年我在南京师大{CD学}学习汉语。 [国籍:日本][性别:男][考试时间:200105][作文题目:我的一个假期][口试:70][作文:70][听力:57][阅读:54][综合:66][总分:305][证书:C]	原文	标注版

图20–4　北语HSK语料库 2.0版检索结果呈现界面

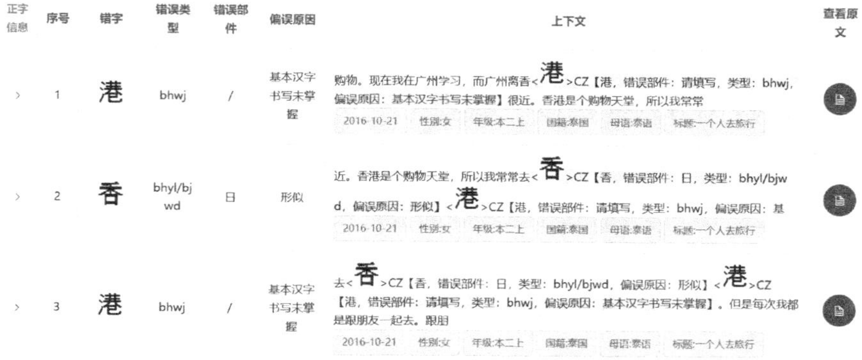

正字信息	序号	错字	错误类型	错误部件	偏误原因	上下文	查看原文
›	1	港	bhwj	/	基本汉字书写未掌握	购物。现在我在广州学习，而广州离香<港>CZ【港，错误部件：请填写，类型：bhwj，偏误原因：基本汉字书写未掌握】很近。香港是个购物天堂，所以我常常 2016-10-21　性别:女　年级:本二上　国籍:泰国　母语:泰语　标题:一个人去旅行	
›	2	香	bhyl/bjwd	日	形似	近。香港是个购物天堂，所以我常常去<香>CZ【香，错误部件：日，类型：bhyl/bjwd，偏误原因：形似】<港>CZ【港，错误部件：请填写，类型：bhwj，偏误原因：基 2016-10-21　性别:女　年级:本二上　国籍:泰国　母语:泰语　标题:一个人去旅行	
›	3	港	bhwj	/	基本汉字书写未掌握	去<香>CZ【香，错误部件：日，类型：bhyl/bjwd，偏误原因：形似】<港>CZ【港，错误部件：请填写，类型：bhwj，偏误原因：基本汉字书写未掌握】。但是每次我都是跟朋友一起去。跟用 2016-10-21　性别:女　年级:本二上　国籍:泰国　母语:泰语　标题:一个人去旅行	

图20–5　中大全程字库检索结果呈现界面

另外，不同语料库的语料标注代码不一致，如此呈现出的检索结果让用户理解不便，无所适从，平添记忆负担。比如北语HSK语料库2.0版和中大全程字库对偏误汉字的分类及标注代码就不同。详见表20–2。

表20–2 偏误汉字的分类及标注代码

语料库	错字	别字	多字	拼音字	不成形字	似别字	异体字
北语HSK语料库2.0版	C	B	D	P	#	无	Y
中大全程字库	CZ	BZ	无	无	无	SBZ	无

虽然并不是每一位用户都会关注这些烦琐细致的标注代码，但是对于那些专门研究语言偏误现象的学者来说，这种不一致难免会造成一些不便。而且，这也会为两个语料库的合作使用及资源共享带来一些障碍。对于此类问题，其实早有一些学者（张宝林，2010a；周文华，2015）进行了思考和讨论，但真正落实改进还有待于不同的语料库建设者在认识和行动上的碰撞与磨合，也有赖于语料库标注规范和建设标准的研制、宣传，以及学术影响的扩大。

对于语料库界面呈现问题，储诚志、陈小荷（1993）曾指出，语料库建设要注意用户界面友好，便于检索，并从汉字、词语、句子结构和篇章、语料属性四方面提出较为完备的构想。比如汉字方面，应可以检索任意属性范围内（不同国别、水平或年龄等）的汉语二语学习者的用字情况，并生成字表。任海波（2010）建议语料库的用户功能做到在检索语料时简单方便，在获取语料时足量快捷，在解读语料时清楚易懂；加工标注应该进一步完善，尽量做到标注符号表达方式的一致和标注结果的正确。张瑞朋（2013）提到，语料库建设应该注意的是最大限度保证语料的真实性、增强语料库的检索功能和检索便捷性。张宝林（2021b、2021c）专文探讨了语料库的检索方式和检索系统问题，提出了九种检索方式，并在全球库建设中予以实践（张宝林、崔希亮，2022），扩展了语料库的检索功能，极大地方便了用户的使用。上述种种建议与实践，都很有借鉴意义，对形成一套为学界普遍接受的语料检索系统研发标准具有重要的指导作用，并将最终推动语料库建设标准的形成。

三、汉语中介语语料库呈现标准构拟

所谓语料库的"界面友好"之界面即用户功能模块，是检索、统计和提取数据库中各种数据和信息的综合软件系统，用户通过该界面使用语料库。这个功能模块既包括检索方式界面，也包括检索到的语料及其标注符号的呈现界面，还包括语料附加信息（如学习者背景信息等）和其他附加功能（如对所得语料的下载保存等）的呈现界面。该界面面向用户，可以根据用户的需要，灵活地输出语料库中字、词、句、篇或语料属性等各种单项的或综合的数据，为用户的研究服务（储诚志、陈小荷，1993）。所谓"用户"包括语言学专业的研究人员，也涵盖一线教师、第二语言学习者等；也包括只是对语言教学与研究感兴趣的非专业人员。对于不同用户，语料库可以发挥不同的作用。对于研究人员来说，语料库是一种研究资源；对于教学一线的教师而言，它是一种教学资源；对于第二语言学习者，它则是一种学习资源；对于非专业用户，也可以由此了解二语学习者的习得情况和中介语面貌。如何让各类用户简洁方便地检索、获取、使用语料是语料库建设者在研发软件系统时必须要考虑的问题。鉴于此，本章在综合前人与时贤相关研究与建议的基础上，尝试对语料库的语料检索界面、检索结果呈现界面和附加信息呈现界面提出一些初步的呈现标准。

（一）检索界面呈现标准

1. 提供详尽完备的语料库相关简介和使用指南

张瑞朋（2013）认为，"一个语料库可以提供什么样的检索，关系到语料库能否为用户提供他们所期望的语言材料"。作为一个易于使用的语料库，用户注册登录后，首页即应有该语料库的相关简介和比较详尽的使用指南。简介中应包括该语料库的库容、语料来源和性质、语料的加工方式和标注代码等相关信息；使用指南应对各类语言现象的检索方式、关键词的设置和查询结果的保存方式等做出详细说明。本章认同这一观点。

2. 检索方式和检索单位的设置多层次、多样化

为了满足不同的研究需求，检索方式可以设置得更加多样化和人性化。如检索单位可以是字、词、短语、句、篇等，检索方式可以有字符串检索、按标注内容检索、按词性检索、对比检索等。在句子检索方面，应可以进行"把"字句、"被"字句等单个检索对象的句式的检索，也可以进行"是……的"句、"连"字句等两个检索对象的句式的检索，还可以进行"除……以外""拿……来说"等半固定结构和"用……做……""感到……歉意"等自由短语，以及"洗……澡""散……步"等离合词分开使用情况的检索。不仅可以检索与显示全部用例，也可以只检索并显示偏误用例或正确用例。这样可以更好地满足用户的教学与研究需求。

3. 提供共时对比、历时观察所需的检索和呈现方式

BCC语料库提供了词语的历时检索功能，用户只要输入某个词语，就可以看到该词语在不同年份的使用频率。这样的功能为语言的历时研究提供了极大的方便，汉语中介语语料库也可以考虑提供这样的检索方式。检索结果的共时对比是指可以对相近词语的检索结果进行对比，这样可以直观看到相近词语的搭配情况，进而研究其语义的细微差别。为了便于观察检索词左右的词语搭配使用情况，每条索引语料的呈现方式也应该多样化，如以检索词为中心左对齐、右对齐或居中对齐，全球库的对比检索、搭配检索具有此类功能。语料呈现时，可以用不同的颜色标示检索词；可以将标注版语料与原始语料进行链接，用户可以点击查询原文。如北语HSK语料库和中大全程字库中的每篇录入版或标注版语料都为用户提供了原始扫描图片，可以根据用户的需求放大或缩小，使用方便。

（二）检索结果界面呈现标准

检索到的语料呈现宽度不应超过电脑屏幕的宽度，以适宜人眼的阅读视域。每页显示的语料数量应分档设置，例如每页10条、30条、50条、100条等，用户可以自主选择。还应设置语料的自动下载功能，用户可以通过"点击下载"的方

式获取语料。这些设计带来的虽然只是一些小功能，但都是为用户着想、非常人性化的功能，可以为用户使用语料库提供便利，使用户得到更好的使用体验。

检索到的语料中呈现哪些标注内容、标注代码是否呈现，均应由用户根据自己的需求自主设定。例如，如果用户只研究"就"这个词的使用情况，那么输出的例句中若能不显示与此无关的标注代码和内容，将更利于突出研究的问题（任海波，2010）；或者也可以保留一个生语料版。

（三）附加信息界面呈现标准

语料的附加信息一般来说包括语料产出者的背景信息和语料本身的背景信息等。这些信息所应包括的内容与呈现方式标准构拟如下。

语料产出者的背景信息和语料本身的背景信息的呈现应全面而详尽。语料库建设的根本目的是为汉语国际教学与研究服务，为了实现此目的，语料应配有并呈现产出者信息（即学习者信息）和语料背景信息。主要包括：国籍、母语、第一语言、是否为华裔、年龄或年龄段、汉语水平、HSK成绩和证书等级、学习动机、学习环境（例如目的语环境或非目的语环境、汉字文化圈环境或非汉字文化圈环境）、语料形式（笔语、口语、视频）、语料性质（中介语语料、母语语料、考试语料、平时作文、日常口语交流等），以及语料产出的时间、地点和具体要求等。之所以将"国籍""母语"和"第一语言"都列入，是因为语言习得研究往往要考虑学习者母语对目的语习得的影响，虽然已设"国籍"一项，但对于多民族、多种族的国家来说，国籍并不能代表母语，有时候学习者的母语和其第一语言并不一致。

现有的语料库建设与应用研究实践表明，要将这些信息采集齐备存在较大困难，但它们能为包括教学研究、习得研究、中介语研究在内的应用研究提供更多的分析视角，使研究更加全面而深入，从而在很大程度上提升语料库的使用价值。随着汉语国际教学与研究的不断发展，为满足教学与研究需求，对语料库中的语料进行更加全面的加工标注越来越成为学界的共识，而这些学习者和语料的背景信息将使语料库中的语料信息更加丰富，为教学与研究提供更多的便利。例如，对于一线的汉语教师来说，经常要在真实的课堂教学开始前做好"三备"[①]中的"备学生"这一步，但这对于一些缺乏实际教学经验的教师来说是比较困难的。如果能为这些新手教师提供这样一个具有丰富背景信息的语料库，他们就可以事先根据相关语料来了解某一国别、某一水平等级或某一语言背景的学习者的学习特点及难点，从而有的放矢地制定相应的教学策略。

对于二语教学研究者来说，背景信息丰富的中介语语料库有助于他们拓宽研究思路。中介语理论表明，语言习得是一个从中介语状态逐渐趋近目的语的动态渐变过程；教育心理学的相关研究表明，学习动机对学生的学习表现和学习效果有很大的影响。因此，研究者不管在考察二语学习者的偏误情况还是整体习得情况时，若能从多种角度（比如母语或/和第一语言、目的语水平、学习环境、学习动机、学习策略，以及是否为华裔等）着手进行研究，可能会取得一些新的研究结论。

四、结语

对于语料库的呈现标准问题，以往虽有涉及，但尚无专题研究。本章在前人研究的基础上，专门探讨此问题，尝试为语料库建设提出语料及其相关信息的呈现标准，希望能为语料库建设提供一定参考。应予指出的是，最新建设完成的全球库"从为全球汉语教学与研究服务的宗旨到面向全世界各界人士免费开放的实际行动，从海内外学界合作共建的建设方式到'搭积木式'的动态建设策略，从标注语料约1.26亿字的庞大规模到笔语、口语、视频等3种中介语语料和母语语料齐全的语料类型，从10个层面的标注内容到9种检索方式，从实时统计丰富实用的统计信息到众包修改维护、升级迭代的崭新功能，该库的这些创意、设计与功能在以往的汉语中介语语料库建设中都是前所未见的，集中体现了

---

① 根据教育学通识，教学中的"三备"一般指"备教材、备学生、备教法"。

汉语中介语语料库建设所达到的新高度、新水平，开创了汉语中介语语料库建设的新篇章，是汉语中介语语料库建设2.0时代的典型代表"（张宝林、崔希亮，2022）。其在呈现标准方面也多有探索，取得了一定的成绩，值得研究与借鉴。

第二十一章　关于汉语中介语语料库软件系统的研发标准*

一、引言

在语料库的建设、组织、管理、运行、应用、维护过程中，软件系统发挥着十分重要的作用。例如语料检索是用户使用语料库的基本方式，检索方式的设计与设置是语料库软件系统研发的重要内容之一。与之相关的语料呈现与下载方式、背景信息的查询与呈现方式、数据统计及其查询方式、留言反馈的功能与实现方式、语料库系统安全等，均与软件系统密切相关。软件系统在相当程度上能够决定语料库的功能，作用关键，占据着语料库建设工作的半壁江山。

汉语中介语语料库建设一般由语言学专业人员主导，承担任务提出、总体设计、语料收集、标注规范制定与组织实施等方面的工作。由于专业领域所限，语言学专业人员一般对软件系统的研发关注不够，具体研究几近于无，更谈不上深入探讨。我们在中国知网中分别以"汉语中介语语料库＋软件系统""汉语中介语语料库＋研发标准""汉语中介语语料库＋软件系统研发标准""汉语中介语语料库软件系统＋研发标准"为检索式在总库的中文文献中进行查询，只有第1个检索式查询到5篇论文，其中学术期刊3篇，会议论文1篇，硕士研究生学位论文1篇。3篇学术期刊论文中的1篇只是将软件系统作为相关问题简要提及（张宝

---

* 本章作者张宝林。

第二十一章 关于汉语中介语语料库软件系统的研发标准

林，2019b），而非作为主要问题加以讨论；另2篇只是引用了这篇论文中的同一句话（李建涛，2019；童盛强，2020）。后3个检索式则未查询到任何数据[①]。作为建库主导者的语言学专业人员对软件系统的这种忽视致使语料库在语料检索与下载、系统的安全、维护与升级迭代，以及语料库的二次利用等方面均不同程度地存在问题，乃至缺陷。其中有些问题是很严重的，也曾造成十分严重的后果，例如语料标注的层面不平衡、数据统计不一致、语料库被攻击乃至被攻陷等，这些都会严重影响语料库的功能和使用价值（张宝林，2022a）。

软件系统存在问题的原因是多方面的，除建库主导者的问题之外，还包括：建库团队内部不同专业人员对相关问题的认识存在差异，又缺乏及时有效的沟通；对某些问题缺乏研究，尚无解决问题的有效途径与方法。汉语中介语语料库建设中普遍存在主观随意性，缺乏学界公认且有广泛指导意义的建设标准，这是汉语中介语语料库建设中的一个老问题，是存在上述一系列问题的根本原因。"这种随意性表现在许多方面"，例如语料的收集、语料和语料作者的背景信息的收集、语料规模、语料标注、标注的方法与代码、语料及相关背景信息的查询与呈现方式、分词和词性标注所使用的分词规范与词表、语料库的开放与资源共享等（张宝林、崔希亮，2015）。在软件系统研发方面也是如此，无标准、不规范。例如系统采用哪种编程语言？如何设置检索系统？检索到的语料能否下载？如何下载？是否设置不同权限？不同的建库者均根据各自的经验、认识与感觉，各行其是。而采取不同的做法，带来的效果与效益是截然不同的。例如标注代码是否采用XML或JSON格式，对语料库的资源共享、二次开发，以及"上网加工语料的时间"（于康，2016）等都会有所影响。至于如何设计以实现语料库的可成长性、如何确保系统安全运行、是否定期备份、本地备份还是异地备份等，更是缺乏有意识的考虑，没有未雨绸缪。

我们认为，针对上述问题，至关重要的解决方案之一是为语料库的软件系统研发制定标准，以促进软件系统研发的规范化、标准化、科学化。软件系统研发

[①] 查询日期：2022年4月2日。

应遵循哪些原则？针对并解决哪些问题？包括哪些内容？汉语中介语语料库建设与研究领域对这些问题几乎没有研究。本文将就这些问题进行探讨，提出意见与建议，以期抛砖引玉，引起学界的关注与讨论，促进问题的解决。

二、软件系统的设计原则

软件系统研发应满足下列基本原则。

（一）功能强大，满足需求

汉语中介语语料库的建设宗旨与根本目的是为汉语国际教学与研究服务。为此，其软件系统应设计周密、制作精良、功能强大，能够满足教学与研究的多方面需求。从用户使用的角度看，应具备语料检索与呈现、背景信息查询与呈现、数据统计、自动下载等基本功能。再进一步则可以增设辅助性语料分析、数据统计与分析、可视化图形设计、论文写作等扩展服务功能，使语料库具备辅助用户进行汉语教学及其相关研究的"个人工作室"功能。就语料库建设而言，还可设置语料上传、录写、标注、管理，以及语料库众包维护、升级迭代等增强功能。语料库的作用主要是为用户收集与检索语料提供便利，因此基本功能是语料库的必备功能，而扩展服务功能和增强功能则是可选功能。

（二）确保安全，正常运行

1. 软件系统必须符合网络安全的相关要求，不存在高危、中危漏洞，低危漏洞也应尽可能维持在最低水平。当软件系统出现中高危漏洞时，语料库管理方应在接到报告的第一时间做出响应，一般应在48小时之内进行处理，对系统进行安全加固，并确保其通过安全检查。从而确保语料库能够正常运转并对外开放，持续不断地为汉语教学与研究提供服务。

2. 软件系统必须定时进行异地备份，一旦发生语料库被黑客攻陷、锁闭的事件，应能在数小时之内重新部署语料库系统，迅速恢复开放。

（三）界面友好，简便迅捷

1. 语料库界面友好，易于理解，便于使用，使用户对其"一看就懂，一用就会"，而无须过多的专门学习。例如语料的使用者应该清楚标注的原则和代码的意义（Leech，1993），为了实现这一目标，标注代码的设计应简洁且便于理解与记忆。标注代码设计越简单，则标注后语料的可读性越强，对语料库的建设者与使用者来说越方便（赵焕改、林君峰，2019）。

2. 使用便捷，方式多样。语料库应具备多种使用方式，供用户根据自己的实际情况选用。例如语料库应有网络版和单机版、电脑版和手机版，以便于用户在不同条件下使用。用户使用语料库时可以注册，也可以不注册。根据用户是否注册，可以设置不同的使用权限。例如非注册用户可以登录语料库并进行检索与浏览，但不能下载检索到的语料；注册用户则不但可以检索、浏览，而且可以自动下载检索到的语料。语料下载可以设定数量限制（以不影响研究结论的科学性为条件），也可以无限制。下载语料时可以选择每条语料同时带有背景信息，也可以不带背景信息。如此设置可以满足用户的不同需求。

3. 检索、下载等操作响应迅捷，无明显的等待过程。有的语料库"检索一次要用一两分钟"（陈小荷，2021），那是很不方便的。

（四）整体结构合理，便于升级迭代

软件系统负责语料库各个组成部分的结构分布、衔接关联，以及语料库的整体运转。软件系统应采取模块化设计，便于不同类型语料的分别存放与处理，便于补充、增加新的功能与内容。例如，笔语语料、口语语料、视频语料、生语料、熟语料均应独立建库，并可以分别检索；某些类型的语料也应可以合并检索，如笔语语料和口语语料或视频语料中的词语对比检索；可根据需要增加新的标注层面，补充新的功能，例如话语标记标注。语料库应可以灵活扩展功能与规模，具有良好的可成长性，能够升级迭代为新库。

三、软件系统研发标准的基本内容

从语料库的功能和使用价值这一角度看，应结合以下几方面制定软件系统研发标准。

（一）整体结构

语料库在整体结构上应布局合理，具备可扩展性。语料库应由生语料库、熟语料库、背景信息库、统计信息库、软件系统等五个基本组成部分构成。生语料库用于存放手写语料的扫描图片（用电脑、手机书写的语料可以直接以电子版入库，无须图片），音频、视频等原始语料，以及只经过错字处理和字存疑处理的录入版或转写版语料；熟语料库用于存放经过各种加工处理的语料，如采用分版标注[①]方式，还需考虑各版语料之间的关联与协调；背景信息库用于存放语料产出者的背景信息和语料自身的背景信息；统计信息库用于存放各种统计数据；软件系统负责语料库各个组成部分的衔接、关联和语料库的整体运转。

"语料库建设与应用综合平台"是我们于2019年提出的一种语料库存在形式，包括语料库检索、语料库建设、系统管理、个人工作室等组成部分，集语料的上传、录写、标注、统计、检索、管理，以及语料库的众包维护、迭代升级等八大功能于一体。其中语料库检索部分即一般所谓语料库，供语料查询与下载之用。语料库建设部分承载语料库建设的所有相关环节与流程。系统管理包括人员管理、角色管理、语料分类管理、审核与汇总、标注员工作量统计等。个人工作室对用户而言可以管理自己的注册信息，进行语料分析与论文写作；对建库人员而言可以进行语料的录入与标注等工作。众包维护指用户在使用语料库过程中发现录写与标注等方面的错漏时可以即时予以修正，待语料库管理员审核确认后即可替代原有语料。这样可以使广大用户参与维护，从而不断提升语料库质量，让语料库更好地服务用户。迭代升级指的是语料库建设的一种新范式，即可以把建设新库转为补充、完善与升级旧库，从而大大节省了建设新库所需的人力、物

---

① 关于分版标注的含义与做法，见张宝林、崔希亮（2022）。

力、财力和时间。①

该平台具有软件系统集约化、建设流程标准化、建设方式网络化和一定程度的自动化、移植推广灵活化等特点（张宝林，2021d），应予以推广，使之成为2.0时代②语料库建设的主要方式。它的研发与存在也表明，软件系统对语料库功能的增强与改进具有重要作用，应予以特别重视。

可扩展性指语料库的结构和内容可以根据需要增减，不断完善。例如在笔语语料库的基础上可以增加口语子库；只有字、词、句、篇标注的语料库，可以增加语体、语义、语用、语音、体态语等其他语言层面的标注内容；检索系统可以根据需求随时增加新的检索方式。显而易见，语料库建设与应用综合平台要有较高的可扩展性，否则升级迭代就无法实现。

（二）语料标注

从软件系统研发的角度谈语料标注，只谈标注方法，不谈标注内容。因为前者和软件系统研发密切相关，后者则关系不大。

1. 自动标注

语料标注有人工标注、人标机助、机标人助、自动标注4种方法。早期汉语中介语语料库建设的标注方法为人工标注，目前主要是人标机助，而方向则是计算机自动标注。

所谓自动标注可以包括机器标注、机标人助、标注过程的自动化控制等。除技术成熟的自动分词和词性标注外，根据汉语中介语和中文信息处理水平的实际情况可以进行其他一些自动标注的探索和实验。例如繁体字和异体字，以及某些语体色彩鲜明的词语、句式的语体均可进行自动标注，且有比较好的标注效果；某些结构特征凸显的句类（例如疑问句、感叹句等有特定标点符号的句类）、句式（例如"把"字句、"被"字句、"比"字句、"使"字兼语句、"给"字双宾语句等有标志词的句式），在分词和词性标注基础上，也可以进行一定程度

---

① 详见全球汉语中介语语料库，网址：qqk.blcu.edu.cn。
② 关于汉语中介语语料库2.0时代的论述，见张宝林（2019a）。

的自动标注；中介语中的一些特有偏误现象，例如倒序词（"持支""决解"等）、外文词等在广泛收集整理之后也可以进行自动标注。而语料库建设与应用综合平台则可以实现"语料上传→审核→录写→审核→标注→审核→入库"流程的标准化与一定程度的自动化。

2. 标注符号

标注符号/代码应采用标准通用语言XML或通用格式JSON进行编码。XML是可扩展标记语言（Extensible Markup Language）的缩写，JSON是JS对象表示法（JavaScript Object Notation）的缩写。二者的作用是存储和交换文本信息，它们都采用独立于编程语言的文本格式来存储和表示数据，易于在不同的语言程序之间进行数据的交换。因此，标注符号应采用XML或JSON编码，便于不同语料库之间的资源共享，彼此移植，也便于语料库的二次开发与利用，这在语料库建设中具有重要意义。目前，在汉语中介语语料库建设领域，使用这两种技术的尚不多见，应充分重视，积极推广。

（三）语料检索

语料检索是用户使用语料库的基本方式。检索系统应方式多样，设计周密，操作简便，可供用户从多种角度查询所需要的语料，从而满足用户的使用需求。

目前语料库检索系统的研发思路与做法有两种。其一，检索界面只有一个对话框，需要查询什么即输入什么，例如BCC语料库。其二是设置类型较为丰富的检索方式，不同类型的检索方式有不同的查询功能，可以满足不同的查询需求，例如全球汉语中介语语料库。前者的特点是检索界面简洁而规则相对复杂，后者则是检索界面较为繁复但无须附设很多规则，可谓各有千秋。而就中介语语料库大多数用户的文科背景而言，后者较为适宜。（张宝林，2021b）

结合汉语汉字的特点，语料库的检索方式可以设置但不限于以下九种：字符串一般检索、分类标注检索、特定条件检索、搭配检索、按词性检索、对比检索、按句末标点检索、重叠结构检索、离合词检索。其中，前两种方式一般语料库都具备，但其查询能力有限，不能满足用户多方面的使用需求；后七种则弥补了前两种检索方式的不足，增强了对语料的查询能力。（张宝林，2021c）例如字符串一般检索只能检索带有"是"和"的"的句子，而无法检索"是……的"句，特定条件检索则弥补了这一缺陷。

（四）语料呈现与下载

用户检索到的语料应可以自主呈现，随需要而定。例如每页可以分别呈现10条、20条、50条、100条等；应可以带有语料作者和/或语料自身的背景信息，也可以不带；可以带有全部背景信息，也可以带有部分背景信息。

语料库应设置自动下载功能。下载数量可以无限制，也可以有限制。如果有限制，所能下载的语料数量应以不影响研究结论的科学性为条件：（1）随机下载；（2）检索到的语料如多于400条，则可下载的语料数量不得少于400条，以符合统计学的基本要求（张勇，2008）。

（五）数据统计

数据是事实，大数据是规律，语料库体现的是语言使用和研究中的大数据思想。从百万字、上千万字的语料中得出的各个语言层面的相关数据本身就是极具普遍意义的规律，对语言教学和研究来说都具有十分重要的意义。

语料库的数据统计可以有两种方式：预先统计和实时统计。预先统计是将统计数据做成表格放到语料库的相应部分，查询时调出。这种统计方法适用于规模较小、可以一次性完成全部建设工作的语料库，其优点是打开的速度很快。实时统计则是在每次查询语料时对相关数据进行即时统计。这种统计方法适用于规模大且动态建设的语料库，其优点是获取相关数据的即时性，不足则是统计速度相对慢一些。

不论采取何种统计方法，统计数据都必须全面、准确。全面是指语料及其背景信息所能提供且对教学与研究有参考价值的数据皆可统计，应有尽有；准确是指统计数据无误差或误差很小、可以忽略不计，且从各种角度对同一个语言现象所做的统计应具有一致性。如此，所得到的统计数据才具有实用价值。

（六）沟通反馈

语料库的建设目的是为汉语教学与研究服务，广大汉语教师、研究人员、汉语相关专业的研究生是语料库的主要使用者；以汉语为第二语言或外语的学习者则既是语料库所收集的语料的提供者，也是语料库的使用者或潜在使用者。一个语料库做得如何，是否好用，能否满足使用需要，广大用户经过实际使用所做出的评价最准确、最有意义，因此，及时听取用户的反馈意见非常重要。为了及时得到用户提出的问题、意见、建议等，语料库应设置沟通反馈功能，广大用户可以通过该功能随时反馈意见。语料库管理方应安排专人接收这些意见并根据实际情况及时予以回应、解答，或与用户就某些问题进行研讨。这样不仅有利于用户更好地使用语料库，对于吸取用户的合理建议、改进服务质量、增强语料库功能也是非常有益的。

（七）语料库维护

语料库是"语言大数据"（曹大峰，2019），基于大规模真实语料建设，在语料录入与转写、标注过程中难免会存在错漏增衍之处。对这些错误可以有3种处理方法：（1）在语料库建成之后专门组织人员进行质量评测，对错误进行审核修正。其优点是修正及时，便于用户使用；但仅适用于规模较小的语料库，对于规模庞大的语料库则因受限于人力、财力、时间等，实施难度较大。（2）在语料库的开放使用中注意记录用户发现与反馈的错误，随时修正，或积累到一定数量规模之后集中处理。其优点是针对性强，修正效率高；前提是广大用户遇到错误后能够及时反馈，语料库管理方则须有专人对反馈的错误进行记录。（3）基于众包理念，实行开放维护。语料库设置用户修改功能，由用户动手对使用过程中发现的各种错误进行修正，经语料库管理人员审核确认无误之后即可进入语料库替换原有语料。在这种"人人参与、协同创作"（付巧，2016）的众包理念之下，用户不但是语料库的使用者，也是语料库的维护者。这样形成良性循环，语料库的各种错误与问题不断被发现，并及时得到修正与解决，其质量即可不断提升，进而改进其服务功能。前提是用户有较高的参与热情，乐于持续地进行这种修正工作；用户还要熟悉相关知识与规范，以确保所做修改的正确性。语料库管理方需对此功能与做法进行大力宣传，鼓励广大用户参与。"众包（crowdsourcing）"概念的最初含义就是指企业或组织（crowdsourcer）通过公开呼吁，调动并运用大众（crowd）的创意和能力（Howe，2006）。维基百科20年来的发展与成长充分证明了这一做法的可行性与有效性。归根结底，这是一件"人人为我，我为人人"的事情，对每位用户都是有利的。

（八）系统升级迭代

一般来说，系统的升级迭代指语料库大的结构性改造或重要内容的增减调整。例如对建设方案进行重大调整、语料库基础结构发生变化、大规模增加语料、增加子库、扩展标注内容、系统性地改变标注规范、改变检索系统、增加检索方式等。升级迭代之后，语料库的版号通常会随之更新。

语料库升级迭代的内在驱动力是应用需求，而其技术支持则是计算机存储技术、运算能力的提升，编程语言、文件存储和交换格式的发展，以及互联网技术的不断进步。一个只收集了中高级阶段汉语学习者语料且只做了偏误标注的中介语语料库可以进行横向、静态的中介语偏误分析，而无法满足纵向、动态的习得过程研究的需要；一个只能检索离合词"合"的用法而不能查询"离"的用法的语料库也难以用于对离合词习得情况的全面考察。以往的语料库建设方式是"原子主义"的，即单个的、独体的、不可分的、一次性的（张宝林，2021b）。当遇到语料不系统、标注不全面、检索方式不完善而不能满足使用需求的情况时，即采取另建新库的办法来解决遇到的问题，其人力、财力、时间成本都是比较大的。而具备升级迭代功能的语料库则可以不断改进、完善、进化，而无须另起炉灶、重建新库。这要经济得多，灵活得多，能够更好地满足应用需求。

四、结语

语料库软件系统的研发是一项非常重要的研究工作,在语料库建设中占据着极为重要的地位。以往的汉语中介语语料库建设对此认识不足、重视不够、缺乏具体研究,导致语料库软件系统存在种种不足乃至缺陷,难以满足教学与研究的多方面需求。而探讨和制定软件系统研发标准对软件系统的具体研发工作具有十分重要的指导作用,对拓展语料库建设本体研究范围、提高语料库建设水平与效率具有重要意义。目前这方面的研究十分匮乏,需要学界提高认识,尽快开展这方面的研究。

语料采集标准、标注标准,以及软件系统研发标准对语料库建设具有规范和指导作用,但所谓"标准"仅仅是推荐性标准,而非强制性标准。其作用是告知大家建设语料库时"可以"这样做,而非"必须"这样做。例如语料库检索系统的两种研发思路和九种检索方式只是给大家提供参考,在具体的语料库建设中究竟采取哪种思路,设置哪几种检索方式,是要根据所建语料库的性质、目的,以及客观条件等因素通盘考虑,进而做出决定的。

第二十二章 "语料库建设与应用综合平台"的设计*

一、引言

(一) 语料库建设

汉语中介语语料库（以下简称"语料库"）建设发轫于20世纪90年代，其重要标志是1995年汉语中介语语料库系统的问世。"该系统的研制填补了汉语中介语语料库研究方面的空白，在汉语作为第二语言教学领域里取得了开创性成果，达到了国际领先的水平。"（本刊记者，1995）

汉语中介语语料库系统的问世及在其基础上取得的众多研究成果引起了学界的广泛关注，激励更多的学者和单位投入语料库建设。进入21世纪之后，特别是进入21世纪第二个十年之后，语料库建设呈现加速发展的态势，数量与规模有了较大的增长。建成与在建的语料库数量之多、类型之全令人瞩目。例如笔语语料库有HSK动态作文语料库（北京语言大学）、首都外国留学生汉语文本语料库（北京语言大学）、留学生中介语语料库（中山大学）、外国学生汉语中介语偏误信息语料库（南京师范大学）、韩国留学生汉语中介语语料库（鲁东大

---

* 本章作者张宝林，原载 *Applied Chinese Language Studies X*, London: Sinolingua London Ltd, 2021，收入本书时有改动。

学)、外国人汉语习得语料库(上海交通大学)、外国留学生汉语笔语语料库(北京华文学院)、TOCFL学习者语料库(台湾师范大学)等,口语语料库有汉语学习者口语语料库(北京语言大学)、小型外国学生口语中介语语料库(苏州大学)、语言习得汉语口语语料库(LAC/SC,香港中文大学)、根据电话口语考试建设的语料库(北京大学)、汉语中介语口语语料库(南京大学)等,汉字偏误语料库有华语学习者汉字偏误数据资料库(台湾师范大学)、汉字偏误连续性中介语语料库(中山大学)、非汉字文化圈国家学生错别字数据库网络应用平台(北京语言大学)等,笔语和口语结合的语料库有留学生汉语中介语语料库(暨南大学华文学院)、Guangwai-Lancaster汉语学习者语料库(广东外语外贸大学、兰卡斯特大学),笔语、口语和视频结合的语料库有全球汉语中介语语料库(北京语言大学及国内外多家汉语教学单位),语音语料库有汉语单音节语音语料库(北京语言大学)、面向计算机辅助正音的汉语中介语语音语料库(北京语言大学)。

可以毫不夸张地说,这个时期"汉语中介语语料库建设渐成高潮,'成为语料库研究中的热点'(谭晓平,2014),汉语中介语语料库建设正在跨入一个繁荣发展的重要时期"(张宝林、崔希亮,2015)。

(二)基于语料库的应用研究

语料库建设的发展推动了基于语料库的汉语作为第二语言的习得研究的不断发展,取得了众多重要的研究成果。仅以HSK动态作文语料库〔以下简称"HSK语料库")为例,在中国知网进行查询,依据该语料库进行研究发表的各类论文达3858篇(截至2019年5月26日)。图22-1和图22-2分别是该数据的相关分析图。

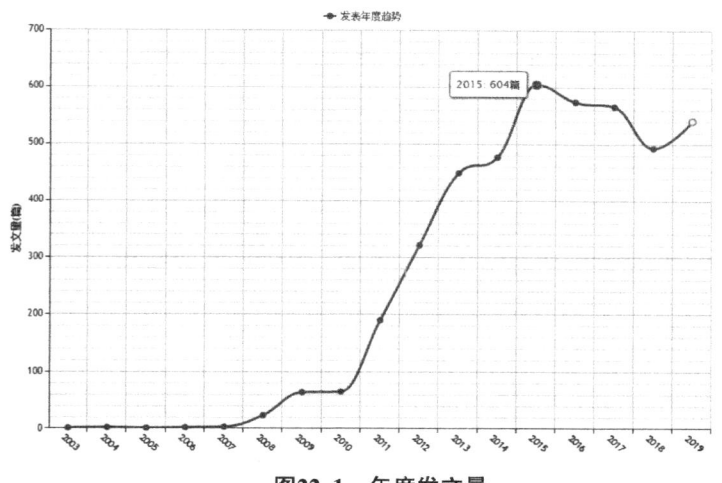

第二十二章 "语料库建设与应用综合平台"的设计

图22-1　年度发文量

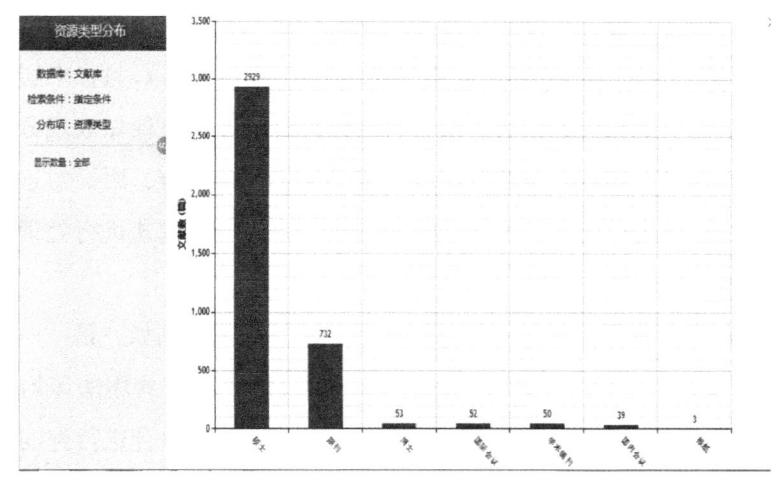

图22-2　资源类型分布

从图22-1看，HSK语料库于2006年底上线之后，基于该语料库的研究数量于2008年开始增长，2011年开始显著增长。此后每年的发文量都达到几百篇，于2015年达到峰值。2016年、2017年发文量有所回落，2018年明显回落，但每年的发文量仍在500篇左右。

从图22-2看，推高年度发文量的主要是硕士研究生的学位论文，约占总发文量的75.90%；其次是期刊论文，约占18.97%；两项相加占比达94.87%。其他来源的发文量都很少，合计约占5.13%。

基于一个语料库进行研究，每年发表数百篇论文，在汉语国际教育领域不可谓不多。然而联系汉语国际教育领域在语料库出现之前的教学与习得研究情况看，语料库更重要的意义在于，它把过去那种小规模、经验型、思辨性研究提升到了一个新的水平，即基于大规模真实语料的、定量分析与定性分析相结合的实证性研究，极大地提高了研究结论的客观性、稳定性和普遍性。

（三）存在的问题

语料库建设取得了引人瞩目的成就，但也还存在一些问题，尚不能满足教学与研究的多方面需求，这些问题也影响了语料库建设的进一步发展，应引起学界的充分重视。

1. 标注内容不全面，不能满足教学与研究的多方面需求。例如HSK语料库，只有字、词、句、篇、标点符号等5个层面的偏误标注，可以对这5个层面做偏误分析；但并未对与之相应的正确的语言现象进行标注，不方便做表现分析。至于短语、语体、语义、语用、辞格等层面，连偏误标注也没有，因而对这些层面的偏误考察也是难以进行的。有的语料库只对错别字和个别句式进行处理，其使用价值更为有限。

2. 检索方式太简单，不能对某些语言现象进行查询。例如"是……的"句、"连……也/都……"句、半固定搭配格式、离合词"离"的用法等均不能直接查询，也不能按词语组合进行查询，更不能按词性及词性组合进行查询。

3. 某些设计不够人性化，使用不方便。例如检索到的语料不能自动下载，只能逐页人工复制保存，增加了人的劳动强度；用户不能根据自己的使用习惯自主调整每页显示的语料条数；用户遇到语料录入或标注错误，不能加以修正；缺乏反馈与沟通功能，用户对语料库的设计与功能的看法、意见、建议等无法表达，不利于语料库功能与质量的改进。

4. 网络安全不达标，因而不能开放，严重影响用户使用。2016年和2017年这一问题十分突出，HSK语料库因此停止对外开放，用户反映强烈。基于该语料库进行研究发表的文章数量下滑，与此有十分密切的关联。

5. 缺乏标准，随意性强，存在低水平重复。以往的语料库建设一般都是根据建设者，特别是项目负责人的专业知识、研究目的与经验进行，对语料是否标注、标什么、怎么标等问题缺乏专业性的见解，完全根据自己的主观认识进行建设，所建语料库差异很大，功能不完善，不能满足广大用户的使用需求。此外，大多数语料库建设过程秘而不宣，建成后也并不开放，其建设经验无法为新的建设者吸收与借鉴。在建设新的语料库时，建设者只能从头摸索，甚至把前人走过的弯路再走一遍，是非常典型的低水平重复，造成人力、物力、财力的极大浪费。

6. 大规模语料库的建设周期很长，无法及时投入使用。语料库建设的一般程序是语料收集、语料录入、语料标注、系统开发、语料入库。其基本特点是所有建设环节逐一展开，整库一次建成。这种建设方式适合建设语料规模小、建设周期短的语料库，而非常不适合建设语料规模大、建设周期长的语料库，因为其使得语料库不能及时投入使用，不能满足广大用户的需求。

二、平台设计

（一）设计目标

本章所谓"语料库建设与应用综合平台"指"汉语中介语语料库建设与应用综合平台"，是一个包括语料库建设与应用两大功能的计算机软件系统。本章对该平台的功能与结构进行全面设计。

（二）设计宗旨

推动语料库建设的科学化与标准化，提高语料库建设效率和水平，更好地为汉语教学与研究服务，满足教学与研究的多方面需求。

（三）设计理念

1. 系统安全，确保运转

平台须确保没有高危、中危漏洞，严格控制低危漏洞，能够通过安全检查，从而保证语料库能够正常运转，对外开放，满足用户的使用需求。

2. 功能强大，满足需求

对基于语料库的研究而言，语料库的功能和使用价值取决于标注内容的全面性，即对词、短语、句、语篇、语体、语义、语用、辞格、文字、标点、语音、体态语等各个层面都进行标注，才能满足用户在教学与研究中的多方面需求。

3. 界面友好，使用方便

语料库界面简洁，用法简明，易于上手，便于使用。不仅能进行一般字、词、句的检索，还能做多种特殊语言现象的检索，乃至多种角度的组合检索；用户可以自主决定呈现语料的同时是否呈现作者和语料的背景信息，以及呈现的多少；具备自动下载功能；等等。

4. 开放维护，实行众包

语料库建设过程中，语料的录入与标注难免存在一些疏漏，乃至错误。一般来说，语料入库上网之后，这些问题很难再予修正，特别是大规模的修正，因而语料库质量的改进与提高很难实现。倘若用户能在检索、使用语料过程中对其中的错误进行修改，依据众包理念把对语料库的维护变为人人可为之事，则会从根本上改变这种状况。

5. 动态建设，边建边用

语料规模小、标注内容简单的语料库可以在较短时间内一次性建成，而语料规模相对很大、标注内容相对很多的通用型语料库建设周期则要长得多，难以满足用户及时使用的现实需求。因而可以采用"搭积木"式的动态建设策略（张宝林、崔希亮，2013），逐步添加语料，逐渐丰富标注内容，把一个很长的建设周期分为若干个较短的建设过程，边建设边开放，以最大限度地满足用户的使用需求。

这样做的另一个好处是，可以在建库过程中随时听取用户的意见、建议与要求，及时改进，更好地满足教学与研究的实际需要。

6. 建设自动化，推动标准化

语料库建设自动化目前还只是一个愿景，除自动分词与词性标注具备实用价值并被广泛使用之外，其他层面的标注都还处于实验室水平。通过训练语料进行自动标注的思路早已提出，但实践者罕有，不但汉语中介语语料库建设领域尚无，母语语料库建设中也很少见。然而这是方向，需要不断探索，向前推进。

语料库建设的标准化尚属冷僻话题，研究者对此也有一些不同看法。但从存在低水平重复现象的情况看，语料库建设流程的标准化是迫切需要的，语料收集、录入、标注的基本原则也是需要明确的。由此来看，语料库建设的标准化是十分必要、无争议的。

（四）设计方案

为了解决上述问题，我们提出了"汉语中介语语料库建设与应用综合平台"的研发计划，并进行了周密的设计。

1. 软件系统基础架构

系统架构包括应用层、业务逻辑层、基础应用、公用模块等4部分。各部分的功能与相互关系如图22-3所示。

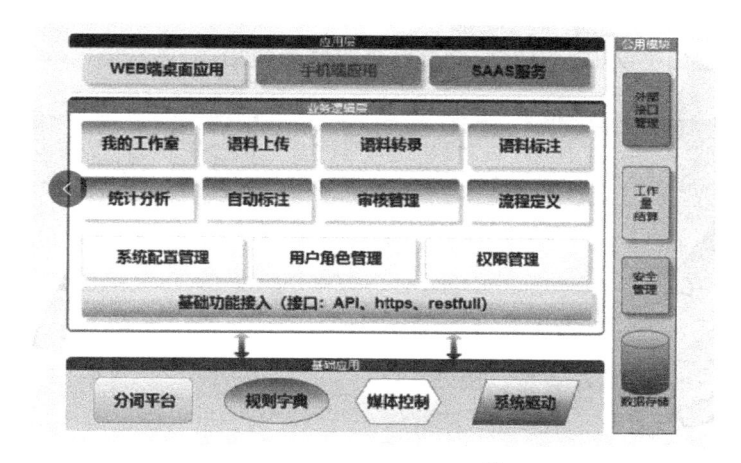

图22-3 平台基础架构[①]

---

① 参考郝振斌未发表的《汉语中介语语料库的技术实现及未来展望》。

2. 详细业务流程

业务流程包括语料上传、录入与转写、标注、入库，每个环节都需要审核，以确保工程质量。各环节的内容、执行人与顺序关系如图22-4所示。

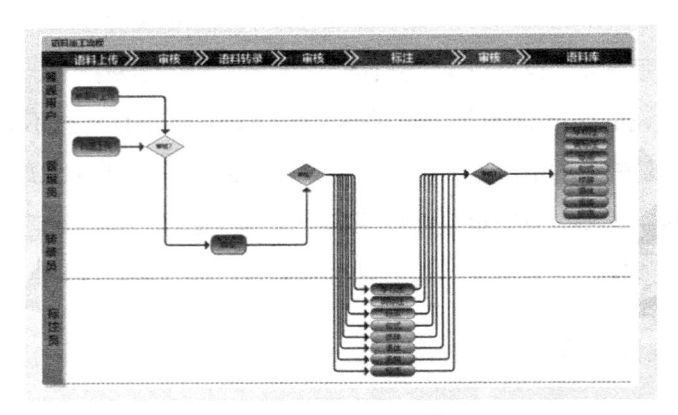

图22-4　业务流程①

三、平台功能

（一）网址

汉语中介语语料库建设与应用综合平台的网址为：qqk.blcu.edu.cn。该平台还在建设中，但建成部分已可以登录使用。

图22-5　平台登录页

---

① 参考郝振斌未发表的《汉语中介语语料库的技术实现及未来展望》。

（二）特点

1. 软件系统集约化

集约化也可以称之为集成化，指该平台实现了诸多功能的集成。首先是语料库建设与应用的集成，该平台既可以进行语料库建设，也可以进行语料的检索与查询，乃至分析、归类、统计等。其次，平台集语料的上传（包括语料的单篇上传和批量上传）、录入与转写、标注、统计、检索、管理等六大功能于一体，体现了集约性。在标注方面，采取了全面标注（包括字、词、短语、句式、句子成分、语篇、语体、修辞格、标点符号、口语和视频语料的语音标注，以后还会增加语义、语用、视频语料的体态语标注）、分版标注、自动标注等标注方式，采用了"偏误标注＋基础标注"的标注模式。检索方面，除一般的字、词、句检索和按标注内容检索，还有特定条件检索（包括特定句式检索、半固定结构检索、复句检索）、词语搭配检索、按词性检索等检索方式。

2. 建设流程标准化

语料库建设是否需要标准化？能否标准化？怎样标准化？这些问题既应该在语料库建设的本体研究方面加以讨论，更需要在建库实践中进行探究与实验。平台在全球汉语中介语语料库的建设中对标准化的做法进行了尝试，取得了很好的成果。具体体现在以下四个方面。

（1）步骤环节标准化。从图22-4可见，语料的上传、录入与转写、标注、入库是固定的程序，每个步骤完成后都要经过审核才能进入下一个环节，从而保证了流程的严谨，也在一定程度上保证了工程质量。

（2）标注内容标准化。从图22-6可见，在平台中标注内容是明确的，也可以说是标准化的；这些内容尚不够全面，以后还拟增加语义、语用和体态语标注；而根据不同的建设目的与目标，删减一些标注内容也未尝不可。

汉语中介语语料库建设标准研究

图22-6 标注内容

（3）标注方法标准化。平台中嵌入了标注工具，可以采用"一键OK"的方式进行标注，不但简洁方便，而且保证了标注代码的完整性和一致性，这是标注方法上的标准化；而多版标注可以使标注员根据自己的意愿、特长与研究兴趣标注相应的内容，在标准化基础上又保证了一定的灵活性，有利于调动标注员的工作积极性。

（4）检索方式标准化。语料检索是用户使用语料库最基本的方式，是语料库发挥其功能与作用的最重要的环节之一，强大的检索功能可以在很大程度上提升语料库的使用价值，具有十分重要的意义。

第一，语料库应具备"一般检索"功能，可以按照具体的字、词、短语、句子进行查询，例如查询"学""学习""学习汉语""他学习汉语两年了"。

第二，语料库应能按照标注内容进行查询，例如按照字、词、句、篇、语体、修辞格等进行查询。

第三，语料库应具备"特殊条件检索"功能，以便查询一些特殊句式、半固定结构和离合词等，如"是……的"句、"连"字句、"爱……不……"、"一……就……"、"睡了一个踏实觉"、"鞠了一个九十度的大躬"等。

300

第四，组合搭配检索，即可以查询某字、词前后搭配的字、词及其频率，并进行排序。

第五，按词性检索，即在机器进行自动分词和词性标注、人工审核修正以确保质量的基础上，可以实现按词性检索，考察不同词语与词类的搭配情况。例如按照"把/p（介词）、把/m（量词）、把/v（动词）、把/n（名词）""a（形容词）、u（助词）、d（副词）""a + n（形容词 + 名词）、d + v（副词 + 动词）、d + n（副词 + 名词）"等方式进行查询。

总体来看，平台的突出效益是：可以使新的建库者充分了解语料库的建设内容、过程与环节，并据此设计相应的建库方案，按部就班地进行语料库建设，而无须从头摸索，避免再走弯路。

3. 建设方式网络化与自动化

平台是一个计算机网络系统，把语料库建设的所有内容与环节都放到了互联网上，在最大程度上实现了语料库建设的网络化。这种建库方式特别适合多单位参与的大型语料库的建设。

平台把语料库建设的内容和所有环节做成了一个由程序控制的自动化过程：语料的上传、录入与转写、标注、入库在程序上都是自动控制的，每个环节只要通过审核就自动进入下一个环节，入库之后自动进行各类数据的统计；用户查询到的语料数据也是实时自动统计的；繁体字与异体字标注、分词与词性标注、词层面的语体标注也都是先由机器自动标注，再由人工审核修正。

4. 移植推广灵活化

平台并非只能用于全球汉语中介语语料库的建设，而是具有广泛的适用性，任何语料库原则上都可以使用该平台进行建设，前提是对标注内容与代码进行相应的修改。

同时，平台具有良好的开放性，任何学界同人或汉语教学单位，只要承认并接受平台中的标注规范，都可以把自己持有的汉语中介语语料上传到平台，经过一系列的加工，成为全球汉语中介语语料库的组成部分之一。当然，通过对语料来源进行检索，也可以查到某人或某单位提供的语料，相当于某人或某单位的专属语料库。

四、结语

  语料库建设以往比较多地注重语料的收集与标注，对软件系统的开发相对而言重视不足，而实际上软件系统的开发对增强语料库的功能及提高其使用价值具有重要作用。高度综合化的"语料库建设与应用综合平台"不但可以充分发挥网络优势，贯彻众包与合作理念，集中力量建设大型语料库，而且能够大大促进语料库建设的自动化、规范化和标准化，提高语料库的建设效率与水平，在语料库建设中具有十分重要的意义。

第二十三章 语料库建设质量标准研究*

一、引言

语料库是重要的语言资源,是进行语言学、语言教学与习得研究的工具。其建设质量是语料库本身价值的体现,不仅关系到语料库的功能和使用价值,而且决定着研究结论的可靠与否。语料库建设质量如此重要,语料库建设领域对此问题却不够重视,缺乏专题研究。例如在中国知网中查询"语料库建设质量"相关论文,结果或者是"暂无数据",或者只是在相关研究中涉及或提及建设质量,专题探讨语料库建设质量的论文则尚付阙如[②]。对语料库建设质量不够重视、缺乏研究,必然会导致语料库功能不完善,使语料库在规模、质量、用法等方面存在诸多局限,不能完全满足用户的使用需求(张宝林、崔希亮,2015)。而语料库建设至今尚无统一的建设标准、标注规范,也无汉语中介语的分词规范与专用词表(张宝林,2013),这些可能都是语料库建设质量研究滞后的潜在原因。目

---

* 本章作者闫培,系北京语言大学2016级语言学及应用语言学专业硕士研究生,现为北京市丰台区新北赋学校教师。

[①] 检索时间:2022年10月30日。检索方式:1.框式检索,分别以"语料库建设质量"为主题、关键词、篇名,在"总库—中文—学术期刊"中进行检索,结果一无所获。2.句子检索,以"语料库+建设质量"为检索式,在"总库—中文—学术期刊"中进行检索,共找到46条结果。排除1则会讯、1篇讨论社会治理传播研究的理论体系问题的论文之外,只余44篇。其中包括语料库建设类论文33篇,语料库建设相关理论问题的研究论文3篇、其他问题的论文3篇,语料库应用类论文5篇。均是在相关研究中涉及或提及建设质量,专题探讨语料库建设质量的论文则尚付阙如。

前，《汉语中介语语料库标注规范（草案）》已经研制成功[①]，汉语中介语语料库建设用分词规范与专用词表也已得到若干研究[②]，而《汉语中介语语料库建设标准（草案）》尚未问世[③]，严重制约着语料库质量的改进与提升。本章认为建设大规模、高质量的汉语中介语语料库，必须有科学、规范、统一的建设标准的指导，这是建设高水平语料库的基本前提之一。本章将从总体设计、语料采集及录入和转写、背景信息、语料加工、检索方式、后期维护等角度专门探讨语料库建设质量问题，以期为语料库建设提供一些参考和借鉴。

二、总体设计的科学性

总体设计是在确定建设任务之后对语料库进行通盘考虑，设计全库建设方案，相当于描绘一张建设蓝图，涉及语料库建设的方方面面。例如语料库的建设规模、语料来源、语料标注、软件系统、使用方式，乃至人员调配、经费来源与使用、工程进度等。明确、清晰、可行的总体设计是语料库规划阶段最关键的一步，可以确保后续建库工作的有序展开。总体设计做得如何，从根本上决定了语料库所能具备的功能和所能发挥的作用。本章讨论其中语料库的平衡性和规模问题。

（一）语料库的平衡性

施春宏、张瑞朋（2013）指出代表性和平衡性问题是有关语料库的性质和功能的重要问题，是决定语料库质量的两个相互区别而又紧密联系的问题。对于中介语语料库而言，平衡性问题基本上可以覆盖代表性问题（只要所收语料满足真实性要求），平衡性问题才是中介语语料库建设过程中需要解决的关键问题。如何保证语料库的平衡性？平衡性用怎样的标准来确定？哪些可以作为衡量语料

---

① 详见张宝林等（2019）。
② 详见陈钊、刘悦、荣钟宁（2021a、2021b）。
③ 现已研制成功，见本书附录。

库是否平衡的因素？这些问题对提高语料库的建设质量具有重要作用，值得深入探讨。

就语料库建设而言，所谓平衡，不是指各种类型的语料在语料库中占有相同的比例，而是指语料库中各种类型的语料比例恰当，能反映现实语言生活状况。理想的情况下，这种比例能与每种类型的语言对实际语言生活的影响因子一致（何婷婷，2003）。何为"比例恰当"？如何实现"影响因子一致"？或可从如下两方面加以落实。

首先，语料国别的平衡性。HSK动态作文语料库中的作文总篇数为11,569篇，有12个国家学习者的作文语料的篇数在100篇以上，占总篇数的93.0%，其中日本、韩国学习者的篇数总和为7382，占总篇数的63.8%。这种国别分布的不平衡性，在一定程度上限制了研究者的研究范围。在汉语中介语语料库建设中，对语料抽样比例的合理性，目前还没有定论。在建库实践中，往往是根据研究目的、客观条件、个人主观认识等因素来决定各个国家汉语学习者的语料抽样比例，这种做法的随意性特征显著，很难达到语料在国别分布上的平衡。鉴于汉语学习者的国别分布本来就是不均衡的，合理且可行的做法是，根据汉语学习者的实际分布情况确定语料收集的比例。例如汉字文化圈国家、东南亚国家学习汉语的人数较多，自然产出的语料就占较大比例。非汉字文化圈国家及其他国家和地区的汉语学习者人数相对较少，总体上产出的语料自然也少。张宝林、崔希亮（2013）指出以各国汉语学习者的实际人数作为分层的依据，从而确定各国汉语中介语语料的抽样比例。按照这样的抽样方法确定语料比例更具有合理性，更能体现语料库的平衡性和代表性。

其次，汉语学习者水平的平衡性。任海波（2010）指出，一个较为全面的语料库应该平衡不同汉语水平的学生的语料，各个等级水平学生的语料都应该收录。现阶段建成的中介语语料库中，中山大学的留学生中介语语料库对学生汉语水平的分类比较详细，分初、中、高三个不同的水平阶段。根据学生的自然班划分为初1到初4，中1到中4，高1、高2，本2上、本2下、本3上、本3下、本4上。但因为初级阶段的学生本身输出就少，收集难度大，所以初级水平的语料偏少，中级较多，高级最多。语料的不平衡性在一定程度上削弱了语料库的连续性。由于汉语水平考试[①]只有HSK（高等）有主观性考试，HSK（初等、中等）则没有主观性考试，HSK动态作文语料库只能收录参加高等汉语水平考试的学习者的书面语语料，对于研究者而言就不能基于此语料库进行包括初等、中等水平学习者的历时层面的动态习得研究。暨南大学华文学院的留学生汉语中介语语料库有语料等级的划分，包括初（上、下）、中（上、下）、高（上、下）、本科、速成、速成基础、商贸、华教本一、华教本二等，这些等级仅仅标注在检索出的语料条目的后面，并没有在一个具体的文档中说明有哪些水平或阶段的学习者。其中，除了部分等级能够通过"初、中、高"等字眼表明学习者水平，其他只是学习者的学历、专业等，不能直观地判断学习者的具体汉语水平。这里还有不同学校所认定的初级、中级、高级水平之间是否等值或等价的问题。

在语料库建设过程中，应对收集到的语料的水平分布情况进行详细说明，并设置检索条目，允许对不同水平的语料进行有效的检索。对于用户来说，不了解语料库中各个水平或阶段的语料的分布情况，就很难从历时角度对学习者的习得情况进行动态研究，限制了其研究的角度。目前利用大多数语料库都能实现对语言现象的横向静态分析，为了对语言现象或个体学习者做动态跟踪研究，就需要所收集的语料具备连续性（张瑞朋，2012）。从汉语中介语语料库建设的现实情况看，初级阶段的学习者产出的成篇语料很少，中级阶段的学习者产出的语料则较多，高级阶段的学习者产出的语料最多，这是客观事实，是由学习者的实际汉语水平所决定的。如此看来，就较大规模的中介语语料库而言，按照学生水平收集的语料很难保证平衡性。可行的办法是，可依据语料库建设的目的，按照一定的比例收集语料，使初、中、高级阶段学习者产出的语料比例处于可比较的相对平衡状态。各个阶段语料的比例不一定绝对相等，只要其语料达到具备统计意义的数量即可。这样在基于语料库的研究中就可以按照原始语料的分布情况对学习者的习得情况进行分析，做出相应的判断。

---

① 指1988—2013年施行的由北京语言大学汉语水平考试中心研制的汉语水平考试。

（二）语料库规模的确定

语料库规模大小要从有效性和基于语料库的研究的实际需要两个方面来确定。施春宏、张瑞朋（2013）指出，语料库规模的有效性与质量参数有关，即对于一个千万字次的语料库，平均于5个语种和平均于10个乃至50个语种，其规模效应也许并不相同。语料库规模的大小与该语料库是封闭式的还是开放式的有很大的关系。其中，封闭式语料库的规模是完全固定的，是静态的；而开放式语料库则是动态的，可以根据研究的相关需要和语料库的建设目的等因素，随时增加新的语料，扩大语料库的规模。因此，若要建设大规模的语料库，应该在保证语料质量的前提下，建设开放式语料库。黄昌宁（1993）认为"语料库的功能依赖于库存语料的分布和规模，这一点是显而易见的，因为语料的分布直接影响到统计结果的适用范围，而库容量的大小则决定了统计数据的可信程度"。一般来说，语料库的规模越大，其研究价值越高。但是，如果语料的质量不能得到保证，垃圾语料就会随语料库规模的扩大而增多。相关统计表明，语料库达到一定规模后，语料库的功能并不会随着语料库容量的增加而增加。一个中介语语料库的规模到底需要多大？各部分的比例应为多少？目前并没有一个明确且公认的认识。语料库作为研究的工具，应该提供足量的语料，而足量不是针对语料库的总体规模大小而言的，而是针对特定的研究内容所需的语料规模大小和特定的专题语料库的规模大小而言的。现阶段，确定语料库规模大小的因素包括语料库的建库目的、资金、技术条件。所以，语料库的规模大小要根据实际研究需要确定，从语料库的建设目的、建设类型、建设用途等多个角度进行考量，在保证语料质量的基础上，尽可能通过局部足量的方法来满足专题研究的需要。

三、语料的真实性

语料是建设语料库的基础和前提，语料的真实性是语料库质量的集中体现。确保语料的真实性，不仅体现在语料采集环节，也体现在语料录入、转写等方面。

(一)语料采集的真实性

语料采集是一项庞大且复杂的工作。在采集过程中会受到各种外在条件的制约，因此很难达到真正的平衡和全面。杨惠中（2002：135）认为语料库建设过程中最根本的要求就是语料的真实性，指出"真实"有两层意思：一是要收集实际使用的文本，二是要收集符合条件的文本。本章认为真实性主要包括两个方面，其一是指语料必须是外国学习者产出的真实语料，其二是在采集的过程中必须忠实于语料原貌。

语料采集的一些客观条件会导致语料的非真实性。能够采集到的汉语学习者语料的性质/类型主要是写作或口语考试、练习（课上练习、课下练习）、作业和即兴话语等。考试语料本身存在不足，其一是为了应对考试、提高学生的考试成绩，教师可能在考试之前进行大量的、高强度的练习，让学生背诵一些相关的句型、模板、范文等，这种突击式的做法可能会使考试分数得以增长，但未必能真正提升学生的语言水平。其二则是学生在考试过程中的心理状态，例如紧张、焦虑等主观情感因素，以及考试时间、内容等客观因素，也会影响学生真实水平的展现。因此，通过考试获得的语料的自然性会稍差一些，并进而影响语料的真实性。为了克服考试语料的缺点，有的已经建成的语料库，如中山大学的语料库，在采集语料的过程中，采集了学生的日常写作语料，弥补了自然性较差的缺陷。日常写作语料不可避免地会存在模仿和抄写现象，教师在批阅作业或审查语料的时候难以判断其是否反映了学生的真实水平，因而会在一定程度上降低语料的真实性。在实际采集语料的过程中，首先应采集考试语料，并对相关任课教师进行调查研究——在相关考试之前，是否进行过有针对性的训练，以此判断语料是否反映了学生的真实水平；其次，可以在课堂上、在教师的监督下，让学生在不查阅相关参考材料的情况下，靠自己的真实水平来完成一些日常作业或者练习，这样产出的语料的真实性是可以得到保证的。

对于口语语料，为了保证语料的真实性，应尽最大可能采集即兴话语。如师生之间的课下谈话、学生之间平时的交谈与聊天儿等。这样的语料采集起来固然费时费力，也会受各种主客观因素的制约而不易采集，然而，为了提高语料的质量，保证采集到的语料真实、自然、可靠，提高语料库的建设质量，付出巨大的努力是值得的。同时，语料内容和话题的多样性是口语语料采集的重要原则之一。在采集口语语料时，为了增强语料话题的多样性、内容的丰富性，需要增加语料的话语类型，例如独白、访谈、辩论、谈话、对话等。

（二）笔语语料录入的真实性

把学习者手写的语料录入电脑，转换为电子文本形式的语料，即所谓语料录入。对笔语语料而言，在录入过程中必须确保语料的真实性，即在录入时要忠实于原文，保持语料原貌，在字、词、句、篇等层面不做任何改动，以避免语料失真。客观地说，在录入过程中产生一些错漏衍文在所难免。为了保证语料的真实性，一方面，录入员要认真、仔细、严谨地对待录入工作，尽最大努力把各种录入错误减到最少。另一方面，录入完成后要进行严格的人工校对，以确保语料录入的严谨与正确。还可以采取众包的办法：用户在使用语料库过程中发现录入错误，可以进行修改，经语料库管理人员确认后即可替换原来的字、词、句、篇等。

（三）口语语料转写的真实性

语料转写是针对口语语料而言的，即把音频形式的语料转写为电子文本形式的语料。对于口语语料而言，同样要保证语料的真实性，即要把学习者的口语语句如实地转写为文本，要保证转写的文本语料与学生的音频语料完全一致，不能有任何的改动。对语料中的错误发音、加音、减音、非语言信息等都要采取、遵循一定的办法与规则进行转写。口语语料的转写要比笔语语料的录入更难、更烦琐，因而更加费时费力。除此以外，为了保证语料本身的真实性和用户使用的便捷性，要将转写的文本语料和音频语料一一对应地放在语料库中。这样可以还原语料的声音形式，有利于相关研究者对语料中的语音现象进行针对性研究，从而大大提高语料的使用价值。如暨南大学华文学院口语语料库[①]，在文本框中输入

[①] 网址：https://huayu.jnu.edu.cn/corpus5/Default.aspx，目前该网址处于失效状态。

关键词进行检索时，可以同时检索到文本语料和音频语料，并可以点击播放音频语料。

四、背景信息的全面性

在语料库建设过程中，语料采集占有十分重要的地位，对语料背景信息的采集同样具有十分重要的意义。背景信息是否全面、有效，直接关系到语料分布范围与类型等信息的准确性，进而影响语料库的功能与使用价值。背景信息包括学习者（即语料作者）的背景信息和语料自身的背景信息。学习者的背景信息包括其个人因素：性别、国别、年龄、学习动机、学历、个性特征，以及是否为华裔等；语言背景：母语或第一语言、汉语水平及等级、其他外语及熟练程度、家庭语言背景等；个人学习汉语的经历：学习时长（开始时间、持续时间）、学习地点（母语环境、目的语环境）、在华时间长短等。语料自身的背景信息主要包括语料产出的课型、标题/话题、时间、语料性质（课上作业或练习、课下作业或练习、正式考试、模拟考试）、语料分数、语料规定时长或字数、语料种类（口语、书面语、视频等）。

语料背景信息越全面就越能提高语料库的使用价值。准确、全面地采集背景信息，需要事先制订好相关的采集方案，并根据建设目的、研究需要及相关的规范、标准等，对提供语料的相关人员进行询问或者问卷调查。

五、语料加工的正确性

汉语中介语语料库的基本加工内容包括偏误标注和基础标注：前者是对学习者产出的中介语中各种偏误现象的标注，后者则是对中介语中正确现象的标注。语料库的使用价值在很大程度上取决于语料标注的层面和质量。

第二十三章　语料库建设质量标准研究

（一）语料分词的一致性

对收入语料库的语料进行分词和词性标注是语料加工的一项重要内容，其加工质量关系到其他语言层面的加工，乃至语料库的检索效率，而正确分词又是词性标注的前提。高质量的语料库建设要确保语料分词的一致性，即同一个词或同一个结构在文本中保持相同的切分形式（董宇、陈小荷，2008）。分词不一致的现象不仅会影响语料分词的正确率，而且会引发连锁反应。因为语料库建设是一个系统工程，分词错误将影响到语料下一步的加工。为保证分词正确，在语料加工过程中，须使用分词一致性校验系统对分词结果进行检查和修正，并制定一系列的规则来处理分词不一致问题。还可以采取人工校对和机器自动校对相结合的方法，通过机器学习，自动获取分词的校对规则，进而自动对分词结果进行校对。这样既能提高分词的质量，又可以在一定程度上减轻人的负担与劳动强度，提高语料加工效率。

（二）语料标注质量

要提高语料的利用价值，关键是语料的标注（丁信善，1998）。而要提高标注质量，就要提高标注的一致性和准确性。语料的标注深度和质量直接决定了从语料中发掘的信息的丰富性，进而决定了语料库的功能和使用价值。要根据语料库的建库目的和原则制定标注规范，按照对教学科研有用、操作上可行及用户普遍接受等原则进行标注。恰当、合理的标注方式对语料标注质量有一定影响。除此之外，功能强大、便于使用的标注软件对提高标注的准确性和效率也具有重要作用。

1. 标注符号表达方式的一致性

标注的一致性要求标注语言的语法统一且简明。在标注语料的过程中，应当尽可能地保证标注符号表达方式的一致性。这对于研究者解读语料和编程者设计相应的算法都是有益的。

在标注语料的过程中，如何处理语料中的偏误，从理论上来讲，可以有两种不同的做法。其一是改正所有的偏误，把所有偏误信息保存在特定的标注符号中；其二是保留所有的偏误，而用标注符号指明偏误类型，需要改正的信息及其正确形式都存入标注符号中（任海波，2010）。不论哪种做法，都涉及标注符号的设计与使用。偏误标注需要对语料不同层面（标点、字、词、句、篇等）的偏误现象进行标注，标注符号的设计须统一，具有一致性，否则用户就难以理解标注内容。例如HSK动态作文语料库对于多词的标注，是把多余的词，即偏误形式放在标注符号中，如"然后肯德基的收入有所增加{CD了}"；对于缺词的标注，是把所缺的词，即正确形式放在标注符号中，如"随着社会{CQ的}发展，人们{CQ对}吃的东西很重视"。对偏误形式和正确形式采用了同样的处理方式，有可能使用户产生疑惑，增加用户解读语料的负担。而全球汉语中介语语料库主要采用了第二种偏误标注方式，用实心方括号表示多词或缺词，用标注符号指明偏误类型，将需要改正的信息及正确形式存入标注符号中。如："你真是【个】[Cd]我的好朋友。" "父亲带我去公园教【 】[Cq我]骑自行车。"这样既统一了标注方式，便于用户理解相关的标注规则，又保留了语料的原始面貌，使语料干净整洁，便于研究者进行相关的学术研究。

2. 标注内容的广度和深度

从用户的角度看，语料标注得越详尽越好，但作为标注者还要考虑标注的可行性。因此任何标注模式都是二者之间求得妥协的一种产物（郭曙纶，2011）。标什么，应综合考虑用户需要、建库目的、语料库类型、建库者自身的专业素养等，根据实际情况进行取舍，不一定每个语料库都必须从各个角度进行全面的标注。对于标注的全面性问题应从标注的广度和深度两个维度进行考量。

从标注广度看，每一种标注都可以为研究者提供一种分析偏误的视角，从而扩大语料库的使用价值。应该对可用于分析研究的视角进行探究与归纳，弄清楚其间的层次关系，对于不同层次，应设计、使用不同形式的标注符号。对可以从不同的角度进行标注的偏误现象，例如可以同时视为词、句或语篇层面的偏误的，应进行多版/分版标注（张宝林、崔希亮，2022），以保证标注的全面性。这样做也能避免标注员标注时的主观随意性和标注的不一致性，进而提高标注质量，更好地满足教学与研究的需要。

从标注深度看，在已经建成的中介语语料库中，偏误标注主要集中在汉字、词汇和语法层面上，语音、语义、语用和篇章层面的偏误标注很少，且标注的偏误类别有限。例如HSK动态作文语料库对于篇章的处理，篇章偏误只是粗略地界定为句子和句子之间在衔接方面的不顺畅，并没有对其进行详细的研究与分类，未免过于简单、笼统。这与语义、语用、语体等层面的语言理论不成熟，难以制定出详尽完善的标注集有关，更与对这些层面的习得情况考察不够、对相关问题缺乏全面深入的了解密不可分。就标注内容而言，应该标注哪些内容，首先要从语言本体理论出发，看其是否具有足够的理论支撑；其次也要看实际的习得情况。具体包括两个方面：其一是某个项目的语言现象是否足量，如果不足量，标注出来也没有什么实用价值；其二是语言学界对某个项目的理解是否清楚、是否统一。（张瑞朋，2012）可以采取的具体对策是：对于学界理解一致的项目，应结合语言学的相关理论进行准确的标注；对于一些争议较大的项目，则要全面深入地考察学习者的实际习得情况，以此为基本依据，以有助于教学科研为目标，并参考本体研究、教学研究的相关成果，择其善者而从之，进行标注。

3. 标注结果的正确性

保证标注结果的正确性，即可保证标注质量。相应的具体做法：一是制定科学、严谨、可行的标注规范，这是保证标注质量的基础和前提；二是采用针对标注内容的有效的审核检查方法，包括开发相应的审核工具来检验标注质量；三是确保标注员的专业素质，标注员应是汉语语言学相关专业的研究生或教师，以保证标注员有较高的专业水准；四是须对标注员进行严格、有效的培训，使其深入理解标注规范，熟练掌握标注方法与工具。徐琳宏、林鸿飞、赵晶（2008）曾使用交叉标注的方式保证标注的正确性，而交叉标注事实上保证的是两个标注员标注的一致性。一种可行的做法是让多个标注员对同一篇语料进行标注，然后对标注结果进行比较，保留大多数标注员一致的标注结果，通过相关专家的鉴定，将其作为标注标准的参考，并以此预测出标注结果。再通过将标注员标注结果和预测的标注结果进行对比，对标注员的标注质量进行把控。同时，采用用户修正的方法，让用户参与到语料标注的质量把控中来，这样也可以提高标注的一致性。对于分歧大的标注结果则要经专家评审组商议，构成专家评审组的主要是经过长期标注训练的专职的标注员，他们能够准确把握标准规范，并能做出准确判断。还须针对标注中遇到的问题细化标注规范、合理设计标注规范，增强标注规范的一致性、科学性。De Cock & Granger（2005）指出：为了最小化标注员的主观性，增强标注员之间的信度，必须要有连贯的偏误标注系统和详细的偏误标注手册。应对相关标注问题进行分析和归纳，在此基础上细化偏误标注规范。只有标注结果的正确性得到了保证，语料标注才有意义，语料库的功能和使用价值才能得到充分发挥。

4. 众包的标注理念

为了提高语料库的标注质量和效率，可以采用一种全新的标注理念，即基于众包理念，采用"社会标注"的方法，利用大众智慧来对标注过程和结果进行监控。一名标注员在网络平台上进行标注，其他标注员乃至所有进入该平台的人都能看到其标注过程，并就其标注内容发表自己的意见，甚至可以动手进行修改或者做出不同的标注，从而实现"人人互助"，提高标注的准确性。由于标注员在专业水平、工作态度，以及情绪（是否有压力、是否焦虑、是否疲劳、是否精神集中）等方面的差异，"社会标注"也存在主观性强、标注用户量大、标注行为难以控制等问题。因此，在开放"社会标注"之前，必须公布标注规范，制定相关的操作规程；在开放之后，必须对标注结果进行严格的质量检验。

六、检索方式的有效性

语料库能够提供什么样的检索方式，检索方式是否科学、简便、易用，检索结果是否有效，与用户需要的语料是否一致，与语料库的功能和使用价值密切相关，标志着语料库质量的优劣与建设水平的高低。

（一）检索方式的多样性

为了实现对库存语料的全面检索、对语料资源的充分利用，语料库的检索方式必须丰富多样，充分满足用户的多方面查询需求，以最大限度地实现语料库的使用价值。语料库一般都能通过字符串检索实现对具体的字、词、短语、句子及标注内容的检索，但这还不够，还远远不能满足用户的使用需要，例如HSK动态作文语料库1.0版和1.1版即不能检索离合词"离"的用法、各类重叠结构、"是……的"句等。因此，需要开发更多的检索方式，以实现对语料的有效检索。例如HSK动态作文语料库2.0版通过高级检索增加了一些新的检索功能，包括特定条件检索和词语搭配检索；暨南大学华文学院的语料库也设置了高级检索，通过正则表达式可以检索这样的例子：含有"我们"并且/或者/不含有"他们"的句子、"虽然""但是"间距大于5且小于10的句子；全球汉语中介语语料库则研发了字符串一般检索、分类标注检索、离合词检索、特定条件检索、词语搭配检索、按词性检索、词语对比检索、重叠结构检索、按句末标点检索等9种检索方式（张宝林、崔希亮，2022），在目前的汉语中介语语料库中是最多的。如此多样化的检索方式较为充分地实现了对语料的有效检索，大大增强了语料库的功能，提升了其使用价值，从检索方式与检索系统的角度提高了语料库建设质量。

（二）检索结果的显示与下载

检索方式之外，检索结果的显示和下载也与用户使用语料库的效果与体验密切相关，如果设计与设置得不好，同样会影响用户对语料库的使用，进而影响到语料库的质量。例如HSK动态作文语料库1.0版呈现的只有语料，没有背景信息，每页固定显示10条语料。有用户反映不知道语料的相关背景，研究受限，并希望自主设定语料显示条数。该库1.1版增加了每条语料的相关背景信息，2.0版每页可以显示10、20、50或100条语料，用户可以自主选择。检索结果底部有符号指示可直接跳转至下一页或用户指定的任意页，使用比较方便。用户还可以点击查看语料原文和标注版语料，语料原文即原始语料的电子扫描版图片。这样既保证了语料的真实性，也便于用户查询原文，进行汉字、语篇等方面的研究。

在语料的下载方式方面，暨南大学华文学院中介语语料库可以直接下载全部检索结果，或者按照用户自己的需求进行检索结果的下载，在"下载"框中输入相应的条数，即可直接下载，没有条数的限制，并且非常迅速。HSK动态作文语料库2.0版和全球汉语中介语语料库都规定，语料不足500条时可以全部下载，超出500条时则可随机下载500条。根据统计学相关原理，在置信度、标准差一定的情况下进行随机抽样，总体数量为5000以上时，样本量达到400即已基本稳定（张勇，2008）。因此，500条随机下载的语料是足以支持相关研究，保证研究结论的科学性的。在HSK动态作文语料库1.0版和1.1版中下载语料时，用户需要逐页人工下载，非常不方便。该库2.0版和全球汉语中介语语料库则设置了自动下载按钮，方便了用户使用，改善了用户的使用体验。这样的做法能够更好地满足用户的使用需求，更好地发挥语料库的作用与价值。

七、沟通与维护的及时性

语料库的后期管理与维护非常重要。因为语料库建成后，需要经过众多用户的使用与反馈才能发现存在的各种问题，进而解决这些问题。为了广泛听取并及时采纳用户的相关意见和建议，应在语料库中设置用户沟通反馈功能，以便于语料库的后期维护和改进完善，不断提高语料库的建设质量。例如全球汉语中介语语料库自建成开放3年多来，通过反馈留言功能，接收并答复了用户提出的900多个问题（截至2023年1月15日），并对语料库的相关功能做出了改进，使语料库的功能得到了增强，质量得到了提升。

八、结语

建设高质量的语料库取决于多种因素。首先应有统一的建设标准，以保证语料库建设的科学性、规范性，避免主观随意性和低水平重复建设。其中包括具有科学性和可行性的总体设计、语料收集标准、转写录入标准、加工标注标准、检索方式研发标准和检索结果的呈现标准。在语料收集、转写、录入等环节中，要确保语料的真实性，并在此前提下注重收集自然语料。要注重语料背景信息的全面性，根据建设目的、研究需要等因素确定背景项目，采集相关信息。语料库的有效利用在很大程度上取决于语料切分和标注的层次和质量，要保证分词结果的一致性，要保证标注结果的正确性。要注重学习者国别、母语和汉语水平的平衡性，以保证研究的可比性和结论的科学性。语料检索是用户使用语料库的基本方式，要确保检索方式的多样性与有效性，以实现语料库的使用价值。语料库的后期管理与维护非常重要，须广泛听取、采纳用户的相关意见与建议，不断提高语料库的质量。

第二十四章　关于汉语中介语语料库的资源共享问题*

一、语料库的作用与发展

自 1995 年第一个汉语中介语语料库"汉语中介语语料库系统"在北京语言学院（北京语言大学前身）建成以来，基于语料库的汉语国际教学研究、汉语习得研究、中介语研究得到了很大发展，形成了一批重要的研究成果。例如陈小荷（1996b）、熊文新（1996）、王建勤（1997）等是依据该语料库产出的最早的研究论文，分别对学习者副词"也"的偏误情况及影响因素进行考察、对学习者的"把"字结构进行表现分析、对学习者"不"和"没"否定结构的习得情况进行研究。这些研究得出了一些新的结论，深化了对相关问题的认识，集中体现了该语料库的应用价值。赵金铭、崔希亮、李泉等（2008）和张博、陈艳华、程娟等（2008）是基于该语料库取得的系统性研究成果。前者对差比句、"得"字补语句、趋向补语句、否定句的偏误现象与习得情况，以及介词、副词、量词的句法表现进行考察，发现了"纯粹定性研究中一些易被忽视的问题或不符合实际的地方"（赵金铭、崔希亮、李泉等，2008，前言）。后者针对汉语中介语词汇研究中存在的问题，"首次对汉语中介语词汇和与此相关的汉语词汇问题及词汇教学问题进行了较为全面系统的探讨"（张博、陈艳华、程娟等，2008，前言）。

---

* 本章作者张宝林，原载《汉语教学学刊》2022 年第 1 期，收入本书时有改动。

第二十四章　关于汉语中介语语料库的资源共享问题

基于中介语语料库，众学者在汉语中介语易混淆词、多义词、同义词、反义词、汉外词汇对比等方面，以及词典与教材的研究中取得了很多创新性成果。

这些研究成果使人们看到了语料库的作用与价值，引起了学界的广泛关注，激励更多的教师、学者和单位投入语料库建设，大大促进了汉语中介语语料库建设的发展。进入21世纪以来，HSK动态作文语料库（北京语言大学）、汉语学习者口语语料库（北京语言大学）、"非汉字文化圈国家学生错别字数据库"网络应用平台（北京语言大学）、面向计算机辅助正音的汉语中介语语音语料库（北京语言大学）、留学生中介语语料库（中山大学）、汉字偏误连续性中介语语料库（中山大学）、留学生汉语中介语语料库（暨南大学华文学院）、外国学生汉语中介语偏误信息语料库（南京师范大学）、韩国留学生汉语中介语语料库（鲁东大学）、汉语中介语口语语料库（南京大学）、语言习得汉语口语语料库（LAC/SC，香港中文大学）、TOCFL学习者语料库（台湾师范大学）、Guangwai-Lancaster汉语学习者语料库（广东外语外贸大学和兰卡斯特大学）等一大批语料库先后问世。特别是北京语言大学申报立项、国内外众多汉语教学单位和教师学者合作共建的教育部重大课题攻关项目"全球汉语中介语语料库建设和研究"的核心成果全球汉语中介语语料库，包括笔语、口语、视频三类语料，标注语料总规模已经达到1.26亿字，且仍在持续增加中，是汉语中介语语料库建设2.0时代[①]最具代表性的成果，具有里程碑意义。

可以毫不夸张地说，"汉语中介语语料库建设渐成高潮，'成为语料库研究中的热点'（谭晓平，2014），正在跨入一个繁荣发展的重要时期"（张宝林、崔希亮，2015）。

---

① 关于汉语中介语语料库1.0时代和2.0时代的划分及其特点，详见张宝林（2019a）。

二、语料库应用中存在的问题及原因

（一）语料库的开放与资源共享

包括汉语中介语语料库在内的各类语料库建设的发展与政府的支持和引导密切相关，各级政府科研管理机构对语料库建设十分重视。以国家社会科学基金项目为例，2004年以前，国家社会科学基金项目课题指南几乎不曾涉及语料库。但在2005年至2008年期间，课题指南在"汉语研究"的"历史语法词汇研究""计算语言学研究""对外汉语教学研究""少数民族语言研究"和"外国语言研究"等多个部分都谈到语料库问题，特别是在"对外汉语教学研究"部分明确指出，要"以语料库建设和多媒体、网络教学等现代教育技术研究和运用为突破口，指导和带动教学理论、学习理论的研究"[①]。并投以巨资，支持了许多语料库建设和应用研究项目。2012年，教育部重大课题攻关项目征题立项的50个项目中唯一一个语言学项目就是"全球汉语中介语语料库建设和研究"项目，这是语言学界破天荒的事件，在国家层面突显了对汉语作为第二语言教学领域中语料库建设与应用研究的高度重视。国家如此重视并支持语料库建设与研究，是希望其在科学研究、语言教学、社会发展、人民生活中发挥其应有的巨大作用，而发挥作用的前提则是语料库的开放与资源共享。

（二）语料库的封闭现象及其弊端

与国家这种推动语料库建设与应用研究发展的初衷背道而驰的是，很多受政府科研经费支持的语料库建设项目在语料库建成之后，并没有向学界和社会开放，而是成了少数语料库建设者的"自留地"，只供他们自己及其所指导的硕士研究生和博士研究生使用，对他人和外界则是严格封闭、绝对不允许使用的。

非常可惜的是，这种封闭现象并非个案，而是绝大多数，开放给大家使用的倒是极少数。以汉语中介语语料库为例，建成的语料库不下30个，而开放的只

---

① 详见2005、2006、2007、2008年度国家社会科学基金项目课题指南。

第二十四章 关于汉语中介语语料库的资源共享问题

有北京语言大学的HSK动态作文语料库、中山大学的汉字偏误连续性中介语语料库、暨南大学华文学院的留学生汉语中介语语料库,以及北京语言大学和国内外学界合作共建的全球汉语中介语语料库。

国家出巨资建设的语料库不能为学界和大众所用,反而成了建库者的个人资源。笔者认为,出现此种情况,究其原因,无非是建库者的本位主义、小团体主义,想要垄断资源,为"我"所用。既然是"我"费尽心力建设了语料库,那就应该由"我"垄断利用,进行研究,发表成果,以获得学术上的领先地位。

这样封闭语料库的弊端是巨大的:

1. 国家的宝贵投资未能取得广泛的社会效益和学术效益,未能实现国家在语言学和语言教学领域的科学技术发展方面的战略目标。各级政府科研管理部门的科研项目是根据国家当时的发展战略目标规划与制定的,是为国家发展、社会进步、人民生活幸福而设立的,项目完成后其研究成果(涉密者除外)就应当为社会所用,为之后的科研工作所用。而只有少数人使用语料库是无法达到这样的宏大目标的。

2. 造成学术资源的严重浪费。语料库是供语言教学和相关研究使用的学术资源,是工具,其价值在于使用:使用的人越多,产出的研究成果越多,其价值就越大;反之,其价值就越小。

相比于汉语学界的众多教师、专家、学者、研究者来说,建库团体人员有限,时间精力有限,研究能力和水平也有限,因而使用语料库所能开展的研究的内容和范围以及所能达到的研究水平也就十分有限。更多、更有能力的人想使用语料库进行各种相关研究却不可得,实在可惜、可叹。

3. 阻碍学术进步。我们今天所处的时代是大数据时代,而语料库正是大数据思想在语言和语言教学研究领域的集中体现,语料库的理念与思想就是大数据的理念与思想。语料库为语言和语言教学研究提供了定量分析的坚实基础,使语言和语言教学研究可以在大数据的基础上开展,从而使研究结论具有更强的客观性、稳定性和普遍性,把语言研究从以往那种小规模、经验型、主观思辨式的研究转变为基于大规模真实语料的、定量分析与定性分析相结合的实证性研究。

"语料库的使用,为语言学的研究提供了一种新的思维角度,辅助人们的语言'直觉'和'内省'判断,从而克服研究者本人的主观性和片面性,逐渐成为语言学研究的主流方法……语料库的使用扩展了语言学家的眼界,使他们看得更远,看得更细,从而使他们能够发现更多的语言现象,挖掘出更多的语言事实,把语言学的研究推向一个新的阶段。从某种意义上说,语料库的使用,是语言学研究的一次革命性的进步。"(霍斯顿,2006:D14~D15)这种认识与观点是有充分根据的,是恰如其分的,体现了语言学研究的巨大进步,更是社会与时代发展进步的重要体现。

然而,由于建库者的认识局限,语料库不能为学界广泛使用,无法进行这种基于大数据的定量分析与实证性研究,客观上导致语言学研究在一定程度上有所停滞,无法与时俱进。

4. 导致语料库建设的低水平重复,造成了人力、物力和财力的极大浪费。大多数语料库不开放,人们只能用少数开放的语料库;由于种种原因,当开放的语料库不能满足使用者的实际需要时,就只能下决心、想办法,另建语料库。实际上,那些已建成而不开放的语料库可能是可以满足使用者使用需求的,这就造成了语料库的重复建设。而语料库建设本身是一个涉及多学科、复杂庞大的系统工程。语料库的新建设者由于对语料库建设缺乏了解,毫无实践经验,因此要从头开始,逐步探索。在此过程中自然会遇到前人遇到过的困难,难免会重复前人犯过的错误,最后建成的语料库在设计思想、语料规模、标注内容与质量等方面可能还不如已有的语料库。这种情况属于典型的低水平重复现象,除了造成人力、物力、财力的浪费之外,没有任何实际意义。这种情况令人痛心。

有研究指出,"近十年来……虽然语料库数量众多,类型丰富,但可公开使用的语料库并不多","我们认为如何最大范围地实现语料库的资源共享模式,让语料库研究成果的受益群体最大化仍然是一个值得研究的课题"(谭晓平,2014)。斯言是矣。

三、解决问题的方法

早在21世纪初，当我们设计HSK动态作文语料库时，就提出了语料库建设的开放性原则（张宝林、崔希亮、任杰，2004）。语料库建成后，我们立即兑现承诺，向海内外各界人士免费开放；后来又应用户要求，取消了普通用户与高级用户的区分，提供了语料下载功能，全面开放了语料库。自2006年底语料库建成上网开放以来，为数以万计的海内外用户的研究工作提供了语料支持。截至2022年4月10日，仅在中国知网中检索，基于该语料库进行研究而发表的或与之有紧密关系的各类学术论文就有6064篇[1]，很好地发挥了其学术资源作用，推动了汉语二语教学、习得研究和中介语研究的发展，在汉语学界产生了广泛的学术影响，赢得了良好的学术声誉。我们为此感到欣慰。

2014年，在第三届汉语中介语语料库建设与应用国际学术研讨会的大会报告中，我们再次提出语料库应"免费开放，实现最充分的资源共享"的呼吁，并全面论证了资源共享的理据、途径与相关的知识产权、隐私保护等问题[2]。然而时至今日，响应者寥寥，语料库资源共享的问题如故，并未得到有效解决。

多年来，学界不断有学者提出语料库开放的诉求。近年来，要求语料库开放的呼声越发强烈，呼吁开放的语料库在类型上也并不限于汉语中介语语料库。这种呼声有其充分的合理性，因为语料库本来就"应该是一个可以被人类和科学研究者重用的、共享的资源"（郑家恒、张虎、谭红叶等，2010：6）。

中国是汉语的故乡，我们是汉语母语者，我们还是汉语教师，以及汉语中介语语料库的建设者。建设规模宏大、质量优异、方便易用的汉语中介语语料库并向全球开放，使之为汉语国际教学与研究服务，本来就是我们义不容辞的使命、责任与义务。我们责无旁贷，我们必须积极主动地承担起这个使命。我们不但应该有建设"最好最大"的汉语中介语语料库的雄心、能力与家国情怀，而且应该

---

[1] 检索范围：总库。检索方法：句子检索，同一句——HSK、动态作文语料库。
[2] 详见张宝林、崔希亮（2015）。

具备积极主动、全心全意为汉语国际教学与研究服务、与汉语学界共享语料库资源的胸襟与气魄。

近20年汉语中介语语料库建设的实践经验与理论思考使我们更深刻地认识到，语料库的开放与资源共享并不仅仅是一个思想认识问题，也不是一个单纯的道德与觉悟问题，更不仅仅是一个学术问题，它还是一个宏观管理政策问题，是一个涉及科技创新、教育改善、国家发展、社会进步的大问题。因此需要由政府科研管理部门制定相关政策、发布规定与命令，从国家层面解决这一问题。

可以采取的具体办法包括：

1. 由各级政府科研管理部门制定政策、发布规定：凡是由各级政府科研管理部门、高等院校、科研院所批准立项和资助的语料库建设项目，包括汉语中介语语料库和汉语母语语料库，乃至其他各种语料库，只要不存在涉密问题，建成后必须向学界与社会开放，免费供国内高等院校、科研院所、公民个人，乃至全球汉语学界浏览使用，并将此作为项目中检与结项的重要指标之一。

2. 对已经建成而未向学界与社会开放的语料库采取"回溯""倒追"等复审机制，以政府行政命令的方式要求其落实与执行政府科研管理部门发布的关于语料库资源共享的政策、命令与要求，向社会开放，而且是免费开放。

3. 由政府科研管理部门组织研制语料库建设与使用标准，通过法制化手段，使语料库的开放与共享成为行业标准。

值得欣慰的是，由北京语言大学申报并承担、由北京市哲学社会科学规划办公室批准立项并资助的北京市社会科学基金重点项目"汉语中介语语料库建设标准研究"已完成研究工作，并已提交结项申请材料。其中提出了《汉语中介语语料库建设标准（草案）》，包括以"对外开放，资源共享"为基本内容的使用标准。相信该项目通过结项以后，会对语料库资源共享问题的解决起到积极的推动作用[①]。

相关的知识产权与隐私保护方面的配套措施包括：

---

① 该项目已于 2021 年 9 月 20 日（结项证书所属日期）以"良好"等级顺利结项。

第二十四章 关于汉语中介语语料库的资源共享问题

1. 语料库免费开放,实现最充分的资源共享,欢迎任何人登录浏览与研究使用,唯一的条件是限于非商业目的。

2. 使用语料库进行教学与学术研究是语料库价值的体现,因而应欢迎并鼓励高等院校、科研院所乃至公民个人使用语料库,唯一的要求是在研究成果中注明语料来源。

3. 语料库中来自汉语教学单位的语料凡对正常的考试、教学不构成影响的应全文呈现;有可能构成影响的则不能全文公开,而仅以句子(包括单句和复句)形式呈现。

4. 尊重并保护语料产出者的个人隐私,其姓名信息不能公开;视频语料中的人物图像等如未得到当事人同意,也不能公开,除非采取了特殊技术处理,例如负片形式[①]。

如果上述认识与办法能够得以落实,语料库的资源共享问题即可彻底解决,从而更加充分地发挥语料库应有的作用,促进汉语教学与相关研究的发展。

---

① 这个做法是洛杉矶加州大学陶红印教授告诉笔者的。

参考文献

中文文献

鲍贵（2006）在线Cobuild检索和搭配取样器在外语教学中的应用，《外语电化教学》第6期。

北京语言学院"北京口语调查"课题组（1987）"北京口语调查"的有关问题及初步研究，《第二届国际汉语教学讨论会论文选》，北京：北京语言学院出版社。

本刊记者（1995）"汉语中介语语料库系统"研制成功，《世界汉语教学》第4期。

本·奈特（2020）剑桥学习者语料库建设：挑战及其解决方案（英文），《华文教学与研究》第1期。

曹大峰（2019）面向日语学习者的语料库建设与应用研究，"面向日语学习者的语料库建设与应用研究"国际研讨会，北京。

曹贤文（2013）留学生汉语中介语纵向语料库建设的若干问题，《语言文字应用》第2期。

曹贤文（2020）二语习得研究"需求侧"视角下的汉语学习者语料库建设，《华文教学与研究》第1期。

陈功（2011）语料库检索的模式、问题及启示，《当代外语研究》第10期。

陈海峰（2017）汉语中介语语料库的零位标注，《海外华文教育》第2期。

陈虹（2012）俄语语料库的标注，《中国俄语教学》第2期。

陈小荷（1996a）"汉语中介语语料库系统"介绍，《第五届国际汉语教学讨论会论文选》，北京：北京大学出版社。

陈小荷（1996b）跟副词"也"有关的偏误分析，《世界汉语教学》第2期。

陈小荷（2021）留学生汉语语料库杂谈，《语料库语言学》第1期。

陈钊、刘悦、荣钟宁（2021a）面向汉语中介语语料库的汉语分词规范研究，《第五届汉语中介语语料库建设与应用国际学术讨论会论文选集》，南京：南京大学出版社。

陈钊、刘悦、荣钟宁（2021b）面向汉语中介语语料库的汉语专用词表研究，《第五届汉语中介语语料库建设与应用国际学术讨论会论文选集》，南京：南京大学出版社。

程瑶（2016）英语学术口语话语中权势关系的建构，硕士学位论文，兰州理工大学。

储诚志、陈小荷（1993）建立"汉语中介语语料库系统"的基本设想，《世界汉语教学》第3期。

崔刚、盛永梅（2000）语料库中语料的标注，《清华大学学报》（哲学社会科学版）第1期。

崔希亮、张宝林（2011）全球汉语学习者语料库建设方案，《语言文字应用》第2期。

代霄彦、张昭、孟伟（2015）俄语语料库辅助俄语教学现状，《课程教育研究》第5期。

道格拉斯·比伯、苏珊·康拉德、兰迪·瑞潘（2012）《语料库语言学》，北京：清华大学出版社。

邓海龙（2016）赣南客家方言语音语料库及其检索平台的设计与实现，《考试周刊》第81期。

丁信善（1998）语料库语言学的发展及研究现状，《当代语言学》第1期。

董宇（2008）带标注语料库的分词不一致研究综述，《现代汉语》（语言研究版）第8期。

董宇、陈小荷（2008）基于词库与词法的分词不一致研究，《浙江教育学院学报》第3期。

段丽杰（2010）口语交际书面化的转写桥梁，《社会科学家》第10期。

范俊军（2015）少数民族濒危语言有声语档建设四论：关于语料采录和加工、技术培训等问题，《西北民族大学学报》（哲学社会科学版）第1期。

方芳（2012）精加工中介语语料库的设计研究，《乐山师范学院学报》第5期。

方淑华、王琼淑、陈浩然（2013）中介语语料库之建置及应用语料库于华语教学之实证研究，《第二届汉语中介语语料库建设与应用国际学术讨论会论文选集》，北京：北京语言大学出版社。

冯胜利（2010）论语体的机制及其语法属性，《中国语文》第5期。

冯志伟（2002）中国语料库研究的历史与现状，*Journal of Chinese Language and Computing*, Vol.12, No.1。

冯志伟（2010）从语料库中挖掘知识和抽取信息，《外语与外语教学》第4期。

冯志伟（2013）语言学正面临战略转移的重要时刻，《南开语言学刊》第1期。

付巧（2016）维基百科检索系统研究，《图书情报工作》第23期。

高亢（2019）布朗语料库族系对比及应用现状研究，《英语广场》第5期。

巩雪先、王晓红、任晓霏（2019）基于语料库的翻译汉语介词使用特征研究，《北京第二外国语学院学报》第1期。

顾晓波（2010）基于语料库的中介语研究述评，《辽宁中医药大学学报》第6期。

顾曰国（2002）北京地区现场即席话语语料库的取样与代表性问题，《全球化与21世纪：首届"中法学术论坛"论文集》，北京：社会科学文献出版社。

郭曙纶（2011）《汉语语料库的建设及应用》，上海：上海外语教育出版社。

韩毅、刘运同（2020）汉语学术口语语料库的创建与应用研究，《语料库语言学》第2期。

何丹（2012）三个汉语中介语语料库对比分析，硕士学位论文，中山大学。

何莲珍（1994）英语中"口"、"鼻"、"舌"、"齿"的习语用法：语料库研究的有趣发现，《浙江大学学报》（社会科学版）第4期。

何婷婷（2003）语料库研究，博士学位论文，华中师范大学。

胡凡霞、王雪莹（2013）HSK动态口语语料库的语料转写研究，《语言文字法制化、规范化、标准化、信息化建设：第七届全国语言文字应用学术研讨会论文集》，湘潭：湘潭大学出版社。

胡显耀（2007）基于语料库的汉语翻译小说词语特征研究，《外语教学与研究》第3期。

胡显耀、曾佳（2010）翻译小说"被"字句的频率、结构及语义韵研究，《外国语》（上海外国语大学学报）第3期。

胡晓清（2016）多维参照的汉语中介语语料库库群的建立构想，《第十届中文教学现代化国际研讨会论文集》，北京：清华大学出版社。

胡晓清（2018）国别化汉语中介语动态语料库建设理念、实践与前瞻，《山东师范大学学报》（人文社会科学版）第5期。

胡晓清、许小星（2020）韩国汉语学习者中介语口语语料库的建设及意义，《华文教学与研究》第1期。

黄昌宁（1993）关于处理大规模真实文本的谈话，《语言文字应用》第2期。

黄昌宁、李涓子（2002）《语料库语言学》，北京：商务印书馆。

黄昌宁、李玉梅、周强（2012）树库的隐含信息，《中国语言学报》第15期。

黄高超、严修鸿、吴文治（2022）基于汉语方言调查记录的传统知识研究，《文化遗产》第1期。

黄建传、宋柔（2007）标点句标注研究，《内容计算的研究与应用前沿：第九届全国计算语言学学术会议论文集》，北京：清华大学出版社。

黄菁菁（2015）汉语学习者声调语料库的建设与应用，硕士学位论文，华中师范大学。

黄立鹤（2015）语料库4.0：多模态语料库建设及其应用，《解放军外国语学院学报》第3期。

黄万丽、秦洪武（2015）英汉平行历时语料库的创建与语料检索，《当代外语研究》第3期。

黄伟（2015）多模态汉语中介语语料库建设刍议，《国际汉语教学研究》第3期。

［英］霍斯顿（2006）《应用语言学中的语料库》，北京：世界图书出版公司。

汲传波、刘芳芳（2015）留学生汉语书面语中的口语化倾向，《语言教学与研究》第1期。

贾益民（2007）海外华文教学的若干问题，《语言文字应用》第3期。

江荻（2006）藏语文本信息处理的历程与进展，《中文信息处理前沿进展：中国中文信息学会二十五周年学术会议论文集》，北京：清华大学出版社。

蒋琴琴（2019）近十年国内汉语中介语语料库建设研究概述，《海外英语》第6期。

蒋晓玲（2020）中国EFL学习者对doubt的使用研究：一项基于BROWN、LOB和WECCL语料库的研究，《绍兴文理学院学报》（教育版）第1期。

教育涉外监管信息网（2019）教育部国际司负责人就来华留学相关问题答记者问，http://jsj.moe.gov.cn/n2/1/1/1339.shtml。

金澎、吴云芳、俞士汶（2008）词义标注语料库建设综述，《中文信息学报》第3期。

兰美娜、熊旭（2018）48万人去年来华留学"一带一路"沿线国生源占半数以上，http://edu.people.com.cn/n1/2018/0330/c367001-29899384.html。

李斌（2007）中介语语料库建设中的语言错误标注方法，《暨南大学华文学院学报》第3期。

李桂梅（2017）"全球汉语中介语语料库"的平衡性考虑，《华文教学与研究》第2期。

李华剑、邓耀臣（2021）基于语料库的同一后缀不同构词过程的形态生成能力研究：以派生后缀"-ly"为例，《东北亚外语论坛（2022年第二季度论文合集）》。

李建涛（2019）泰国勿洞市孔子学院教学与文化传播活动研究，《钦州学院学报》第6期。

李启虎（2017）抓住信息时代机遇，促进人文计算发展，《中国科学家思想录·第十三辑》，北京：科学出版社。

李赛红（2002）解构英国国家语料库，《外语教学与研究》第4期。

李绍哲（2012）俄语语料库和基于语料库的语法研究，博士学位论文，黑龙江大学。

李文玲、张厚粲、舒华（2008）《教育与心理定量研究方法与统计分析：SPSS使用指导》，北京：北京师范大学出版社。

连乐新、胡仁龙、杨翠丽等（2008）基于中文宾州树库的浅层语义分析，《计算机应用研究》第3期。

梁丁一（2021）汉语中介语语料库口语及视频语料转写研究，《汉语中介语语料库建设与应用研究》（第一辑），北京：中国书籍出版社。

梁茂成（2015）梁茂成谈语料库语言学与计算机技术，《语料库语言学》第2期。

梁茂成、李文中、许家金（2010）《语料库应用教程》，北京：外语教学与研究出版社。

林君峰（2014）基于XML的汉语中介语语料库集成标注模式，第三届汉语中介语语料库建设与应用国际学术研讨会，福州。

林君峰（2015）云计算技术在中介语口语语料库建设中的应用，《对外汉语教学与研究》第1期。

刘冬民（2018）基于深度学习的印刷体汉字识别，硕士学位论文，广州大学。

刘剑、胡开宝（2015）多模态口译语料库的建设与应用研究，《中国外语》第5期。

刘静（2008）语料库与大学英语教学，《职业》第18期。

刘连元（1996）现代汉语语料库研制，《语言文字应用》第3期。

刘运同（2013）汉语口语中介语语料库建设刍议，《第二届汉语中介语语料库建设与应用国际学术讨论会论文选集》，北京：北京语言大学出版社。

刘运同（2016）常用口语转写系统的比较，《第三届汉语中介语语料库建设与应用国际学术讨论会论文选集》，北京：世界图书出版公司。

刘运同（2020）汉语口语中介语语料库建设中的两个关键问题，《华文教学与研究》第

1期。

刘运同（2022）汉语口语中介语语料转写若干问题探讨，《国际中文教育（中英文）》第2期。

陆萍、李知沅、陶红印（2014）现代汉语口语中特殊话语语音成分的转写研究，《语言科学》第2期。

Lindsay Bassett（2016）《JSON必知必会》，北京：人民邮电出版社。

毛文伟（2009）整合型学习者语料库平台的规划与实现：以中国日语学习者语料库CJLC的构建为例，《现代教育技术》第9期。

孟嵊（2012）我国语料库语言学研究现状及展望，《四川文理学院学报》第6期。

彭雪滢、李喜长（2022）基于CiteSpace的国内俄语语料库语言学研究进展的可视化分析，《欧亚人文研究（中俄文）》第1期。

邱文捷（2019）英语学术口语中"听话人回应标记"的语用变异研究，硕士学位论文，兰州理工大学。

任海波（2010）关于中介语语料库建设的几点思考：以"HSK动态作文语料库"为例，《语言教学与研究》第6期。

桑伯伦（2013）汉语中介语语料库中的标注拓展，硕士学位论文，复旦大学。

施春宏、张瑞朋（2013）论中介语语料库的平衡性问题，《语言文字应用》第2期。

宋春阳、郑章、李琳（2015）汉语中介语语料库偏误分类系统考察：以HSK动态作文语料库为例，《上海对外经贸大学学报》第2期。

宋慧莹、杜璇瑛（2022）基于COCA语料库的英语近义词探究：以furnish，accommodate和feed为例，《现代英语》第19期。

宋柔、葛诗利、尚英等（2017）面向文本信息处理的汉语句子和小句，《中文信息学报》第2期。

宋孝才（1987）谈"北京口语调查"，《世界汉语教学》第2期。

宋余亮（2006）俄语现代标注语料库的理论与实践，硕士学位论文，中国人民解放军外国语学院。

苏晓俐（2015）近十年国内外学习者语料库建设情况及研究述评，《疯狂英语》（教师版）第1期。

孙茂松（1999）谈谈汉语分词语料库的一致性问题，《语言文字应用》第2期。

邰东梅、郭力铭、孙迪（2015）中医汉语中介语语料库与中医汉语教学研究，《现代语文》（语言研究版）第9期。

谭晓平（2014）近十年汉语语料库建设研究综述，第七届北京地区对外汉语教学研究生论坛，北京。

唐萌（2015）面向汉语辞书编纂的大型通用语料库构建研究，硕士学位论文，鲁东大学。

陶红印（2004）口语研究的若干理论与实践问题，《语言科学》第1期。

田清源（2005）汉语学习者口语语料库计算机系统设计，《全国第八届计算语言学联合学术会议（JSCL-2005）论文集》，北京：清华大学出版社。

田清源（2011）《HSK考试管理信息化及基于统计的考试质量控制》，北京：北京语言大学出版社。

童盛强（2020）中介语与汉语作为二语教学，《教育现代化》第20期。

汪兴富、Mark Davies、刘国辉（2008）美国当代英语语料库（COCA）：英语教学与研究的良好平台，《外语电化教学》第5期。

王芳、王晔、李文中（2005）COLSEC的转写与标注对口语语料库建设的启示，《天中学刊》第5期。

王惠、朱纯深（2012）翻译教学语料库的标注及应用："英文财经报道中文翻译及注释语料库"介绍，《外语教学与研究》第2期。

王建勤（1997）"不"和"没"否定结构的习得过程，《世界汉语教学》第3期。

王建新（1999）谈谈英国国家语料库的设计与内容，《解放军外国语学院学报》第S1期。

王建新（2005）《计算机语料库的建设与应用》，北京：清华大学出版社。

王洁、宋柔（2008）HSK动态作文语料库偏误标注方法研究，第四届全国学生计算语言学研讨会，太原。

王俊杰（2022）英语通用语语力修饰语研究，硕士学位论文，太原理工大学。

王立非、孙晓坤（2005）国内外英语学习者语料库的发展：现状与方法，《外语电化教学》第5期。

王学梅（2019）OCR文字识别系统的应用，《现代信息科技》第18期。

王韫佳、李吉梅（2001）建立汉语中介语语音语料库的基本设想，《世界汉语教学》第1期。

王臻（2007）俄语语料库语言学研究现状与瞻望，《中国俄语教学》第2期。

卫乃兴、李文中、濮建忠（2007）COLSEC语料库的设计原则与标注方法，《当代语言学》第3期。

吴福焕、林进展、周红霞（2016）新加坡教育专用语料库的建设与应用，《华文教学与研究》第3期。

吴伟平（2010）语言习得汉语口语语料库（LAC/SC）的建设与实用研究，首届汉语中介语语料库建设与应用国际学术讨论会，南京。

吴侠（2020）宏事件视角下"V到"的认知构式语法研究，硕士学位论文，广西大学。

毋育新、李瑶（2021）基于日语自然话语语料库的语用学研究新视点：《面向自然话语分析的语用学研究：使用BTSJ语料库》介评，《日语学习与研究》第5期。

武金峰（2002）关于建立"哈萨克族学生汉语中介语语料库系统"的设想，《伊犁教育学院学报》第4期。

肖丹、杨尔弘、张明慧等（2020）汉语中介语的依存句法标注规范及标注实践，《中文信息学报》第11期。

肖航（2010）现代汉语平衡语料库建设与应用，《华文世界》第106期。

肖航、钟经华（2015）汉语盲文语料库建设方案，《语言文字应用》第3期。

肖奚强（2011）汉语中介语研究论略，《语言文字应用》第2期。

肖奚强、周文华（2014）汉语中介语语料库标注的全面性及类别问题，《世界汉语教学》第3期。

谢家成（2004）小型英汉平行语料库的建立与运用，《解放军外国语学院学报》第3期。

谢靖、陈静、王东波（2014）齐普夫定律在中文短语知识中的呈现，《情报学报》第1期。

谢楠、张笛（2017）汉语儿童多模态口语语料库建设研究，《外语电化教学》第5期。

熊文新（1996）留学生"把"字结构的表现分析，《世界汉语教学》第1期。

徐琳宏、林鸿飞、赵晶（2008）情感语料库的构建和分析，《中文信息学报》第1期。

许汉成（2005）俄语语料库的新发展，《中国俄语教学》第1期。

许家金（2007）"兰卡斯特汉语语料库"介绍，《中国英语教育》第3期。

许家金（2019）美国语料库语言学百年，《外语研究》第4期。

许津彰、王琛、宋继华等（2021）英语母语者汉语口语语料的采集分析与语料库构建，《云南师范大学学报》（对外汉语教学与研究版）第1期。

荀恩东、饶高琦、肖晓悦等（2016）大数据背景下BCC语料库的研制，《语料库语言学》第1期。

颜明、肖奚强（2017）论汉语中介语语料库建设的基本问题，《语言文字应用》第1期。

杨颢、徐清、邵帮丽等（2021）一种基于端到端模型的中文句法分析方法，《苏州科技大学学报》（自然科学版）第2期。

杨惠中（2002）《语料库语言学导论》，上海：上海外语教育出版社。

杨瑞和（2015）《英语语言文学研究：应用语料库语言学》，昆明：云南科技出版社。

杨翼、李绍林、郭颖雯等（2006）建立汉语学习者口语语料库的基本设想，《汉语学习》第3期。

杨振鹏（2018）基于中文宾州树库的依存句法分析器的比较，《太原城市职业技术学院学报》第12期。

尤易、曹贤文（2022）20年来国内外学习者语料库建设及应用研究分析，《国际中文教育（中英文）》第2期。

于康（2016）"TNR化汉语学习者偏误语料库"的开发与实践，《第三届汉语中介语语料库建设与应用国际学术讨论会论文选集》，北京：世界图书出版公司。

语信司（2007）语言文字信息处理国家标准《信息处理用现代汉语词类标记规范》发布出版，《语言文字应用》第2期。

袁丹、吴勇毅（2015）汉语中介语动态追踪有声数据库建设的基本设想，《对外汉语教学与研究》第1期。

袁毓林（2001）计算语言学的理论方法和研究取向，《中国社会科学》第4期。

约翰·辛克莱、王建华（2000）关于语料库的建立，《语言文字应用》第2期。

詹卫东、郭锐、常宝宝等（2019）北京大学CCL语料库的研制，《语料库语言学》第1期。

张宝林（2006）"HSK动态作文语料库"的标注问题，《数字化汉语教学的研究与应用》，北京：语文出版社。

张宝林（2008）"外国留学生汉语学习过程语料库"总体设计，《数字化汉语教学进展与深化》，北京：清华大学出版社。

张宝林（2010a）汉语中介语语料库建设的现状与对策，《语言文字应用》第3期。

张宝林（2010b）回避与泛化：基于"HSK动态作文语料库"的"把"字句习得考察，《世界汉语教学》第2期。

张宝林（2010c）基础标注的内容与方法，《数字化对外汉语教学实践与反思》，北京：清华大学出版社。

张宝林（2011a）通用型汉语中介语语料库的标注模式，《语言文字法制化、规范化、标准化、信息化建设：第七届全国语言文字应用学术研讨会论文集》，湘潭：湘潭大学出版社。

张宝林（2011b）外国人汉语句式习得研究的方法论思考，《华文教学与研究》第2期。

张宝林（2012a）"HSK动态口语语料库"总体设计，《语言测试的跨学科探索》，北京：华语教学出版社。

张宝林（2012b）关于汉语中介语语料库建设的若干重要问题，《数字化汉语教学：2012》，北京：清华大学出版社。

张宝林（2013）关于通用型汉语中介语语料库标注模式的再认识，《世界汉语教学》第1期。

张宝林（2014）关于汉语中介语语料库建设的基本原则，《汉语测试的理论与实践创新研究》，北京：世界图书出版公司。

张宝林（2016）再谈汉语中介语语料库的建设标准，《语料库语言学》第1期。

张宝林（2017）汉语中介语口语语料库建设的现状与任务，《科技与中文教学》第2期。

张宝林（2019a）从1.0到2.0：汉语中介语语料库的建设与发展，《国际汉语教学研究》第4期。

张宝林（2019b）关于汉语中介语语料库的应用问题，《语言教学与研究》第2期。

张宝林（2020）中介语语料库建设研究新探，《华文教学与研究》第1期。

张宝林（2021a）"HSK动态作文语料库2.0版"的设计理念与功能，《语料库语言学》第1期。

张宝林（2021b）汉语中介语语料库检索系统透视，《天津师范大学学报》（社会科学版）第6期。

张宝林（2021c）汉语中介语语料库的检索系统，《汉语中介语语料库建设与应用研究》（第一辑），北京：中国书籍出版社。

张宝林（2021d）"语料库建设与应用综合平台"的设计，*Applied Chinese Language Studies X*, London: Sinolingua London Ltd.。

张宝林（2022a）关于汉语中介语语料库软件系统的思考，《天津师范大学学报》（社会科学版）第4期。

张宝林（2022b）扩大汉语中介语语料库语料来源的途径，《国际中文教育（中英文）》第2期。

张宝林（2022c）关于汉语中介语语料库的资源共享问题，《汉语教学学刊》第1期。

张宝林、崔希亮（2013）"全球汉语中介语语料库建设和研究"的设计理念，《语言教学与研究》第5期。

张宝林、崔希亮（2015）谈汉语中介语语料库的建设标准，《语言文字应用》第2期。

张宝林、崔希亮（2018）关于汉语中介语语料库标注规范研究的新思考：兼谈"全球汉语中介语语料库"标注规范的设计，《第四届汉语中介语语料库建设与应用国际学术讨论会论文选集》，北京：世界图书出版公司。

张宝林、崔希亮（2022）"全球汉语中介语语料库"的特点与功能，《世界汉语教学》第1期。

张宝林、崔希亮、任杰（2004）关于"HSK动态作文语料库"的建设构想，《第三届全国语言文字应用学术研讨会论文集》，香港：香港科技联合出版社。

张宝林等（2019）《汉语中介语语料库标注规范研究》，北京：北京大学出版社。

张博、陈艳华、程娟等（2008）《基于中介语语料库的汉语词汇专题研究》，北京：北京大学出版社。

张禄彭、孙爽（2017）俄罗斯计算语言学视阈下的新型语料库撷英，《中国俄语教学》第1期。

张煤（1997）英国国家语料库与英语口语研究，《山东外语教学》第3期。

张普（1999）关于大规模真实文本语料库的几点理论思考，《语言文字应用》第1期。

张仁霞（2015）美国当代英语语料库（COCA）在词汇教学中的应用价值，《齐齐哈尔大学学报》（哲学社会科学版）第4期。

张瑞朋（2012）留学生汉语中介语语料库建设若干问题探讨：以中山大学汉字偏误中介语语料库为例，《语言文字应用》第2期。

张瑞朋（2013）三个汉语中介语语料库若干问题的比较研究，《语言文字应用》第3期。

张瑞朋（2016）汉语中介语语料库中的汉字偏误处理研究，《语料库语言学》第2期。

张瑞朋（2022）留学生中介字数据库建设若干问题讨论：以中山大学留学生全程性中介字数据库为例，《华文教学与研究》第2期。

张姝、杨沐昀、郑德权等（2007）面向奥运的多语语料库构建，《黑龙江省计算机学会2007年学术交流年会论文集》。

张姝、赵铁军、杨沐昀等（2005）面向事件的多语平行语料库构建研究，《计算机应用研究》第11期。

张彦（2018）影响讯问笔录客观真实性的语言转写问题，《证据科学》第5期。

张勇（2008）样本量并非"多多益善"：谈抽样调查中科学确定样本量，《中国统计》第5期。

赵焕改（2022）需求导向的汉语继承语学习者语料库建设研究，《国际中文教育（中英文）》第2期。

赵焕改、林君峰（2019）关于汉语中介语语料库标注代码的思考，《海外华文教育》第1期。

赵金铭（2013）国际汉语教育的本旨是汉语教学，《汉语应用语言学研究》（第2辑），北京：商务印书馆。

赵金铭、崔希亮、李泉等（2008）《基于中介语语料库的汉语句法研究》，北京：北京大学出版社。

赵守辉、刘永兵（2007）新加坡华族学前儿童口语语料库的生成，《世界汉语教学》第2期。

赵玮（2015）中介语语料库词汇错误的标注问题及改进建议：以"HSK动态作文语料库"为例，《云南师范大学学报》（对外汉语教学与研究版）第2期。

郑家恒、张虎、谭红叶等（2010）《智能信息处理：汉语语料库加工技术及应用》，北京：科学出版社。

郑美平（2015）汉语中介语语料库XML标注方法的应用：基于HSK动态作文语料库的分析，《福建江夏学院学报》第6期。

郑通涛、曾小燕（2016）大数据时代的汉语中介语语料库建设，《厦门大学学报》（哲学社会科学版）第2期。

郑艳群（2013）语料库技术在汉语教学中的应用透视，《语言文字应用》第1期。

周宝芯（2011）汉语中介音研究综述：兼谈汉语自然口语料库的建立，《首届汉语中介语语料库建设与应用国际学术讨论会论文选集》，北京：世界图书出版公司。

周文华（2015）汉语中介语语料库建设的多样性和层次性，《汉语学习》第6期。

周文华、肖奚强（2011）首届汉语中介语语料库建设与应用国际学术讨论会综述，《首届汉语中介语语料库建设与应用国际学术讨论会论文选集》，北京：世界图书出版有限公司。

［美］朱夫斯凯（Jurafsky, D.）等（2018）《自然语言处理综论》，北京：电子工业出版社。

邹兵、王斌华（2014）口译语料库中副语言信息的转写及标注：现状、问题与方法，《山东外语教学》第4期。

英文文献

Adolphs, S., & Carter, R. (2013). *Spoken Corpus Linguistics: From Monomodal to Multimodal*. London: Routledge.

Andersen, W. N. (1921). *Determination of a Spelling Vocabulary Based Upon Written Correspondence* (Vol. 2). Iowa City: University of Iowa.

Armstrong, S. (Ed.). (1994). *Using Large Corpora*. Cambridge, Massachusetts: MIT Press.

Ayres, L. (1913). *The Spelling Vocabularies of Personal and Business Letters*. New York: Russell Sage Foundation.

Baldry, A., & Thibault, P. J. (2006). *Multimodal Transcription and Text Analysis: A Multimedia Toolkit and Coursebook*. London: Equinox.

Barth-Weingarten, D. (2016). *Intonation Units Revisited: Cesuras in Talk-In-Interaction*. Amsterdam, Philadelphia: John Benjamins Publishing Company.

Biber, D. (1984). *A Model of Textual Relations Within the Written and Spoken Modes*. Ph.D. Dissertation. Los Angeles, CA: University of Southern California.

Biber, D. (1988). *Variation Across Speech and Writing*. Cambridge: Cambridge University Press.

Biber, D., Conrad, S., Reppen, R., Byrd, P., & Helt, M. (2002). Speaking and writing in university: A multidimensional comparison. *TESOL Quarterly, 36*(1), 9-48.

Biber, D., Johansson, S., Leech, G., Conrad, S., & Finegan, E. (1999). *Longman Spoken and Written English Grammar*. Harlow: Pearson Education.

Bresnan, J., & Ford, M. (2010). Predicting syntax: Processing dative constructions in American and Australian varieties of English. *Language, 86*(1), 168-213.

Brown, C., Carr, W., & Shane, M. (1945). *A Graded Word Book of Brazilian Portuguese*. New York: F. S. Crofts and Company.

Brown, C., & Shane, M. (1951). *Brazilian Portuguese Idiom List: Selected on the Basis of Range and Frequency of Occurrence*. Nashville: Vanderbilt University Press.

Buchanan, M. (1927). *A Graded Spanish Word Book*. Toronto: University of Toronto Press.

Burnard, L. (Ed.) (2000). Reference guide for the British National Corpus (World Edition). Available at: http://www.natcorp.ox.ac.uk/archive/worldURG/urg.pdf.

Busa, R. (1950). Complete index verborum of works of St. Thomas. *Speculum: A Journal of*

Medieval Studies XXV(1), 424-425.

Carroll, J. (1960). Vectors of prose style. In T. Sebeok (Ed.), *Style in Language* (pp. 283-292). Cambridge, Massachusetts: MIT Press.

CASE transcription conventions. (2017). Birkenfeld: Trier University of Applied Sciences. [http://umwelt-campus.de/case-conventions]

Chafe, W. (1994). *Discourse, Consciousness, and Time: The Flow and Displacement of Conscious Experience in Speaking and Writing*. Chicago: The University of Chicago Press.

Chen, K. J., & Liu, S. H. (1992). Word identification for Mandarin Chinese sentences. In *COLING 1992 Volume 1: The 14th International Conference on Computational Linguistics* (pp. 101-107).

Cheydleur, F. (1929). *French Idiom List: Based on a Count of 1,183,000 Running Words*. New York: The Macmillan Company.

Chomsky, N. (1957). *Syntactic Structures*. The Hague: Mouton.

Church, K. W., & Gale, W. A. (1991). Concordances for parallel text. In *Proceedings of the Seventh Annual Conference of the UW Centre for the New OED and Text Research* (pp. 40-62).

Clark, R., & Poston, L. (1943). *French Syntax List: A Statistical Study of Grammatical Usage in Contemporary French Prose on the Basis of Range and Frequency*. New York: H. Holt and Company.

Cook, W., & O'Shea, M. (1914). *The Child and His Spelling*. Indianapolis: The Bobbs-Merrill Company.

Cortes, V., & Csomay, E. (Eds.). (2015). *Corpus-Based Research in Applied Linguistics: Studies in Honor of Doug Biber*. Amsterdam, Philadelphia: John Benjamins Publishing Company.

Crossley, S. A., & McNamara, D. S. (2011). Understanding expert ratings of essay quality: Coh-Metrix analyses of first and second language writing. *International Journal of Continuing Engineering Education and Life Long Learning, 21*(2-3), 170-191.

Crystal, D., & Quirk, R. (1964). *Systems of Prosodic and Paralinguistic Features in English*. The Hague: Mouton.

Davies, M. (2010). The Corpus of Contemporary American English as the first reliable monitor corpus of English. *Literary and Linguistic Computing, 25*(4), 447-464.

De Cock, S., & Granger, S. (2005). Computer learner corpora and monolingual learners' dictionaries: The perfect match. *Lexicographica, 20*(2004), 72-86.

Dittmar, N. (2004). *Transkription: Ein Leitfaden mit Aufgaben für Studenten, Forscher und Laien*. Wiesbaden: VS Verlag für Sozialwissenschaften.

Du Bois, J. W., Schuetze-Coburn, S., Cumming, S., & Paolino, D. (1993). Outline of discourse transcription. In J. A. Edwards & M. D. Lampert (Eds.), *Talking Data: Transcription and Coding in Discourse Research* (pp. 45-89). Hillsdale, N.J.: Lawrence Erlbaum Associates.

Eaton, H. (1934). *Comparative Frequency List*. New York: International Auxiliary Language Association.

Eaton, H. (1940). *Semantic Frequency List for English, French, German, and Spanish*. Chicago: The University of Chicago Press.

Ellison, J. (1957). *Nelson's Complete Concordance of the Revised Standard Version Bible*. New York: Thomas Nelson & Sons.

Fife, R. (1931). *A Summary of Reports on the Modern Foreign Languages*. New York: The Macmillan Company.

Foster, P., Tonkyn, A., & Wigglesworth, G. (2000). Measuring spoken language: A unit for all reasons. *Applied Linguistics, 21*(3), 354-375.

Francis, W., & Kučera, H. (1964). *Manual of Information to Accompany a Standard Corpus of Present-Day Edited American English*. Providence, Rhode Island: Brown University.

Fries, C. (1940). *American English Grammar*. New York: D. Appleton-Century-Crofts.

Fries, C. (1952). *The Structure of English: An Introduction to the Construction of English Sentences*. New York: Harcourt, Brace and Company.

Fries, C., & Traver, A. (1940). *English Word Lists: A Study of Their Adaptability for Instruction*. Washington, D.C.: American Council on Education.

Granath, S. (2009). Who benefits from learning how to use corpora?. In K. Aijmer (Ed.), *Corpora and Language Teaching* (pp. 47-65). Amsterdam, Philadelphia: John Benjamins Publishing Company.

Granger, S. (2009). The contribution of learner corpora to second language acquisition and foreign language teaching: A critical evaluation. In K. Aijmer (Ed.), *Corpora and Language Teaching* (pp. 13-32). Amsterdam, Philadelphia: John Benjamins Publishing Company.

Gries, S. (2003). *Multifactorial Analysis in Corpus Linguistics: A Study of Particle Placement*. London, New York: Continuum.

Gries, S., & Ellis, N. (2015). Statistical measures for usage-based linguistics. *Language Learning, 65*(S1), 228-255.

Harris, Z. S. (1947). Structural restatements: II. *International Journal of American Linguistics, 13*(3), 175-186.

Hauch, E. (1929). *German Idiom List: Selected on the Basis of Frequency and Range of Occurrence*. New York: The Macmillan Company.

Henmon, V. (1924). *A French Word Book Based on a Count of 400,000 Running Words*. Madison: University of Wisconsin.

Hepburn, A., & Bolden, G. B. (2013). The conversation analytic approach to transcription. In J. Sidnell & T. Stivers (Eds.), *The Handbook of Conversation Analysis* (pp. 57-76). Oxford: Wiley-Blackwell.

Hepburn, A., & Bolden, G. B. (2017). *Transcribing for Social Research*. London: Sage.

Hornby, A. S. (1953). Vocabulary control: History and principles. *ELT Journal, 8*(1), 15-21.

Howe, J. (2006). The rise of crowdsourcing. *Wired Magazine, 14*(6), 176-183.

Hutchby, I., & Wooffitt, R. (1998). *Conversation Analysis: Principles, Practices, and Applications*. Cambridge: Polity Press.

Ide, N. (1998). Corpus encoding standard: SGML guidelines for encoding linguistic corpora. In *Proceedings of the First International Language Resources and Evaluation Conference* (pp. 463-470).

Ide, N., & Macleod, C. (2001). The American National Corpus: A standardized resource of American English. *Proceedings of Corpus Linguistics 2001*, Lancaster UK.

Ide, N., & Suderman, K. (2004). The American National Corpus first release. In *Proceedings of the Fourth International Conference on Language Resources and Evaluation (LREC'04)* (pp. 1681-1684).

Jefferson, G. (1983). Issues in the transcription of naturally-occurring talk: Caricature versus capturing pronunciational particulars. *Tilburg Papers in Language and Literature, 34*, 1-12.

Jefferson, G. (1984). Transcript notation. In J. M. Atkinson & J. Heritage (Eds.), *Structures of Social Action: Studies in Conversation Analysis* (pp. ix-xvi). Cambridge: Cambridge

University Press.

Jefferson, G. (1985). An exercise in the transcription and analysis of laughter. In T. A. v. Dijk (Ed.), *Handbook of Discourse Analysis* (Vol. 3, pp. 25-34). London: Academic Press.

Jefferson, G. (2004). Glossary of transcript symbols with an introduction. In G. H. Lerner (Ed.), *Conversation Analysis: Studies From the First Generation* (pp.13-31). Amsterdam, Philadelphia: John Benjamins Publishing Company.

Jenks, C. J. (2011). *Transcribing Talk and Interaction: Issues in the Representation of Communication Data*. Amsterdam, Philadelphia: John Benjamins Publishing Company.

Jones, W. F. (1915). *Concrete Investigation of the Material of English Spelling: With Conclusions Bearing on the Problem of Teaching Spelling*. Vermillion: The University of South Dakota.

Juilland, A., & Chang-Rodriguez, E. (1964). *Frequency Dictionary of Spanish Words*. The Hague: Mouton.

Keniston, H. (1929). *Spanish Idiom List: Selected on the Basis of Range and Frequency of Occurrence*. New York: The Macmillan Company.

Keniston, H. (1937a). *Spanish Syntax List: A Statistical Study of Grammatical Usage in Contemporary Spanish Prose on the Basis of Range and Frequency*. New York: H. Holt and Company.

Keniston, H. (1937b). *The Syntax of Castilian Prose: The Sixteenth Century*. Chicago: The University of Chicago Press.

Kyle, K., & Crossley, S. A. (2015). Automatically assessing lexical sophistication: Indices, tools, findings, and application. *Tesol Quarterly, 49*(4), 757-786.

Leech, G. (1993). Corpus annotation schemes. *Literary and Linguistic Computing, 8*(4), 275-281.

Lerner, G. H. (2004). Introductory remarks. In G. H. Lerner (Ed.), *Conversation Analysis: Studies From the First Generation* (pp. 1-11). Amsterdam, Philadelphia: John Benjamins Publishing Company.

Lorge, I. (1937). The English semantic count. *Teachers College Record, 39*(1), 65-77.

Lorge, I. (1949). *The Semantic Count of the 570 Commonest English Words*. New York: Teachers College, Columbia University.

Luhn, H. P. (1960). Key word-in-context index for technical literature (kwic index). *American Documentation, 11*(4), 288-295.

参考文献

Marcus, M. P., & Marcinkiewicz, M. A. (1993). Building a large annotated corpus of English: The Penn Treebank. *Computational Linguistics*, *19*(2), 313-330.

Matsumoto, K. (2003). *Intonation Units in Japanese Conversation : Syntactic, Informational and Functional Structures*. Amsterdam, Philadelphia: John Benjamins Publishing Company.

McEnery, A. M., & Wilson, A. (1996). *Corpus Linguistics*, Edinburgh: Edinburgh University Press.

McEnery, A. M., & Xiao, R. Z. (2005). Passive constructions in English and Chinese: A corpus-based contrastive study. In *Proceedings From Corpus Linguistics Conference Series 1*(1).

McEnery, A. M., Xiao, R. Z., & Mo, L. (2003). Aspect marking in English and Chinese: Using the Lancaster Corpus of Mandarin Chinese for contrastive language study. *Literary and Linguistic Computing*, *18*(4), 361-378.

Meurer, P. (2012). Corpuscle – a new corpus management platform for annotated corpora. In G. Andersen (Ed.), *Exploring Newspaper Language: Using the Web to Create and Investigate a Large Corpus of Modern Norwegian* (pp. 29-50). Amsterdam, Philadelphia: John Benjamins Publishing Company.

Morgan, B. Q. (1928). *German Frequency Word Book: Based on Kaeding's Häufigkeitswörterbuch der Deutschen Sprache*. New York: The MacMillan Company, .

Notes, News, and Clippings. (1931). *The Modern Language Journal*, *15*(7), 534–544.

Ochs, E. (1979). Transcription as theory. In E. Ochs & B. Schieffelin (Eds.), *Developmental Pragmatics* (pp. 43-72). New York: Academic Press.

Ogden, C. K. (1930). *The Basic Vocabulary: A Statistical Analysis*. London: K. Paul, Trench, Trubner & Co., Ltd.

Palmer, H. E. (1933). *Second Interim Report on English Collocations*. Tokyo: Kaitakusha.

Põldvere, N., Johansson, V., & Paradis, C. (2021). On the London-Lund Corpus 2: design, challenges and innovations. *English Language & Linguistics*, *25*(3), 459-483.

Quirk, R. (1960). Towards a description of English usage. *Transactions of the Philological Society*, *59*(1), 40-61.

Quirk, R., Greenbaum, S., Leech, G., & Svartvik, J. (1972). *A Grammar of Contemporary English*. London: Longman.

Reppen, R., & Ide, N. (2004). The American National Corpus: Overall goals and the first release.

Journal of English Linguistics, 32(2), 105-113.

Sacks, H., Schegloff, E. A., & Jefferson, G. (1974). A simplest systematics for the organization of turn-taking in conversation. *Language, 50*(4), 696-735.

Schegloff, E. A. (1979). The relevance of repair to syntax-for-conversation. In T. Givón (Ed.), *Syntax and Semantics 12: Discourse and Syntax* (pp. 261-286). New York: Academic Press.

Schegloff, E. A. (1998). Reflections on studying prosody in talk-in-interaction. *Language and Speech, 41*(3-4), 235-263.

Schegloff, E. A. (2002). Reflections on research on telephone conversation: Issues of cross-cultural scope and scholarly exchange, interactional import and consequences. In K. K. Luke & T.-S. Pavlidou (Eds.), *Telephone Calls: Unity and Diversity in Conversational Structure Across Languages and Cultures* (pp. 249-281). Amsterdam, Philadelphia: John Benjamins Publishing Company.

Schegloff, E. A. (2007). *Sequence Organization in Interaction: A Primer in Conversation Analysis*. Cambridge: Cambridge University Press.

Sherman, L. A. (1893). *Analytics of Literature: A Manual for the Objective Study of English Prose and Poetry*. Boston: Ginn and Company.

Simpson, R. C., & Swales, J. M. (Eds.). (2001). *Corpus Linguistics in North America: Selections From the 1999 Symposium*. Ann Arbor: The University of Michigan Press.

Sinclair, J. (1991). *Corpus, Concordance, Collocation*. Oxford: Oxford University Press.

Stormzand, M. J., & O'Shea, M. V. (1924). *How Much English Grammar?*. Baltimore: Warwick & York, Inc.

Svartvik, J. (Ed.). (1990). *The London-Lund Corpus of Spoken English: Description and Research*. (Lund Studies in English; Vol. 82). Lund: Lund University Press.

Tao, H. (1991). The intonation unit as a basic unit of discourse analysis. In *Proceedings of the International Conference on Chinese Linguistics* (pp. 216-220).

Tao, H. (1996). *Units in Mandarin Conversation: Prosody, Discourse, and Grammar*. Amsterdam, Philadelphia: John Benjamins Publishing Company.

Thorndike, E. (1921). *The Teacher's Word Book*. New York: Teachers College, Columbia University.

Thorndike, E. (1935). *The Thorndike-Century Junior Dictionary*. New York: Scott, Foresman and Company.

Vander Beke, G. (1929). *French Word Book*. New York: The Macmillan Company.

Weisser, M. (2018). *How to Do Corpus Pragmatics on Pragmatically Annotated Data: Speech Acts and Beyond*. Amsterdam, Philadelphia: John Benjamins Publishing Company.

West, M. (1953). *A General Service List of English Words*. London: Longman.

Whatmough, J. (1956). *Poetic, Scientific, and Other Forms of Discourse: A New Approach to Greek and Latin Literature* (Vol. 29). Berkeley: University of California Press.

Xiao, R. Z., & McEnery, A. M. (2004). *Aspect in Mandarin Chinese: A Corpus-Based Study*. Amsterdam, Philadelphia: John Benjamins Publishing Company.

Xue, N., Chiou, F. D., & Palmer, M. (2002). Building a large-scale annotated Chinese corpus. In *COLING 2002: The 19th International Conference on Computational Linguistics*.

Zimmerman, D. H. (2005). Introduction: Conversation analysis and social problems. *Social Problems, 52*(4), 445-448.

Zipf, G. (1935). *The Psycho-Biology of Language: An Introduction to Dynamic Philology*. Boston: Houghton Mifflin Company.

俄文文献

Апресян Ю. Д., Богуславский И. М. и тд. (2005), *Синтаксически и семантически аннотированный корпус русского языка: современное состояние и перспективы*, Национальный корпус русского языка: 2003-2005. Результаты и перспективы [M], 193-214. Москва: Индрик.

Гришина Е. А. (2009), *Мультимедийный русский корпус (МУРКО): проблемы аннотации*, Национальный корпус русского языка: 2006-2008. Новые результаты и перспективы[M], 175-215. СПб., Нестор-История.

Гришина Е. А., Савчук С. О. (2009), *Корпус устных текстов в НКРЯ: состав и структура*, Национальный корпус русского языка: 2006-2008. Новые результаты и перспективы[M], 129-149. СПб., Нестор-История.

Добрушина Н. Р. (2009), *Корпусные методики обучения русскому языку*, Национальный корпус русского языка: 2006-2008. Новые результаты и перспективы[M], 335-353. СПб., Нестор-История.

Дяченко П. В., Иомдин Л. Л., Лазурский А. В., Митюшин Л. Г., Подлесская О. Ю., Сизов В. Г., Фролова Т. И., Цинман Л. Л. (2015), *Современное состояние глубоко аннотированного корпуса текстов русского языка (СИНТАГРУС)*, Труды института русского языка им. В.В. Виноградова[J], 6: 272-300.

Козлова Н. В. (2013), *Лингвистические корпуса: определение основных понятий и типология*, Вестник Новосибирского государственного университета[J], 1: 79-89.

Мордовин А. Ю. (2015), *«Веб как корпус» или «корпус как веб»: новая реальность корпусной лингвистики*, Вестник Московского государственного лингвистического университета[J], 3: 163-172.

Рахилина Е. В., Кустова Г. И. и т.д. (2009), *Задачи и принципы семантической разметки лексики в национальном корпусе русского языка: состав и структура*, Национальный корпус русского языка: 2006-2008. Новые результаты и перспективы[M], 215-240. СПб., Нестор-История.

Резникова Т. И., Копотев М. В. (2005), *Лингвистически аннотированные корпуса русского языка (обзор общедоступных ресурсов)*, Национальный корпус русского языка: 2003-2005. Результаты и перспективы[M], 31-61. Москва: Индрик.

Савчук С. О. (2005a), *Основные принципы метаразметки текстов в Национальном корпусе русского языка*. Научно-техническая информация[J], 3: 26-55.

Савчук С. О. (2005b), *Метатекстовая разметка в Национальном корпусе русского языка: базовые принципы и основные функции*, Национальный корпус русского языка: 2003-2005. Результаты и перспективы[M], 62-88. Москва: Индрик.

附录：《汉语中介语语料库建设标准（草案）》

一、总说

（一）概念与适用范围

1. "汉语中介语语料库"或称"汉语学习者语料库"，指采集以汉语为第二语言或外语的学习者自主产出的成段语料建设的语料库。

本标准中所谓"汉语学习者"专指外国汉语学习者。

所谓"自主产出"指不论写出来的文字还是说出来的口语，都是学习者主观思考的产物，是他们自己思想感情的表达，而不是抄写、记录的文字，也不是朗读、背诵的别人的话，更不是学习者写出来或说出来之后由他人修改润色过的材料。

所谓"成段语料"指不论长短，都必须是有语境的一段话，而不是造句。

2. "通用型汉语中介语语料库"与"专用型汉语中介语语料库"相对而言，前者指能够满足教学与研究多种需求的汉语中介语语料库，而后者指只能满足某一种需求的汉语中介语语料库。

3. 本标准中所谓"语料库"，如无特殊说明，均指汉语中介语语料库。

4. 本标准包括与语料库建设相关的10个方面的标准，即语料库建设流程标准、语料采集标准、语料背景信息采集标准、笔语语料录入标准、口语和视频语料转写标准、语料标注标准、语料呈现标准、语料库软件系统研发标准、语料库建设质量标准、语料库使用标准。由于笔语语料录入标准与口语和视频语料转写标准在基本原则与处理程序上大体相同，只在文字、标点符号、语音、体态语的处理方面有所差异，因而合并为"语料录入与转写标准"，简称"语料录写标准"。

5. 本标准为推荐性标准，而非强制性标准。所要说明的是针对某个问题可以采取怎样的做法，而不是必须采取怎样的做法。

6. 本标准适用于通用型汉语中介语语料库的建设，供此类语料库建设者参考使用，也可供其他类型的语料库建设者参考借鉴。

（二）制定本标准的目的

1. 为语料库建设服务。克服建库1.0时代的随意性、低水平重复以及简单粗放，推动语料库建设向2.0时代科学化、规范化及精细而丰富的方向发展，切实提高语料库建设的效率与水平。

"精细而丰富"与"简单粗放"相对而言，前者是语料库2.0时代的基本特征，后者是1.0时代的主要特征。"精细"是指语料库整体设计周密，软件系统制作精良，用户使用方便；"丰富"则是指语料库语料来源广、规模大，标注内容丰富，功能多样，能够满足教学与相关研究的多方面需求。

2. 为汉语作为第二语言或外语的教学与研究服务，为国际中文教育服务。要根据广大教师和研究人员的实际需要进行语料库建设，尽最大可能满足教学和研究的多方面需求。

（三）制定本标准的原则

1. 科学性

（1）建设标准要符合语料库建设的实际情况，能够反映语料库建设的真实过程，并体现语料库建设的客观规律。

（2）建设标准对语料库建设有实际指导作用。初次建库的人只要正确理解并熟练掌握本标准，按部就班地执行建设标准，就能基本顺利地完成语料库建设任务。

（3）对基于语料库的应用研究有支持与帮助作用。建设语料库的目的是为汉语教学与研究服务，建设标准的研制首先要考虑语料库的功能与使用价值，确保成果是有助于汉语教学与研究的。

2. 全面性

全面性指语料库整体设计要全面，以确保语料库功能完备，系统能够正常运转；也指语料标注内容要全面，能为教学与研究提供强大的支持。

制定语料库建设标准的目的决定了本标准必须贯彻全面性原则。

从为语料库建设服务的角度看，语料库建设从设计到施工，从语料采集到语料标注，从研制管理与查询系统到上网运行与维护，是一项非常复杂的系统工程，涉及很多方面的工作内容和细节，哪个环节处理不好都会影响语料库的建设。因此，语料库建设标准的制定要全面。

从为教学与研究服务的角度看，学习者面对的难点、出现的偏误多种多样，不同教师和研究者的关注点与研究兴趣也有所不同，可能分布在汉字、词汇、语法、语体、语义、语用、辞格、标点符号、语音、体态语等诸多方面。因此语料标注要全面，以满足不同教师和研究者的使用需求。而语料标注标准正是语料库建设标准的重要组成部分之一，从这个角度看，建设标准同样需要贯彻全面性原则。

3. 可行性

可行性指建设标准的制定要有充分的现实基础，标准的所有条款均可在建库实践中予以落实。有需求且能做到的事情可以作为标准，有些虽然需要但暂时做不到的事情不能作为标准。例如使用计算机进行自动标注，不但效率高，标注的一致性也好，但中文信息处理除自动分词和词性标注已达到实用水平之外，对其他语言层面的自动标注尚不够成熟，因此，目前不能把自动标注作为建设标准。

4. 区别性

"区别性"也称差异性，即对不同的事物要区别对待，采取不同的处理策略与方法。语料库建设面对的情况复杂，涉及的因素繁多，要具体情况具体分析，不能采取"一刀切"的做法。例如，口语语料库必须包括音频语料，多模态语料库还须包括视频语料，这些是笔语语料库所没有的。为了满足对中介汉字的研究需求，笔语语料库必须进行汉字标注，而口语语料库、多模态语料库的文本部分均由母语者或机器转写，因而无须进行汉字标注。相较于口语语料库，多模态语料库还有说话时伴随的表情、肢体动作问题，因而要进行体态语标注，这与口语语料库是完全不同的。

二、语料库建设流程标准

标准流程指语料库建设的必有环节和最佳顺序，是在考察众多语料库的建设过程并结合一些语料库建设者的亲身实践经验的基础上加以总结概括而成的。其研究意义是可以使建库工作从一开始就沿着正确的途径按部就班地进行，而无须每建设一个语料库都从零开始，一步步地探索，甚至重复前人走过的弯路，因而能在一定程度上避免低水平重复，避免人力、物力、财力的浪费，提高语料库的建设速度、效率与水平。

（一）提出建库任务，进行总体设计

1. 提出建库任务：明确语料库的建设目的和具体目标，说明要建设一个什么样的语料库，以及建设这样一个语料库的原因、目的和意义，解决语料库建设的必要性问题。

判定一项建库任务有无价值的最重要的标准是其有无创新性，即新建语料库的哪些理念、设计、做法、特征是现有语料库所不具备的，相对于现有语料库有哪些补充与提升。

建库任务主要涉及以下内容：

（1）建库目的。要确定是为汉语教学服务，还是为习得研究或中介语研究服务，或是为学习者服务；是单一目的，还是多种目的。

（2）语料库类型。要确定建设通用型语料库还是专用型语料库；是笔语语

料库，还是口语语料库，或是多模态语料库；是单一型语料库，还是复合型语料库。

（3）规模。包括样本规模和字数规模。所谓"样本规模"指语料来自多少汉语学习者，或指采集到的语料的产出者的数量。

（4）特点或创新性。即该语料库与之前的语料库相比，具备哪些人无我有、人有我强的独到之处。

2. 进行总体设计：研究怎样建设语料库及怎样实现建库的目的和意义，明确语料库的特点，确定语料库的规模、选材、结构、标注内容与方式、建设原则、使用方法等，解决语料库建设的可行性问题。

判定总体设计优劣的最重要的标准为其是否符合建库任务中提出的建设目的和具体目标，能否突出所要建设的语料库的主要特征。

总体设计主要包括以下内容：

（1）建设方式。确定语料库是独立建设，还是合作建设；是线下建设，还是在线建设；是一次性建设，还是分阶段逐步建设；是自动标注，还是人工标注；采取众包方式，还是分包方式。

（2）语料来源与语料采集。包括语料获取途径、语料类型和分布比例、背景信息内容、数据存储格式等。

（3）语料加工。包括标注的原则、内容、方式、代码、语言、流程等。

（4）所需资源。包括人力资源［详见"（二）组建研究与开发团队"］、设备资源（主要指计算机、扫描复印机、服务器等）、场地资源等。

（5）成本预算。

（6）时间安排与进度表。

（二）组建研究与开发团队

1. 组建研发团队需要考虑到人员的专业性、互补性和稳定性。语料库建设是一项跨学科的系统性工程，主要涉及语言学和计算机科学与技术两个专业领域。因此，团队核心成员中必须有这两方面的专业人员，以实现团队成员之间的专业互补，共同完成建库任务。语料库建设周期较长，建成以后还有运营维护的需求，因此，为了保证语料库能够顺利建成并得到后期维护，团队核心成员应相对稳定，并能长期合作。

2. 在建库过程中，语言学专业人员主要承担语料库总体设计、语料采集与标注，以及相关的理论研究等语言学方面的工作。计算机专业人员主要承担软件系统（包括检索系统、管理程序、标注工具等）的研制与开发工作。两方面人员均可包括专职研究人员、教师和研究生。

3. 由于语料库建设的复杂性、软件工程的特点等，两方面人员需保持密切联系，经常性的沟通、交流、探讨是非常重要且必不可少的工作环节，关系到语料库的质量与效能。

4. 除让高等院校和科研院所的师生和研究人员承担之外，软件开发工作还可以走市场化道路，请软件开发方面的科技公司承担。

科技公司（乙方）的遴选可参考以下标准：

（1）具有本行业执业资质，即持有工商与市场管理部门颁发的本行业营业执照。

（2）具有语料库建设所需要的软件系统研发能力，能熟练运用当前主流的、与语料库建设密切相关的可扩展标记语言（Extensible Markup Language，XML）或JavaScript对象表示法（JavaScript Object Notation，JSON）等数据交换格式[①]进行语料库软件系统研发。

（3）具有语料库系统研发经验，或做过与之相关或相近的软件设计与工程，能提供并展示以往的成功案例。

（4）对即将开发的语料库软件系统有正确而深入的认识：需求分析准确，对工作任务及其目的、意义、要求等有全面、准确的理解。

（5）软件设计方案科学、合理、可行；系统能实现语料的上传、入库、加工、统计、检索、呈现、下载等功能；工程质量能满足甲方的要求，以甲方满意

---

① 参见 Lindsay Bassett 著《JSON 必知必会》，北京：人民邮电出版社，2016：2–3。

为准。

（6）在语料采集与加工（录入、转写与标注等）等语言学方面的工作已完成的前提下，工期适当，从设计到语料库上线初步运转一般不超过60天。

（7）对网络安全有深刻理解，能够在合同规定的响应时间内迅速处理并解决各种影响与阻碍语料库正常运行的网络安全问题。

（8）价格合理，定价在市场同类工程的价格范围之内。

（9）同意与甲方保持密切联系和经常性的交流、沟通与探讨。

（10）同意对其开发能力进行实验测试，即先完成整体工程的某一部分任务或一个相关的小项目，甲方可以据其完成情况对其开发能力进行评估，对甲方的评估结果，乙方不得提出异议。

（三）语料采集与整理

研究语料采集与整理的原则、内容与方法问题，即采集什么样的语料、怎样采集语料、怎样整理语料。

拥有充足的语料是建库的基本前提，建设一个语料库首先要解决语料来源问题，确定语料采集应遵循的基本原则。（详见"三、语料采集标准"）

（四）语料相关背景信息采集与整理

研究语料背景信息采集与整理的原则、内容与方法问题，即采集哪些背景信息、怎样采集背景信息、怎样整理背景信息。

语料相关背景信息即语料的元信息，这些信息提供了对语料进行考察与分析的角度，研究者可以了解到这是什么样的汉语学习者在什么情况下产出的语料，进而对学习者学习的特点与规律、偏误的类型与产生原因、改进的策略与方法等进行研究并提出意见与建议，有效地促进学习者的学习。反之，如果没有这些相关背景信息，语料将无从分析，也就失去了其应有的研究价值。（详见"四、语料背景信息采集标准"）

（五）语料录入、转写与校对

1. 类型与界定

语料录入是将手写版笔语语料通过电脑转化为电子版语料。

语料转写是把口语音频材料或视频材料通过电脑转化为电子版的文字形式。

校对是根据笔语、音频、视频的原始材料对录入与转写的语料进行一致性检验。

2. 目的

录写目的是使得有可能对语料进行后续的各种加工处理，以便于对语料的查询与使用。

校对目的是确保语料的真实性和准确性。

3. 方式

笔语语料即手写纸版作文之类的语料（包括复印、扫描、拍照的形式），目前采用人工方式录入。

口语音频材料可以采用人工方式，边听边写，也可以使用"讯飞听见"之类的语音识别平台自动转写。

视频材料在转换为音频之后，即可和口语音频材料采用同样的转写方式，而体态语（包括面部表情与肢体伴随动作）仍需人工处理。

语料录入与转写过程中难免有错误与疏漏，因而必须对录入与转写的语料进行严格的校对，以确保语料真实可用。校对目前仍需采用人工方式。（详见"五、语料录入与转写标准"）

（六）制定标注规范与实施语料标注

对基于语料库的研究来说，语料标注具有十分重要的作用。从一定意义上说，它决定着语料库所能具备的功能和使用价值。

语料标注规范主要解决标注内容与方式的问题。标注内容是标什么的问题，例如：只标注偏误，还是也标注正确的语言表现？对语料的标注是深加工，还是浅加工？深加工的话，"深"到何种程度？标注方式是怎么标的问题，例如：先标什么后标什么？人工标注，还是机器自动标注？使用什么样的标注代码？这些内容也可以概括为"标注模式"问题。（张宝林，2013）只有把这些问题解决了，制定出科学、完备、明确、易行的标注规范，才能实施标注。这也是保证标注质量的一个非常重要的因素。

（七）开发人工辅助标注工具

语料标注是一项非常烦琐、细致的工作，标注内容越丰富，标注的层次越深，标注人员需要记忆的规范条款就越多，标注过程中也就越容易出现错误，包括代码使用不一致的问题。计算机技术人员则可以研发一些供标注使用的软件，把标注项目与代码一一对应起来，从而大大减轻标注人员的记忆负担，使他们可以把主要精力集中到对语料的考察、对各种语言现象的分析和对各种偏误性质的判别上；还可以用"一键OK"的方式取代标注人员添加标注代码的多道繁杂程序，并确保代码的完整性。而基于web的语料协同标注平台则可以实现"人机互助""人人互助"，从而大大提高标注的科学性与效率（张宝林、崔希亮，2013）。语料库建设平台中的标注系统也具有这种功能（张宝林，2021d）。

（八）数据统计与表格编制

1. 语料标注完毕后，可以通过统计得到多种相关数据，例如字总数、不同字的字数、字频、偏误字数与字频、词总数、不同词的词数、词频、偏误词数与词频、各种句式的偏误句数和正确句数、各国汉语学习者使用的不同等级的字和词的数量等。这些数据可以直接体现学习者在字、词、句等层面的习得情况和难点，对于教学与相关研究而言，具有十分重要的参考价值。

2. 数据统计可以采用线下预先统计的方法，也可以采用在线实时统计的方法，应根据语料库的建设目的与规模等采取恰当的方法。前一种方法适用于语料规模较小、建设周期较短的静态语料库的建设；后一种方法则更适用于语料规模大、建设周期长的动态语料库的建设。从语料库进一步扩充与长期发展的角度看，在线实时统计的方法更有优势。

3. 将数据编制成表格便于对数据进行观察和对比。可视化图形则可以更直观地显示数据的增减等变化情况及相互关系，可以更方便地进行数据分析，便于用户使用。

（九）开发语料库管理系统与检索系统

1. 在语言学研究人员进行语料的采集与标注时，计算机设计与编程人员应开展管理系统与检索系统的开发研制工作。

2. 语料检索是用户使用语料库的基本方式，检索系统对优化语料库的功能及提高语料库的使用价值具有重要意义。如果检索系统只有字符串检索和标注内容检索两种检索方式，则可以按具体的字、词、短语、句、篇进行语料查询，也可以查询各种经过标注的语料，但同时将有很多现象无法检索，例如离合词"离"的用法、一些半固定搭配与特殊句式如"一……就……""不……不……""是……的""连……都/也……"等、某词的搭配情况、不同词类的词的实际使用情况、不同语言现象在同类或异类语料中的使用情况的对比等。而如果增加特定条件检索、词语搭配检索、按词性检索、对比检索等检索方式，则可以从多种不同角度查询所需要的语料，前述现象的查询问题将迎刃而解，语料库的功能将因此得到完善，其使用价值也将得到很大的提升。

3. 语料库管理系统指对用户权限、语料呈现方式、数据统计、语料下载、用户留言反馈、语料错误修正等事务进行管理的计算机程序，在语料库的使用、运行与维护过程中起着十分重要的作用。

4. 随着计算机存储能力和运算速度的提高及互联网技术的不断发展，可以开发语料库建设与应用综合平台，集语料的上传、录写、标注、检索、统计，及语料库的管理、众包维护、升级迭代等多方面功能于一体，从而提高语料库的建设速度与水平，优化语料库的功能（张宝林、崔希亮，2022）。

（十）语料库集成、上网与调试

1. 在语料标注及语料库管理系统与检索系统的研发工作结束后，由计算机技术人员把语料及各种统计数据入库，整合语料库系统，并上网试运行。

2. 语料库上网之后，bug 从爆发期到收敛期是一个必经过程，该过程的长短取决于对语料库的使用的多寡，使用得越多，越能发现问题并及时修正。因此，在试运行过程中，语言学研究人员要与计算机技术人员密切配合，根据语言研究的相关需求，完善语料库的各种功能，并对语料库进行多方面测试，发现问题，及时研究并予以修正，最终使语料库顺利运行，具备完善的使用功能。

（十一）语料库发布与开放

在经过测试，语料库具备预定的各项使用功能之后，应通过多种途径，如互联网、学术会议、专业刊物、微信群等，向学界发布消息，并向学界乃至社会各界开放。如果没有特别原因，应向全世界免费开放。

（十二）语料库运行与维护

语料库在用户的实际使用过程中，会逐渐暴露出一些影响使用的问题，包括软件系统的稳定性、语料录入和标注的准确性、数据统计的准确性、语料检索的精准度、检索条件的设置等方面的问题。对于软件系统复杂、数据庞大的语料库来说，存在问题是很正常的，重要的是语料库管理者和计算机技术人员应及时予以修正和改进。

语料库系统须定期异地备份，以确保语料库在受到网络攻击、黑客入侵时能够居于主动地位，能够持续不断地为各界用户提供服务。在互联网技术迅速发展的今天，这一点尤为重要。

上述 12 个步骤是语料库建设的基本流程，有些是不能随意颠倒顺序的，因为前者是后者的基础，例如步骤（三）、（五）、（六），要在采集到语料之后才能进行录入，录入之后方可进行标注。有些步骤则可前可后，允许灵活掌握，例如步骤（九），软件系统开发独立性较强，完全可以与语料的采集与标注等环节同时进行。

三、语料采集标准

（一）语料采集原则

1. 真实性与自然性

（1）语料的真实性即语料的原创性，收入语料库的语料必须是外国汉语学习者自己写或说的成段的话。即使是命题作文、有明确要求的口语表达之类的"应命之作"，也必须是学习者自己思考后表达出来的思想认识与情感。即时的自由谈话、辩论赛的即时问答部分、私人书信、不借助任何参考文献和工具书的考试作文、课上限时作文、写作练习或作文的初稿等皆在语料采集范围之内。而抄写、记录或朗诵的别人的话因缺乏原创性，造句因不成段，均不在语料采集范围之内。

（2）为了确保语料的真实性，应以复印、扫描或拍照等方式采集最原始的学习者笔语语料，从源头上保证语料的真实性。并将这些原始语料放入语料库，以供用户使用与查核，因为语料的行款格式、中介汉字与标点符号的原始面貌等只有在原始语料中才能得到最真实的体现，语料录入的质量也只有对照原始语料才能做出准确的评价。

（3）和真实性相关的是自然性。一般来说，语料的自然性和真实性是成正比的，因此应尽量收集自然语料，例如上文提及的即时的自由谈话和私人书信。但在实际操作中，由于涉及个人隐私等，完全自然的语料很难获得，数量是很有限的。成绩考试语料或水平考试语料，虽然考场压力和焦虑使产出者的作文或口语表达并非常态的语言运用，其自然性较弱，但可以避免学习者查阅、引用甚至"套用"相关资料，这又在一定程度上保证了语料的真实性。这种语料的规模效益使得其可以作为语料库所采集的语料的主体部分。

（4）从现实可行性出发，自然语料和考试语料这两类语料都应有意识地加

附录：《汉语中介语语料库建设标准（草案）》

以采集，从而最大限度地保证语料的真实性与自然性。同时，应标明它们的背景信息，以使用户对所选择的语料的情况有清晰的认识，可以有选择地查询使用。

2. 平衡性与代表性

（1）语料的平衡性指不同类型的语料在分布上应尽可能均匀。从语料产出者角度看，不同国籍、不同母语、不同学习时间、不同专业背景、不同专业方向、不同水平的汉语学习者所产出的语料数量应该尽可能相同。从语料本身的角度看，口语语料与笔语语料、自然产出的语料与考试语料、正式语体语料与非正式语体语料等均应达到分布上的平衡。

（2）应采取实事求是的态度理解平衡性，要根据学习汉语的外国人的实际分布情况选取语料。就国籍而言，学习汉语的外国人本来就以东亚、东南亚国家的居多，而欧洲、北美洲国家的相对较少，非洲、南美洲国家的更少。面对如此现实情况，就不可能从学习者国籍的角度保证语料的绝对平衡，而应采取分层抽样的方法，即学习者多的国家的语料多取，学习者少的国家的语料少取，只有个别或很少学习者的国家的语料则暂时不取。因为语料太少将无法保证研究结论的客观性、普遍性与稳定性，结论是没有意义的。就语体而言，几乎所有含有笔语和口语语料的语料库都是笔语语料远远多于口语语料。因此，"理想化的绝对平衡"并不足取，"实事求是的平衡性"（即与国际中文教育的实际分布情况相一致的平衡）才是应该追求的目标。

（3）语料的代表性指所选语料要能真实反映学习者整体或大多数学习者的汉语面貌与水平，而不仅仅是反映个别或某一小部分学习者的汉语学习情况。为了确保代表性，语料应达到较大规模，应来自较多样本、较大范围。如果某类语料太多而不能全部收集入库时，应采取随机抽样的方法选取其中部分语料。

（4）真实性是建设汉语中介语语料库的基本前提，没有这个前提，语料库就不能反映汉语学习者真实的语言面貌，基于语料库的研究及得出的结论也必然是毫无意义的。而代表性与真实性密切相关，在某种程度上可以说是一种更大范围和更高层次上的真实性。

平衡性也关系到语料的代表性，是语料代表性的重要指标之一。只有保证真实性和平衡性，并使语料达到足够大的规模，才能确保语料库具有代表性，并使检索结果具有实证意义。

3. 多样性与丰富性

（1）多样性指语料的来源广泛。以学生类型而论，理想情况下应包括小学生、初中生、高中生、大学预科生、本科生、硕士生、博士生、长期进修生与短期进修生、汉语言专业的学生和其他专业的学生，以确保语料来源的多样性与广泛性。

（2）丰富性指语料的话题广泛。话题与语言形式和话语模式的关系比较紧密，围绕一定话题展开的话语往往共享一个语义场，话语模式也有规律可循。话题多寡也直接影响语料词汇量的大小。

丰富性也指语料规模大。语料库的思想就是大数据的思想，语料库体现着大数据的理念。数据是事实，大数据是规律。达到一定规模的语料才能体现汉语中介语的特点和汉语习得规律，为汉语教学与研究提供更有力的支持。

（3）语料库建设应尽可能扩大语料来源，增加话语类型，使语料库更具代表性，体现丰富的语言形式和交际内涵，更加全面地展示学习者的汉语面貌，满足教学与研究的多方面需求。

4. 连续性与系统性

（1）时间跨度大的语料，即所谓历时语料，可以支持对学习者中介语发展过程的跟踪调查或纵向研究，可以用于研究特定学习者或学习者群体汉语能力发展的模式和规律，或给定语言形式的习得特征，对汉语中介语研究和汉语习得研究具有十分重要的意义。为了获得这样的语料，就需要在学习者的整个学习过程中定时定量地进行语料采集，使采集到的语料具有连续性，而连续性也正是系统性的重要体现之一。

（2）成系统的语料能够反映学习者的整个学习过程和完整的语言面貌，便于从各种角度对学习者的学习情况进行观察分析，对基于语料库的相关研究具有重要意义。

语料的系统性体现在三个方面：

第一，语料和学习者的背景信息齐全，并能够——对应；

第二，同一名学习者或同一个学习者群体在不同学习阶段或不同年级的语料齐全；

第三，在各类考试中，通过考试和未通过考试的考生的语料齐全，通过考试的考生中得到不同档次分数的考生的语料齐全。

5. 有声性与有图像性

（1）这条标准是针对口语语料库和多模态语料库的建设而言的。

（2）与笔语语料库相比，口语语料库的价值在于：除了可以考察学习者口语中词汇、语法、语义、语用等方面的实际表现之外，还可以了解学习者实际的汉语语音面貌，可以对其进行声、韵、调、轻声、儿化、重音等方面的考察与分析。多模态语料库使用视频材料，可以对言语交际中的体态语进行研究。这些是口语语料库和多模态语料库的特点。

（3）口语语料库除转写的文本语料之外，必须具备"有声性"的特点，即要配备音频语料。多模态语料库还须具备"有图像性"的特点，即要配备与文本语料、音频语料相对应的视频语料，以满足语音和口语教学与习得方面的研究需要。

（二）语料类型、采集途径与方法

1. 语料类型

从语料的语体和承载形式看，语料可分为笔语语料和口语语料；口语语料又可分为"有声无影"的音频语料和"有声有影"的视频语料。

从领域角度看，语料可分为教学语料和自然语料。教学语料指语言教学过程中产出的语料，包括写作练习作文、写作考试作文、口语课录音录像、口语考试录音录像、综合课教学录像等；自然语料包括日记、书信、日常对话、聊天儿录音、辩论赛录像、访谈类电视节目录像等。

从文体角度看，笔语语料可分为记叙文语料、说明文语料、议论文语料、应用文语料及其他语料。

从参与者数量角度看，口语语料和视频语料可分为独白录音录像、二人对话录音录像、三人以上群体会话或讨论录音录像等。

上述各类语料都有其采集价值，都应加以采集。

2. 语料采集途径

（1）通过汉语教学单位采集各种教学语料；

（2）通过汉语教师、实习教师、汉语教学志愿者个人采集教学语料；

（3）通过外国汉语学习者采集教学语料和自然语料，特别是自然语料；

（4）通过有合作关系和合作意愿的教学单位和个人采集教学语料或自然语料；

（5）其他来源，例如组织外国人汉语辩论赛、作文比赛之类活动的电视台、文化公司等。

3. 语料采集方式

（1）语料采集方有偿采集；

（2）语料提供方自愿、无偿提供；

（3）双方或多方相互交换语料；

（4）语料采集方与汉语教学单位、教师、实习教师、教学志愿者开展语料合作或项目合作；

（5）语料提供方提供语料，采集方在使用语料的同时为对方将这些语料加工为扫描版、录入版，或者用这些语料为提供方建设专属语料库。

4. 寻求语料合作者的方法

（1）通过学术论文、学术讲座、学术会议等方式广泛宣传语料库的功能和作用，使更多的学者、教师、学生等充分认识到建设语料库的重要意义。

（2）说明建设语料库的目的和语料库的使用方式，即为汉语国际教学与研究服务，语料库建成后将向学界免费开放，大家都可以从中受益。

（3）语料采集方须公开承诺保护语料提供者和产出者的个人隐私，确须保密的语料与语料提供者和产出者的相关信息不能泄露，例如语料产出者姓名不能直接显示，而应以代码形式呈现。

（4）表明语料库建设者能为语料提供方提供帮助，使提供方在提供语料的同时能从中有所收获。假如语料提供方有某项或某些需求，只要有其合理性，且建库者力所能及，则应予以满足，例如为其提供原始语料的扫描版、录入版或建设专属语料库等。

5. 合作原则

（1）平等自愿：语料采集方和提供方地位平等，权利平等，可以提出各自的意愿和诉求；自主加入，自主退出，不存在任何隶属关系，不能有任何强制性要求。

（2）互利共赢：双方在合作中都能有所收获，例如有的单位或教师收集了大量语料，但并无人力建设自己的语料库。语料采集方收到这些语料后，一方面把这些语料录入语料库，另一方面用这些语料为提供语料的单位或教师建设一个专属语料库，从而实现互利共赢。

（3）落实责任，保障执行：签订合同、协议或任务书等。

（三）语料采集质量要求

1. 笔语语料

（1）必须是外国汉语学习者自主产出的作文或其他成段表达的写作语料；

（2）语料形式可以是手写纸质版及其复印版、扫描版、照片版，也可以是录入版；

（3）各版语料均应内容完整，字迹清晰，光亮适度，便于辨认与阅读；

（4）对于照片版语料，拍照时要特别注意光线、角度和清晰度，如果照片模糊，会影响录入。

2. 口语语料

（1）内容以回答问题和陈述为主，不收集纯粹的朗读语料。

（2）表达形式可以是独白、两人对白、聊天儿等。

（3）语料完整，对话语料应有谈话双方的话语，有问有答，不能有问无答或有答无问；独白语料应能说明一个基本完整的事情或说话人的基本意思，不能只有开头而无后续的发展与结果，或只有话题而全无观点。

（4）声音清晰，音量较大（标准：电脑中等音量播放，可以听清）。

3. 视频语料

（1）内容可以包括回答问题、陈述、课堂教学、辩论、访谈等。

（2）表达形式可以是独白、两人对话、多人聊天儿与讨论等。

（3）摄录重点是学习者，画面安排应以学习者为主，要突出学习者，而不是教师、环境、背景等。

（4）应面对学习者进行摄录，得到的语料是学习者说话时的正面形象，包括其表情、动作等信息。

（5）画面稳定，不得随意晃动；以三脚架固定机位进行摄录为宜，不宜手持摄录；如有条件，宜用微格教室进行摄录。

（6）声音清晰，音量较大（标准：电脑中等音量播放，可以听清）。

四、语料背景信息采集标准

（一）背景信息的类别与内容

语料背景信息即元信息，包括两种：语料作者的背景信息，即学习者信息；语料自身的背景信息。

作者背景信息指语料产出者的自然情况、学习情况、考试成绩等。自然情况包括国别、性别、母语或第一语言、掌握的其他语言及程度，以及是否为华裔；学习情况包括所学专业、年级或所处的学习阶段、汉语学习目的、学习的时间与地点、汉语水平及其相关考试证书等级；考试成绩包括各学期各门语言技能课和语言知识课的期中考试成绩、期末考试成绩、平时成绩等。

语料本身的背景信息指语料产出时的相关情况与要求。包括语料的语体和笔语语料的文体、笔语语料的标题和口语语料的话题、笔语语料的字数要求和口语语料的时长要求、完成语料的时间要求、语料性质或产出地点（指课上、课下、成绩考试考场、水平考试考场）、得分等。

（二）背景信息的采集途径

1. 通过问卷调查获得。

2. 通过教师询问获得。

3. 通过教学单位的学籍管理档案获得。

五、语料录入与转写标准

（一）录写原则

在笔语语料的录入和口语语料的转写过程中均应采取"实录"原则，即对语料中字、词、短语、句、篇、标点符号等各个层面的正确与偏误的语言表现，乃至书写格式等均须原样录入，不能做任何更改，以最大限度地保持语料原貌，确保语料的真实性。

（二）录写方法

1. 口笔语各类语料的纯人工录写。

2. 口笔语各类语料的人工＋软件工具辅助录写。

3. 口语（含视频语料）的软件工具转写＋人工审核修正。

4. 口语（含视频语料）的软件工具转写＋人工审核修正＋语音标注。

（三）录写规则

1. 录入和转写时，原始语料中出现的姓名一律以"×××"代替。

2. 原始图片中出现的教师批阅作业时所留下的批语、分数和批改时间，均不予录入。

3. 原始图片中的错字，即书写错误的字、汉字中没有的字（电脑中没有，打不出来），用代码标示。例如：应【该】[Zc]表示"该"在语料原文中是错字。即先把错字改为正确的字，然后用方头括号括起来，在后面加上错字标记[Zc]。也可以采用造字、"抠图"等方式处理。

4. 原始图片中看不清楚的字，按字存疑处理，用代码标示。例如："更[Z?] [Z?]保存自己的生命"，[Z?]即字存疑代码。口语语料中因模糊、听不清楚等而无法辨识的发音，按语音存疑处理，代码为[Y?]。

5. 口语语料中的外文词，如果是能够听懂且电脑录入方便的语言，如英语词，应直接照录英文，如culture。如果是不了解或电脑不便输入的语言，如日语词，可以按其发音转写为汉语拼音形式。例如日语词なに，意思为"什么"，可直接使用拼音转写为"nani"。

6. 语料中的嘁声原样转写，例如：嘁、嘁嘁嘁。语音拖长现象用破折号表示，例如：啊——。

7. 口语语料中的伴随语音现象，例如笑、咳嗽、吸气、呼气、叹气、打喷嚏等，直接转写为[笑声] [咳嗽] [吸气] [呼气] [叹气] [打喷嚏]。

8. 原始图片中的空格、分段均按原文原样录入。例如标题前后有空格的应保留，录入时按居中处理。

9. 语料录入要完整。原始语料如包括两张以上的图片，务必完整录入，避免出现漏页漏行的现象。

10. 口语语料由母语者或计算机软件工具（例如"讯飞听见"平台中的工具）进行转写，转写文本中的文字、标点符号、书写格式等均与汉语学习者无关，并非外国汉语学习者的中介语表现。

11. 口语语料在转写过程中应如实反映口语表达中的停顿、重复、语音偏误等。从经济性的角度考虑，如果是人工转写，可以把语料转写和语音标注结合起来一次完成；如果是软件工具自动转写，则可以把人工审核修正和语音标注两个环节结合起来。

六、语料标注标准

（一）标注原则

1. 总原则：科学性

（1）问题导向，需求驱动。标注应从教学科研实际出发，针对现实问题进行相关标注，满足教学与研究的实际需求。

（2）实事求是，严守规范。根据语料标注的实际需要制定规范，避免教条化；规范的制定应遵守语言文字既有的相关标准与规范，例如繁体字、异体字的认定应以《通用规范汉字表》为准。

（3）积极探索，勇于实践。对某些教学科研有需求而学界暂无成熟理论的标注内容，要积极开展理论探讨与标注实践，深化认识，总结规律，进而完善标注。而不能墨守成规，囿于现有的理论与研究，守株待兔，坐等别人提供现成的理论与方法。

2. 具体原则

（1）全面性：指语料标注的内容全面，以保证语料库功能的全面，满足汉语教学与研究的多方面需求。就语言层面而言，应包括字、词、短语、句、句子成分、语篇、语体、语义、语用、辞格、标点符号、语音、体态语等；就标注模式而言，应包括偏误标注与基础标注，基础标注指对正确语言现象的标注。

（2）准确性：指对语料中各种语言现象的理解正确，对偏误性质与类型的判定准确，标注代码的使用正确、完整，标注过程中对同类现象使用的代码一致，语料标注结果符合标注规范的规定。

（3）系统性：指标注规范的各项内容之间不存在冲突，无自相矛盾之处；标注代码的设计具有唯一性、合理性；正确代码与偏误代码的区分清晰。

（4）规范性：指对各种语言现象的处理要符合汉语言文字的相关标准与规范。有国家标准的要遵守执行，例如《汉语拼音方案》（1958）、《通用规范汉字表》（2013）、《信息处理用现代汉语分词规范》（GB/T 13715—1992）、

《信息处理用现代汉语词类标记规范》（GB/T 20532—2006）、《标点符号用法》（GB/T 15834—2011）等。

（5）有限性：语料标注在深度上是有限度的，并非一标到底，越深越好。作为通用型语料库，以浅层标注为宜。例如句式标注，标明"把"字句、"被"字句、重动句等句式即可，无须再标其下位分类。

（6）简洁性：指语料标注的内容、方法与代码等应简明扼要，切忌烦琐。

（7）开放性：指标注规范具有包容性，遇到新的语言现象可以随时添加到标注规范中；也指标注规范与标注结果皆需向学界与社会公开，例如标注结果的错误率必须向用户公布，以便用户了解基于该语料库所做的研究及其结论的置信区间与可靠程度。

（8）通用性：指标注代码（或称标注符号）具有通用性，可供不同的语料库参考使用，也便于用户使用，并有利于语料的资源共享。

国家社会科学基金项目"通用型汉语中介语语料库标注规范研究"（一般项目，批准号：11BYY054）的主要成果之一《汉语中介语语料库标注规范研究》已出版，其中的标注代码可以作为语料标注的通用代码。

（9）自动化：积极探索自动标注，凡具备自动标注条件的内容一律采取自动标注的方法。例如繁体字和异体字标注、分词和词性标注、词语的语体标注皆可按照自动标注或机标人助的方式进行，自行设计的标注代码应可以自动转换为XML或JSON格式。

（10）渐进性：语料标注是一个边实践边探索的过程，需要不断积累经验，深化理论认识，逐渐改进，最终达于完善。语料库建设应吸收产品升级的理念，语料库可以升级迭代、更新演进。

（二）标注模式

1. 偏误标注：适用于偏误分析的标注模式。

2. 偏误标注＋基础标注：适用于表现分析（语言运用分析）的标注模式。所谓"基础标注"即对正确语言现象的标注。

3. 字、短语、句子成分、语篇、语义、语用、标点符号、语音等层面适宜进行偏误标注；词、句式、语体、辞格、体态语等层面适宜进行"偏误标注+基础标注"。

（三）标注内容

1. 通用型语料库是满足多种研究需求的语料库，其标注内容一般包括对汉字、词汇、句子层面的标注，句子标注可以包括对句类、句型、句式、句子成分的标注。

2. 为了满足教学与研究的更多需求，可以增加对短语、语篇、语体、辞格、语义、语用、标点符号等层面的标注。如果是口语语料库，还需增加语音标注；如果是多模态语料库，还需增加体态语标注。

3. 通用型语料库中的语音标注只从停顿、重音、声、韵、调、轻声、儿化、伴随语音现象等方面进行偏误标注，且只标不改。

4. 体态语包括表情、脸部动作、头部与颈部动作、肩部与胸部动作、手部动作、腿部动作、脚部动作、全身动作，既标注偏误，也标注正确的体态语。

5. 判定偏误与否的标准：只看是否正确，不管是否地道。例如汉字写法正确、句子合乎语法即可，而字写得是否标准、美观，句子是否简洁，则不作为判定的标准。

6. 语料标注仅限于语言形式，不考虑表述内容方面的问题，也不涉及写作知识之类。

（四）标注方式

1. 语料标注可以采取人工标注、机器自动标注、人标机助、机标人助等方法。根据目前中文信息处理所能达到的实际水平，作为词汇基础标注的分词和词性标注可以采取机标人助的方法；作为偏误标注的繁体字和异体字标注可以采取机器自动标注的方法；词语层面的语体标注可以采取机标人助的方法，其他层面的标注则应采取人标机助的方法。

2. 语料标注可以采取同版或一版标注的方法，也可以采取异版或多版标注、分版标注的方法。前者是把所有标注内容都标在同一版语料上，后者则是把不同层面的标注内容分别标在不同版的语料上，例如多版标注的结果可以有字标注版、词标注版、短语标注版、句标注版、语篇标注版、辞格标注版等。

3. 只标不改。为了忠实于原作，保证语料的真实性，并保持中介语的"原汁原味"，在语料标注阶段对各种偏误现象须"只标不改"，即只是指出语料中的偏误现象与偏误类型并进行分类标注，而不做任何修正。但字、词层面的偏误有所不同，需要在保留原偏误现象的前提之下"既标且改"。

4. 被标注对象应清晰明确，与其他语言单位之间的界限明显，例如可以用方头括号"【】"标明。

（五）标注代码

1. 标注代码可以使用汉语拼音字母、英文字母、阿拉伯数字、可扩展标记语言、JSON等。不论用何种编码方式，都应易于联想、便于记忆，且不同代码应有明显的区别。

2. 汉语中介语语料标注代码可以采用汉语拼音首字母编码的形式，对汉语母语者来说，这样比较便于联想与记忆。

3. 偏误标注代码可用方括号"[ ]"表示，基础标注代码可用大括号"{ }"表示，中间可以用同样的汉语拼音字母代码。其优点是同样的语言现象可以用同样的代码，正确现象与偏误现象的界限又非常清晰。

（六）标注质量

语料标注在语料库建设中占有非常重要的地位，关系到语料库的基本功能与实际使用价值，须采取多种措施，确保标注质量。

1. 设计完善、简明、便于操作的标注规范

2. 开展有效的标注培训

（1）培训会。由熟悉标注规范、具有丰富标注经验的专门人员对标注员进

行培训：讲解标注规范，教授使用线下或在线的标注工具，答问与问题研讨，进行标注测试与评估；讲评标注结果，讲解存在的问题；再测试、再评估、再讲解。

（2）试标注。以离线或在线方式发给参加培训者少量语料进行尝试性标注，针对标注存在的问题进行个别讲解与再培训。

（3）专门课程。通过"语料库专题研究""语料标注的理论与实践""语料标注研究"之类的课程，全面介绍语料标注的理论研究与操作实践，详细讲解标注规范的各项细则，并通过反复的实际标注训练，使标注人员深入理解并切实掌握标注的规则与方法，提高标注的能力与水平，从而确保标注质量。

3. 审核修改

语料标注完成后，应挑选部分专业水平高、知识能力强、标注效果好的标注员对全部已标注语料进行复核，以纠正标注中存在的错标与漏标问题。

也可以采取每份语料都由两人标注的方法对标注质量进行验证，相同的部分默认为标注正确，不同的部分则默认存在质量问题，由第三人再次标注。存在两人标注相同但实际错误的可能，因而还须按照随机取样的方式进行检查。

4. 检验标注代码的一致性

通过软件系统工具对加工标注的语料进行格式和标注代码的一致性检验，以检测人工标注中的错误和不一致之处，修正标注形式上的错误。

5. 公开标注结果的正确率和错误率

根据语料总量和精确度要求，以随机抽样的方式从全部语料中抽取每个层面的部分语料（每个层面不少于400篇）进行标注错误率统计，并在语料库的介绍中予以说明。

6. 正确标注的基本条件

（1）敏锐的母语者语感；

（2）扎实的语言文字学功底，时常学习并复习相关知识；

（3）理解并切实掌握标注规范；

（4）熟练掌握标注工具；

（5）认真负责的工作态度；

（6）饱满的精神状态；

（7）参考权威工具书，例如《现代汉语词典》（第5~7版）、《语言文字规范手册》（语文出版社，2012版及之后的版本）、《通用规范汉字表》（语文出版社，2013版）、《常用语言文字规范手册》（商务印书馆，2016版）。

七、语料呈现标准

（一）语料呈现方式

1. 呈现长度

（1）按句呈现：以句末标点为断句单位，以单句或复句形式呈现检索到的语料。这样呈现的语料比较缺乏语境信息，尤其是单句，可以通过检索上一句与下一句的方法予以弥补。

（2）按篇呈现：以语篇为单位呈现检索到的语料，即呈现一篇完整的语料。这样的语料呈现方式对了解学习者的实际汉语水平，特别是语篇表达能力有重要作用。

2. 呈现数量

语料呈现数量应具有选择性，用户可以根据自己的需要或使用习惯，通过下拉菜单决定每页显示的语料数量。例如可以选择每页显示10条、20条、50条或100条语料。

（二）语料背景信息的呈现

用户检索语料时，可以自行设置是否同时显示背景信息以及显示哪些背景信息，包括语料产出者信息和语料本身的相关信息。例如语料产出者的国籍、母语、汉语学习时间、汉语水平，语料的标题或话题、类型、文体等，均可自主选择显示或者不显示。

（三）统计数据的呈现

语料库可以自动生成相关统计数据，这些数据对教学与研究具有重要意义。例如：字信息统计，包括字量及字频、错字数量、偏误率、别字数量、繁体字数量、异体字数量、拼音字数量等；词信息统计，包括词量及词频、词类数量、各类熟语的数量（如有各类熟语标注的话）、词的各类偏误数量、偏误率等；句信息统计，包括句量及句频、各类句式数量、某些句类和句型数量、各类偏误句数量等；语篇信息统计，包括形式连接偏误数量、语义连接偏误数量等；标点符号信息统计，包括各种标点符号的用量、各种标点符号的偏误数量等。如果做了语体、语义、语用、辞格等层面的标注，还可以有这些层面的相关统计。

各类统计数据可以以表格的形式呈现，也可以以图的方式或云的方式呈现。可视化图形分析可以提供更多、更直观的信息，应尽量采用。

八、语料库软件系统研发标准

语料库软件系统应设计周密，功能强大，能够满足教学与研究的多方面需求。就语料库整体功能而言，应具备语料查询、背景信息呈现、数据统计、自动下载等基本功能，还可以增加语料分析、可视化图形设计、论文写作等服务功能。此外，要符合网络安全要求，确保语料库的持续开放与服务。

（一）语料库整体结构

语料库在整体结构上应包括生语料库、熟语料库、背景信息库、统计信息库、软件系统等五个基本组成部分。生语料库用于存放手写语料的扫描图片、音频和视频等原始语料，以及只经过错字处理和字存疑处理的录入版或转写版语料；熟语料库用于存放经过各种加工处理的语料；背景信息库用于存放学习者背景信息和语料自身的背景信息；统计信息库用于存放各种统计数据；软件系统负责语料库各个组成部分的衔接、关联和语料库的整体运转。

语料库建设与应用综合平台是随着全球汉语中介语语料库的建设而出现的一种语料库存在形式，于2019年3月面世，用户只有登录该平台才能浏览、检索与使用全球库。它包括语料库检索、语料库建设、系统管理、个人工作室等组成部分，集语料的上传、录入与转写、标注、统计、管理、检索，以及语料库的众包维护、升级迭代等八大功能于一体。其中语料库检索部分即一般所谓的语料库。语料库建设部分承载语料库建设的所有相关环节与流程。系统管理包括人员管理、角色管理、语料分类管理、审核与汇总、工作量统计等。个人工作室对用户而言可以管理自己的注册信息，进行语料分析与论文写作；对建库人员而言可以在此进行语料的录入与标注等工作。

该平台具有软件系统集约化、建设流程标准化、建设方式网络化和一定程度的自动化、移植推广灵活化等特点，应成为汉语中介语语料库2.0时代的主要建库方式。该平台的开发表明软件系统的研发对语料库功能的增强与改进具有重要作用，应予以特别重视。

（二）确保网络安全，维护正常运转

语料库软件系统（包括管理系统、检索系统、配套使用的软件工具等）必须符合网络安全的相关要求，不存在高危、中危漏洞，低危漏洞也应尽可能保持在最低水平，从而确保语料库正常运转，面向全球开放，正常发挥语料库的各项功能，持续不断地为汉语国际教学与研究服务。

（三）检索功能强大，满足使用需求

语料检索对用户而言具有十分重要的意义，是用户使用语料库最基本的方式。语料检索系统应进行周密设计，便于用户从各种角度查询所需要的语料。结合汉语汉字的特点，检索方式目前可以有以下九种：

1. 字符串一般检索，可以对具体的字、词、短语、句子、句群/语段进行检索。

2. 分类标注检索，可以对各种经过标注的语料内容进行检索。例如字、词、

短语、句子、句子成分、语篇、语体、语义、语用、修辞格、标点符号、语音、体态语等，只要经过标注，即可进行检索。

3. 离合词检索，可以对离合词"合"的用法进行检索，也可以对其"离"的用法进行检索。

4. 特定条件检索，可以对具有两个检索单位的语言现象进行检索。例如"爱……不……""一……就……""越……越……"等半固定结构、"是……的""连……也/都……"等特殊句式，以及某些"词 + 词""短语 + 短语"的组合形式，如"用……查……"等。

5. 搭配检索，可以对某词语左、右分别能和哪些词语组合及其具体组合频次进行检索。这种方式的检索结果能够体现一个词语的具体用法，对以掌握语言工具为目的的实用汉语教学来说具有非常重要的参考作用和使用价值。

6. 按词性检索，可以按词性检索某词，如"把/p"（介词"把"）；可以检索某类词，如"d"（副词）；可以检索词性组合的短语，如"d + n"（副词 + 名词）；可以检索某词与其他词类的组合，如"把/p + n + v"（介词"把"和名词、动词的组合）。

7. 对比检索，可以查询同类语料中两个词的具体使用情况，例如在笔语语料中查询"立即"和"马上"的使用情况；也可以查询异类语料中某词的使用情况，例如"什么"在笔语语料和口语语料中的使用情况。

8. 重叠结构检索，可以查询各种重叠结构的词和短语，如"人人、常常"等，"安安静静、大大咧咧、家家户户、研究研究、整理整理、糊里糊涂、古里古怪"等。

9. 按句末标点检索，可以查询以句号、问号、叹号结尾的句子，而以句中标点结尾的分句则可以用"特定条件检索"查询。

（四）界面友好，简便易学

1. 语料库界面友好，易于了解，便于使用，"一看就懂，一用就会"，无须专门学习。

2. 使用方便，方式多样。语料库应具备多种使用方式，供用户根据自己的实际情况选用，例如用户使用语料库时可以注册，也可以不注册。非注册用户可以登录语料库并进行检索与浏览，但不能下载检索到的语料；注册用户不但可以检索、浏览，而且可以自动下载检索到的语料（可以有在不影响研究可靠性的条件下的数量限制），下载语料时可以选择每条语料带有背景信息，也可以选择不带背景信息。

3. 响应迅捷，无明显的等待过程。

（五）具有沟通反馈功能

用户使用语料库时可以随时提出问题、意见、建议等，管理人员可以随时予以回答。

（六）贯彻众包理念，实行开放维护

语料库在语料录入与转写、标注过程中难免会有失误乃至错误。用户在使用过程中发现这些失误与错误后，除可以通过沟通反馈功能向语料库管理人员提出之外，还可以亲自动手进行修正。在这种众包理念之下，用户不但是语料库的使用者，也是语料库的维护者，这样就形成了良性循环，语料库的各种错误与问题不断被发现与提出，并及时得到修正与解决。如此，语料库质量即可不断得到提升，进而可以不断改进其服务功能。

九、语料库建设质量标准

（一）语料库要具有创新性，即在某个或某些重要方面具备现有语料库所不具备的特征，能够提供现有语料库所不具备的某个或某些重要功能，能够满足现有语料库无法满足的教学与研究中的某个或某些重要需求。

（二）符合汉语中介语语料库建设2.0时代的基本要求，具备"精细而丰富"的特征：整体设计科学周密，软件系统制作精良，用户使用方便；标注全

面，功能多样，能够满足教学与相关研究的多方面需求。

（三）语料真实、完整，样本众多，规模宏大；学习者背景信息完备，能够反映各类汉语学习者的汉语学习过程与特征；标注内容全面，标注质量优异；检索方式丰富，可以从多种角度查询语料，为汉语教学与研究提供高质量的资源。

（四）建库实践能够实现总体设计的基本功能，语料库方便易用，安全性高，在技术层面上符合对外开放的标准，具有较高的使用价值。

（五）检索系统功能强大，检索方式多样，可以从多个角度对各种层面的语料进行查询。检索系统的使用方法应通俗易懂，实际操作应简洁方便，用户应能通过检索系统很容易地检索到所需要的语料。

（六）语料库应贯彻众包理念，具备修改功能，不论是语料库的建设者还是广大用户，发现录入与标注方面的问题与错误时都可以自行修改并提交。管理人员审核通过后即可替换原来的标注，从而不断提升语料库的质量。

（七）语料库必须具有沟通反馈功能，用户发现语料库的任何问题，或有任何关于语料库的认识、想法、意见、建议，都能够方便、畅通、及时地向管理人员反映，并得到及时的修正或反馈。

（八）语料库的错误，包括录写错误、标注错误，必须控制在可接受的范围之内。例如语料标注的错误率不高于10%。

十、语料库使用标准

（一）资源共享

1. 使用政府各级各类科研经费建设的语料库如不存在涉密问题，建成上线后，即应向学界乃至社会各界、国内外所有用户免费开放，任何用户都可以登录使用，进行语料及其背景信息和统计信息的检索与浏览，以使语料库建设与研究成果的受益群体最大化，使语料库的效能得到最大限度的发挥。

2. 个人投资自建的语料库不在此规定范围之内，语料库是否开放由投资者自行决定。

（二）知识产权与隐私保护

1. 语料库向国内外各界用户免费开放，欢迎登录浏览与研究使用，唯一的条件是限于非商业目的，即用户不得利用语料库提供的资源进行商业开发与应用，得到知识产权拥有者同意的另当别论。

2. 使用语料库进行教学与学术研究是语料库价值的体现，唯一的要求是在研究成果中注明语料来源。

3. 汉语中介语语料库中的绝大部分语料来自汉语教学单位，有些单位的语料题目在更换新的教材之前可能还会使用。为了保证正常的教学秩序，这些题目不能公开，根据这些题目产出的语料也不能全文公开，而仅以句子（包括单句和复句）形式呈现。

4. 尊重并保护语料产出者的个人隐私，其姓名信息不能公开；视频语料中的人物图像等如未得到当事人同意，也不能公开，除非经过恰当的技术处理。

后 记

2015年上半年，有感于汉语中介语语料库建设中普遍存在的主观随意性及统一建设标准的缺乏致使语料库在规模、功能、质量、用法等方面存在诸多局限，不能完全满足用户的使用需求的现实状况，我向北京市哲学社会科学规划办公室申请北京市社会科学基金重点项目"汉语中介语语料库建设标准研究"并获得立项，项目编号：15WYA017。此后，我和我指导的硕士研究生、博士研究生积极开展国内外语料库建设情况的调查研究和汉语中介语语料库建设标准的研究探讨，研制了《汉语中介语语料库建设标准（草案）》，按照项目申请书中规定的目标任务完成了相关研究工作，顺利结项。

在项目调研和标准研制过程中，课题组成员根据各自承担的工作任务分别撰写了调研报告和研究论文。这些报告和论文虽非项目的目标成果，只是项目的"衍生产品"，但其内容均有相关的认识价值，可以使学界同人和对语料库有兴趣的读者更多地了解国内外语料库建设情况和汉语中介语语料库建设标准的研制过程，加深对建设标准的认识和理解。因此，我们将部分调研报告和研究论文汇集成书交付出版，希望能够推动对汉语中介语语料库建设标准的研究与讨论，拓展与深化汉语中介语语料库建设的本体研究，丰富语料库语言学的研究内容。同时，殷切期待语料库建设与研究领域的专家学者不吝赐教，期待广大读者批评指正。

应予说明的是，在本项目的研究过程中，我正在主持全球汉语中介语语料库（以下简称"全球库"）的建设。本项目完成后，我立即全力投入全球库的建设与研究工作中，未能及时出版本书。待到全球库建成并完成后续诸多相关工作之后，我于2022年春重新整理书稿，启动该书出版计划之时，距离这些报告和论文完成已经过去四五年，乃至五六年时间。几年时间虽不算长，但语料库（特别是汉语中介语语料库）的建设和研究情况还是发生了不少变化，书稿如果按照原状出版，只能算是"旧闻"，和学术创新的理念颇不相合，于是我们决定对书稿内容进行补充修改，以充分反映学界最新的研究情况和研究成果。

本以为这种"修补"性质的工作轻而易举，可以在两三个月时间之内完成，不料却耗费了将近一年的时间。究其原因，一是原项目组的学生作者多已毕业，工作很忙，又有孩子或老人需要照料，要从公私诸务中抽出宝贵的时间殊为不易；二来大多数学生作者现在的工作和语言学并无关联，且已脱离学术研究数年，文献资料也不易获得，要把当初的文稿提高到出版水平颇费周折，修改三稿即过关者是个别的，大多数都修改了五六稿，甚至更多，也有不得已而放弃的；三者我的工作也较为繁忙，常常是几项工作齐头并进，且时常被突如其来的诸如各种项目、论文评审之类的工作打乱节奏；而最重要的原因则是我考虑不周，安排欠妥，效率不高，可能也有点儿过于追求完美。作为项目负责人，我要为此承担全部责任。

在项目申报和研究过程中，北京大学中文系詹卫东教授、北京语言大学图书馆陆晓曦副馆长给予了大力支持和多方面的指导。

北京语言大学2016级语言学及应用语言学专业博士研究生文雁同学在语料库调研阶段承担了调研的组织安排工作。

北京语言大学2018级语言学及应用语言学专业硕士研究生、2021级博士研究生段清钒同学对全部调研报告、研究论文的初稿进行了审读。

北京语言大学2015级硕士研究生靳继君、李红梅、邢晓青、张敏、艾森（俄罗斯籍），2016级博士研究生文雁、杨帆，以及2016级硕士研究生杨星星、段海于、张馨丹、温晓洁、闫培、路瑶瑶等同学承担了本课题的研究工作和本书相应章节的研究与写作任务。

北京语言大学2018级硕士研究生齐菲、闫慧慧、段清钒、梁丁一及2021级硕士研究生陈丽华、王美云、高璇等同学参与了本书部分章节的补充修改和重新撰

后 记

写工作。

北京语言大学2013级硕士研究生张蕾同学提供了一篇参加学术会议的论文。

北京外国语大学中国外语与教育研究中心许家金教授、同济大学国际文化交流学院刘运同教授慨允将其论文收入本书，为本书增色。

本书责任编辑方兴龙老师和翟世权老师为本书的出版付出了很多，国际中文教育事业部副主任付彦白老师对本书交稿时间一拖再拖给予了极大的理解和宽容。

在本书出版过程中，北京语言大学出版社总编辑郭风岚教授给予了很大的支持。

一并致以诚挚的谢意和崇高的敬意！

张宝林
2023年1月16日